Margaret Fuller

Die Freiheit ist weiblich

Schriften zu Romantik und Revolution

DEUTSCH-AMERIKANISCHE BIBLIOTHEK

Im Auftrag der Wüstenrot Stiftung herausgegeben
von Heinrich Detering und Kai Sina

Band 4

WÜSTENROT STIFTUNG

Margaret Fuller
Die Freiheit ist weiblich

Schriften zu Romantik und Revolution

Herausgegeben,
aus dem amerikanischen Englisch übersetzt
und kommentiert von Lisa Kunze

WALLSTEIN VERLAG

Thomas Hicks: Margaret Fuller in Rom

Einleitung
Von der deutschen Romantik zur europäischen Revolution

Schriftstellerin, Übersetzerin, Literaturkritikerin, Herausgeberin, Redakteurin, Journalistin, Auslandskorrespondentin – keine andere Frau hat sich in der männerdominierten Welt der Vereinigten Staaten im neunzehnten Jahrhundert auf so breiter Front durchgesetzt, sich einen bleibenden Namen gemacht und so nachhaltige Spuren hinterlassen wie Margaret Fuller. Sie war neben Ralph Waldo Emerson eine zentrale Figur des Transzendentalismus. Mit Schriften wie *Woman in the Nineteenth Century* leistete sie einen grundlegenden Beitrag zur Frauenrechtsbewegung in Amerika, in Auseinandersetzung unter anderem mit Goethe und Bettina von Arnim. Auf die zeitgenössische amerikanische Literaturkritik hatte sie neben Edgar Allan Poe den größten Einfluss und hob sie gemeinsam mit ihm auf ein neues Niveau. Als Übersetzerin vermittelte sie Schriften der deutschen Romantik und Eckermanns *Gespräche mit Goethe* an englische und amerikanische Leserinnen und Leser. Als erste weibliche Mitarbeiterin der vielgelesenen *New-York Daily Tribune* wurde sie bekannt für ihre kritischen Sozialreportagen und ebnete zugleich anderen Frauen den Weg in die amerikanischen Zeitungsredaktionen. Als erste weibliche Auslandskorrespondentin war sie Zeugin und Teilnehmerin der Revolution von 1848/49 in Rom. Und all das geschah in einer öffentlichen Wirkungszeit von nur fünfzehn Jahren.

Die Frauenrechtsaktivistin Susan B. Anthony schrieb über sie: »Margaret Fuller hatte mehr Einfluss auf das Denken in Amerika als irgendeine andere Frau zuvor.« (Hier 314) Auch in Deutschland wurde sie auf diese Weise wahrgenommen: »Margarethe Fuller hat sich in der Literaturgeschichte Nordamerika's eine Stelle erworben, sie ist der erste derartige Frauencharakter, der in den Vereinigten Staaten aufgetreten ist.« (Steger, *Conversationslexikon*, 807)* Bis

* Die Literaturangaben beziehen sich auf das Literaturverzeichnis auf den Seiten 351-355; Fullers eigene Werke sind mit Siglen versehen; die Zitate aus Fullers Werken und die Kommentare ihrer Zeitgenossinnen und -ge-

heute gilt sie als Amerikas bedeutendste weibliche Intellektuelle ihrer Zeit und als eine Schriftstellerin, die die amerikanische Literatur nachhaltig beeinflusste.

Biografie

Sarah Margaret Fuller wird am 23. Mai 1810 in Cambridge, Massachusetts, geboren. Sie ist das erste Kind von Timothy Fuller und Margaret Crane Fuller. Ihr Vater, ein in Harvard ausgebildeter Jurist, später republikanischer Abgeordneter, beginnt schon früh, seine Tochter selbst zu unterrichten. Als Erstgeborene soll sie sein geistiges Erbe antreten, und so lässt er ihr eine Ausbildung zuteilwerden, wie sie zu dieser Zeit sonst nur Jungen erhalten. Der Dreijährigen bringt er Lesen und Schreiben bei, der Sechsjährigen die ersten Grundlagen des Lateinischen und in den folgenden Jahren Grundkenntnisse in Griechisch, Italienisch und Französisch. Er ist ein strenger Lehrer und bestimmt auch über ihre Lektüre – sie darf keine ›leichte‹ Literatur lesen, keine Romane oder Dramen (als sie im Alter von acht Jahren Shakespeare für sich entdeckt, wird sie dafür getadelt), sondern muss sich mit den aus seiner Sicht wichtigen Werken der Weltliteratur beschäftigen, etwa Vergils *Aeneis* oder das pastorale Gedicht *The Deserted Village* von Oliver Goldsmith. Er ist häufig auf Reisen und lässt sich von seiner Tochter brieflich über ihre Lernfortschritte informieren; ist er zu Hause, muss sie ihm spätabends ihre Lektionen aufsagen. In einer autobiografischen Skizze erinnert Fuller sich:

> Da er ein vielbeschäftigter Mann war, musste ich oft bis spät in die Nacht aufbleiben; und da er, ehrgeizig im Blick auf mich und seiner Gewohnheit nach, ein strenger Lehrer war, blieb ich in höchster Anspannung, bis das Abfragen beendet war. Oft wurde ich darum viel zu spät und mit überreizten Nerven zu Bett geschickt. Die Folge war eine vorzeitige Entwicklung meines Verstandes, die mich tagsüber zu einem »jungen Wunderkind« machte und nachts zum Opfer von gespenstischen Wahnbildern, Alpträumen und Somnambulismus […] (CW 614)

nossen sind von der Herausgeberin übersetzt, die Zitate aus der Forschungsliteratur sind in ihrer Originalsprache wiedergegeben.

Sie fügt hinzu: »Aber ich wünschte, ich hätte in diesem Alter überhaupt keine Bücher gelesen, – hätte zwischen Spielzeugen gelebt und an der frischen Luft gespielt.« (CW 626) Stattdessen wird sie zur Einzelgängerin, die nur selten an den Spielen der Gleichaltrigen teilnimmt und darüber hinaus keine Verbindung zu ihnen aufbauen kann: »Meine ungewöhnliche Ausbildung hatte mich völlig von den anderen Mädchen abgesondert.« (CW 633) In dieser Rolle bleibt sie, als sie im Alter von elf Jahren auf eine Mädchenschule in Boston und drei Jahre später nach Groton geschickt wird – die Außenseiterin unter den Mitschülerinnen, die schon so viel weiß, dass sie alle anderen überflügelt. Als Sechzehnjährige kehrt sie nach Cambridge zu ihrer Familie zurück und setzt dort ihr Selbststudium fort: klassische und moderne Sprachen, Rhetorik, Geschichte etc. Sie beschäftigt sich viel mit der römischen und griechischen Mythologie und nennt später Ovid und Horaz als die ihr wichtigsten Autoren neben Cervantes, Molière und Shakespeare.

Vorerst jedoch scheint sie in einer Sackgasse zu stecken. Sie ist so gut ausgebildet wie ein Mann, doch gibt es für sie als Frau zu dieser Zeit keinen Platz in der amerikanischen Gesellschaft. Sie darf nicht studieren und kein ihren Kenntnissen und Fähigkeiten entsprechendes Amt übernehmen: »Timothy Fuller had given Margaret a lawer's training in rational argument; he'd coached and prodded until she could think on her feet just as well as he could. […] Timothy had molded Margaret in his own image of frustrated ambition, and that had left her with nothing to do and no place to go, except his home.« (Marshall, *Fuller*, 63 f.) Es bleibt ihr nichts anderes übrig, als zu Hause ihre jüngeren Geschwister zu unterrichten. Außerdem pflegt sie einen regen intellektuellen Austausch mit einigen Harvard-Studenten, unter anderem mit dem entfernt verwandten James Freeman Clarke und mit William Henry Channing, beide in der Ausbildung zum unitarischen Pfarrer. Zusammen mit Clarke beginnt sie, Deutsch zu lernen, und setzt sich in den folgenden Jahren viel mit der Literatur der deutschen Romantik, insbesondere mit Goethe auseinander.

In den Vereinigten Staaten nimmt das Interesse an der deutschen Literatur schon seit Beginn des neunzehnten Jahrhunderts immer mehr zu. Der Geist der gerade erst ein paar Jahrzehnte zurückliegenden Unabhängigkeitserklärung Amerikas von Großbritannien fordert auch eine eigene, selbstständige Literatur. Zur Abgrenzung von der des »Mutterlandes« erscheint die deutsche Literatur als Vorbild besonders geeignet. Einige Europa- und Deutschlandreisende wie etwa

George Ticknor, George Bancroft oder Henry Wadsworth Longfellow setzen sich in den 1810er und 1820er Jahren aktiv für deren Vermittlung ein. Besonders wirkungsvoll sind die Schriften von Thomas Carlyle und Germaine de Staël, durch die auch Fuller zum ersten Mal in Kontakt mit der deutschen Literatur kommt.

Im Jahr 1835 gibt es Aussicht auf Veränderungen in Fullers zurückgezogenem Leben: James Clarke verhilft ihr zu ihren ersten literaturkritischen Veröffentlichungen im *Western Messenger*, wo er als Redakteur arbeitet. Und sie schmiedet gemeinsam mit einem befreundeten Ehepaar Pläne für eine Europareise im folgenden Jahr – sie selbst will vor allem nach Deutschland, Orte aufsuchen, an denen Goethe gelebt hat, und mit Menschen sprechen, die ihn kannten. Diese Reisepläne jedoch zerschlagen sich wenig später, denn im Oktober desselben Jahres stirbt ihr Vater an der Cholera und hinterlässt seine Familie in zerrütteten finanziellen Verhältnissen. Fuller als die Älteste – sie ist gerade fünfundzwanzig Jahre alt – trägt nun die Verantwortung für die Familie und muss die Rolle übernehmen, die sonst nur Männern überlassen bleibt. Sie zieht nach Boston, um dort als Lehrerin den Unterhalt ihrer Mutter und Geschwister zu verdienen.

Für Fuller ist das der entscheidende Schritt zu einem selbstbestimmten Leben. Sie arbeitet nacheinander an zwei verschiedenen Schulen und gibt zusätzlich Deutschunterricht für Erwachsene. Neben dieser Broterwerbsarbeit beginnt sie, Texte aus dem Deutschen zu übersetzen, angefangen mit Goethes *Tasso*. Diese Übersetzung, die erst postum veröffentlicht werden wird, vermittelt ihr eine wichtige Bekanntschaft. Ein gemeinsamer Freund lässt sie Ralph Waldo Emerson zukommen, und 1836 besucht Fuller die Emersons zum ersten Mal in Concord. Es ist das Jahr, in dem Emersons erstes Buch, *Nature*, erscheint.

Mit Emerson wird Fuller in den kommenden Jahren ein spannungsvolles Verhältnis verbinden, ein Ringen um Freundschaft, in dem zwei unterschiedliche Bedürfnisse und zwei unterschiedliche Freundschaftskonzepte gegeneinanderstehen: auf der einen Seite Fullers Wunsch nach gegenseitiger Nähe und Vertraulichkeit, auf der anderen Emersons Abwehr und kühle Zurückhaltung. Hinzu kommt die Eifersucht seiner Ehefrau Lidian. Während Emerson fürchtet, in der Freundschaft seine Identität zu verlieren, bedeutet sie für Fuller Stabilität und Weiterentwicklung: »Fuller kritisiert, dass Emerson in seinen Freundschaften keine Nähe zulasse, und lehnt ein Konzept ab, nach dem beide Partner

Johnson Fry: Margaret Fuller

Stephen Alonso Schoff: Ralph Waldo Emerson

sich ständig beweisen müssten.« (Maas, *Transnationales Projekt*, 225) In ihr Tagebuch notiert Fuller 1842 leise desillusioniert: »Dass ich mehr ein Kamerad für ihn bin, ist nicht zu ändern, denn sein Leben ist nur Verstand, nicht Zuneigung. Er empfindet Zuneigung für mich, aber nur insofern ich seinen Verstand anrege.« (WM 128) Jenseits dieser Spannungen aber wird die Bekanntschaft zum Beginn eines fruchtbaren Austausches zweier produktiver Geister, in dem Emerson Fuller mit verschiedenen ironisch-respektvollen Anreden bedenkt: »Königin des amerikanischen Parnass«, »unsere Diskurskönigin«, »Sappho, Sappho, meine Freundin« (Marshall, *Fuller*, 155, 297f.).

Die kleine Stadt Concord in Massachusetts entwickelt sich in dieser Zeit zu einem »amerikanischen Weimar« (James, *American Scene*, 260), wie Henry James es nennen wird, zum Zentrum eines literarischen und philosophischen Austauschs, aus dem die neuidealistische Bewegung des Transzendentalismus hervorgeht. Diese philosophische, theologische, literarische und soziale Strömung erwächst aus dem Bedürfnis nach nationaler Selbstfindung und Selbstdefinition unabhängig vom »Mutterland« Großbritannien, aus dem Wunsch nach einer eigenen Kultur und Literatur, aber auch nach einer Gegenbewegung zu gegenwärtigen Tendenzen in den Vereinigten Staaten. Sie entwickelt sich als »spirituelle Revolte« besonders im Umfeld des Unitarismus, der den Glauben an die Dreieinigkeit Gottes und die Göttlichkeit Jesu ablehnt. Fullers eigener Zugang und Beitrag zu dieser Bewegung bleibt hauptsächlich ein literarischer.

Über die neuen Ideen wird in einem von Außenstehenden als *Transcendental Club* bezeichneten Diskussionskreis debattiert; erste Treffen finden 1836 statt. Angeregt durch den unitarischen Pfarrer Henry Hedge versammelt sich in wechselnden Konstellationen eine heterogene Gruppe von Schriftstellerinnen, Philosophen und anderen Intellektuellen; darunter sind Emerson und Fuller, George Ripley, William Channing, James Clarke, Elizabeth Peabody und Henry David Thoreau. Sie diskutieren den Zustand der amerikanischen Gesellschaft und Kultur, die Möglichkeiten für Veränderung und Fortschritt. Dabei sind besondere politische Ziele die Sklavenbefreiung, die Ausweitung der Frauenrechte oder sozialutopische Projekte, etwa die Brook Farm, die Ripley 1841 als sozialistische Lebens- und Arbeitsgemeinschaft gründet.

Fuller nimmt im *Transcendental Club* bald eine zentrale Rolle ein. Als 1840 die Zeitschrift *The Dial* als Sprachrohr der Gruppe ins Leben gerufen wird, wird sie zur Herausgeberin ernannt. Sie übernimmt diese Rolle auch, da sich im selben Maße wie ihre Begeisterung für die europäische Literatur ihr Interesse an der Entwicklung einer amerikanischen Literatur verstärkt hat, und sie erkennt, dass sie ein solches Interesse in dieser Position am besten vertreten kann. Der Fuller-Biograf Charles Capper bezeichnet dieses Engagement für eine weltoffene amerikanische Nationalliteratur als »Fuller's transnational American nationalism« (Capper, *Transnational Odyssey*, 17).

Für Fuller beginnt nun eine Zeit besonderer Produktivität: Als Herausgeberin von *The Dial* wird sie selbst um die 45 Beiträge beisteuern, und noch bevor sie die Arbeit als Herausgeberin antritt, erscheint 1839 ihr erstes Buch: ihre Übersetzung *Eckermann's Conversations with Goethe*, Frucht ihrer jahrelangen Auseinandersetzung mit der deutschen Literatur im Allgemeinen und Goethe im Besonderen. Gleichzeitig wird sie zur ersten Herausgeberin eines Textes von Thoreau. Emerson hatte ihn ein Jahr nach Fuller kennengelernt und ihn in den *Transcendental Club* aufgenommen; auf seine Bitte hin veröffentlicht Fuller in der ersten *Dial*-Ausgabe Thoreaus Essay *Aulus Persius Flaccus* (1840). Ihrem Bruder berichtet sie:

> [Mr. Emerson] hat einen Freund namens Henry Thoreau bei sich, der gekommen ist, um mit ihm zu leben und in diesem Jahr sein Arbeiter zu sein. H. T. ist dreiundzwanzig, hat das College durchlaufen und eine Schule besucht, ist ein begeisterter Anhänger klassischer Studien und ein ernsthafter Denker, beabsichtigt aber, Farmer zu werden. [...] Er hat ein Boot, das er selbst gebaut hat, und rudert mich auf den See hinaus. (WM 121)

1839 begründet Fuller eine Veranstaltungsreihe in Boston, die sie *Conversations* nennt; sie wird sie für fünf Jahre leiten. Die *Conversations* sind explizit auf Frauen ausgerichtet; es nehmen hauptsächlich Frauen aus dem Umkreis des *Transcendental Club* teil, die die Teilnahmegebühren entrichten können und über ausreichend Bildung verfügen, um den Themen folgen zu können. Unter den Teilnehmerinnen sind Frauen wie die Schriftstellerinnen Eliza Farrar, Caroline Sturgis Tappan und Elizabeth Palmer Peabody – immer wieder sind aber auch Männer anwesend, etwa Emerson und James Clarke. Es sind Diskussionsrunden, in denen Fragen wie »Wozu sind wir Frauen geboren?« und »Wie sollen wir unsere Bestimmung erreichen?« erörtert werden.

Fuller will den Frauen ein Bewusstsein dafür vermitteln, dass sie ebenso berechtigt sind wie Männer, eigene Berufe zu ergreifen, und will zugleich die Fähigkeiten schulen, die ihnen bei deren Ausübung helfen sollen. Zur Veranschaulichung zieht sie Beispiele aus Literatur und Kunst heran, vor allem aber die griechische Mythologie, aus der sie starke Frauenfiguren herausgreift. Das Projekt ist erfolgreich und findet viel Zuspruch: »As much as anything else she did, the conversations gave her an identity in Boston.« (Hudspeth, *Introduction*, 38)

Fuller kann hier eines ihrer größten Talente fruchtbar machen. Sie selbst ist der Meinung, sie könne sich mündlich besser ausdrücken als schriftlich: »Ich werde gut schreiben, aber nie so gut, wie ich spreche, denn beim Sprechen fühle ich mich inspiriert [...]; meine Stimme regt mich an, meine Feder nie.« (CW 669) Auf die jungen Frauen macht sie einen ganz besonderen Eindruck, ja in mehreren Berichten ist sogar von ihrer »magnetischen« Anziehungskraft die Rede. »Margaret besaß in höherem Maße als jede andere Person, die ich je kannte, die Fähigkeit, andere durch die Kraft ihres Geistes zu magnetisieren« (MF I 65), schreibt Clarke, und Emerson berichtet: »Ich höre von einem Augenzeugen, dass bereits 1829 ›alle Mädchen von Margaret Fuller schwärmten‹, und derselbe starke Magnetismus entfaltete auch in den folgenden Jahren bei allen offenherzigen Menschen seine Wirkung.« (MF I 280f.) Das feministische Engagement, das sie in den *Conversations* entwickelt, ist dabei Teil ihrer eigenen Selbstfindung:

> Fuller experienced feminism as a part of her growth, not as an end in itself. She engaged in her most concentrated feminist activity – conducting the *Conversations* and writing *Woman in the Nineteenth Century* – at the time that she was liberating herself from the circumscribed intellectual life of New England. Psychologically, Fuller's feminist activity supported her as she claimed for herself greater freedom than probably any woman of her class and generation in America enjoyed. (Chevigny, *Woman*, 2)

Die Fragen, die Fuller in ihren *Conversations* zur Diskussion stellt, beschäftigen sie selbst schon lange. In den Vereinigten Staaten ist es zu dieser Zeit noch nahezu unmöglich, sich als Frau frei zu entfalten und das Leben aktiv zu gestalten; zu studieren und einen eigenen Beruf zu ergreifen, bleibt undenkbar. Stattdessen ist die vorherrschende Meinung, »that piety, purity, submissiveness, and domesticity were women's essential virtues.« (Chevigny, *Woman*, 19) Trotz ihrer ausgezeichneten Ausbildung stößt Fuller so überall an Grenzen. Noch 1843 wird sie in der *Harvard Library* als Kuriosum angestarrt, denn die Studenten »had never before looked upon a woman reading within those sacred precincts« (Marshall, *Fuller*, 211). Als sie 1847 in Paris einen Vortrag an der Sorbonne besuchen will, darf sie nicht einmal das Gebäude betreten:

> Ein alter Wächter des inneren Tempels hatte sich seine Rede bereits zurechtgelegt, als er mich herankommen sah, und sagte, den Eingang bemannend, mit verächtlicher Miene, bevor wir auch nur ein Wort äußern konnten: »Monsieur kann eintreten, wenn er will, aber Madame muss hierbleiben« (d.h. im Hof). Nachdem ich meine Überraschung zum Ausdruck gebracht hatte, fand ich eine Ausweichmöglichkeit im *Hôtel de Cluny*, wo ich eine Stunde sehr angenehm verbrachte, während ich auf meinen Begleiter wartete. [...] Mein Begleiter kam zurück und wollte mir zumindest noch die Hörsäle der Sorbonne zeigen, jetzt, da der Vortrag, der zu gut für weibliche Ohren war, vorbei sei. Aber der Wächter hielt uns wieder zurück und verweigerte mir den Zutritt. »Madame«, sagte er, »Sie können das *Collège de France* besuchen, Sie können diesen und jenen Ort besuchen, aber hier dürfen Sie nicht eintreten.« »Wie, Sir«, sagte ich, »ist es Ihre Institution allein, die in einem Zustand der Barbarei verharrt?« »*Que voulez-vous, Madame*«, antwortete er, und während er sprach, begann sein kleiner Hund mich anzubellen: »*Que voulez-vous, Madame, c'est la règle.*« (DE 108f.)

Sähe sie sich als Frau nicht zahllosen ähnlichen Beschränkungen ausgeliefert, würde Fuller einen öffentlichen Beruf ergreifen und beispielsweise als Anwältin ihr Rednerinnentalent und ihre Argumentationsbegabung nutzbar machen. Erst nach und nach kann sie sich eine Position erkämpfen, wie sie zu dieser Zeit ausschließlich Männer einnehmen.

Doch selbst als sie als Literaturkritikerin, Übersetzerin, Herausgeberin von *The Dial* und Leiterin der *Conversations* in die Öffentlichkeit getreten ist, hat Fuller Schwierigkeiten, ihre Rolle zu finden – als weibliche Autorin und Herausgeberin in einer männerdominierten Welt. Da sie Neuland betritt, gibt es keine Frau in ihrer Umgebung, die sie sich zum Vorbild nehmen könnte. Sie versucht, sich an berühmten

Europäerinnen zu orientieren, Frauen wie Germaine de Staël oder George Sand, und arbeitet sich zugleich an ihnen ab, denn keine entspricht dem, was Fuller sich für sich selbst wünscht. All das zieht ihre Rolle als Autorin in Mitleidenschaft: »Her feelings about herself as a writer, especially during her years in New England, reflect these conflicts. Writing was a struggle« (Chevigny, *Woman*, 26).

Besonders deutlich zeigen sich diese Konflikte an ihrem Umgang mit dem eigenen Autorinnennamen. Bei ihren Veröffentlichungen in *The Dial* nutzt sie die Anonymität, die ihr die in Zeitungen übliche Sitte bietet, nur mit den Initialen und nicht mit vollem Namen zu unterzeichnen: Unter ihre Beiträge setzt sie ein schlichtes »F.« oder lässt sie anonym; anfangs inszeniert sie sich sogar als männlichen Autor, indem sie über sich in der dritten Person »der Autor« und »er« schreibt. »She *did* want to be taken for a male writer – or didn't mind, for now, if she was«: »It was easier to fall back into the old habit of thinking of herself as *intellectually* male, to imagine herself into a man's role on the life's stage.« (Marshall, *Fuller*, 152) Emerson fällt dieses Rollenspiel bei ihrem Leitartikel *A Short Essay on Critics* in der ersten *Dial*-Nummer auf, und er spricht sie darauf an, ob sie »absichtlich die Urheberschaft verheimliche« (Marshall, *Fuller*, 151). Es wird noch etwas dauern, bis sie selbstbewusster als Autorin auftritt.

Fuller empfindet die Begrenztheit ihrer Möglichkeiten als Frau deutlich und formuliert diese Problematik immer wieder. So etwa nach dem Tod ihres Vaters, wenn sie auf einmal die Familie ernähren muss: »Ich hatte schon oft Grund zu bedauern, dem schwachen Geschlecht anzugehören, […] und nie mehr als jetzt« (L I 237), oder nach der Veröffentlichung der Eckermann-Übersetzung: »Der Ehrgeiz eines Mannes mit dem Herzen einer Frau – das ist ein verfluchtes Los.« (Marshall, *Fuller*, 132) Auch als sie schon mitten im öffentlichen Leben steht, betont sie: »Ich bin am liebsten Frau«, aber: »Das Frausein ist gegenwärtig noch zu eingeschränkt, um mir ausreichend Spielraum zu lassen.« (L VI 143 f.)

Dass sie selbst die übliche »Frauenrolle« als Ehefrau, Hausfrau, Mutter nicht einnehmen will und nicht einnehmen kann, erkennt Fuller schon früh. Im Alter von zweiundzwanzig Jahren formuliert sie ihre Überzeugung, »dass ich nicht für das gewöhnliche weibliche Los geboren bin.« (Marshall, *Fuller*, 64) Das bedeutet, dass sie sich einen Weg in die Selbstständigkeit erkämpfen möchte, um die Tätigkeiten auszuüben, zu denen sie »geboren« ist; es bedeutet aber auch

Einsamkeit. Denn sie ist zwar nicht willens, die Rolle einer Hausfrau einzunehmen, sehnt sich aber doch nach einem vertrauten Menschen, an den sie sich lehnen kann. Doch so viele männliche Freunde sie auch hat – aus keiner dieser Freundschaften entwickelt sich eine tatsächliche Liebesbeziehung, es bleibt bei platonischen oder kameradschaftlichen Verhältnissen. In ihrem Leben scheint sich das Vorurteil zu bewahrheiten, das sie in ihrer Schrift *Woman in the Nineteenth Century* kritisieren wird: dass eine kluge, gut ausgebildete Frau größere Schwierigkeiten habe, einen Mann zu finden, als eine passiv angepasste.

Fuller reagiert auf diesen Umstand zwiespältig. Einerseits empfindet sie Verzweiflung bei der Vorstellung, den Rest ihres Lebens allein zu bleiben. Immer mehr ist sie davon überzeugt, zum Alleinsein »verflucht« zu sein: »Ich bin nicht geeignet, geliebt zu werden.« (Marshall, *Fuller*, 217) Hinzu kommt das Gefühl, heimatlos zu sein: »Ich bin zunehmend unzufrieden mit dieser Welt und kann in ihr kein Zuhause finden.« (L I 209) Andererseits aber ist ihr Widerspruchsgeist geweckt. So schreibt sie in *Woman in the Nineteenth Century* eine Verteidigung der »alten Jungfern«, zu denen sie selbst zu diesem Zeitpunkt – als unverheiratete Fünfunddreißigjährige – schon gezählt werden kann. Sie nimmt sich vor, sich selbst »Priester, Schüler, Elternteil, Kind, Ehemann und Ehefrau zu sein« (Marshall, *Fuller*, 64).

Zugleich schwebt ihr die Utopie eines Lebens ohne Männer vor, das heißt ohne den Rollendruck, den die Beziehungen zwischen den Geschlechtern zu dieser Zeit mit sich bringen: »Fuller entwickelt die utopische Vorstellung eines weiblichen Reiches, das den Frauen eine Rückzugsmöglichkeit bietet, und beschreibt die Freundschaftsbeziehung als eine zentrale Quelle emotionaler Kraft und Unterstützung.« (Maas, *Transnationales Projekt*, 214)

Es ist jedoch nicht nur der Rollendruck, der sie solche Utopien erträumen lässt. In ihren Beziehungen zu Frauen besteht immer wieder eine Spannung zwischen empfindsamer Frauenfreundschaft und Begehren. Sie selbst bemerkt, dass sie sich auch zu Frauen hingezogen fühlt; ein Umstand, den sie auf ihre eigenen »männlichen Wesenszüge« (CW 665) zurückführt. Nicht ohne Grund zeigt sie bei Goethes Werken besonderes Interesse für Figuren wie Mignon im *Wilhelm Meister*, bei denen die üblichen Geschlechtszuschreibungen ihre Gültigkeit verlieren. Im Tagebuch notiert sie: »Es ist so wahr, dass eine Frau eine Frau lieben kann, und ein Mann einen Mann.« (Hier

Hiram Powers: Anna Hazard Barker Ward

127) Ist sie grundsätzlich »am liebsten Frau«, so wünscht sie sich nun etwas anderes:

> Ich wünschte, ich wäre ein Mann, und dann wäre da jemand. Ich ermüde auf diesem Spielplatz der Jungen, die stolz und glücklich mit ihren Bällen und Murmeln spielen. Zeigt mir Helden, Dichter, Gesetzgeber. Es gibt Frauen, die der Liebe viel weniger unwürdig sind als ihr, Männer. Die Besten sind so unreif, die Klügsten so unwürdig, die Aufrichtigsten so kalt! (EF 19)

Als ihre »älteste und göttlichste Liebe« (L II 93) bezeichnet Fuller die drei Jahre jüngere Anna Barker aus New York, Cousine von Fullers Mentorin und Freundin Eliza Farrar. Sie verklärt Anna Barker zu ihrer Retterin und formuliert ihre Liebe im Tagebuch: »Ich liebte Anna eine Zeitlang mit, glaube ich, der ganzen Leidenschaft, die mir damals möglich war« (hier 127). Auch der acht Jahre jüngeren Dichterin Caroline Sturgis, die bis zu Fullers Tod eine enge Vertraute bleiben wird, schreibt sie: »Ich habe Dich geliebt, Caroline, wahrhaftig und aufrichtig.« (L II 93)

Maas zufolge haben jene, die in solchen Äußerungen eine homoerotische Neigung bei Fuller erkennen, den Zeitkontext nicht ausreichend berücksichtigt. Die amerikanische Gesellschaft in der ersten Hälfte des 19. Jahrhunderts sei von einem Freundschaftskult geprägt; zudem habe Fuller sich mit Werken der deutschen Empfindsamkeit beschäftigt, mit Klopstocks Freundschaftsoden oder Jean Pauls *Siebenkäs*, später mit der romantischen Frauenfreundschaft zwischen Bettina von Arnim und Karoline von Günderrode: »Diese Form der Homoemotionalität ist [...] als ein integraler Bestandteil historischer Frauenbeziehungen zu werten. Die Freundschaften zwischen Fuller und Anna Barker oder Caroline Sturgis definieren sich durch Intimität, Zärtlichkeit und Sinnlichkeit.« (Maas, *Transnationales Projekt*, 202) Fullers Beziehungen zu diesen beiden Frauen lediglich als empfindsame und romantische Frauenfreundschaften zu definieren, engt den Blick jedoch zu sehr ein. Fuller lebt in einer Zeit, in der es noch keinen Begriff für homosexuelles Begehren gibt, ja in der Frauen allgemein noch keine eigene Sexualität zuerkannt wird, sie vielmehr zu der Überzeugung erzogen wurden, »that only men were burdened with sexual feeling, when such feeling arose in them they would not entirely recognize it for what it was.« (Chevigny, *Woman*, 71) Fullers

Eastman Johnson: Caroline Sturgis Tappan

eigene Vorstellung von ihrer Geschlechtsidentität ist genderfluid; die Geschlechterrollen sind für sie keine festgeschriebenen Kategorien, sondern gehen ineinander über. So wird sie es 1845 in *Woman in the Nineteenth Century* ausformulieren.

Im Sommer 1843 unternimmt die nun Dreiunddreißigjährige ihre erste große Reise – zwar nicht, wie sie es sich vor dem Tod ihres Vaters gewünscht hatte, eine Europareise, aber doch die ihr unter den gegebenen Umständen größtmögliche. Gemeinsam mit James Clarke, seinen Geschwistern Sarah und William sowie deren Mutter Rebecca Clarke besucht sie zunächst die Niagarafälle und dann die Region der *Great Lakes* an der Grenze zu Kanada. Diese Reise ist für Fuller von großer Bedeutung, denn aus ihr wird (abgesehen von den Übersetzungen) ihr erstes eigenes Buch hervorgehen: das Reisebuch *Summer on the Lakes.* Auf der Reise erweist sie sich als unerschrocken und abenteuerlustig, lässt sich im Kanu durch Stromschnellen rudern, bezeichnet sich selbst als zum Umherziehen geborenen Yankee und stört sich nicht daran, eine Nacht auf einem Tisch im Schankraum zu schlafen:

> Wir Damen schliefen im Schankraum, aus dem die trinkenden Gäste erst zu später Stunde hinausgeworfen werden konnten. [...] Wir hatten ziemlich harte Lagerstätten (meine war der Esstisch), aber wir Yankees, die wir zum Umherziehen geboren sind, waren viel zu erschöpft, um auf solche Kleinigkeiten zu achten, und schliefen so süß wie im »großen Gemach« einer Baronin. (CW 33)

Nach ihrer Rückkehr arbeitet sie unermüdlich an ihrem Reisebuch, sodass es im folgenden Jahr erscheint. Auch dieses Buch veröffentlicht sie nicht unter ihrem vollen Namen, sondern als »S. M. Fuller«; ein weiteres Mal bleibt die weibliche Identität der Autorin verborgen. Auf den letzten Seiten aber, als es um Detroit als Schauplatz des Zweiten Unabhängigkeitskrieges 1812 geht, tritt sie hinter dieser Maske hervor und macht ihr Frausein explizit. Sie beginnt den Satz in einem demütigen Gestus: »Ich bin eine Frau und kenne mich mit solchen Dingen nicht aus«, um dann keck das Gegenteil zu beweisen: »aber für eine Person mit gesundem Menschenverstand und gutem Sehvermögen ist klar, dass [General Hull] unter den gegebenen Umständen keine Aussicht auf eine erfolgreiche Verteidigung hatte« (CW 185). Das Buch verkauft sich zu Fullers eigener Überraschung gut, besser als Emersons Essayband *Nature.*

Im selben Jahr schließt sie mit ihren Tätigkeiten in Concord und Boston ab und folgt dem Angebot Horace Greeleys, nach New York zu ziehen und dort Redakteurin der *New-York Daily Tribune* zu werden. Greeley, der Gründer der *Tribune*, ist ein Bewunderer von *The Dial*, ein Bewunderer Fullers und ihres Reisebuches *Summer on the Lakes*. Seiner Meinung nach können ihre Beiträge seiner Zeitung nur zu einer besseren Qualität verhelfen. Für Fuller bedeutet dieser Wechsel einen großen Karrieresprung: *The Dial* erschien vier Jahre lang, hatte aber keinen großen Erfolg und erreichte kein breites Publikum; die *New-York Daily Tribune* dagegen ist eine vielgelesene Zeitung und wird in den 1850ern *die* größte Zeitung New Yorks von nationalem und internationalem Rang werden: »read by tens of thousands of farmers, mechanics, shopkeepers, and small merchants and their families and neighbors all over the North, it was the closest thing that America had or would ever have (until the current *New York Times*) to a genuine national newspaper.« (Capper, *Transnational Odyssey*, 13) Aber nicht nur in dieser Hinsicht ist der Wechsel zur *Tribune* für Fuller folgenreich. Auch für ihre politischen und gesellschaftskritischen Ansichten bietet dieses Arbeitsumfeld einen passenden Raum. Sie wird hier immer mehr zur Verfechterin sozialer Reformen. Greeley selbst tritt offen für sozialistische Ideen ein; zwei Jahre nach Fullers Tod 1850 wird er Karl Marx und Friedrich Engels als Auslandskorrespondenten für die *Tribune* gewinnen.

Fuller ist die einzige weibliche Mitarbeiterin und eine der ersten angestellten weiblichen Zeitungsmitarbeiterinnen überhaupt. Ihre Produktivität wird sich in dieser Umgebung noch steigern; in den achtzehn Monaten ihrer Mitarbeit veröffentlicht sie etwa 250 Beiträge. Jeden kennzeichnet sie mit einem Stern, der bald zu ihrem Markenzeichen wird. Für Greeley ist sie mehr Geschäftspartnerin als Angestellte; ihre Artikel lässt er stets auf die Titelseite setzen.

Zu dieser Zeit beginnt Fuller damit, ihre 1843 in *The Dial* erschienene Abhandlung *The Great Lawsuit* zu überarbeiten. Sie hatte sich darin mit der gesellschaftlichen Position der Frauen und ihren Möglichkeiten auseinandergesetzt und gefordert, die willkürlichen Hindernisse, die Frauen in den Weg gelegt werden, niederzureißen. Greeley hatte diesen Text sehr gelobt und in der *Tribune* Auszüge daraus abgedruckt. Er ermutigt Fuller nun dazu, ihn zu einem eigenständigen Buch zu erweitern, er selbst wolle sich um die Veröffentlichung bemühen. Im folgenden Jahr schon, 1845, erscheint die überarbeitete

Version als ihr zweites eigenes Buch: *Woman in the Nineteenth Century*. Zum ersten Mal veröffentlicht sie unter ihrem vollen Namen »S. Margaret Fuller«. Es ist das Werk, das Fullers literarischen Ruhm endgültig befestigt, das ihr einen Platz im Kanon verschaffen und einen Beitrag zur amerikanischen Frauenrechtsbewegung leisten wird. Innerhalb einer Woche nach der Veröffentlichung ist die erste Auflage von tausendfünfhundert Exemplaren ausverkauft. Nun ist aus ihr eine New Yorker Berühmtheit geworden, die in den angesehensten literarischen Kreisen verkehrt und ihr Geld als Schriftstellerin verdient. Ihr Gehalt nähert sich demjenigen Emersons an.

Im August 1846 lässt Fuller all das hinter sich und tritt ihre bereits seit zehn Jahren ersehnte Europareise an. Sie bricht gemeinsam mit der befreundeten Familie von Marcus und Rebecca Spring auf, die ihr (die trotz ihrer Erfolge noch immer nicht wohlhabend ist) eine Position als Gouvernante angeboten haben und für Überfahrt, Kost und Logis aufkommen. Zugleich nimmt sie die Rolle der ersten weiblichen Auslandskorrespondentin ein; sie soll regelmäßig Berichte an die *Tribune* schicken. Mit dieser Reise verfolgt Fuller ganz andere Ziele, als sie sie vor zehn Jahren noch angetrieben hätten. Damals war ihr größter Wunsch, das romantische Deutschland kennenzulernen und Recherchen zu Goethe anzustellen. Inzwischen ist ihr Interesse an der deutschen Literatur schwächer geworden, sodass sie sogar eine mögliche Weiterreise nach Deutschland ablehnen wird. Vor allem will sie die Dichter und Denkerinnen in England und Frankreich persönlich kennenlernen, die sie bisher nur aus der Ferne bewundert hat. Dieses Ziel wird sie erreichen. Emerson zufolge habe sie nicht ohne Hochmut an einen Freund geschrieben: »Sie habe alle Menschen gesehen, die es in Amerika zu sehen gibt«, sie finde hier aber »keinen ihr vergleichbaren Intellekt« und müsse ihn deshalb anderswo, auf einem anderen Kontinent suchen (Marshall, *Fuller*, 277). Und tatsächlich fühlt sie sich in Europa ganz in ihrem Element: »Ich stelle fest, wie richtig es war, dass mich schon immer etwas nach Europa zog. Es war keine falsche Ahnung, dass ich mich in der Atmosphäre hier so entfalten kann, wie ich es möchte.« (L IV 315)

Die Reise führt zuerst nach England und Schottland. Um die gewünschten Bekanntschaften zu machen, ist ihr von Nutzen, dass ihr Name in Europa nicht unbekannt geblieben ist, man hat auch hier *Woman in the Nineteenth Century* gelesen: »Ich treffe auf erstaunlich viele Personen, die mich nicht nur herzlich empfangen, sondern mich

Horace Greeley

auch dringend kennenlernen wollen. Das liegt größtenteils daran, dass sie *Woman in the 19th &c.* kennen.« (L IV 228) Und so besucht sie unter anderem Thomas Carlyle, aus dessen Schriften sie viel über die deutsche Literatur gelernt hat, William Wordsworth, dessen Gedichte sie mit Vorliebe in ihren Schriften zitiert, die Frauenrechtlerin Harriet Martineau und den im Exil lebenden italienischen Freiheitskämpfer Giuseppe Mazzini – eine für Fuller folgenreiche Begegnung. Zugleich nutzt sie die Gelegenheit, um die europäischen sozialen Einrichtungen kennenzulernen. Auch die Springs haben sich zum Ziel gesetzt, »to learn about recent social improvements that they could introduce into American society« (Reynolds, *Introduction*, 9). Gemeinsam besuchen sie Bildungseinrichtungen wie das *Mechanics' Institute* in Liverpool, in dem Arbeitern die Möglichkeit zur Weiterbildung gegeben wird. Im Winter setzen sie ihre Reise nach Paris fort.

Paris ist zu dieser Zeit ein Sammelpunkt für die Oppositionellen Europas; Heinrich Heine nennt es die »Hauptstadt der Revoluzion« (Heine, *Börne*, 56). Mit ihm, über dessen *Romantische Schule* sie zehn Jahre zuvor geschrieben hat, hätte Fuller zusammentreffen können, sie verkehrt dort in denselben Kreisen wie er, doch ist seine Gesundheit schon so zerrüttet, dass sie sich wohl aus diesem Grund nicht begegnet sind. Viele der Menschen, mit denen Fuller in Paris Bekanntschaft schließt, sind sozialistisch-revolutionär gesinnt, etwa der Priester und Philosoph Félicité de Lamennais, der Dichter und Liedtexter Pierre-Jean de Béranger oder der exilierte polnische Nationaldichter Adam Mickiewicz, der für Fuller eine wichtige Rolle einnehmen wird: »As with so many of her previous attractions to powerful men, it was the ›deep-founded mental connection‹ she experienced with Mickiewicz that anchored her in ›this real and important relation.‹« (Marshall, *Fuller*, 287) Sie wird in Briefkontakt mit ihm bleiben, ihn in Rom wiedertreffen und ihn zum Paten ihres Sohnes machen. Auch George Sand besucht sie; die Gespräche mit ihr verlaufen, »als ob wir uns schon immer gekannt hätten«. Bei ihr trifft sie auch Frédéric Chopin: »Er ist immer krank und zerbrechlich wie ein Schneeglöckchen, aber ein großes Genie. Er hat mir vorgespielt, und das Gespräch mit ihm mochte ich beinah ebenso sehr.« (WM 361, 363) Fast hätte sie auch Karl Marx begegnen können, der die zwei vergangenen Jahre in Paris gelebt hatte, nun aber bereits nach Brüssel weitergezogen ist.

1847 reist die Gruppe über Lyon und Marseille über Süditalien und Rom nach Norditalien. Nach einem kurzen Abstecher in die Schweiz

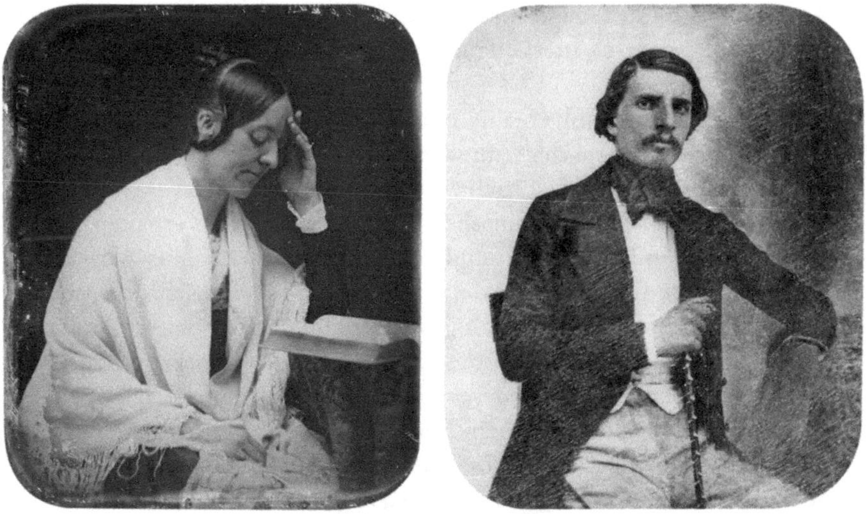

John Plumbe: Margaret Fuller (links),
H. G. Smith: Giovanni Angelo Ossoli (rechts).

trennt Fuller sich von den Springs, die ihren Weg nach Deutschland fortsetzen. Fuller will frei sein und sich nicht mehr nach anderen richten müssen; nicht nach Deutschland will sie reisen, sondern zurück nach Rom.

Vermutlich kehrt sie vor allem zurück, weil sie während ihres ersten Romaufenthalts im Frühjahr den Mann kennengelernt hat, mit dem sie die einzige ausgelebte Liebesbeziehung ihres Lebens führen wird: den aus einer verarmten Adelsfamilie stammenden Italiener Giovanni Angelo Ossoli. Er ist all das, was die Männer, von denen sie sich bisher angezogen gefühlt hatte, nicht waren: Zehn Jahre jünger als sie selbst, nicht gebildet, spricht er nur Italienisch und ist ihr in vieler Hinsicht unterlegen. Später wird sie über ihn schreiben:

> Er ist in keiner Hinsicht ein Mensch, den man an meiner Seite erwarten würde. Er hatte keinen Lehrer außer einem alten Priester, der seine Ausbildung völlig vernachlässigte; er weiß nichts davon, was in Büchern steht, und hat keinen enthusiastischen Charakter. Andererseits hat er einen ausgezeichneten Sinn für Praktisches, [...]

ein sehr sanftes Gemüt und eine angeborene Feinheit. Seine Liebe zu mir ist unerschütterlich und sehr zärtlich. (WM 484)

Wenn Fuller von Ossoli erzählt, ist eine tiefe Zuneigung spürbar, aber nichts von der Leidenschaft, mit der sie von Anna Barker geschrieben hatte. Auch ist aus der Zeit nach der Begegnung mit Ossoli ein Liebesbrief von ihr an den amerikanischen Maler Thomas Hicks erhalten, der sich ebenfalls in Rom aufhält und sie porträtiert. Später aber wird sie an einen Freund schreiben: »Meine Liebe zu Ossoli ist sehr rein und zärtlich, und niemand hat mich je so aufrichtig geliebt wie er, außer kleine Kinder oder meine Mutter«. Besonders hebt sie hervor, dass er sie im Gegensatz zu allen anderen nicht für ihr Talent liebe, das er gar nicht beurteilen kann, da er kein Englisch versteht: »Er liebt mich aus einfacher Zuneigung; er liebt es, bei mir zu sein und mir behilflich zu sein und mich zu beruhigen.« (WM 494)

Anfang des Jahres 1848 bemerkt Fuller, dass sie schwanger ist. Ein Kind hatte sie sich in den vergangenen Jahren oft gewünscht. Nun aber macht ihr die Schwangerschaft Angst; sie fürchtet, mit achtunddreißig Jahren bereits zu alt zu sein. Zudem ist die Verbindung mit Ossoli unehelich. Sie ist gezwungen, die Schwangerschaft geheim zu halten, und zieht sich im Frühsommer in das kleine Dorf Rieti zurück, wo sie mit ihren Sorgen und Ängsten allein ist. Dort erreichen sie mehrere Briefe von Emerson, der sich ebenfalls gerade in Europa aufhält und sie drängt, mit ihm in die Vereinigten Staaten zurückzukehren: »Komm sofort nach London & segle mit mir nach Hause!« (Marshall, *Fuller*, 321 f.) Sie aber muss ablehnen. Vermutlich heiratet sie Ossoli des Kindes wegen, obwohl sie die Ehe eigentlich als »verwerflichen Gesellschaftsvertrag« verurteilt (L V 248). Genaueres über eine Hochzeit ist nicht bekannt. Am 5. September bringt sie ihren Sohn Angelo Eugenio Filippo Ossoli, Nino genannt, gesund auf die Welt, muss aber einen Monat später aufgrund der drückenden Geldsorgen nach Rom zurückkehren, um Geld zu verdienen, und ihn, von Ängsten und Schuldgefühlen geplagt, bei einer Amme zurücklassen. »Ich ließ das Wertvollste zurück« (hier 272), schreibt sie in einem ihrer Berichte an die *Tribune*, ohne dass in Amerika bisher jemand auch nur eine Ahnung von ihrer Verbindung zu Ossoli oder ihrer Mutterschaft hat.

Im Lauf der vergangenen Monate, die Fuller in Zurückgezogenheit verbracht hat, ist überall in Europa die Revolution ausgebrochen, und Fuller hat das Geschehen mit größtem Interesse verfolgt. Auch in Italien ist sie in vollem Gange; die Unabhängigkeit von Österreich und ein geeintes republikanisches Italien werden gefordert. Am 9. Februar 1849 wird die Römische Republik ausgerufen. »Rom ist zum Mittelpunkt der italienischen Revolution geworden, und ich bin in Rom« (Marshall, *Fuller*, 332), schreibt Fuller. Sie steht auf Seiten der republikanischen Revolutionäre, namentlich Giuseppe Mazzinis, den sie in England kennengelernt hat und dem sie im März schreibt: »Auch ich möchte Ihnen meinen Tribut an freundschaftlicher Zuneigung anbieten« (WM 469). Als Rom kurz darauf zum umkämpften Kriegsschauplatz wird, ist Fuller die einzige Amerikanerin, die dort bleibt und regelmäßig Berichte über das Revolutionsgeschehen an die *Tribune* schickt. Während Ossoli in einer der revolutionären Einheiten unter der Führung Giuseppe Garibaldis die Stadt verteidigt, arbeitet Fuller im Fatebenefratelli-Krankenhaus und versorgt die Verwundeten.

Im Juli bricht die Römische Republik zusammen, und Fuller flieht mit Ossoli nach Rieti zu ihrem Sohn, den sie in den Revolutionswirren nur einmal hatte besuchen können. Sie findet ihn in einem elenden Zustand, da die Amme ihn, als Fuller ihr revolutionsbedingt kein Geld mehr hatte schicken können, mit Wein ernährt hat. Es dauert lange, bis Fuller ihn wieder aufgepäppelt und dem Alkohol entwöhnt hat. Im September zieht die kleine Familie nach Florenz, wo sie aus ihrer Beziehung kein Geheimnis mehr machen. An ihre Familie und Freunde in Amerika schreibt Fuller mehrere Briefe, in denen sie um Verständnis bittet und ihre Situation und ihr Verhalten zu erklären sucht.

In Florenz führen die drei für einige Monate ein zufriedenes Leben, abgesehen von ihrer großen Enttäuschung über die gescheiterte Revolution. Fuller geht ganz in ihrer Mutterrolle auf und in der Gewissheit, dass nichts die Lücken in einem Leben so gut füllen und Traurigkeit und Einsamkeit so gut vertreiben kann wie ein eigenes Kind. Wie liebevoll und aufmerksam sie ihren nun einjährigen Sohn beobachtet, zeigt sich in einem Brief an Caroline Sturgis:

> Am Weihnachtstag war ich gerade aufgestanden und Nino lag ganz nackt auf dem Sofa, als ein paar schöne große Spielsachen gebracht wurden, die man ihm geschickt hatte: ein Vogel, ein Pferd, eine Katze, die man bewegen konnte [...]. Es brachte mich fast zum Weinen, als ich sah, mit welch banger Verzückung er sie betrachtete – Arme und Beine von sich gestreckt, Finger und Zehen bebend, den Mund zu einem kleinen runden O geformt, die Augen

> aufgerissen. Lange Zeit versuchte er nicht einmal, sie zu berühren. Nachdem er damit begonnen hatte, verhielt er sich zu allen dreien anders: liebte den Vogel; war sehr wild und jauchzend mit dem Pferd; das Gesicht der Katze drückte er dicht an sein eigenes, starrte ihr in die Augen und warf sie dann weg. (WM 492)

In diesem ruhigen Familienleben arbeitet sie an einem neuen Buch über die Römische Republik 1849, während der melancholische Ossoli in Uniform patriotische Schriften liest oder mithilfe des befreundeten Horace Sumner versucht, Englisch zu lernen. An Channing schreibt Fuller über ihr Leben in Italien: »Ich habe hier ein viel erfüllteres und wahrhaftigeres Leben geführt, als es in unserem Land möglich war, jeder Tag war so reich an Freuden und Schmerzen, an Taten und Leiden, ganz zu schweigen von dem, was zu beobachten war« (L V 283).

Trotzdem steht schließlich fest, dass Fuller mit Ossoli und Nino in die Vereinigten Staaten zurückkehren muss, um dort ausreichend Geld für die Familie zu verdienen. Wegen der Gerüchte über ihre Beziehung zu Ossoli raten einige ihrer amerikanischen Freunde ihr von der Rückkehr ab, und auch Emerson schreibt: »Bleib in Italien, vorerst« (Marshall, *Fuller*, 373). Fuller hört nicht darauf. Eine Schiffspassage auf dem großen Dampfer, auf dem sie vor vier Jahren den Atlantik überquert hat, kann sie sich nicht leisten; also muss sie mit einem kleinen Schiff vorliebnehmen. Immer heftiger wird sie von Angst vor der Fahrt geplagt: »Ich fürchte mich schrecklich vor der Heimreise«, schreibt sie, und: »Ich denke nie an die Reise, ohne zu fürchten, dass das Kind dabei sterben wird« (L V 284). Kurz vor der Abreise schreibt sie an ein befreundetes Ehepaar: »Haltet Ausschau nach Nachrichten über Schiffbruch!« (WM 496) Nachdem der Kapitän noch in europäischen Gefilden an den Pocken verstorben ist, erleidet das Schiff am 19. Juli 1850 kurz vor New York bei Fire Island Schiffbruch – Fuller und Ossoli werden nie gefunden. Nur der kleine Nino wird leblos am Strand angespült.

Obwohl keine Hoffnung auf Rettung besteht, versammeln sich einige ihrer Freunde am Strand: Marcus und Rebecca Spring, mit denen Fuller vier Jahre zuvor nach Europa aufgebrochen war, Horace Greeley, William Channing und andere. Emerson zahlt Thoreau 70 Dollar, damit er den Strand nach Überresten absuche. Doch das Manuskript von Fullers letztem Buch über die italienische Revolution bleibt ebenso verschollen wie Fullers Leichnam.

Emerson notiert in seinem Tagebuch: »Ich habe mit ihr mein Publikum verloren.« Greeley, etwas weniger selbstbezogen, schreibt im Nachruf auf sie in der *Tribune*: »Amerika hat keine Frau hervorgebracht, die Margaret Fuller an geistigen Begabungen und Fertigkeiten übertroffen hätte.« (Marshall, *Fuller*, 383 f.)

Werk

Fullers Werk entsteht hauptsächlich in den elf Jahren zwischen 1839 und ihrem Todesjahr 1850. Zuvor sind einige Literaturkritiken im *Western Messenger* und im *American Monthly Magazine* erschienen, zwischen 1839 und 1850 aber veröffentlicht sie fünf Bücher und rund dreihundert Zeitungs- und Zeitschriftenbeiträge. Den Auftakt bilden zwei Übersetzungen aus dem Deutschen: *Conversations with Goethe in the Last Years of his Life* (1839) und *Günderode* (1842), beide mit ausführlichen Vorworten Fullers.

Einen großen Teil ihres Werkes machen die Beiträge für *The Dial* und die *New-York Daily Tribune* aus. Zwischen 1840 und 1844 veröffentlicht sie rund 45 Texte in *The Dial*, darunter *A Short Essay on Critics*, *Goethe*, *Modern British Poets*, *The Great Lawsuit*. Vom Ende des Jahres 1844 bis zum Sommer 1846 schreibt sie für die *Tribune* etwa drei bis vier Texte pro Woche. Darunter sind Literaturkritiken zu *Emerson's Essays* oder *Narrative of the Life of Frederick Douglass, an American Slave* und Sozialreportagen wie *Our City Charities*, *Prevalent Idea that Politeness is too great a Luxery to be given to the Poor*, *Asylum for Discharged Female Convicts*. Dazu kommen ihre *Tribune*-Beiträge aus Europa in den Jahren 1846 bis 1850, die von Reiseberichten zunehmend zu Auseinandersetzungen mit der politischen Situation in Europa und schließlich zu Berichten über die Revolution 1848/49 besonders in Italien werden. Obwohl die Beiträge für *The Dial* oft sehr umfangreich sind – die längsten zwischen vierzig und fünfzig Druckseiten – und obwohl Fuller ersichtlich viel Mühe auf sie verwendet hat, zeigen die spontaneren und weniger kopflastigen Artikel für die *Tribune* oft höhere literarische Qualität. Greeley bemerkt:

> Die meisten ihrer Beiträge für die *Tribune* waren von einer Direktheit, Knappheit und Sachlichkeit, die einigen ihrer früheren Werke

> fehlen. Gute Kritiker haben meine Meinung bestätigt, dass ihre Essays in *The Dial* zwar ausführlicher und ehrgeiziger sind, ihre Rezensionen in der *Tribune* aber weitaus besser geeignet, die Gunst der Leserschaft zu gewinnen und ihr Urteil zu beeinflussen. (MF III 58)

Eine Auswahl der *Dial*- und *Tribune*-Beiträge veröffentlicht Fuller selbst noch vor ihrer Abreise nach Europa unter dem Titel *Papers on Literature and Art* (1846).

Während ihrer Zeit bei *The Dial* erscheint Fullers Reisebuch *Summer on the Lakes* (1844) über ihre Reise von den Niagarafällen in die Region der *Great Lakes*. Der Band versammelt Reise- und Landschaftsbeschreibungen sowie Erörterungen ihrer Lektüre, besonders ausführlich Justinus Kerners *Die Seherin von Prevorst*. Auch die Rolle der Siedlerfrauen stellt sie dar, anknüpfend an ihre vor der Abreise erschienene Abhandlung *The Great Lawsuit*, ebenso den Umgang der Siedler mit der umgebenden Natur: »Aber die meisten Siedler sehen [die Schönheit der Natur] gar nicht; sie atmet, sie spricht vergeblich zu denen, die in diese Landschaft einfallen. […] ihre Art der Bewirtschaftung wird im Laufe von zwanzig, vielleicht zehn Jahren die Natürlichkeit des Landes auslöschen.« (CW 36) Die Schnelligkeit, mit der die Siedler inzwischen das Land verändern, nimmt sie mit gemischten Gefühlen wahr. Die Holzfäller etwa fällen nun so viele Bäume an einem Tag, »dass den Dryaden keine Zeit bleibt, ihren Wehklagen Gehör zu verschaffen« (CW 24). Es ist diese zunehmende Geschwindigkeit, die die Landschaft bedroht und die Siedler blind macht für die Schönheiten, die sie im Begriff sind zu zerstören. Ein bezeichnendes Beispiel für diese schnelle, nur auf Nützlichkeit bedachte Art zu leben und dafür, »wie die Menschen um des Lebensunterhalts willen zu leben vergessen«, ist für Fuller der Kapitän eines Schiffes, mit dem sie von Mackinaw bis Sault Ste. Marie, Ontario, fährt und der die malerischen Inseln, an denen er bereits hundertmal vorbeigekommen ist, noch nie wahrgenommen hat. Fuller erkennt darin eine Tendenz der Zeit und der Gesellschaft:

> Die Menschen lassen sich so schnell anschirren, dass sie das Geschirr nie wieder abschütteln können, wenn sie sich nicht von Anfang an vor dieser Gefahr hüten. Wie viele Menschen in Chicago, die nie Zeit fanden, die Prärie zu sehen oder etwas zu lernen, das

Sarah Freeman Clarke: Illustration zu *Summer on the Lakes*

> nichts mit der alltäglichen Arbeit oder dem Land, in dem sie leben, zu tun hat! (CW 175)

Zugleich scheint für sie festzustehen, dass diese Veränderungen der Landschaft ebenso wie der Umgang der Siedler mit den indigenen Bevölkerungsgruppen Teil eines unausweichlichen und notwendigen Schicksals sind – eine unter den Transzendentalisten übliche Sichtweise auf die Siedlerpolitik. Zugrunde liegt die Überzeugung, die Siedler seien dazu berufen, »to reform the malleable American continent« (Wildermuth, *Water*, 60).

Sowohl in ihrem Freundeskreis – angefangen mit Emerson – als auch in der Öffentlichkeit erfährt Fuller Anerkennung für das Werk und in verschiedenen Zeitungen wird es positiv rezensiert. Der einflussreiche Edgar Allan Poe lobt: »Einen guten Eindruck von Miss Fullers Genie (denn großes Genie besitzt sie zweifellos) kann man [...] aus ihrem *Summer on the Lakes* gewinnen. Viele Beschreibungen in diesem Band sind einzigartig [...] in der Kraft, mit der sie die Wirklichkeit auf neue oder unerwartete Weise vermitteln« (hier 300), und Evert Duyckinck nennt es »das einzig wirklich amerikanische Buch der Saison« (Marshall, *Fuller*, 213). Insgesamt aber verkaufen sich nicht viele Exemplare, finanziell ist der Band kein Erfolg. In anderer Hinsicht aber markiert er einen bedeutenden Umschwung in Fullers literarischer Tätigkeit: »it turned her attention from Germany to America and from literary criticism to cultural analysis« (Hudspeth, *Introduction*, 41) – von Goethe und Bettina von Arnim, denen ihre beiden großen Übersetzungen galten, hin zu den gesellschaftlichen und sozialen Verhältnissen in den Vereinigten Staaten.

Das zeichnet sich deutlich an ihren Sozialreportagen für die *Tribune* ab, aber auch schon an ihrem umfangreichsten Beitrag für *The Dial*, *The Great Lawsuit*, an dem sie im selben Jahr arbeitet wie an *Summer on the Lakes*, und an der ausgearbeiteten Version dieser Schrift: *Woman in the Nineteenth Century* (1845). In *The Great Lawsuit* hatte Fuller sich mit der Position, mit Beschränkungen und Möglichkeiten der Frauen in der Gesellschaft im Allgemeinen und in der Ehe im Besonderen auseinandergesetzt. Die Überarbeitung *Woman in the Nineteenth Century* gerät beinahe dreimal so lang wie der Ausgangstext, die Argumentationslinie aber und die Hauptargumente bleiben dieselben, sie werden nur genauer ausgeführt und mit mehr Beispielen belegt. In dieser Zusammenstellung von Argumenten, Analysen und Beispielen stellt die Schrift eine Art Sammelbecken für eine Vielzahl von Fullers Interessen dar: Geschichte, Mythologie und Literatur.

Fuller selbst empfindet die Bedeutung dieses Buches für ihr Lebenswerk, obwohl sie nicht ahnen kann, dass es tatsächlich ihr letztes sein wird. Über das Gefühl nach Abschluss der Arbeit schreibt sie an Channing: »Ich empfand ein wunderbares Glühen, als ob ich ein gutes Stück meines wahren Lebens hineingesteckt hätte, als ob ich, wenn ich jetzt fortginge, meine Fußspur auf der Erde hinterlassen hätte.« (L III 241)

Die Schrift erregt allgemeines Aufsehen. Sie wird weit breiter und umfangreicher wahrgenommen als *Summer on the Lakes*. Anders als dort aber sind die Reaktionen nun sowohl in ihrem Bekanntenkreis als auch in der Öffentlichkeit zwiespältig. Von den führenden Köpfen der Frauenrechtsbewegung wird sie als »die brillanteste, vollständigste und gelehrteste Abhandlung, die je zu diesem Thema geschrieben wurde« (hier 313), bezeichnet. Und auch der strenge Poe urteilt: »*Woman in the Nineteenth Century* ist ein Buch, das nur wenige Frauen in diesem Land hätten schreiben können und das keine Frau in diesem Land veröffentlicht hätte, mit Ausnahme von Miss Fuller. [...] Ich brauche wohl kaum zu sagen, dass die Abhandlung kraftvoll, eindringlich, tiefsinnig, anregend, brillant und bis zu einem gewissen Grad auch gelehrt ist.« (Hier 299f.) Konservativere Leserinnen und Leser dagegen nehmen das Werk kritisch auf, und vor allem verheiratete Frauen sind der Meinung, Fuller dürfe sich als Unverheiratete nicht zu diesen Themen äußern. So hatte Sophia Hawthorne, die Frau von Nathaniel Hawthorne, in einem Brief an ihre Mutter bereits über *The Great Lawsuit* geschrieben: »Was hältst Du von der Rede, die Königin Margaret Fuller von ihrem Thron herab gehalten hat? Wäre sie verheiratet, so scheint mir, wäre sie nicht länger besorgt um die Rechte der Frau. Das ist die wahre Bestimmung und Stellung der Frau, die sich die Unverheirateten niemals vorstellen können.« (Chevigny, *Woman*, 231f.) Fuller kommentiert in einem Brief an Caroline Sturgis Tappan diese zwiespältige Aufnahme: »Der Widerstand und die Sympathie, die es hervorruft, sind beide groß, und Du wirst lachen, wenn Du hörst, dass es hier als ›Jahrhundertbuch‹ angepriesen wird.« (L IV 59) Als Zeichen ihres Erfolgs nimmt sie die Tatsache wahr, dass die gesamte erste Auflage bereits in der ersten Woche ausverkauft ist. Trotz dieses Erfolgs wird es zu ihren Lebzeiten keine zweite Auflage geben; nur in England erscheint im folgenden Jahr eine Londoner Ausgabe.

Abgesehen von der Sammlung ihrer *Dial-* und *Tribune*-Beiträge *Papers on Literature and Art* ein Jahr später, ist *Woman in the Nineteenth Century* Fullers letztes veröffentlichtes Buch. In der Zeit von 1846 bis zu ihrem Todesjahr 1850 schickt sie ihre Berichte aus Europa an die *Tribune*. Außerdem arbeitet sie an ihrem Werk über die italienische Revolution. In einem *Tribune*-Artikel deutet sie bereits Ende des Jahres 1848 Pläne dazu an: »Über dieses große Drama habe ich viel zu schreiben, aber an anderer Stelle, wo ich ausführlicher berichten und die Porträts der in Amerika wenig bekannten Akteure gebührend skizzieren kann. Das Material ist überreich. Ich habe mir mein Recht daran durch viel Mitleiden erkauft.« (DE 237) Sie trägt eine Fülle an dokumentarischem Material zusammen, sammelt Zeitungsartikel, Bücher und Berichte von Freunden und Bekannten, die die Revolution in anderen Teilen Italiens oder Europas miterleben. In den ruhigen Monaten in Florenz ist das Manuskript weit gediehen, sodass an eine baldige Veröffentlichung nach ihrer Rückkehr in die Vereinigten Staaten gedacht werden kann. In der *New-York Weekly Tribune* erscheint am 23. Januar 1850 eine Ankündigung:

> S. Margaret Fuller (jetzt Marquise Ossoli, aber wir mögen den alten Namen lieber) hat eine ausführliche Geschichte der revolutionären Bewegungen in Italien beinahe fertiggestellt, die detaillierte Beobachtungen zum sozialen, politischen, religiösen und kulturellen Zustand des Landes, Mitteilungen über seine bedeutendsten Persönlichkeiten &c. &c. enthalten wird. Es wird wohl noch vor Ende des Winters in New York und London veröffentlicht werden. Dieses Werk oder vielmehr die ihm zugrundeliegenden Untersuchungen und Beobachtungen haben die Autorin über mehrere Jahre hinweg in Anspruch genommen. Wir haben Grund zu der Annahme, dass sie im nächsten Sommer in Begleitung ihres Mannes und ihres Kindes in dieses Land zurückkehren wird. (Reynolds, *Introduction*, 3)

Es ist dieses Manuskript, das beim Schiffbruch vor Fire Island verloren geht.

Im Vorwort zu *Papers on Literature and Art* schreibt Fuller 1846: »Ich fühle mit Genugtuung, dass ich viel dazu beigetragen habe, den Einfluss der großen Geister aus Deutschland und Italien unter meinen Landsleuten zu verbreiten.« (LA vii) Sie versteht sich selbst als transatlantische Vermittlerin. Diese Neugier auf die ›Alte Welt‹ hatte bereits in ihrer Kindheit eingesetzt: mit ihrer Begeisterung für die antike Mythologie, gefolgt von Ovid, Horaz, Cervantes, Molière, Dante und Shakespeare.

In ihren Zwanzigern verlagert sich das Interesse vor allem auf die romantische deutsche Literatur, sie teilt es mit Freundinnen und Freunden in Boston, Cambridge und Concord. Mit James Clarke beginnt sie ein intensives Deutschstudium; es wird für sie eine Zuflucht vor familiären Sorgen und gesellschaftlichen Verpflichtungen. Bisher hatte sie hauptsächlich *über* die deutsche Literatur gelesen: bei Thomas Carlyle und Germaine de Staël. Carlyle war als Übersetzer und Essayist ein wichtiger Vermittler deutscher Literatur in die englischsprachige Welt, u. a. mit seiner Übersetzung *William Meister's Apprenticeship* (1824) und der Biografie *Life of Schiller* (1825). De Staël prägte mit ihrem vielgelesenen Werk *De l'Allemagne* (1813, im selben Jahr auch in englischer Übersetzung) das Bild des romantischen Deutschlands in der französisch- und englischsprachigen Welt. Besonders mit ihr setzt Fuller sich nun auseinander. An ihre Mentorin und Freundin Susan Prescott schreibt Fuller über Madame de Staël:

> Erlauben Sie mir, Ihnen diese Dame als eine meiner Meinung nach höchst interessante Frau vorzustellen. Sie ist eine ganz natürliche Person, – eine große Seltenheit in diesem Zeitalter von Heuchelei und Schauspielerei. Sie unterhält auf reizende Weise, – sie setzt all ihre Fähigkeiten dafür ein; ihr Stil ist abwechslungsreich und ihre Art zu denken einnehmend und temperamentvoll. Sie muss einen besonders klaren Verstand haben. Ich werde diesen Abend mit ihr verbringen. (L I 154)

Nun aber wollen Fuller und Clarke die Werke selbst lesen, die sie nur aus zweiter Hand kennen; noch liegen kaum Übersetzungen ins Englische vor. Fuller investiert so viel Energie in ihr Deutschstudium, dass sie sie bald im Original lesen kann. In dieser Zeit notiert sie:

> Ich habe jetzt eine Beschäftigung von unmittelbarer Wichtigkeit – ich werde der deutschen Sprache und Literatur meine ungeteilte Aufmerksamkeit widmen – ich habe ganz ohne Hilfe rasche Fortschritte gemacht – ich habe mich bisher immer zu sehr von kindischen Gefühlen ablenken lassen, um irgendetwas richtig zu erlernen, habe nur hie und da etwas erhascht, mit dem ich meine ruhelose Fantasie fütterte – gefällt es Gott, dass mein Geist jetzt Ruhe findet, dann werde ich alles in mich aufnehmen, was in Zukunft zum Wohle anderer dienen kann – (L I 241)

Novalis, Ludwig Tieck, Jean Paul, Friedrich Schiller und besonders Johann Wolfgang von Goethe – das sind einige der Autoren, die Fuller jetzt interessieren. Autorinnen wie Bettina von Arnim, Karoline von Günderrode und Rahel Varnhagen von Ense wird sie erst später für sich entdecken. Mit Notizen zu Novalis und Goethe und eigenen Übersetzungen aus Wilhelm Heinrich Wackenroders *Herzensergießungen eines kunstliebenden Klosterbruders*, einem der Gründungstexte der deutschen Frühromantik, füllt sie mehrere Notizbücher. Die Beschäftigung mit der deutschen Romantik wird in den kommenden Jahren in Fullers erste produktive Phase münden. Vorerst aber bleibt es eine private Leidenschaft, die nur in ihren Briefen zum Ausdruck kommt. Öffentlich wirksam wird dieses Interesse erst, als sie nach dem Tod ihres Vaters zu unterrichten beginnt. Als Lehrerin zeigt sie sich ebenso ehrgeizig wie als Schülerin ihres Vaters, besonders im Hinblick auf den Deutschunterricht:

> Und nun möchte ich berichten, was getan wurde. Eine Klasse habe ich die deutsche Sprache gelehrt, und halte es für einen Erfolg, dass sie nach drei Monaten zwanzig Seiten auf Deutsch in einer Stunde lesen konnten, und zwar sehr flüssig. Dieser Unterricht war natürlich nicht interessant, außer im Hinblick auf die genaue Untersuchung der Sprache. Mit fortgeschritteneren Schülern las ich in vierundzwanzig Wochen Schillers *Don Karlos*, *Die Künstler* und *Das Lied von der Glocke*; außerdem hielt ich eine Art Überblicksvorlesung über Schiller, Goethes *Hermann und Dorothea*, *Götz von Berlichingen*, *Iphigenie*, den ersten Teil des *Faust* – drei Wochen gründlichen Studiums, die für mich ebenso wertvoll waren wie für sie – und *Clavigo*, – sodass ich Kostproben seiner verschiedenen dichterischen Bestrebungen geben und einige seiner bedeu-

> tenden Ansichten skizzieren konnte; Lessings *Nathan*, *Minna*, *Emilia Galotti*; Auszüge aus Tiecks *Phantasus* und fast den ganzen ersten Band von Richters *Titan*. (L I 279)

Dieser Parforceritt durch die deutsche Literatur vermittelt ein ungefähres Bild von Fullers hohen Ansprüchen an sich selbst, was diesen Gegenstand betrifft, und an ihre Schülerinnen und Schüler.

Gleichzeitig beginnt sie, Texte aus dem Deutschen zu übersetzen, angefangen mit Goethes Drama *Torquato Tasso* (die Übersetzung wird erst postum 1855 veröffentlicht werden) und einigen Gedichten. Dass sie ausgerechnet aus dem Deutschen übersetzt, begreift sie auch als ein Zeichen der Selbstbestimmung: »It is telling that most of her published translations were from German, the one language she taught herself.« (Zwarg, *Feminist*, 61)

Mit Goethe beschäftigt sie sich besonders intensiv. Sie plant, seine Biografie zu schreiben, und verwendet mehrere Jahre für die Recherchen zu seinem Leben und Werk. Nach sechs Jahren jedoch bricht sie das Projekt unvollendet ab. In Zusammenhang damit aber und auf Grundlage der umfangreichen Recherchen entstehen drei einzelne Veröffentlichungen zu Goethe: ihre Übersetzung *Conversations with Goethe in the Last Years of his Life* (1839) mit einem ausführlichen Vorwort und ihre *Dial*-Beiträge *Menzel's View of Goethe* und *Goethe* (1841). Diese frühen Veröffentlichungen »show the shape her career was taking – an introduction of contemporary European thought to Americans and an evaluation of that literature.« (Hudspeth, *Introduction*, 37)

Bei ihren Goethe-Recherchen stößt Fuller auf Bettina von Arnim und ihr Buch *Goethes Briefwechsel mit einem Kinde*. Hatte sie sich in den vergangenen Jahren ausschließlich mit den männlichen Protagonisten der deutschen Romantik beschäftigt – deren Werke ihr wohlvertraut sind, wie ihr Essay *Present State of German Literature* (1836) zeigt –, so wendet sie sich nun, nach Abbruch des Goethe-Projekts, den Romantikerinnen zu. In *The Dial* veröffentlicht sie den Essay *Bettine Brentano and her Friend Günderode* (1842) und im selben Jahr ihre Übersetzung von Bettina von Arnims *Die Günderode*, ihre zweite große Übersetzung aus dem Deutschen nach Eckermanns *Gesprächen mit Goethe*. Fuller überträgt jedoch nur eine Auswahl aus dem Band; nach Fullers Tod wird sie durch Minna Wesselhoeft vervollständigt und unter dem Titel *Correspondence of*

Fräulein Günderode with Bettina von Arnim (1861) veröffentlicht werden.

Mit ihrer Arbeit als transatlantische Vermittlerin erfüllt Fuller das, was sie als ihre Mission begreift. Sie besteht zunächst aus dem Wunsch nach einer amerikanischen Nationalliteratur, die sich in Austausch und Transformation mit der europäischen Literatur bildet: »As editor of *Dial* and as a translator she acted as an agent and interpreter in a complex process of cultural transactions that helped advance the status of American literature in a world-literary context.« (Schöpp, *Eclectic*, 32)

Für Fuller ist es jedoch nicht nur eine Mission in Sachen Literatur, sondern darüber hinaus ein gesellschaftlich-kultureller Auftrag: »The *translatio*, i. e., the transfer of new texts into her native context, Fuller believed, would eventually lead to a renewal of her New England culture that, in the eyes of her Transcendentalist friends, was in need of a regeneration.« (Schöpp, *Eclectic*, 30f.) Sie ist der Überzeugung, dass die deutsche romantische Literatur und Kultur, der deutsche Idealismus das geeignetste Mittel seien, um dem utilitaristischen Denken in den Vereinigten Staaten entgegenzuwirken. In ihrem Heine-Essay formuliert sie diesen Gedanken: »Seit einiger Zeit sind wir davon überzeugt, dass man gerade diese Kultur den Einflüssen entgegensetzen sollte, die inmitten unseres sogenannten Wohlstandes jede poetische Knospe zu ersticken drohen.« (Hier 52) Ihre ausführliche Beschäftigung mit der deutschen Romantik ist folglich nicht nur in ihrem privaten Interesse begründet, sondern auch in dem idealistischen Wunsch, durch die Übersetzung solcher Werke – und durch den Deutschunterricht – die amerikanische Gesellschaft zu verbessern. Aus diesem Grund erklärt sie, wenn sie mit ihrem eigenen Deutschstudium beginnt, etwas zu lernen, »das in Zukunft zum Wohle anderer dienen kann«. Und aus diesem Grund empfindet sie »Genugtuung« darüber, dass sie »den Einfluss der großen Geister aus Deutschland« in den Vereinigten Staaten verbreitet hat. Mit alldem zählt Fuller noch heute zu den wichtigsten und einflussreichsten Vermittlerinnen der deutschen Romantik in den Vereinigten Staaten des neunzehnten Jahrhunderts.

Ihre Übersetzung von Arnims *Die Günderode* bleibt jedoch eine ihrer letzten Veröffentlichungen zur deutschen Literatur. Schon während ihrer Arbeit an *Summer on the Lakes* flaut dieser Enthusiasmus ab. Nach ihrem Wechsel zur *Tribune* wird sie sich in *Woman in the Nineteenth Century* noch einmal ausführlich mit Goethes Frauenfiguren auseinandersetzen. In der *Tribune* erscheinen ihre letzten Übersetzungen aus dem Deutschen. Eine davon fällt besonders ins Auge. Es ist ein journalistischer Text, und sein Gegenstand ist entschieden postromantisch: *The Social Movement in Europe*. Er beschäftigt sich mit dem Begriff des Sozialismus und dessen wichtigsten Vertretern in Deutschland, darunter Karl Marx und Friedrich Engels, dessen Schrift über *Die Lage der arbeitenden Klasse in England* soeben erschienen ist (1845).

In Deutschland selbst wird Fuller bereits von ihren Zeitgenossinnen und Zeitgenossen als eine wichtige Vermittlerfigur wahrgenommen. Bereits zwei Jahre nach ihrem Tod erscheint ein ausführlicher Artikel über sie in einem deutschen *Ergänzungs-Conversationslexikon* (der jedoch vollkommen unkritisch Fullers Lebens- und Charakterdarstellung aus den *Memoirs* von Emerson, Channing und Clarke wiedergibt). In einem vereinnahmenden Ton bemerkt der Autor des Artikels:

> Der Grund ihres Wissens war durchaus deutsch, unsere Philosophie hat ihren kühnen Geist ausgebildet, aus unsern Schriftstellern hat sie ihre Reformgedanken geschöpft, und ihre Hoffnungen, das Ideal auf dieser Erde zu verwirklichen. Sie kannte alle Weltliteraturen, von der griechischen bis zur spanischen, aber der deutschen gab sie in jeder Beziehung den Vorzug. (Steger, *Conversationslexikon*, 804)

1866 veröffentlicht Ernestine Castell eine Auswahl-Übersetzung der *Memoirs*, die jedoch die Parteilichkeit des Bandes genauer wahrnimmt als der Autor des Lexikonartikels: *Margarethe Fuller-Ossoli. Ein amerikanisches Frauenbild.* Im Vorwort kündigt sie Fuller als eine Amerikanerin an, »welche unter Anderm bedeutend mitgewirkt hat, deutscher Literatur in den nordamerikanischen Hauptstädten Anerkennung und Würdigung zu verschaffen«, und »gerade für Deutschlands Dichter und Schriftsteller glühend begeistert war.« (Castell, *Fuller-Ossoli*, i f.)

Die hier vorgelegte Auswahl soll einen umfassenden Einblick in Fullers Werk ermöglichen. Briefe, Tagebuchnotizen, literaturkritische Schriften, Zeitungsbeiträge und Auszüge aus ihren großen Essays repräsentieren eine Zeitspanne von ihren ersten Veröffentlichungen über den *Present State of German Literature* (1836) bis zur letzten, einem Ausblick auf *The Next Revolution* (1850).

Fullers Hervortreten als selbstständige Schriftstellerin und Übersetzerin hängt eng zusammen mit ihrer Beschäftigung mit der deutschen Sprache – der ersten, die sie sich ganz aus eigenem Antrieb und ohne fremde Hilfe aneignet – und mit der deutschen romantischen Literatur. Ausgehend davon lässt sich eine auffallende Linie durch ihr Schaffen verfolgen, die über diese Anfänge weit hinausgeht. Die Verbreitung deutscher Literatur in den Vereinigten Staaten ist für Fuller zunächst ein Mittel zur Verbesserung der amerikanischen Gesellschaft, indem sie dem amerikanischen Utilitarismus den deutschen Idealismus entgegensetzt. Diese Wirkungsabsicht ist von Anfang an mit weiter gehenden politischen Überzeugungen verknüpft, die ihre literaturkritischen Abhandlungen mitbestimmen. So schreibt sie im Vorwort zur Übersetzung von Eckermanns *Gesprächen mit Goethe*: »Ich sympathisiere mit der großen fortschreitenden Bewegung, die heute in der ganzen zivilisierten Welt unübersehbar ans Licht tritt; ich hoffe, dass uns das schöne Experiment gelingen wird, die Menschen dazu auszubilden, sich selbst zu regieren.« (Hier 78) Seit der Beschäftigung mit Goethe und der Romantik geht es für sie nie nur um die Verbesserung der Lebensbedingungen einzelner Menschen, sondern um die Verbesserung der gesellschaftlichen Gegebenheiten. Wirkliches Glück ist auch für die Einzelnen nur dann möglich, wenn es das Glück aller ist: »Der Mensch kann nie vollkommen glücklich oder tugendhaft sein, solange es nicht alle Menschen sind.« (Hier 235) Fullers Rezeption der zeitgenössischen deutschen Literatur steht von Beginn an unter dem Leitstern einer sozialen Orientierung.

Darum bemüht sie sich, »den Einfluss der großen Geister aus Deutschland und Italien unter meinen Landsleuten zu verbreiten.« Es ist derselbe Beweggrund, aus dem sie ihre Abhandlung über die Rolle der Frauen in der Gesellschaft veröffentlicht und die vollständige Gleichberechtigung der Geschlechter fordert: Die Menschheit ist nicht frei, solange die Hälfte aller Menschen unfrei bleibt. Das Frauenbild, das Fuller in dieser Abhandlung proklamiert, hat sich wesentlich aus ihrer Beschäftigung mit der deutschen Romantik entwickelt, mit Bettina von Arnim und Karoline von Günderrode und namentlich den Frauenfiguren in Goethes Werken. Es ist das Idealbild einer Frau, die klug, entschlossen und in jungfräulicher Unabhängigkeit von Männern selbstbewusst über ihr eigenes Leben bestimmt.

Von hier aus ist es nur noch ein kleiner Schritt zu der umfassenden Gesellschaftskritik, die sich in Fullers New Yorker Zeit Bahn bricht.

Sie kreist um die Frage nach einer Sozialordnung, die über die Geschlechterrollen und Geschlechterbeziehungen hinaus zur Behebung gesellschaftlicher Missstände geeignet erscheint. Zunehmend ist Fuller davon überzeugt, dass diese Ordnung nur eine Form des Sozialismus sein könne. Wenn sie in New York einen Text über die noch jungen sozialistischen Theoretiker Friedrich Engels und Karl Marx übersetzt, dann beendet sie diese Übersetzung mit einem eigenen Kommentar: »Die neue Epoche ist nicht mehr fern. Die neue Epoche, in der der Arbeiter seines Lohnes für würdig erachtet werden und jeder Mensch das Recht haben wird, die ihn verzehrenden Bedürfnisse zu äußern.« (Hier 296) Während ihrer Zeit in Europa festigt sich diese Überzeugung, sodass sie schließlich deutlich die Meinung vertritt, dass die herbeizuführenden »Veränderungen der Regierungsformen, der Erziehung und des täglichen Lebens« so bald wie möglich eintreten müssen: »Die Welt kann nicht länger ohne sie bestehen.« (Hier 281) Dieser Band zeichnet damit eine bemerkenswerte Entwicklungslinie nach. Sie beginnt in der deutschen Romantik, und sie endet in einer europäischen Revolution.

Was meine Übersetzungen der Texte betrifft, so kann ich mich nur der Übersetzerin Margaret Fuller selbst anschließen, die im Vorwort zu Eckermanns *Gesprächen mit Goethe* schreibt: »Ich vertraue darauf, dass die Übersetzung im wahren Sinne des Wortes getreu ist und dass diejenigen, die die Form als lebendig und angemessen empfinden, nicht jede Veränderung im Schnitt oder in der Machart des Gewandes streng tadeln werden, in das sie gekleidet ist.« (Hier 84)

I
Die deutsche Romantik von Novalis bis Heine

»Hast Du je von Henri Heine gehört? – Ich habe einige Auszüge aus seinem Werk über die neuere schöne Literatur in Deutschland gelesen, die höchst amüsant sind.« (L VI 261) Das schreibt Fuller 1835 an den befreundeten James Clarke. Mit ihm steht sie schon seit einigen Jahren in regem Austausch vor allem über die deutsche Literatur. In ihren Briefen diskutieren sie alle möglichen deutschen Autoren (die Autorinnen entdeckt Fuller erst etwas später). Ihr besonderes Interesse gilt dem Kreis der Frühromantiker um Wilhelm Heinrich Wackenroder, Ludwig Tieck, August Wilhelm und Friedrich Schlegel. Sie liest Tiecks Phantasus *und hebt in einem Brief an den befreundeten William Channing besonders sein Kunstmärchen* Der blonde Eckbert *hervor. Auch mit Friedrich Schlegels Roman* Lucinde *(1799), dessen Erscheinen wegen vorgeblicher Unsittlichkeit der gezeichneten Liebesbeziehung und der Frauenfigur einen Skandal ausgelöst hatte, setzt sie sich auseinander. Seit 1832 entwickelt Fuller eine zunehmende Vorliebe für Novalis, von dem sie u. a. die Romanfragmente* Die Lehrlinge zu Sais *und* Heinrich von Ofterdingen *und die* Hymnen an die Nacht *liest. Doch von der Absicht, ausführlicher über diesen Autor zu schreiben, bleibt es bei etwa dreißig handschriftlichen Seiten unter der Überschrift* Life of Novalis, *erhalten in einem ihrer Notizbücher – Übersetzungen von Szenen aus* Heinrich von Ofterdingen *und einiger Passagen aus Ludwig Tiecks biografischem Vorwort zu den von ihm herausgegebenen Schriften des Freundes. Bezüge auf Novalis in einigen ihrer Gedichte und Fragmente sowie in ihren Briefen zeigen jedoch, wie intensiv sie sich auch weiterhin mit ihm beschäftigt. Novalis ist »der Dichter der deutschen Frühromantik, der für Fullers Denken eine besondere Rolle spielt« (Maas,* Transnationales Projekt, *170). Auch auf den patriotischen Romantiker Theodor Körner kommt sie immer wieder zurück; noch in einem Bericht aus dem revolutionären Rom zitiert sie eines seiner Gedichte.*

Bald entdeckt Fuller, die ihren Zugang zur deutschen Literatur vor allem durch Germaine de Staëls De l'Allemagne *(1813) gefunden hatte,*

Gottlieb Gassen: Heinrich Heine

den »amüsanten« Heinrich Heine und sein Werk Die Romantische Schule *(1836), das sich schon in den ersten Zeilen auf Madame de Staël bezieht. Ausführlich beschäftigt sie sich auch mit der vorausgegangenen Schrift Heines:* Zur Geschichte der neueren schönen Literatur in Deutschland *(1833). Sie war 1836 in der Übersetzung von George Wallis Haven erschienen:* Letters auxiliary to the History of Modern Polite Literature in Germany. *Dieser Schrift gilt noch im selben Jahr eine ihrer ersten literaturkritischen Veröffentlichungen:* Present State of German Literature, *im* American Monthly Magazine.

Goethes unermessliche Überlegenheit und Novalis' leuchtender Geist

An James F. Clarke, August 1832

Alle, mit denen ich sprechen kann, reden so gewöhnlich, und ich möchte über eine so ungewöhnliche Person sprechen, – über Novalis! Ein wundersamer Jüngling, der nur einen einzigen Band geschrieben hat. Das ist wirklich angenehm! Ich habe das Gefühl, als könnte ich ganz natürlich mit ihm umgehen, mit ihm vertraut werden, es mir dann in dem Glauben bequem machen, ich wüsste alles, was es zu wissen gibt. Und er starb mit neunundzwanzig Jahren, und wie bei Körner kann es bei *einem* Eindruck von ihm bleiben; Du wirst nie aufgefordert werden, seine Entwicklung nachzuvollziehen und seine zukünftigen Gefühle mit seinen gegenwärtigen zu vergleichen. Und sein Leben war so erfüllt und so still. Was für eine Erleichterung, nachdem ich Goethes unermessliche Überlegenheit zu spüren bekommen habe. Es kommt mir vor, als hätte Goethes Geist das Universum umfasst. Das habe ich unlängst beim Lesen seiner Dichtungen erfahren. Ich bin bezaubert, während ich lese. Er erfasst so vollkommen jedes Gefühl, das ich je hatte, drückt es so schön aus; aber wenn ich das Buch schließe, scheint es, als hätte ich meine Identität verloren; all meine Gefühle verbinden sich mit einer so unermesslichen Vielfalt anderer Existenzen, die ich für ganz verschieden gehalten hatte. Was gehört ganz mir? Ich habe keine Antwort, außer »Es ist so« oder »Es wird so sein« oder »Zweifellos fühlen diese und jene so.« Während aber mein Urteil anderen gegenüber täglich milder wird, werden meine Gefühle von ihm zugleich angezogen und abgestoßen. Doch ich lese den großen Weisen weiterhin jeden Tag ein wenig, in der Hoffnung auf eine Zeit, in der ich mich nicht mehr so überwältigt fühle, nicht mehr das Ganze erfassen will, sondern mich damit begnüge, jeden Tag ein wenig zu lernen, wie es einem Schüler geziemt.

Jetzt aber erscheint mir Novalis' schlichter, unvollkommener und leuchtender Geist erfrischend menschlich. Ich habe mir fünfzigmal gewünscht, einige Briefe zu schreiben, in denen ich zunächst über sein sehr hübsches Leben und dann über sein einziges Buch berichte, das ich Kapitel für Kapitel neu gelesen habe. Solltest du ernstlich interessiert sein, würde ich vielleicht einen besseren Stift besorgen und sie an Dich adressieren.

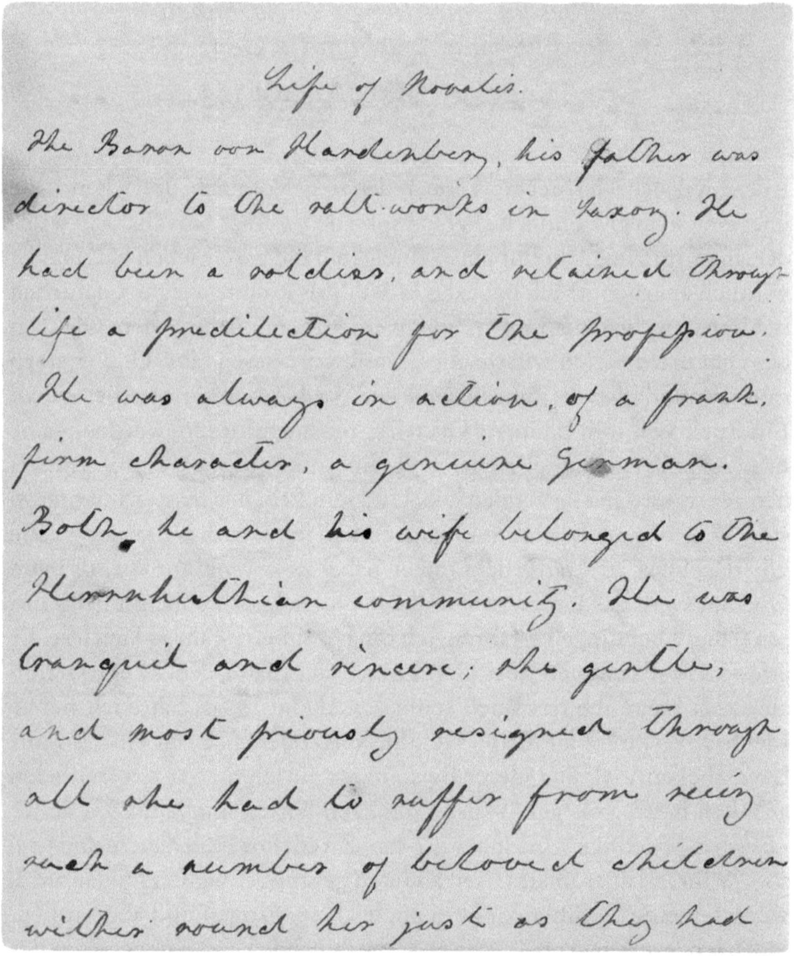

Life of Novalis.

The Baron von Hardenberg, his father was director to the salt-works in Saxony. He had been a soldier, and retained through life a predilection for the profession. He was always in action, of a frank, firm character, a genuine German. Both, he and his wife belonged to the Herrnhuthian community. He was tranquil and sincere; she gentle, and most piously resigned through all she had to suffer from seeing such a number of beloved children wither round her just as they had

Aus Fullers Notizbuch *Translations from the German*

From T. Körner.

Clothaire's Adieu

(Fragment of a Romance.)

Nature is dreaming sweetly through the soft gloom of this cool night. The stars are paling before the rise of the moon, who is moving majestically upwards. A sense of power swells my breast and would fain answer to the divine voice, which calls along my destined path.

This soul has survived the keenest pang of separation, and love has learned to trust in its own immortality. That sad farewell thrills here no

Zwei Fixsterne – Körner und Novalis

An James F. Clarke, 7. August 1832

Ich fühle mich ganz verloren; es ist so lange her, dass ich mit mir selbst gesprochen habe. So viele Bekannte zu sehen, so viele Worte zu machen und trotzdem nie ganz meine Meinung sagen zu können – so viele nicht erforderliche Dinge auszusprechen, das gibt mir ein seltsam unbestimmtes und unbeständiges Gefühl.

Es ist wahr, wahrscheinlich kommt bald die Zeit, in der ich in jeder Hinsicht allein leben muss, – mein Handeln von meinem Denken trennen, meine Ideen ohne Hilfe – außer von den berühmten Toten – entwickeln, – meine eigenen Fragen beantworten, meine Gefühle selbst verbessern und all die harte Arbeit für mich allein tun muss. Wie elend es ist, die eigene Selbsttäuschung zu erkennen! Ich hielt mich für sehr unabhängig, weil ich manche Gefühle nach Belieben verbergen konnte und nicht so viel Zerstreuung brauchte wie andere junge Menschen. Und ich bin *nicht* unabhängig, werde es auch nie sein, solange ich jemanden dazu bringen kann, für mich da zu sein. Aber ich werde an einen Ort gehen, wohin niemand kommt, so laut ich auch rufe.

Vielleicht kann ich einmal mit Dir über Körner sprechen, nicht nur schreiben. Er bezaubert mich und ist zu einem Fixstern am Himmel meiner Gedanken geworden; ich verstehe alles, was er will, vollkommen. Ich fühlte mich sehr *neu* mit Novalis, – »dem guten Novalis«, wie Du ihn mit Mr. Carlyle nennst. Er ist in der Tat *gut*, vollkommen aufgeklärt und doch vollkommen rein; jedes Glied seiner Erfahrungskette ist geformt – nein, *gehämmert* – aus dem reinsten Gold.

Ich habe nur zwei seiner Werke gründlich gelesen, *Die Lehrlinge zu Sais* und *Heinrich von Ofterdingen*. Von Ersterem sind mir nur bruchstückhafte Eindrücke geblieben, aber die Idee und die Ausführung des Letzteren habe ich, wie ich glaube, verstanden. Es beschreibt die Entwicklung eines poetischen Geistes, samt allerlei anderen Entwicklungen. Ich denke, ich werde Dir alles, was ich darüber weiß, in einer ruhigen Stunde nach Deiner Rückkehr erzählen – wenn nicht, werde ich zu geeigneter Zeit gewiss ein Novalis-Tagebuch für Dich schreiben, sobald ich nur für vierzehn Tage ein geregeltes Leben führen kann.

Novalis' Philosophie

An James F. Clarke, Mai 1833

Ich habe nichts Bedeutendes gelesen, außer Goethes *Campagne in Frankreich*. Hast Du es durchgesehen, und erinnerst Du Dich an seinen Umgang mit dem Werther'schen Plessing? Diese Erzählung hat mich sehr geschmerzt. Wir rufen, »Hilfe, Hilfe!«, und es gibt keine Hilfe – am wenigsten von den Menschen. Ich habe oft gedacht, wenn ich Goethe treffen und ihm meine Gemütsverfassung erklären könnte, dann würde er mir zeigen, wie ich die Umstände beherrschen kann, statt mich von ihnen beherrschen zu lassen; und vor allem wäre er nicht so sicher gewesen, dass alles zum Besten steht, solange wir uns nicht darum bemühen, den Orakelsprüchen zu folgen; er hätte gewünscht, dass ich erkenne, was die Natur mit mir vorhat. Aber sein Verhalten gegenüber Plessing und Oehlenschläger zeigt, dass eine Bitte an ihn vergeblich gewesen wäre.

Glaubst Du wirklich, dass es noch etwas »Allumfassendes« außer der Religion gibt? Sind solche Unterscheidungen nicht Einbildung? Müssen die Philosophien verschiedener Menschen sich nicht zu einem System zusammenfügen, das geeignet ist, sie zu leiten und ihnen ein Obdach zu geben, um darunter die Ideen unterzubringen, an die sie glauben, die sie verwerfen oder nach Belieben gestalten können? Novalis nennt diejenigen, die solche Ansichten vertreten, »Ungläubige«; aber harte Namen ändern nichts. Er sagt mit Verachtung: »Für *solche* ist die Philosophie nur ein System, das sie der Mühe des Nachdenkens überhebt.« Genau das ist bei mir der Fall. Ich *möchte* ein System, das meinem Charakter entspricht und dessen Forderungen ich glauben kann. Ich möchte nicht immer *nachdenken*, wenn es beim Nachdenken immer um die eigene Identität gehen muss, ob »*ich*« das wahre »*Ich*« bin &c. Ich möchte an dem Punkt ankommen, an dem ich mir selbst vertrauen kann und nicht mehr sagen muss: »Es scheint mir«, sondern mutig fühle: Es *ist so* für mich. Mein Charakter hat seinen natürlichen Ausgleich, mein Herz schlägt, meine Lippen sprechen die Wahrheit, ich kann allein gehen oder einem Freund den Arm bieten, und wenn ich mich auf jemanden stütze, dann ist das kein Zeichen für Krankheit, sondern nur Müdigkeit am Wegesrand. Das ist die Philosophie, die ich will; das würde *mich* befriedigen.

Dann sagt Novalis: »Philosophie ist die Kunst, von jedem gegebenen Orte aus den Stand der Wahrheit zu finden und so die Verhältnisse des Gegebenen zur Wahrheit genau zu bestimmen.«

Die Philosophie ist eigentlich Heimweh, Trieb, überall zu Hause zu sein.

So denke ich; aber was ist daran *allumfassend*, ewig-bewusst?

Ein Gegengewicht zum amerikanischen Utilitarismus

An Elizabeth P. Peabody, um 1836

Zu Ihrem Vorschlag wegen des *American Monthly* kann ich Ihnen sagen, dass ich gern einen Teil meines Verstandes mit Gewinn verkaufen würde, wenn ich dafür mit meiner Zeit besser haushalten könnte; aber meine Seele werde ich nicht verkaufen: Das heißt, ich bin gern bereit, für Geld zu schreiben, um die Näherin zu bezahlen; aber ich bin *nicht* bereit, das, was ich schreibe, verstümmeln oder mir den Wortlaut diktieren zu lassen, um dem öffentlichen Geschmack zu entsprechen. Sie reden von meiner Schrift über Tieck. Es ist mein ehrlicher Wunsch, die mir liebsten deutschen Autoren den Amerikanern näherzubringen, die dafür offen sind.

Vielleicht werden einige über die Vorstellung lächeln, dass ich zur Lehrerin werde; aber wo ich so sehr liebe, kann ich andere vielleicht dazu anstiften, auch ein wenig zu lieben; und ich denke, diese Kultur wäre genau das richtige Gegengewicht zu den utilitaristischen Neigungen unserer Zeit und unseres Landes. Gerade meine Unvollkommenheit kann dabei von Wert sein. Solange der Enthusiasmus noch frisch ist, solange ich noch Novizin bin, ist es vielleicht einfacher, sich mit den Uneingeweihten zu verständigen, als später, wenn ich einen höheren und gefestigteren Wissensstand erreicht habe. Ich hoffe, es findet sich eine Zeitschrift, die mich für würdig hält, eine Artikelserie über die deutsche Literatur zu veröffentlichen, und mir genügend Raum und Freiheit gewährt, zu sagen, was ich möchte. In diesem Fall würde ich Tieck mindestens acht Nummern widmen und den Garten der Poesie und meine anderen Übersetzungen verwenden.

Ich habe manchmal daran gedacht, sein *Rothkäppchen* für Kinder zu übersetzen. Wenn man es mit Illustrationen wie *Das Mährchen ohne Ende* ausschmückte, könnte es ein schönes kleines Buch ergeben;

aber ich weiß nicht, ob das in Boston möglich wäre. Es ist Vieles darin, was Kinder nicht verstehen können; aber da sie das erst bemerken, wenn sie verständig genug sind, das Ganze zu begreifen, entspricht es genau meinen Vorstellungen von einem Kinderbuch.

Ich würde die vorgeschlagene Reihe gern mit einer Besprechung von Heines Briefen zur deutschen Literatur eröffnen; das wäre ein ausgezeichneter Anlass für einige vorbereitende Bemerkungen. Meine Pläne für die kommenden Monate sind noch so ungewiss, dass ich nicht sagen kann, ob ich die nötige Zeit und Ruhe finden werde, die ganze Serie zu schreiben, obwohl mich die versprochene vollkommene Freiheit sehr lockt. Ich könnte mich aber verpflichten, mindestens zwei Artikel über Novalis und Körner beizutragen. Ich glaube, Sie werden sich für meinen Liebling Körner interessieren. Meine Liebe zu den beiden ist groß. Ich möchte aber etwas schreiben, das nicht nur frei von Übertreibungen *ist*, sondern auch denjenigen, die ihre Werke nicht kennen, so *erscheinen* soll.

In diesem Monat habe ich so viel zu lesen, dass nur wenige Stunden fürs Briefeschreiben bleiben. Ich habe schon fünf deutsche Bände, zwei französische, drei englische besprochen, und das nicht, ohne mich lange damit auseinandergesetzt und darüber nachgedacht zu haben.

Zum gegenwärtigen Stand der deutschen Literatur*

Zur Hand genommen haben wir das Buch, um das es in diesem Artikel gehen soll, mit großer Voreingenommenheit gegen Heinrich Heine. Zuerst haben wir es mit Widerwillen gelesen, dann mit widerwilligem Vergnügen, zuletzt mit vergnügter Hochachtung. Nicht dass Heine so ist, wie er sein sollte und wie er gewiss noch sein wird. Wir wundern uns nicht, dass er von einem wenig gewandten und kompetenten Kritiker als ein »literarischer Lump« abgetan wurde, »der weder Gott noch die Menschen fürchtet«. Wenn Goethe ein »alter Heide« war, dann ist Heine zweifellos ein junger. Sein Feuer ist noch unbeherrscht, es fehlt

* *Letters auxiliary to the History of Modern Polite Literature in Germany.* Von Heinrich Heine. Übersetzt aus dem Deutschen von G. W. Haven. Boston, James Munroe & Co. 1836.

ihm noch an Ehrfurcht. Sein leidenschaftliches Schönheitsempfinden ist noch ganz *naturel* und geht Hand in Hand mit Hochmut, Ekel und Verachtung, die scheinbar unschöne Dinge in einem ungeschulten Geist auslösen – einem Geist, der noch nicht bemerkt, dass hinter unvollkommenen Ergebnissen ein vollkommener Entwurf stehen kann. Tatsächlich schmerzt Heine die Hässlichkeit nicht, die er so oft erblicken muss, und alles Ungeschliffene, das ihm über den Weg läuft, dient ihm nur als Wetzstein für die Waffen seines Witzes. Aber das wiederum ist lediglich die Schwärmerei eines ungezähmten Geistes, und die Zeit wird kommen, in der er seinen Ekel nicht mehr genießen, sondern sich vielmehr nach der Einheit aller Dinge sehnen wird.

Auch wenn Heine offensichtlich keiner Religion angehört und das Christentum allein als eine Art moderner Meinungsäußerung betrachtet und sogar geneigt ist, gegen die verlangte Selbstaufgabe zu rebellieren, so hat er doch ein Gefühl für dessen nützliche und schöne Seiten. Mit der Zeit muss dieses Gefühl über seine gegenwärtige Freiheitsliebe siegen, ihm das Wesen der höchsten Freiheit begreiflich machen und diesen Heiden bekehren. Denn wenn er auch keine *Furcht* vor irgendetwas Göttlichem oder Menschlichem hat, so ist er doch nicht gänzlich ohne Religion, da er – inbrünstig, wenn auch etwas hochmütig – Schönheit und Stärke verehrt, die ebenso göttlich sind wie Liebe und Wahrheit. Wer nur Heines Wesen und seine Position billigt, mit einer entsprechenden Haltung liest und neugierig auf Auskünfte über die moderne deutsche Literatur ist, wird das hier besprochene Werk durchaus wertvoll finden.

Die Übersetzung ist unserer Meinung nach außerordentlich gut gemacht. Wir kennen das Original nicht, aber der Stil der Übersetzung ist so entschieden individuell und so beißend, dass sie kaum zu frei oder nachlässig gearbeitet sein dürfte. Jedenfalls wird sie nicht von der zahmen Abbildungstreue und der unterwürfigen Übernahme fremder Ausdrucksweisen verdorben, wie das bei so vielen Übersetzungen aus dem Deutschen der Fall ist. Einige Passagen zeigen ein sehr schönes Englisch, etwa die Beschreibung der chinesischen Prinzessin und der Muse von Orick.

Es ist erfreulich zu sehen, wie hier in Amerika das Interesse an deutscher Literatur wächst. Seit einiger Zeit sind wir davon überzeugt, dass man gerade diese Kultur den Einflüssen entgegensetzen sollte, die inmitten unseres sogenannten Wohlstandes jede poetische Knospe zu ersticken drohen. Sie verwandeln das amerikanische Gemüt in eine geistige *Spinning Jenny*, die durch keinen höheren Antrieb in Gang gesetzt wird als bloße Nützlichkeit im niedrigsten Sinne – eine gemeine, schmutzige, schlemmende und saufende Nützlichkeit. Es ist wahr, dass unsere Nation viele Jahre hart arbeiten, Zeit und Geld sparen muss. Es wird deshalb nicht viel Zeit oder überschüssiges Talent verfügbar sein, um eine Nationalliteratur oder die schönen Künste auszubilden. Aber schmeicheln wir uns nicht selbst mit dem Glauben, dass wir den Zustand höchster Vollkommenheit bald erreichen werden, weil wir niemandem mehr etwas schuldig sind und die Entwicklungen zu Wasser und zu Lande rasch voranschreiten. Vergessen wir nicht, dass es auch Entwicklungen einer anderen Art gibt, die unsterblichen Wesen besser zu Gesicht stehen. Und seien wir auf der Hut, damit wir nicht in satter Ignoranz allem den Rücken kehren, was elegant, edel, fantasievoll ist – weil es weder dem Dampfschiff noch der Eisenbahn zugutekommt und darum als nicht »praktisch« gebrandmarkt wird. Kein Wort wird in dem gewissermaßen prosaischen Zustand unserer Gesellschaft so häufig und selbstsicher gebraucht wie dieses, und doch oft irrtümlich. Nicht praktisch! Ist nichts praktisch, das keinen unmittelbaren Zweck erfüllt? Ist kein Mensch praktisch, der nicht geschwind wie ein Zauberer seine Gedanken in Pfunde, Schillinge und Pennys verwandeln kann? Was auch immer die redliche menschliche Seele hervorbringt – immer und überall muss es praktisch sein. Ein weiser Mann aus früheren Tagen sagt, es sei unsere Pflicht, »den Verstand nicht abzutöten oder zu ermorden, sondern ihn dem Intellekt zu Füßen zu legen.« Jeder fremde Beobachter, der sich durch dieses Land bewegt, weist uns, freundlich oder nicht, auf diesen Mangel, diese Gefahr hin. Und jeder, der hier einen Monat lang reisen und ein Tagebuch über die zufällig aufgeschnappten Gespräche führen sollte, wird in jeder Zeile das Wort »Besitz« lesen. Allerdings ist das nicht der Besitz einer Pflanze oder eines Minerals, geschweige denn einer so flüchtigen Wesenheit, wie der Geist es ist, sondern der Schatz, den Motten und Rost zerfressen. Die Gedanken der Menschen sind nicht wirklich in der Erde verwurzelt, sie flattern zwischen den Banknoten oder erweitern sich zu Unternehmensstrategien – doch lass sie, oh, lass sie doch zuweilen anmutig schwebende Schwingen entfalten, vielleicht sogar die Flügel der Morgenröte. Die Vereinigten Staaten von Amerika sind glücklich oder, besser gesagt: sie florieren; doch gibt es andere noch glücklichere, in amarantroten Blüten prangende Reiche – wir meinen die Reiche des intellektuellen Lebens. Es wird uns nicht schaden, ab und zu einige dieser Amarante hierher zu verpflanzen. Erinnern wir uns, dass einer der vornehmsten Wege zur Erkenntnis der Vergleich ist. Lernen wir etwas vom Zustand jenes menschlichen Geistes, auf den andere Einflüsse einwirken als auf den unsrigen. Beschließen wir nicht voreilig, dass unser eigener Zustand der beste ist und sein wird, dass er keiner Verbesserung bedarf, die nicht von selbst eintreten wird. Unser Zustand mag in mancher Hinsicht der beste sein, aber gewiss nicht in jeder. Besteht nicht die Gefahr, dass wir – glücklich in der wohltätigsten Staatsform, die die Welt je gesehen hat – unseren Geist bloß als Teil einer großen Maschine betrachten und dabei verlernen, unabhängig zu denken und zu handeln? Der individuelle Einfluss muss immer der stärkste, das individuelle Bemühen der größte Förderer des allgemeinen Fortschritts sein. Wir sind nicht bloß Triebfedern und Räder, die zweifellos und ohne zu zweifeln ihre Arbeit tun und ihre Bestimmung erfüllen, wenn sie an ihren Platz gesetzt und gut geölt werden. Nein! In jedem von uns gibt es einen eigenen Ort, an dem die Lebenskraft entspringt. Dieser Ort muss gehegt werden, als wären wir Bäume im Park, reich an Blättern, Blüten und duftenden Früchten – und nicht dürre Bretter in einer Schiffswerft, die nur dazu taugen, zugehauen und verbraucht zu werden und schließlich zurückzukehren zum heimatlichen Staub.

Gut sind Bücher, die uns neue Erfindungen präsentieren. Bücher, die Geschichten über das modische englische Leben enthalten, sind eine gute Lektüre für die, die andernfalls beim Schneider beschäftigt wären, am Spieltisch oder beim Pferderennen. Bücher, die kritisch über andere Bücher urteilen, sind auch gut – sofern sie nicht das eigene Denken ersetzen – und sollten als Ratgeber betrachtet werden und nicht als Inbegriff unfehlbarer Wahrheiten oder Verzeichnisse der verbotenen Schriften. Ferner sind englische Bücher gut, aber vielleicht nicht gerade für uns, denen in unserer unbelesenen Kindlichkeit der Absolvent einer englischen Universität, der gerühmte Sprössling unseres Mutterlandes, immer etwas zu sehr in der Rolle eines Pädagogen erscheint. Und abgesehen von dem Gedanken, dass wir nie eine eigene Literatur haben können, solange wir dieser überwältigenden Autorität ausgesetzt sind und unser Bemühen so leicht ersetzbar scheint durch die Schätze einer Literatur, die eine gemeinsame Sprache so zugänglich und höheres Alter so ehrwürdig für uns macht – so zeigt die gegenwärtige Epoche in der englischen Literatur (mit einigen rühmenswerten Ausnahmen) eben dieselben utilitaristischen Tendenzen wie unsere eigene. Auch die gegenwärtige französische Form der *Belles Lettres* kann die anständige Gesellschaft kaum befriedigen. Die Literatur Italiens ist tot, denn obwohl der »Weltgarten« noch immer hie und da mit einer erlesen schönen und wohlriechenden Blüte prangt, sind seine Spazierwege zum größten Teil überwuchert von Unkraut und seine Ruinen mit Efeu bedeckt. Der distinguierte Italiener wird sich entschließen müssen, ein Weltbürger zu werden; die Hügel seines Heimatlandes hallen nicht mehr wider vom Echo eines vergangenen Donners, in ihrem Innern ertönt kein Herzschlag mehr.

An wen also können wir uns wenden, wenn nicht an die treuherzigen Deutschen, wenn wir bedenken wollen, dass »der Mensch nicht vom Brot allein lebt«, und den Idealismus, den wir brauchen, um unseren Utilitarismus auszugleichen? Die Deutschen haben gewiss ihre Fehler, aber diese Fehler – auf die der »Fortschrittsmann« Heine mit so viel Scharfsinn hinweist – sind für uns ebenso gut wie Tugenden, denn sie sind das genaue Gegenteil unserer Fehler und uns darum eine wichtige Lehre. Ja von Deutschland kann man in gewisser Weise sagen, es sei unser einziger Zeitgenosse. Südamerika ist jünger und ganz Europa, Russland ausgenommen, älter als wir. Das gegenwärtige großartige Geistesleben in Deutschland geht auf dieselbe Zeit zurück, in der auch unser nicht weniger großartiges politisches Leben begründet liegt, das so viele gern ein Experiment nennen. Da wir zur selben Zeit geboren wurden und nach diesem unzureichenden sechzigjährigen Noviziat beide noch jugendliche Gefühle und jugendliche Schwächen teilen, sollten wir uns kennenlernen und so weit wie möglich miteinander sympathisieren.

Über dieses Lieblingsthema könnten wir gerne ein kleines Duodezbändchen schreiben, falls jemand geneigt sein sollte, es zu lesen. Vorerst *revenons à notre mouton*, das tatsächlich nicht von so süßer lammfrommer Sanftmut ist, um ohne Hirtenstab gehütet zu werden.

Wir glauben, dass die deutsche Literatur hier, ebenso wie in Frankreich, vornehmlich durch Madame de Staëls Werk bekannt ist, zu dem das vorliegende eine Ergänzung darstellt. Ihr Buch ist wundervoll und bewundernswürdig umfassend; und doch wird es seinem Gegenstand nicht gerecht, wie jeder fühlen muss, der auch nur ein wenig mit der deutschen Literatur vertraut ist. Ein Führer durch diesen gewaltigen Irrgarten wird dringend gebraucht, denn auch wenn er nicht planlos angelegt ist, ist dieser Plan doch ausgesprochen verwickelt. Uns ist bislang keine Literaturgeschichte bekannt, die einem Fremden den nötigen Beistand leisten könnte, um die Ursachen der Strömungen und Gegenströmungen zu verstehen, die den breiten Fluss der öffentlichen Meinung in Deutschland so heftig bewegt haben. Für denjenigen, der sich nicht nur an den schönen Gedanken und dem schönen Stil ergötzen, sondern auch die Ursachen und Einflüsse kennenlernen möchte, die diese oder jene Meinung hervorgebracht haben, ist jeder neue Autor ein neues Rätsel. In den meisten Literaturen oder Literaturepochen lassen sich drei oder vier Leitgedanken als hinreichende Wegweiser identifizieren, aber für eine vertrautere Bekanntschaft mit Herder oder Lessing sind mehr Vorbereitungen und zusätzliche Kenntnisse notwendig als zum Verständnis des Witzes in der Zeit von Queen Anne oder Ludwig XIV.

Aber lass Dich nicht entmutigen, verehrter Leser, und glaube einem im Müßiggang nicht unerfahrenen Freund, dass intellektuelle Arbeit genau das ist, was Du brauchst, um einen Geist fruchtbar zu machen, der auch dann noch brachliegen kann, wenn Du Wagenladungen von Zeitungen liest oder viele Vorlesungen besuchst. *Kann*, wohlgemerkt – wir sagen nicht *muss*, denn für den gut vorbereiteten, d. h. aufgeweckten Geist ist das alles nicht nur Saat, sondern auch Tau und Regen.

Was Heine über Madame de Staël und das Feuerwerk ihrer Geistesblitze und brillanten Tollheiten sagt, ist sehr gut und wahr, aber gegenüber A. W. Schlegel ist er in nicht zu rechtfertigenden Vorurteilen befangen. Alles, was ein kometenhaftes Aufleuchten tun kann, um das Gedankenfirmament zu erhellen, hat Madame de Staël getan. Die Kraft ihrer Intuition, ihr zartes Taktgefühl, ihre weitreichenden und bedeutenden Folgerungen erscheinen jedem, der auch nur eine vage Vorstellung vom Ausmaß ihrer selbstgestellten Aufgabe hat, geradezu übernatürlich. Es war jedoch eine Aufgabe, für die gründliche, ja geduldige Nachforschungen und ein sehr viel größerer Zeitaufwand notwendig gewesen wären. Doch wie Goethe sagte, gerade ihre Fehler halfen ihr, die Deutschen anderen Völkern näherzubringen. Wäre sie gründlicher gewesen, aber weniger unerschrocken, hätte sie größere Angst gehabt, womöglich falsche Eindrücke zu vermitteln, und hätte der gewohnte Erfolg sie weniger selbstsicher gemacht, sorgfältiger, aber weniger brillant – sie wäre vor dem großen Unternehmen zurückgeschreckt oder hätte es so zaghaft ausgeführt, dass es den großen Erfolg verhindert hätte. Ihre Geistesblitze haben viele elektrisiert, die ohne sie für immer unentflammt von jenen göttlichen Feuern geblieben wären, aus deren Glut sie schöpfte. Ihr Buch wäre der bestmögliche Wegbereiter für ein anderes gewesen, das weniger genial, aber vollständiger, in den Details befriedigender, wissenschaftlicher und weniger empfindsam gewesen wäre. Mehr als zwanzig Jahre sind vergangen, ohne uns ein solches Buch zu bringen. Die Deutschen schreiben unaufhörlich übereinander, aber für den Fremden, der eine allgemeinere Übersicht über das Feld bevorzugt, sind ihre Anmerkungen von geringem Nutzen.

Heine hat einige vorzügliche Materialien für eine Brücke zwischen Deutschland und uns geliefert – das hätte nicht jeder Architekt leisten können. Wenn wir recht verstehen, wurde ein erheblicher Teil der *Beiträge* übergangen; und tatsächlich wirkt das kleine Buch, das wir gelesen haben, eher wie ein Fragment. Sein Gegenstand, soweit es einen hat, scheint eine Satire auf die Romantische Schule zu sein und wird vor allem vom Radikalismus und Scharfsinn des Autors bestimmt. Es liegt ein Gemisch aus Wahrheit und Gerechtigkeit in allem, was er sagt, und seine Vorurteile sind so unverkennbar, dass sie ihr eigenes Gegengift mitbringen. Die Überfülle an Witz, mit der er uns auf Kosten A. W. Schlegels unterhält, hat uns zum Lachen gebracht – wir hätten nicht gern darauf verzichtet, aber sie hat nur wenig mit dem Geist wahrer Kritik zu tun. Wir sind ihm dankbar für die sehr drollige Darstellung seiner ersten Begegnung mit dem Begründer der Romantischen Schule und Freund des Großkanzlers von England mit seinen Glacéhandschuhen und *eau sucré*, umso mehr als sie es uns ermöglicht, seine Voreingenommenheit in ihrem ganzen Ausmaß wahrzunehmen. Kein Wunder, dass der *Petit Maître*-Professor ein lächerlicher und verdrießlicher Gegenstand in den Augen des jungen Liberalen war, der von Genie, Übermut und Spott nur so sprühte. A. W. Schlegel war gleichwohl ein großer Mann. – Man darf wohl sagen, dass er nichts weniger als ein großer Mann war, wenn er auch heute nicht mehr als ein solcher betrachtet wird. Heine sagt: »Wer spricht jetzt noch in Deutschland von A. W. Schlegel oder in Paris von der Giraffe?« Er sollte sich daran erinnern, was er selbst über Racine gesagt hat. Schlegel ist sein Rennen gelaufen und hat seine Arbeit getan; der Erfolg wurde bereits verdaut und wiedergekäut; und Werke wie die seinen können ihre Aufgabe auch nicht wieder und wieder erfüllen wie jene, die in eine bleibende Form gegossen wurden. Nach einer Weile müssen sie, wenn sie wirklich kostbar waren, für das geschätzt werden, was sie waren, und nicht für das, was sie sind. A. W. Schlegel war der Begründer der neuen, berühmten freisinnigen Schule der Kritik. Er lehrte uns, dass der Mann von Genie sich weit über uns gewöhnliche Sterbliche aufgeschwungen hatte und dass wir lernen müssen, uns selbst zu erheben, um ihn in seiner wahren Größe zu erblicken. Dass wir ihn als einen Lehrer verehren sollten, nicht herumzerren und schlechtmachen, bloß zum Vergnügen unserer müßigen oder leichtfertigen Launen. Nicht dass wir blind sein müssten in unserer Verehrung, durchaus nicht. Um einen Gegenstand so wahrzunehmen, wie ihn die Natur vorgesehen hat, ist es besser, ihn aus einer gut gewählten Perspektive mit unseren eigenen Augen unverwandt anzublicken, als ihn aus nächster Nähe durch ein kritisches Mikroskop zu mustern. Wir sollten Augen und Herzen offenhalten, um Schönheit und Stärke auch dort zu erkennen, wo sie sich in einer gänzlich neuen und fremden Gestalt zeigen. Wir sollten zu Füßen der Großen Mutter sitzen, ihre schöpferische Kraft respektieren und niemals glauben, dass die Regeln einer kleinen Gruppe von Kritikern unfehlbar geeignet seien, sie zu wiegen und zu messen.

So taten auch die Schlegels. In ihren umfassenden und vielseitigen Studien, lebhafter Einbildungskraft und feinem Taktgefühl waren sie nie verpflichtet zu »morden«, um zu »sezieren«. Sie studierten, was sie erklären wollten, im Geist der Liebe und Sympathie; und das Ergebnis bewies, dass der Feinsinn einer Analyse nicht von einem spöttisch kalten Blick auf den Gegenstand abhängt. Wenn wir begreifen, welchen Einfluss sie auf die deutsche Kritik hatten, und ihn mit dem der *Edinburgh Review* auf die englische Kritik vergleichen, verzeihen wir gerne manche Ausschweifungen, zu denen ihre Liebe zum System sie verleitete. Wir blicken auf sie mit einer wohlwollenden Dankbarkeit, die sich von den sarkastischen Drolerien Heinrich Heines nicht stören lässt. Tatsächlich hat er mit all seinen Mäkeleien genug gesagt, um den stillen Beobachter zu befriedigen, wenn er bemerkt, dass »in der reproduzirenden Critik, wo die Schönheiten eines Kunstwerks veranschaulicht werden, wo es auf ein feines Herausfühlen der Eigenthümlichkeiten ankam, die Herren Schlegel dem alten Lessing ganz überlegen sind« – seinem geliebten Lessing. Damit wären wir zufrieden, wenn hier nicht zugleich die dunkle Seite des Gemäldes auf eine Weise vorgebracht würde, dass man sie kaum bemerkt. Ja, es ist eine *»reproduzierende«* Kritik, deren Gesetzen sie etwas wie die Festigkeit einer Wissenschaft gegeben haben. Einige ihrer Anhänger sind weiter gegangen, als ihre Lehrer gutgeheißen hätten. Wir können nicht umhin zu glauben, dass Mrs. Jameson in ihrem Eifer, Shakespeare neu erstehen zu lassen, zuweilen vom Licht ihres Enthusiasmus geblendet wurde und seine Heldinnen mit Charakterzügen ausschmückte, die er sich nie hätte träumen lassen. Vielleicht verbessert A. W. selbst bisweilen zu viel. Aber er hat Vieles, *Vieles* bewirkt, was zum Bestandteil des literarischen Lebens wurde; und wenn sein Name nicht mehr in aller Munde ist, dann allein deshalb, weil er zu einer Alltäglichkeit geworden ist, die eher gespürt als bedacht wird. Ebenso wenig ist es gerecht, August Schlegel damit zu verunglimpfen, dass er Friedrich so viel zu verdanken habe. Vielleicht ist es wahr, und Friedrich hat den kraftvolleren und eigentümlicheren Geist. Doch er konnte es sich sehr wohl leisten, einige seiner Ideen an jemanden weiterzugeben, der sie so wirksam zum Ausdruck brachte. Das ist an sich schon ein Talent, und jemand mit einem derart funkelnden Verstand kann nicht beständig damit prahlen. Denn Verstand und Talent sollten nun als zwei unterschiedliche Dinge betrachtet werden; oder vielmehr setzt das Letztere die Anwesenheit des Ersteren voraus, das Gegenteil aber ist nicht immer der Fall. Der Geist steht am höchsten, weit höher als die Form; doch wenn er lediglich »wie Glockenton ernst-freundlich durch die Lüfte wogt«, kann er dann andere Geister bewegen und inspirieren, wie er es tut, wenn ihm eine kunstfertige Form gegeben wird? Er kann es ebenso wenig, wie die Schwingungen der Luft, die nicht den Gesetzen des menschlichen Verstandes unterworfen sind, die Seele so berühren können, wie sie es in Kompositionen von Haydn oder Mozart tun. Wenn Friedrich begabter darin war, einen Gedanken anzuregen, und August darin, ihn auszudrücken, dann muss nichts weiter gesagt werden, als dass diese Verbindung wahrhaft glücklich und brüderlich war. *Beiden* gebührt die Ehre für das Ergebnis.

Im Übrigen war der Katholizismus der Romantischen Schule zweifellos ein jämmerlicher Irrtum, nicht ohne Beigeschmack von Torheit; doch wie andere Fehler der schwachen, nach Wahrheit suchenden menschlichen Geschöpfe ist auch dieser ein Zeichen der Zeit. Er mag ein Licht darauf werfen, wie das tiefe religiöse Bedürfnis der Seele am besten befriedigt werden kann, durch eine noch unentdeckte Verbindung zwischen der katholischen Inbrunst und der protestantischen Würde und Freiheit.

Über keinen Gegenstand ist mehr Unsinn geschrieben und gesagt worden als über diesen, ob brillant oder nicht, und niemals wurde er besser formuliert als hier bei Heine:

> Diese Benennungen der romantischen und der klassischen Poesie aber sind nur unsichere Rubriken und führten bisher zu den unerquicklichsten Verwirrnissen, die noch gesteigert wurden, wenn man die antique Poesie statt klassisch auch plastisch nannte. Hier lag besonders der Grund zu Mißverständnissen. Nemlich die Künstler sollen ihren Stoff immer plastisch bearbeiten, er mag christlich oder heidnisch seyn, sie sollen ihn in klaren Umrissen darstellen, kurz: plastische Gestaltung soll in der romantisch modernen Kunst, eben so wie in der antiquen Kunst, die Hauptsache seyn. Und in der That, sind nicht die Figuren in der göttlichen Comödie des Dante oder auf den Gemälden des Raphael eben so plastisch wie die im Virgil oder auf den Wänden von Herkulanum? Der Unterschied besteht darin, daß die plastischen Gestalten in der antiquen Kunst ganz identisch sind mit dem Darzustellenden, mit der Idee die der Künstler darstellen wollte, z. B. daß die Irrfahrten des Odysseus gar nichts anders bedeuten als die Irrfahrten des Mannes, der ein Sohn des Laertes und Gemahl der Penelopeya war und Odysseus hieß; daß ferner der Bacchus, den wir im Louvre sehen, nichts anders ist als der anmuthige Sohn der Semele mit der kühnen Wehmuth in den Augen und der heiligen Wollust in den gewölbt weichen Lippen. Anders ist es in der romantischen Kunst; da haben die Irrfahrten eines Ritters noch eine esoterische Bedeutung, sie deuten vielleicht auf die Irrfahrten des Lebens überhaupt; der Drache der überwunden wird, ist die Sünde; der Mandelbaum der dem Helden aus der Ferne so tröstlich zuduftet, das ist die Dreyeinigkeit, Gott Vater und Gott Sohn und Gott Heiliger Geist, die zugleich eins ausmachen, wie Nuß, Faser und Kern dieselbe Mandel sind. &c.

Es stimmt, dass einige der sich verkünstelnden Zeitgenossen auch jede griechische Fabel mit einer esoterischen Bedeutung aufladen würden. Jedes Ereignis und jede Vorstellung hat eine Entsprechung in der Seele der Dinge, und geht man ihr nach, kann sie den philosophischen Beobachter zu solchen esoterischen Bedeutungen führen. Aber für uns war doch immer deutlich, dass Autoren aus vergangenen Tagen nichts weiter im Sinn hatten als einfache Ereignisse und einfache Eindrücke.

Zu Arnim, Hoffmann, Novalis, Lessing, Herder und Tieck hat Heine uns jeweils mit beredten Tiraden beglückt, und wir hoffen, in zukünftigen Ausgaben seine Aussagen detaillierter als gegenwärtig möglich prüfen zu können. Was den Letztgenannten angeht, sind wir mit Heine vollkommen einer Meinung, außer dass wir dem scharfen Tadel von Tiecks »erster Manier« nicht ganz zustimmen können. *William Lovell* ist voller Genie, auch wenn es kein gut geschriebenes Buch ist, und es verspricht, was Heine in den folgenden schönen Passagen beschreibt:

> Tieck war der wirkliche Sohn des Phoebus Apollo, und wie sein ewig jugendlicher Vater führte er nicht bloß die Leyer, sondern auch den Bogen mit dem Köcher voll klingender Pfeile. Er war trunken von lyrischer Lust und kritischer Grausamkeit, wie der delphische Gott. Hatte er, gleich diesem irgend einen literarischen Marsyas erbärmlichst geschunden, dann griff er, mit den blutigen Fingern, wieder lustig in die goldenen Saiten seiner Leyer und sang ein freudiges Minnelied.
>
> In diesen Dichtungen (*Der blonde Eckbert* und *Der Runenberg*) herrscht eine geheimnißvolle Innigkeit, ein sonderbares Einverständniß mit der Natur, besonders mit dem Pflanzen- und Steinreich. Der Leser fühlt sich da wie in einem verzauberten Walde; er hört die unterirdischen Quellen melodisch rauschen; er glaubt manchmal, im Geflüster der Bäume, seinen eignen Namen zu vernehmen; die breitblättrigen Schlingpflanzen umstricken manchmal beängstigend seinen Fuß; wildfremde Wunderblumen schauen ihn an mit ihren bunten sehnsüchtigen Augen; unsichtbare Lippen küssen seine Wangen mit neckender Zärtlichkeit; hohe Pilze, wie goldne Glocken, wachsen klingend empor am Fuße der Bäume; große, schweigende Vögel wiegen sich auf den Zweigen und nicken herab mit ihren klugen, langen Schnäbeln; alles athmet, alles lauscht, alles ist schauernd erwartungsvoll: – – da ertönt plötzlich das weiche Waldhorn, und auf weißem Zelter jagt vorüber ein schönes Frauenbild, mit wehenden Federn auf dem Barett, mit dem Falken auf der Faust. Und dieses schöne Fräulein ist so schön, so blond, so veilchenäugig, so lächelnd und zugleich so ernsthaft, so wahr und zugleich so ironisch, so keusch und zugleich so schmachtend wie die Phantasie unseres vortrefflichen Ludwig Tieck. Ja, seine Phantasie ist ein holdseliges Ritterfräulein, das im Zauberwalde nach fabelhaften Thieren jagt, vielleicht gar nach dem seltenen Einhorn, das sich nur von einer reinen Jungfrau fangen läßt.

Heines Bewunderung für Napoleon ist ganz so, wie man sie von jemandem erwarten kann, der der Kraft des menschlichen Willens so viel mehr Sympathie entgegenbringt als der moralischen Schönheit der Selbstüberwindung. Er zeigt für Napoleon einen Enthusiasmus, dem manche aufgeklärten Verehrer der moralischen Schönheit nicht beipflichten könnten. Und doch *war* Napoleon gewiss ein großer Mann, das Wunder unserer Zeit. Wäre er *nicht* groß gewesen, müsste die Menschheit, die er so erschüttert und nach seinem Gefallen vorwärts und rückwärts gezwungen hat, tatsächlich blind und schwach gewesen sein. Er hat, als ein großer Mann, ob vorsätzlich oder nicht, viel Gutes tun *müssen*.

So wird der Vorsehung gedient,
Erleuchtung können Himmelswaffen bringen
In tiefe, dunkle Höhlen, die der milde
Lichtstrahl der Sonne nicht durchdringen kann.

Und doch können wir dem Dichter nicht ganz zustimmen, wenn er sagt,

der Fluch,
Die göttlichsten Gedanken zu erwecken,
Erhabener Taten Vater und Begründer,
Und ganzen Völkern, sklavisch noch gebunden,
Freigebig neue Freiheit zu eröffnen:
Mehr als heroisch! dies zu sein, und doch
Nicht des geringsten Dankes würdig;
Tödlichen Hass mit Mitleid, Verblüffung mit Hohn
Gemischt zu ernten anstelle eines Lohns.

Zu tödlichem Hass haben wir ein Recht, aber »*verhöhnen*« wir Pygmäen niemals? Leugnet nur, dass die Umstände den Mann gemacht haben – dass seine wundersame Laufbahn auf natürliche Weise in seiner Zeit begründet war! Leugnet ebenso, dass ein großer Geist rechtmäßigen Anspruch auf unsere Bewunderung hat, weil er nichts als ein Geschöpf der Umstände ist! Ist dem nicht so? Diese eiserne Willensstärke, dieser unbarmherzige, alles verzehrende Ehrgeiz – sie waren eine Gabe Gottes, die er für seine eigenen Zwecke nutzte, und als solche sind sie mit Sorge zu betrachten, mit Widerwillen vielleicht, aber nicht mit Hohn. Wir geben seine Selbstsucht zu, seine heillose, wilde Selbstsucht. Wir geben zu, dass er weniger imstande war, Elend zu erdulden, als den Wohlstand zu nutzen. Aber wir wundern uns, wenn jemand seine gewaltigen Gedanken und großartigen Taten unbefangen betrachten kann und zugleich verhindern möchte, dass sein Herz schneller schlägt, weil es eine Art Wahlverwandtschaft in sich spürt. Denn wir selbst *können nicht* hassen, wir *wagen nicht*, ein so begabtes Wesen zu verachten, auch wenn es seine Gaben missbraucht hat. Und wir können auch nicht annehmen, dass eine solche Offenbarung an Stärke, wie auch immer sie gebraucht wird, keine moralische Bedeutung hätte. Wir erkennen die Überlegenheit an, die wahrhaft grenzenlose Überlegenheit des »guten großen Mannes«; wir wollen unsere Herzen nicht hindern, beim Namensklang dieses einzigartigen großen Mannes schneller zu schlagen. Und wir fühlen genau wie Heine, dass eine Gestalt von so gewaltiger Bedeutung, »Napoleon, der große Classiker«, durch keine Kritik, durch keine Schmähungen geringerer Männer vernichtet werden kann, die unschuldiger, gütiger waren als er und die weder den Versuchungen der Natur ausgesetzt waren noch einer die Menschheit erdrückenden Selbstsucht.

Einige wenige Worte noch über Heines Meinung von Goethe, die weder durch den Fanatismus von Goethes Jüngern verdorben ist noch durch den ahnungslosen Tadel seiner Gegner. Es freut uns, wie Heine sich über Menzel ausgesprochen hat, der unlängst in einer englischen Zeitschrift so gelobt wurde. Obgleich sein eifriger Bewunderer, war der Autor des Artikels, auf den wir uns beziehen, immerhin scharfsinnig genug zu bemerken, dass Menzel im Blick auf Goethe etwas umnachtet war. Mit einer Anständigkeit, über die Menzel erröten müsste, gesteht Heine, dass

> es schwerer ist das besondere Motiv zu errathen, das jeden Einzelnen bewogen haben mag seine antigoetheanischen Ueberzeugungen öffentlich auszusprechen. Nur von einer Person kenne ich dieses Motiv ganz genau, und da ich dieses selber bin, so will ich jetzt ehrlich gestehen: es war der Neid. Zu meinem Lobe muß ich jedoch nochmals erwähnen, daß ich in Goethe nie den Dichter angegriffen, sondern nur den MENSCHEN. Ich habe nie seine Werke getadelt. Ich habe nie Mängel darin sehen können, wie jene Kritiker, die mit ihren feingeschliffenen Augengläsern, auch die Flecken im Monde bemerkt haben; – die scharfsichtigen Leute! was sie für Flecken

> ansehen, das sind blühende Wälder, silberne Ströme, erhabene Berge, lachende Thäler.

Das macht auf eine wichtige Tatsache aufmerksam. Seine Gegner greifen beständig den *Menschen* Goethe an. Sie bestehen darauf, ihn in eine Position zu setzen, die er ausnahmslos vermieden hat, und suchen nach persönlichen Gefühlsäußerungen und persönlichen Ansichten, wo ein unabhängiges Werk gesehen werden sollte. So zerfressen sie die Gemütsruhe, die Goethes notwendiges Element war, beschuldigen ihn eines mangelnden Moralgefühls, weil er Untugenden und Tugend so schildert, wie sie wirklich vorkommen, ohne sich selbst durch frommes Entsetzen oder mitfühlenden Enthusiasmus ins Spiel zu bringen. Es freut uns wirklich sehr, dass Heine Goethe als einen Poeten und Künstler wahrnehmen und seine meisterlichen Werke genießen kann, frei von Gefühlen wie Liebe oder Hass gegen Goethe als Person, als Aristokraten oder Radikalen. Das ist besonders verdienstvoll, ja es ist beinahe edel für jemanden, der sich sowohl den Prinzipien als auch dem Geschmack der Goethe'schen Kunstschule so entgegengestellt hat wie er.

Manchem wird es grotesk vorkommen, dass ein Heine davon sprechen kann, wie er einen Goethe beneide. Die Idee, dass er sich mit dem Herrscher des deutschen Parnass vergleichen könnte, ist selbst für einen Witz zu dreist. Trotzdem können wir uns gut vorstellen, dass ein Literat, ohne auf eine vergleichbare wolkenbezwingende Würde zu hoffen, Neid empfindet – nicht auf die Stärke, mit der er sich nicht messen kann, wohl aber auf die olympische Gelassenheit, die auch durch das größte Papierkügelchen, das man von der Erde auf ihn abschießt, nie aus der Ruhe zu bringen ist.

Wir gestehen, dass wir ziemlich intolerant gegenüber denen sind, die meinen, ein Blatt aus dem Kranz reißen zu müssen, der fünfzig Jahre lang unverwelkt auf Goethes würdevoller Stirn blühte. Wie können diese unverständigen Kritiker ignorieren, dass ein so großer Geist kein Gegenstand für ihre Abhandlungen sein kann, ehe sie sich durch ein geduldiges und ehrfürchtiges Studium seiner Werke vorbereitet haben? Auch wenn sie seine Arbeiten nicht hinreichend oder überhaupt nicht verstehen, sollten sie doch die Universalität und die große Suggestivkraft wahrnehmen, die ihn zu *dem* großen Originalgenie des Zeitalters erheben. Immer wieder erzählen uns die Leute, sie seien der Meinung – soweit sie das nach einigen oberflächlichen Bekanntschaften mit seinen Werken beurteilen könnten –, Goethe sei auf absurde Weise überschätzt und unverdienterweise ausgezeichnet worden. Unser erster Impuls ist zu sagen, dass solche hämischen Bemerkungen nie aus den Abgründen der Unwissenheit oder den Untiefen des Mittelmaßes hätten hervorkriechen dürfen, und sie ›Philister‹ zu nennen, wie die Deutschen alle bezeichnen, deren Hirnbahnen die Elektrizität des Genies von Natur aus nicht leiten und die das Genie nur erkennen, wenn es in einer Gestalt auftritt, die zu achten sie schon von früh an gedrillt wurden. Aber vermutlich sind wir häufig genauso voreilig mit unserer Kritik an ihrer Kritik wie sie in der Kunst, uns immer wieder Grund dafür zu geben. Wo jemand so sehr bezaubert, in so hohem Maße begünstigt wurde, da *ist* eine Gottheit eingeschlossen; zweifelt nicht daran! aber verzichten wir lieber auf bigotten Bekehrungseifer oder zornige Unduldsamkeit gegenüber den Unbekehrbaren. Zu oft schlägt das üppig wuchernde Unkraut des Vorurteils Wurzeln in der fruchtbarsten Erde. Ein weiser und gütiger Mann kann verblendet sein, so wie Wordsworth es in einer Passage beschreibt, die voller Weisheit und Güte ist:

> In dem Maße, in dem der Geist unter der Last des Lebens ernster wird, schrumpft auch der Kreis seiner Leidenschaften; und seine Sympathien werden so ausschließlich, dass viel Vortreffliches seiner Aufmerksamkeit völlig entgeht oder sie nur noch schwach erregt. Zudem sind Menschen, die aus religiöser oder moralischer Neigung lesen, selbst wenn sie den Gegenstand gutheißen, in Irrglauben und Irrtümern befangen. Da sie den Wahrheiten, die sie interessieren, so viel Bedeutung beimessen, neigen sie dazu, die Autoren zu überschätzen, von denen diese Wahrheiten geäußert und durchgesetzt werden. Sie sind dazu bereit, der Sprache des Dichters mit so viel Leidenschaft zu begegnen, dass sie sich kaum bewusst werden, wie wenig sie tatsächlich von ihr erhalten. Andererseits ist die Religion für den Gläubigen so bedeutsam, und ein Irrtum scheint mit so ungeheuren Folgen verbunden, dass, wenn der Leser auf Ansichten zur Religion stößt, die er verurteilt, er nicht nur nicht mit ihnen sympathisieren kann, wie lebhaft sie auch geäußert werden, sondern dass meist jeder Befriedigung und jedem Genuss ein Ende gesetzt ist. Die Liebe, wenn sie denn zuvor vorhanden war, hat sich in Abneigung verwandelt, und das Herz des Lesers ist gegen den Autor und sein Buch eingenommen.

Eine fast heilig-sanfte Ehrerbietung hält manche Menschen davon ab, einen neuen Namen zu akzeptieren, den ein scheinbar pilzschnell wachsender Ruhm nach oben in die ersten Reihen drängt, neben die Homers und Shakespeares. Doch wir finden es jammerschade, wenn jemand, der an die menschliche Natur glaubt, nicht akzeptieren kann, dass eine so schwärmerische Liebe und ein so brennender Hass, wie Goethes Name sie auslöst, nicht ohne eine entsprechende Kraft hätten erweckt werden können.

Hier muss eine der charakteristischsten Passagen aus Heines Buch zitiert werden. Sie wurde bereits anderswo zitiert, aber wer sie schon gelesen hat, wird nichts dagegen einwenden, sie ein zweites Mal zu lesen:

> In der That, die Uebereinstimmung der Persönlichkeit mit dem Genius, wie man sie bey außerordentlichen Menschen verlangt, fand man ganz bey Goethe. Seine äußere Erscheinung war eben so bedeutsam wie das Wort, das in seinen Schriften lebte; auch seine Gestalt war harmonisch, klar, freudig, edel gemessen, und man konnte griechische Kunst an ihm studieren wie an einer Antique.
> Seine Augen waren ruhig wie die eines Gottes. Es ist nemlich überhaupt das Kennzeichen der Götter, daß ihr Blick fest ist und ihre Augen nicht unsicher hin und her zucken. Daher, wenn Agni, Varuna, Yama und Indra die Gestalt des Nala annehmen bey Damayantis Hochzeit, da erkennt diese ihren Geliebten an dem Zwinken seiner Augen, da wie gesagt die Augen der Götter immer unbewegt sind. Letztere Eigenschaft hatten auch die Augen des Napoleon. Daher bin ich überzeugt, daß er ein Gott war. Goethes Auge blieb in seinem hohen Alter ebenso göttlich wie in seiner Jugend. Die Zeit hat auch sein Haupt zwar mit Schnee bedecken, aber nicht beugen können. Er trug es ebenfalls immer stolz und hoch, und wenn er sprach wurde er immer größer, und wenn er die Hand ausstreckte, so war es, als ob er, mit dem Finger, den Sternen am Himmel den Weg vorschreiben könne, den sie wandeln sollten. Um seinen Mund will man einen kalten Zug von Egoismus bemerkt haben; aber auch dieser Zug ist den ewigen Göttern eigen, und gar dem Vater der Götter, dem großen Jupiter, mit welchem ich Goethe schon oben verglichen. Wahrlich, als ich ihn in Weimar besuchte und ihm gegenüber stand, blickte ich unwillkürlich zur

Seite, ob ich nicht auch neben ihm den Adler sähe mit den Blitzen im Schnabel. Ich war nahe dran ihn griechisch anzureden; da ich aber merkte, daß er deutsch verstand, so erzählte ich ihm auf deutsch: daß die Pflaumen auf dem Wege zwischen Jena und Weimar sehr gut schmeckten. Ich hatte in so manchen langen Winternächten darüber nachgedacht, wie viel Erhabenes und Tiefsinniges ich dem Goethe sagen würde, wenn ich ihn mahl sähe. Und als ich ihn endlich sah, sagte ich ihm, daß die sächsischen Pflaumen sehr gut schmeckten. Und Goethe lächelte.

Die Stiche von Goethe vermitteln kein angemessenes Bild seiner Erscheinung. Sie zeigen die Distanz, die Strenge, den Sarkasmus, aber nicht die strahlende Würde, die alle bewunderten, die ihn sahen, und die namentlich Lockhart so fein beschrieben hat. Ein französischer Stich, den wir sahen, veranschaulicht genau das Bild, das Menzel von Goethe hatte. Könnte Heine doch den Pinsel oder das Gravierwerkzeug ebenso kunstfertig gebrauchen wie seine Feder! Wir würden seinem Buch, mitsamt seinen Fehlern, einen Platz in unserer Mappe nicht verweigern – er sieht mit dem Auge eines Malers und fühlt mit der Seele eines Dichters.

In Bezug auf Goethes »pantheistischen Indifferentismus« müssen wir eine kleine Passage aus einem Tagebuch seiner späteren Jahre zitieren.

Nachdem er seinen Austausch mit dem reinen und frommen Reinhard erwähnt hat, schreibt er:

> Seine schöne sittliche Natur, sein ausgebildeter Geist, sein redliches Wollen, so wie seine praktische Einsicht was zu wünschen und zu erstreben sey, traten überall, in ehrwürdiger Liebenswürdigkeit hervor. Ob er gleich mit meiner Art mich über das Vorliegende zu äußern sich nicht ganz befreunden konnte, so hatt' ich doch die Freude in einigen Hauptpuncten gegen die herrschende Meynung mit ihm vollkommen überein zu stimmen, woraus er einsehen mochte daß mein scheinbarer liberalistischer Indifferentismus, im tiefsten Ernste mit ihm praktisch zusammen treffend, doch nur eine Maske seyn dürfte, hinter der ich mich sonst gegen Pedanterie und Dünkel zu schützen suchte.

Wir müssen weitere Erörterungen dieser Gegenstände auf eine andere Gelegenheit verschieben, wenn – wie wir hoffen – ein Teil der tätigsten, wenn nicht gar der vernünftigsten amerikanischen Öffentlichkeit uns eine Zeitlang Gehör schenken wird. Wir werden dann – ganz ohne alle Fieberträume – Traumbilder von saftigem Grün und Wohlgerüchen eines fernen Landes über die unfruchtbaren und trügerischen Wogen des politischen Aufruhrs und der Handelsspekulationen ausstreuen. Vorerst aber lebe wohl, Heine, Du gewitztes, respektloses, begabtes, manchmal tiefsinniges Genie! Wir werden noch oft in diesem Deinem kleinen Buch lesen und hoffen, dass Du mit jedem Jahr immer bessere und bessere Bücher schreiben wirst. Denn all Deine Fehler können gestutzt oder gereinigt und zu Schönheiten werden, da sie nicht aus dem Ungeist der Doppelzüngigkeit, der Wortklauberei oder Schwäche hervorgehen, sondern aus einem Übermaß an natürlichen Reichtümern. Wir bewundern Dich – werde demütig und weichherzig, und wir werden Dich lieben und hochachten.

II
Johann Wolfgang von Goethe: Figurationen von Weiblichkeit und Androgynie

Mit Goethes Werk befasst Fuller sich zum ersten Mal mit Anfang zwanzig, in ihren Deutschstudien mit James Clarke. In ihren Briefen erwähnt sie Goethe erstmals in seinem Todesjahr 1832. Zu diesem Zeitpunkt sind erst zwei seiner großen Werke ins Englische übersetzt: William Meister's Apprenticeship, *übersetzt von Thomas Carlyle (1824), und* Faust *in einer anonymen Übersetzung (1821), die Samuel Taylor Coleridge zugeschrieben wird. Fuller liest Goethe also vor allem im Original, ja sie verschlingt seine Werke mit einer unersättlichen Gier.*

Goethe wird für sie zu der zentralen Orientierungsfigur, an der sie sich bewundernd und kritisch abarbeitet. Wann immer es ihr um deutsche Literatur geht, geht es auch um Goethe – gleichgültig, ob der oder die eigentlich zu Besprechende nun Heinrich Heine ist oder Novalis oder Bettina von Arnim. Sie tut das selbstbewusst, obwohl Goethe im puritanischen Neuengland aufgrund »his supposed lack of Christianity and morality« (Lenckos, Stimulus, *191) weithin als anrüchig gilt. Dabei kann aber seine »unermessliche Überlegenheit« auch erdrückend wirken: »Er erfasst so vollkommen jedes Gefühl, das ich je hatte, drückt es so schön aus; aber wenn ich das Buch schließe, scheint es, als hätte ich meine Identität verloren.« (Hier 45) So versucht Fuller kritische Distanz zu wahren, und betont: »Ich bin kein blinder Bewunderer Goethes.« (Hier 81) Zunehmend gewinnt sie eine eigenwillige Perspektive auf ihn. Sie verurteilt einerseits die moralisierende Goethe-Kritik ihrer Zeitgenossen, grenzt sich aber andererseits auch von der kritiklosen Goethe-Verehrung ab. So markiert sie ihre Position als unabhängige Literaturkritikerin. An Clarke schreibt sie:*

> *Was hast Du an Goethes Lyrik auszusetzen? – Jedes Gedicht gibt klar und ausdrucksvoll eine Gemütsstimmung in starker und schöner Sprache wieder – Weckt ihre Lektüre nicht Deine Fantasie, regt zum Nachdenken an oder manchmal sogar zu unerwarteter Leidenschaft? – Was willst Du? Wenn Du Sympathie willst, lies Schiller. (L I 196)*

Joseph Karl Stieler: Johann Wolfgang von Goethe

Und an Emerson, kurz nach Beginn ihrer Bekanntschaft:

> Was Goethe betrifft, so weiß ich kaum, wie ich Ihnen antworten soll. Nachdem Sie mich so viel über ihn haben sprechen hören, werden Sie wissen, dass ich ihn nicht von dem Standpunkt aus betrachte, den Sie sich wünschen. Ich sehe ihn nicht als Führer oder Freund, sondern als einen großen Denker, der mich zum Denken bringt, einen wunderbaren Künstler ganz nach meinem Geschmack. (L I 288f.)

In ihren Übersetzungen wird Fullers umfassende Goethe-Kenntnis erstmals produktiv. Zunächst überträgt sie Goethes Torquato Tasso ins Englische – Clarke ist begeistert, aber es gibt keine Aussicht auf Veröffentlichung. Einige Gedichte überträgt sie für sich in ihrem Notizbuch oder schickt die Übersetzungen an Freundinnen und Freunde, etwa den Prometheus an Caroline Sturgis Tappan. Erst 1839 erscheinen zwei von ihnen in John Sullivan Dwights Anthologie Selected Minor Poems, translated from the German of Goethe and Schiller: die Gedichte To a Golden Heart, Worn Round His Neck (An ein goldnes Herz, das er am Halse trug) und Eagles and Doves (Adler und Taube). Sie ist die einzige weibliche Mitautorin dieses Bandes.

Vier Jahre zuvor, im April 1835, hatte sie in einem Brief an Clarke zum ersten Mal von einem Projekt gesprochen, das sie über Jahre beschäftigen sollte: eine zweibändige Goethe-Biografie samt einer Untersuchung seiner Werke, Life of Goethe. Selbstbewusst erklärt sie: »Wenn ich es schreibe, wird es vielleicht weniger eloquent, aber aufschlussreicher als bei einer De Staël.« (L VI 260) Für dieses Projekt betreibt sie umfassende Studien. Die über ihn in Deutschland erschienenen Schriften lässt sie sich von Bekannten aus Europa schicken. Im Laufe der Zeit füllt sie sieben Notizbücher mit Zitaten und Übersetzungen aus Goethes Werken und mit Notizen zu seinem Leben. Ausformuliert sind nur einige Passagen zu Kindheit und Jugend, orientiert hauptsächlich an Dichtung und Wahrheit.

Als der Schriftsteller George Ripley aus dem Kreis der Transzendentalisten beginnt, die Reihe Specimens of Foreign Standard Literature herauszugeben, merkt er sich Fullers Goethe-Biografie vor und setzt ihr eine Dreijahresfrist. Außerdem ermutigt er sie zu einer zweiten großen Übersetzung: Johann Peter Eckermanns Gespräche mit Goethe in den letzten Jahren seines Lebens, auf das sie in ihren Recherchen *immer wieder zurückkommt. Diese Übersetzung bewältigt sie schneller als die Biografie. Bereits 1839 erscheint sie unter dem Titel* Conversations with Goethe in the Last Years of His Life. *Emerson spendet Beifall:*

> *Dieses Buch zu übersetzen war eine wohltätige Handlung, für die Amerika Ihnen noch lange danken wird. Das Buch könnte »Kurzer Weg zu Goethes Charakter« heißen, so erfolgreich entkräftet es all den weitverbreiteten Unsinn über Goethe […]. Das Vorwort ist brillant – ich habe nichts daran auszusetzen, empfinde vielmehr große Zufriedenheit und Dankbarkeit. Ich mag es um seiner selbst willen & wegen seines Versprechens. Dass Sie entschieden und klug über Goethe schreiben können, scheint mehr als gewiss; und mehr noch, Sie werden uns die Behaglichkeit eines guten Englisch geben, so verkündet es das ganze Buch. Also rasch zur Feder gegriffen. (Emerson,* Letters, *201-203)*

Trotzdem gibt Fuller zwei Jahre später das Biografie-Projekt auf. Ihre eigenen Ansprüche sind zu hoch, und die Zeit für die erforderlichen Vorarbeiten fehlt ihr nun, da sie seit einem Jahr als Redakteurin von The Dial *und Leiterin der* Conversations *arbeitet. Außerdem fürchtet sie, zu lange im Schatten eines einzigen Geistes zu leben und damit ihre Produktivität einzuschränken. Wirklich folgt auf diese Entscheidung die produktivste Zeit ihres Lebens: mit insgesamt rund dreihundert Beiträgen für* The Dial *und die* New-York Daily Tribune *und ihren großen Büchern* Summer on the Lakes *und* Woman in the Nineteenth Century. *Mit dem Goethe-Projekt schließt sie endgültig 1841 ab, wenn sie die Ergebnisse ihrer langjährigen Recherchen auf zwei Essays in* The Dial *verteilt. Im Januar erscheint ihr Aufsatz* Menzel's View of Goethe, *in dem sie Goethe gegen die Angriffe von Wolfgang Menzel verteidigt, im Juli dann ein sehr viel umfangreicherer Essay unter dem lakonischen Titel* Goethe.

Besonders Goethes Frauenfiguren widmet Fuller viel Aufmerksamkeit, und zwar sowohl in ihren Goethe-Essays als auch in Woman in the Nineteenth Century. *Dabei orientiert sie sich an Anna Jamesons zweibändigem Werk* Characteristics of Women: Moral, Poetical and Historical *(1832), in dem Shakespeares Frauenfiguren unter den Kategorien »Characters of Intellect«, »Characters of Passion and Imagination« und »Characters of Affection« erörtert werden. Nicht mit der-*

selben Ausführlichkeit und weniger kategorisierend nimmt Fuller sich Goethes Frauenfiguren vor, mit einem aufmerksamen Blick für Details der Figurenzeichnung. Ausführlich geht sie auf Iphigenie *ein, streift die Margarete des* Faust *und hebt besonders Ottilie aus den* Wahlverwandtschaften *hervor – als »ein Frauenporträt, wie es nie zuvor von menschlicher Hand gezeichnet wurde« (hier 113). An Clarke hatte sie während ihrer ersten Lektüre dieses Romans geschrieben: »Es schmerzt, sich von Ottilie zu trennen – ich wünschte, wir könnten Bücher auswendig lernen wie Musikstücke und sie uns auf einsamen Spaziergängen vorsagen.« (L VI 189)*

Auch auf die weiblichen Figuren im Wilhelm Meister *geht sie ein, auf Natalie, Philine, Therese; namentlich zeigt sie sich fasziniert von Makarie und Mignon. Beide bilden für sie das Gegensatzpaar, aus dem sich ihr Frauenbild zusammensetzt. In* Woman in the Nineteenth Century *nennt sie die beiden komplementären Bereiche den »Minerva«- und den »Muse«-Anteil des Frauseins. Makarie repräsentiert die Weisheit, Mignon ist das personifizierte lyrische Element. Mignon interessiert sie auch in anderer Hinsicht. Denn sie kann, so hebt Fuller hervor, sowohl Frauen- als auch Männerkleider tragen und wirkt in beiden anmutig und authentisch. Sie ist eine androgyne Figur jenseits der etablierten Geschlechtszuschreibungen – das ist es, was Fuller vor allem an ihr fasziniert. Immer wieder zitiert sie aus Mignons Lied* So laßt mich scheinen *den Vers: »Sie fragen nicht nach Mann und Weib« – auch wenn sie über gleichgeschlechtliche Liebe und ihre eigene Liebe zu Anna Barker schreibt.*

Angeleitet von Goethes Schriften, entwickelt Fuller ein neues, selbstbewusstes Frauenbild: »With Goethe's assistance, Fuller was able to promulgate a new authoritative image of woman, one which affords greater freedom and self-expression because it expands creative and productive action beyond the sphere of the merely masculine into the sphere of the human.« (Fry, Androgyny, *255)*

Eckermanns Gespräche mit Goethe in den letzten Jahren seines Lebens

Vorwort des Übersetzers

Dieses Buch muss das Interesse all jener erwecken, die Goethes Charakter und Ansichten und die Lage des literarischen Lebens in Deutschland verstehen wollen. Goethes hohe Meinung von Eckermanns Treue, Urteilsfähigkeit und Verständnis ist hinreichend dadurch bewiesen, dass er ihn als Herausgeber seines postumen Werkes einsetzte. In welchem Licht dieses Buch in dem ausgesuchten Kreise angesehen wird, den Goethe krönte, ist aus einem Verweis im ersten Band von Mrs. Jamesons Spätwerk *Winterstudien und Sommerstreifereien in Canada* zu ersehen.

Es sind offensichtlich ganz authentische Aufzeichnungen. Vielleicht gibt es keinen anderen Fall, in dem jemand fähig war, die Mitteilungen eines anderen so frei von eigenen Ansichten wiederzugeben. Gleichzeitig verhindern die schlichte Bewunderung und gänzliche Unterordnung unter Goethes Geist, die Eckermann zu einem so durchlässigen Mittler machen, dass seine Interpretationen von eigenem Wert sein könnten. Nie stimmte ein Satellit in vollkommenerer Harmonie mit seinem herrschenden Gestirn überein. Er ist nicht mehr und nicht weniger als der Resonanzboden für die unterschiedlichen Klänge, welche die Hand des Meisters hervorgebracht hat. Im Grunde präsentiert dieses Buch kein Gespräch, sondern einen Monolog. Ein noch feineres Buch ließe sich aus einer Auswahl aus Goethes vermischten Schriften machen; hier aber werden manche Gegenstände behandelt, über die er nie geschrieben hat. Die Tagebuchform bringt Ruhe und Leben in die Erörterung, und was an Vollständigkeit und Schönheit fehlt, wird wettgemacht durch das Vergnügen am ungekünstelten Gedankenfluss zu all den Themen, die bei einer Person wie Goethe natürlicherweise zur Sprache kommen.

Ein königliches Genie braucht nicht allein willige Untergebene, sondern auch gute Instrumente. Eckermann vereint alle Vorzüge eines verständigen Ministers und eines besonnenen Sekretärs. Er wird von Goethe beherrscht und geformt, aber nicht geblendet. Betrachten wir die interessante Skizze seiner jugendlichen Kämpfe, so erkennen wir, wie viel er Goethe sowohl vor als auch nach ihrer persönlichen Bekanntschaft zu verdanken hatte, und wir können ihn nicht für seine grenzenlose Dankbarkeit gegenüber einer Sonne tadeln, die so viele Wolken von seinem Himmel vertrieb. Er scheint tatsächlich das Pflegekind und der gewandte Helfer des großen Mannes geworden zu sein und hätte diesen Platz nicht so gut ausfüllen können, wenn er den Abstand gewahrt hätte, den unser Stolz verlangt. Ich sage *unser* Stolz, weil wir uns um Menschen sorgen, die wir in solcher Unterordnung sehen. Unabhängigkeit ist das Kostbarste für einen Menschen, und eine derartige Unterordnung gefährdet sie; und doch können wir nicht anders, als sie von allen zu verlangen, die im Licht des Genies leben.

So empfinden wir Eckermann gegenüber nicht nur Wohlwollen, sondern sogar Respekt. Er ist nicht lächerlich wie Boswell, denn sein aufrichtiger Enthusiasmus wird von keiner Eitelkeit oder Pedanterie getrübt. In diesen nüchternen und aufgeklärten Zeiten rebellieren wir gegen die Anbetung von Menschen, selbst wenn es Heldenverehrung sein sollte. Aber wie hätte eine Persönlichkeit wie Goethe, der so kultiviert war und so reich an natürlichen Begabungen, so umgeben von Glanz, Schönheit und Galanterie, auf einen unbedeutenden Jüngling, dessen Anlagen niemand mehr als er zur Entfaltung gebracht hatte, nicht überwältigend wirken sollen? Es konnte nicht anders kommen, als dass Eckermann zu seinen Füßen sitzen und von seiner Großzügigkeit leben sollte. Genug für den Schüler zu wissen, wie das Empfangene mit bedachtsamer Dankbarkeit zu verwenden ist. Dass Goethe ebenso zu empfangen verstand, zeigen seine Briefwechsel mit Zelter, Schiller und Meyer – Beziehungen von Gleich zu Gleich, die ihn darum in einem besseren Licht zeigen als sein Umgang mit Eckermann.

Diese Briefe oder ein großer Teil von ihnen werden irgendwann auch bei uns veröffentlicht werden. Eckermanns Buch aber hat einen Vorzug vor diesen Briefen: Es zeigt uns Goethe, wie er im Kreis seiner Familie und in seinen gedankenlosesten oder müdesten Stunden war. Unter diesen Umständen, was immer man auch von seinen Ansichten halten mag (und oft sind sie unserer Öffentlichkeit noch weniger angemessen als der deutschen), muss der unvoreingenommene Leser Goethes Takt und Würde, seine gelassene Weisheit und das Vertrauen auf die Harmonie zwischen seinem Glauben und seiner Natur als schön und kostbar empfinden.

Und hier mag es nicht verfehlt sein, einige Andeutungen (mehr erlaubt der beschränkte Rahmen nicht) über die Gründe zu machen, aus denen Goethe für mich ein Gegenstand von besonderem Interesse und unablässigem Studium ist.

Ich sehe ihn heftig angegriffen von denen unter uns, die ihn kennen, einige wenige in seiner eigenen Sprache, die meisten wohl aus Übersetzungen des *Wilhelm Meister* und des *Faust*. Diese seine beiden großen Werke, in denen er sich das Rätsel des Lebens vornahm und auf seine Weise löste, waren für die Übersetzung natürlich anderen vorgezogen worden – zum Unglück für alle Beteiligten außer den Übersetzern selbst, denn zum Verständnis dieser beiden Werke bedürfte es mehr als für alle anderen eines Wissens um die Umstände und den Charakter, aus denen sie hervorgegangen sind.

Es wird höhnisch gesagt: »Die Personen, die so für die deutsche Literatur schwärmen, sagen immer, wenn man etwas gegen eines ihrer Idole einwendet, man sei nicht fähig, sie zu würdigen.« Und das ist ganz richtig, wenn auch oft im Unwillen gesagt. Die große Bewegung in der deutschen Literatur ist zu neu, um bereits gebührend gewürdigt worden zu sein, selbst von denen, die am lebhaftesten daran Anteil nehmen. Von diesem neuen Kontinent sind die Wogen gerade erst zurückgewichen, und die nun seine Ufer besuchen, sehen so viel Neues und Schönes, dass bis zur Stunde ihre deutlichste Empfindung das Erstaunen über die zahlreichen Erscheinungen neuen schöpferischen Lebens ist. Verständlich ist ihr Verdruss über jene, die nach einem flüchtigen Blick durchs Fernrohr erklären, sie könnten keine neuen geologischen Wunder erkennen; sie könnten all diese Blumen botanisieren und fänden nichts, das neuer Klassifizierungsversuche wert wäre; auch gäbe es an diesen Ufern keine Vögel außer ein paar Möwen. Wenn sich diese voreiligen Kritiker nur einmal daran erinnerten, wie lange es brauchte, bis ähnliche Bewegungen in Italien, Spanien, Frankreich und England von anderen Nationen angemessen wahrgenommen wurden, sie würden fünfzig Jahre Forschung nicht für übertrieben halten angesichts dieser fünfzig Jahre Wachstum. Sie brächten nicht mehr diejenigen in Rage, die ihre Kerzen an der deutschen Fackel entzünden. Es ist indessen einfältig, immer übellaunig zu sein, und verächtliche Antworten galten schon in Salomons Zeiten als unnütz. Aus welchem Grund sind diese Vorbehalte nicht schon zu Lebzeiten des weisen Prinzen ein für alle Mal verworfen worden?

Dabei würden sich die Einwände, die gewöhnlich und nicht ganz ohne Grund vorgebracht werden, bei einer genaueren Kenntnis des Gegenstandes selbst entkräften. In Frankreich und England scheint man sich in letzter Zeit angemesseneren Ansichten zu nähern. Trotzdem ist in einer neuen Nummer von *Blackwood's Magazine* ein Artikel erschienen, der so ahnungslos (ein bewusst hartes Wort) ist wie nur irgendetwas, das jemals über Goethe geschrieben wurde.

Die Einwände, soweit ich sie kenne, können wie folgt klassifiziert werden –

Er ist kein Christ.

Er ist kein Idealist.

Er ist kein Demokrat.

Er ist nicht Schiller.

Wenn mit ›christlich‹ die Unterordnung des Intellekts unter das Geistliche gemeint ist, dann leugne ich nicht, dass bei Goethe das Gegenteil der Fall war. Er strebte immer nach Einheit; aber sein größtes Verlangen war intellektueller Natur. Eine schöpferische Tätigkeit war ihm Gesetz. Er war alles andere als unempfänglich für die geistige Schönheit des menschlichen Charakters. Er verkörperte sie in ihren reinsten Formen; doch er verwies sie auf ihren Platz als den Schlussstein des gesellschaftlichen Gewölbes und widmete sich ihr wie allem Anderen ohne Parteilichkeit. Das war sein Glaubensbekenntnis als Schriftsteller. »Ich schildere«, scheint er zu sagen, »was ich gesehen habe; suche Du Dir etwas aus oder nimm, was Du magst oder kannst.« In seiner Liebe zur Form war Goethe ein Grieche, von Natur aus und seiner Lebensweise nach aller Trübsal abhold. Sein Gott war eher der schöpferische und bewahrende als der väterliche Geist; seine Religion lautete, dass all seine Kräfte entfaltet werden müssen; sein Glaube, »dass die Natur die Unsterblichkeit nicht entbehren könne«. In den belastendsten Zeiten seines Lebens berief er sich auf »den großen Begriff der Pflicht, der allein uns aufrechterhalten kann«. Entsagung, die Kraft, das Gegenwärtige dem Überdauernden zu opfern, ist eine der bestimmenden Ideen eines seiner großen Werke: *Wilhelm Meister*. Die Gedankenwelt des katholischen Dante wird in seinem anderen großen Werk, dem *Faust*, aufgegriffen: Margarete erlöst mit der Unschuld ihres Herzens und ihrem entschlossenen Widerstand gegen die dunklen Mächte, die sie selbst in ihren zerrüttetsten Momenten nicht vergisst, nicht nur ihre eigene Seele, sondern auch die ihres vom rechten Weg abgekommenen Liebsten. Die Jungfrau Ottilie, die sich selbst opfert, um ihre Gedanken nicht durch Leidenschaft zu beflecken, erweist in den oft missbrauchten *Wahlverwandtschaften* die leidenschaftliche Tugend, wie sie die Bilder der Maria Magdalena zeigen.

Die beiden erhabensten weiblichen Charaktere Goethes, Natalie und Makarie, verkörpern Wohltätigkeit und himmlische Weisheit. Iphigenie heiligt in ihrer standhaften Wahrhaftigkeit alles um sich her und entwaffnet die Mächte der Hölle. Diese Reihe könnte fortgesetzt werden; trotzdem bleibt es eine Tatsache, dass Goethe kein sogenannter geistlicher Schriftsteller war. Wer sich seine Moralvorstellungen nicht selbst bilden kann, sollte von seinen Büchern besser die Finger lassen; wie das Leben erfordern sie eigene Urteilskraft. Diesen Vorzug gewährt er Dir oder will ihn gewähren: das Leben zu betrachten, das ein großer Beobachter und Künstler in einen für Dein Auge angemessenen Rahmen gebracht hat, für eine Zeit, in der Du es ungestört von eigenen Taten und Leidenschaften betrachten kannst.

Er war kein Idealist; das heißt, er dachte weniger an das, was sein könnte, als an das, was ist. Er versuchte die Natur nicht zu ändern oder zu erhöhen, sondern einfach aus ihrer reichen Fülle zu schöpfen. Hier hätte er tatsächlich selbst als Künstler nie den höchsten Rang erreicht, wenn er nicht manchmal über sein Wissen und seinen Willen hinaus inspiriert worden wäre. Hätte er andere Ansichten vertreten, so hätte seine besondere Befähigung zur minuziösen, durchdringenden und umfassenden Beobachtung gelitten; statt die Eigenschaften der Dinge zu bestimmen, hätte er sie nur erforscht, um aus ihnen zu gewinnen, was seinen Absichten am meisten entgegenkam. Ich bin sehr dankbar, dass »er den Weg ging, den Gott und Natur für ihn ausersehen hatten«.

Er war ein Aristokrat. Und in unseren Tagen schlägt jedem unwillkürlich Feindschaft entgegen, der nicht an das Volk glaubt und eine starre äußere Ordnung bevorzugt. Ich sympathisiere mit der großen fortschreitenden Bewegung, die heute in der ganzen zivilisierten Welt unübersehbar ans Licht tritt; ich hoffe, dass uns das schöne Experiment gelingen wird, die Menschen dazu auszubilden, sich selbst zu regieren, und es Gemeinschaften erlaubt, ihre eigenen Herrscher zu wählen. Das scheint die Tendenz unseres Zeitalters zu sein; und hätte ich Einfluss, würde ich ihr nichts in den Weg legen. Noch wird eine Minderheit gebraucht, um diese Liberalen in Zaum zu halten und sie zu veranlassen, lange genug über ihre Pläne nachzudenken, damit sie wissen, was sie tun, denn bis zur Stunde zeigt der Kessel der Freiheit eine beständige Neigung zum Überkochen. Der Künstler und Literat wird natürlicherweise von dieser Gruppe angezogen, durch sein Bedürfnis nach Ruhe und festem Boden, um nach seinen Bedingungen zu arbeiten. Zweifellos gehörte Goethe von Natur aus auf ihre Seite; und niemand, der ihn wirklich versteht und nicht nur nach seinen äußeren Beziehungen beurteilt, wird ihm unredliche Motive unterstellen oder annehmen, er hätte als der, der er einmal war, andere Meinungen vertreten können. Und ist das nicht das Einzige, was zählt? Die Tore, die während des Schiffbaus das Wasser abhalten, sind so wichtig wie das Schiff selbst oder wie der Wind, der die Segel füllt. Es kommt darauf an, in seinem Glauben aufrichtig, beständig und verständig zu sein; eine höhere Macht wird für alles Weitere sorgen.*

Jenen, die ihm vorhalten, dass er nicht Schiller ist, kann man nur erwidern, dass Shakespeare nicht Milton war und Ariost nicht Tasso. Zwei Schillers wären wirklich überflüssig, einer genügte, um seine Gedanken und Ansichten zu vertreten. Es wäre schön, wenn Schillers Bewunderer von ihm lernten, seinen Freund und Geistesgenossen so zu bewundern und so von ihm zu lernen, wie er selbst es tat.

Schiller war klug genug, jedes Wesen nach seinen eigenen Gesetzen zu beurteilen, und hatte genug Größe, um eine von der seinen so verschiedene zu verstehen. Er kannte den Wert der schönsten Wesen zu gut, als dass er der Rose vorgeworfen hätte, keine Lilie, und dem Adler, kein Schwan zu sein.

Was den Nutzen eines Studiums der deutschen Literatur angeht, so neige ich nicht zur Schwärmerei. Ich glaube tatsächlich, dass dort das Leben und die Gelehrsamkeit des Jahrhunderts zu finden sind, und wer nicht aus diesen Quellen schöpft, kann sich keinen Begriff von der Geistestätigkeit in der europäischen Welt während der letzten fünfzig oder mehr Jahre machen. Und doch wird mein Geschmack

* Für Goethes eigene Sicht auf sein früheres Verhalten und das in seinen letzten Tagen, als sein Leben schon fast Teil der Geschichte geworden war, siehe S. 413. [»Ich hasse alle Pfuscherei wie die Sünde, besonders aber die Pfuscherei in Staatsangelegenheiten, woraus für Tausende und Millionen nichts als Unheil hervorgeht. Sie wissen, ich bekümmere mich im Ganzen wenig um das was über mich geschrieben wird, aber es kommt mir doch zu Ohren, und ich weiß recht gut, daß, so sauer ich es mir auch mein Lebelang habe werden lassen, all mein Wirken in den Augen gewisser Leute für nichts geachtet wird, eben weil ich verschmäht habe, mich in politische Parteiungen zu mengen. Um diesen Leuten recht zu sein, hätte ich müssen Mitglied eines Jakobiner-Klubs werden und Mord und Blutvergießen predigen! – Doch kein Wort mehr über diesen schlechten Gegenstand, damit ich nicht unvernünftig werde, indem ich das Unvernünftige bekämpfe.« (Eckermann, *Gespräche*, 494f.)]

von deutschen Schriftstellern oft beleidigt, selbst von Goethe – dem englischsten und griechischsten unter den deutschen Schriftstellern. Um unseren Geschmack zu entwickeln, müssen wir eine andere Schule besuchen; aber ich wünschte mir doch, dass wir etwas von der liberaleren Kritik der Deutschen lernten und unsere Art ablegten, nur nach Vergleichen oder persönlichen Vorlieben zu urteilen. Wenn wir vergleichen müssen, sollten wir einer ebenso glühenden Liebe für alles Große fähig sein wie in den Zeiten Plutarchs. Vielleicht wird man mir entgegenhalten, dass man in Deutschland selbst anfing, Goethe und Schiller zu vergleichen. Ja, so ist es, aber dem lagen Umstände zugrunde, mit denen wir nichts zu tun haben. Im Allgemeinen kritisiert der gebildete Deutsche in einem positiven Grundton und ist sich der Gefahren des Komparativs sehr bewusst.

Niemand, der beim Lesen deutscher Bücher ein höheres Ziel verfolgt als bloßen Zeitvertreib, der weiß, was es heißt, eine Literatur als Literatur kennenzulernen, mit ihrer Geschichte wechselseitiger Einflüsse, vielfältiger und doch harmonisierender Tendenzen, könnte Schiller oder Goethe entbehren, den Letzteren aber am allerwenigsten. Es wäre, als wollte man den erhabenen Augustus Caesar aus der römischen Geschichte streichen, weil er nicht Brutus war.

Da ich nun eingeräumt habe, was Goethe nicht ist, möchte ich noch so kurz wie möglich andeuten, was er für mich ist:

Sehr wertvoll als Mittel, die Urteilskraft balancieren zu lernen, und als Anregung, über seine Ablehnung des Zeitgeistes nachzudenken. Er zieht die Vervollkommnung weniger Auserwählter einer geringfügigen Verbesserung der Menge vor. Er glaubt mehr an *den* Menschen als an *die* Menschen, mehr an das Streben als an den Erfolg, mehr an das Denken als an das Handeln, mehr an die Natur als an die Vorsehung. Er besteht nicht darauf, dass ich seinen Glauben teile. Ich würde häufig in diese Festung hinaufsteigen und von den Zinnen ausschauen, wie der Kampf unten verläuft. Ich muss nicht fürchten, aufgehalten zu werden. Er kennt sich selbst zu gut, um von anderen mehr zu verlangen, als ihn zu kennen.

Einer der ausgezeichnetsten Lyriker der modernen Zeit. Dichter sind Propheten; und wehe denen, die sich weigern, den Sänger anzuhören und ihm den goldenen Becher der Ehrerbietung zu reichen. Ihre Strafe liegt in ihrer Schuld.

Der beste Schriftsteller deutscher Sprache, der ihren ganzen Reichtum und ihre Biegsamkeit genutzt und ihr mehr als jeder andere Schriftsteller seiner Zeit Leichtigkeit, Grazie, Klarheit und Bestimmtheit verliehen hat; der mehr als jeder andere danach trachtete, den verworrenen, schwerfälligen Tausendfüßler-Stil zu bessern, der Deutschland eigen ist.

Ein Kunst- und Literaturkritiker, dessen Unabhängigkeit, Aufrichtigkeit, Mitleidenschaft und Weitblick nicht zu übertreffen sind.

Vielleicht der feinste Beobachter der menschlichen Natur seiner Zeit wie der umgebenden Natur. Er besitzt mehr Feingefühl im Durchdringen der Dinge und Takt in der Wahl seiner Gegenstände als fast jeder Betrachter dieser Zeit, deren Kind ich bin. Wie könnte ich dieses achtzig Jahre umfassende Tagebuch aus den Lebzeiten meiner Eltern entbehren, das aus einer so souveränen Position, von so sicherer Hand und mit so scharfen und kultivierten Augen aufgezeichnet wurde? Wo sonst fänden wir einen so großen Spiegel in einem so fein ziselierten Rahmen?

Ein Geist, der einen individuellen Charakter mit universellem Denken in Einklang zu bringen vermochte; ein Geist, der mit all seinen Fehlern auf sich allein gestellt war; ein Wesen, das seine Gesetze kannte und um seine eigene Achse kreiste, ohne Reue, niemals überspannt, immer tätig, niemals stockend, immer gelassen.

Ein ausgezeichneter Kritiker spricht von Goethe als dem Eroberer seines Jahrhunderts. Ich glaube nicht, dass ich Goethes Charakter so bewundere wie dieser, sein einziger fähiger englischer Kritiker. Ich spreche von Mr. Carlyle. Aber ein Eroberer war Goethe tatsächlich: insofern er das selbstgesetzte Ziel erreichte, in der Wahl seines Ziels, seiner »klugen Einschränkung« und unermüdlichen Beharrlichkeit im Einsatz seiner Mittel; insofern er den Limbus der Selbstzweifel und Unsicherheit hinter sich ließ, in dem die meisten, die gern denken und handeln würden, doch immerfort waten; und insofern er sein Leben in eine gleichmäßige Harmonie mit seinem Denken brachte. Er wusste, was er suchte und wie es zu suchen war – das war seine Größe!

Ich bin kein blinder Bewunderer Goethes. Ich habe gefühlt, was andere fühlen, und gesehen, was andere sehen. Wie andere auch störten mich sein Widerwille gegen Schmerz und Einsamkeit des Herzens. Wie andere habe ich in seinem Werk vergebens nach heiligen und heroischen Elementen gesucht. Ich glaube auch nicht, dass Objektivität mit einer Vorliebe für das Edelste in individuellen Charakteren unvereinbar ist. Shakespeare ist ein Beweis für das Gegenteil. Als Kritiker behandelt Goethe die Gegenstände nicht meisterlich. Er zeigt seine

Hauptabsicht und den Kern der Sache nicht gleich zu Beginn; vielmehr müssen seine Abhandlungen als Gedankensammlung gelesen werden, die sich um den Gegenstand eher scharen, als ihn zu entfalten. In seinen späten Jahren verlor er seine architektonisch bildende Kraft; seine Werke scheinen wie die Pfähle in Piranesis »Visionen« aus Galerien und Balkonen erbaut, die nur durch Spinnwebleitern verbunden sind. Viele seiner Werke empfinde ich als fragmentarisch und unzureichend. Ich bin sogar geneigt, ihm jene Ehre abzusprechen, die ihm gemeinhin zuerkannt wird – die eines Künstlers. Mir scheint, er hatte Auge und Hand eines Künstlers, aber nicht die Liebe des Künstlers zur Konstruktion.

Aber ich will hier innehalten und warten, bis die Zeit gekommen ist und ich Raum genug habe, meine Beweise zu erbringen. Ich schmeichle mir, nun genügend Mängel gefunden zu haben, um mich nach der üblichen Façon als würdigen Kritiker zu erweisen. Meist ziehe ich es vor, mich nach oben zu orientieren, so wie Goethe es mit Blick auf die Kaufleute empfahl, die er auf Reisen getroffenen hatte.*

Obwohl es nicht wünschenswert ist, dass jemand akzeptiert, was er nicht zuvor geprüft hat, ist eine viel häufigere Gefahr die leichtfertige Geringschätzung. Nicht alles, was der Himmel umschließt, ist für das unbedarfte Auge des unachtsamen Betrachters offensichtlich. Wenige Menschen sind bedeutend, fast ebenso wenige fähig, diese Bedeutung zu würdigen. Die Kritiker haben in all den Jahrhunderten wenig über die *Ilias* geschrieben, was Alexander für wert befunden hätte, es neben ihr in seinem goldenen Kästchen zu verwahren. Weder Shakespeare noch Dante noch Calderon haben bisher einen angemessenen Kritiker gefunden, obwohl Coleridge und die Schlegels gelebt haben. Deutschland hat Goethes Bedeutung länger als ein halbes Jahrhundert empfunden; die Welt beginnt sie zu empfinden, aber die Zeit hat seine Deuter noch nicht reifen lassen, zumal der große historische Standpunkt der einzige ist, von dem aus ein umfassendes Bild von ihm gezeichnet werden kann.

Inzwischen ist es besser, den Hut zu lüften und dem Eroberer, der ein bleibender Herrscher werden könnte, ein *Vivat!* zuzurufen, statt

* Siehe S. 192. [»Ich bin bei meinen Reisen oft auf norddeutsche Kaufleute gestoßen, welche glaubten meines Gleichen zu sein, wenn sie sich roh zu mir an den Tisch setzten. Dadurch waren sie es nicht, allein sie wären es gewesen, wenn sie mich hätten zu schätzen und zu behandeln gewußt.« (Eckermann, *Gespräche*, 213)]

ihn mit Steinen und Schlamm aus der Gosse zu bewerfen. Der Stern leuchtet, und auch seine Feinde können bezeugen, dass es kein erborgtes Licht ist. Und jeder Planet ist für die Welt ein Vorzeichen, aber ob zum Guten oder Schlechten, kann nur wissen, wer sich mit der Sterndeutung wirklich auskennt. Nicht wer davonläuft, kann diese oder andere wertvolle Werke lesen. Ich begnüge mich, ihn mit den Worten zu beschreiben, die Hamlet für den, den er am meisten verehrte, ehrenvoll genug fand: –

> Er war ein Mann, *nehmt alles nur in allem,*
> Wir werden nimmer seinesgleichen sehn.

Als solcher ist er es wert, von uns studiert zu werden, – mehr als ältere Männer von Rang, weil er unserer Zeit angehört und sich mit den Fragen beschäftigt, die uns am nächsten liegen.

Bei der Übersetzung hatte ich einige Schwierigkeiten, die ich noch erwähnen will. Ich dachte, das Buch sei leicht zu übersetzen, da ein Buch mit Tischgesprächen sehr viel größere Freiheiten erlaube und also weniger Sorgfalt erfordere als ein klassisches oder wissenschaftliches Werk. Doch die große Fülle an Gegenständen und die besondere Ausdrucksweise haben mir die Arbeit schwerer gemacht, als ich erwartet hatte; kein Zeitvertreib für Mußestunden. Einige Ausdrücke habe ich unverändert gelassen, etwa *Motiv*, *grandios* und *apprehensiv*, von denen ich das Letztere nicht verstehe; das Erstere hat Mrs. Jameson in einer Anmerkung zu den *Winterstudien* erklärt. Im Allgemeinen gibt mir die Vertrautheit mit Goethes Werken eine gewisse Zuversicht, die Gedanken verstanden zu haben.

Dann musste ich wegen einer Krankheit unerwartet einen beträchtlichen Teil der Übersetzung diktieren. Ich war nicht daran gewöhnt, Gedanken auf diese Weise zu Papier zu bringen, und bin mit diesen Seiten nicht so zufrieden wie mit denen, die ich selbst geschrieben habe. Ich habe sie aber so sorgfältig durchgesehen, dass keine Unrichtigkeiten geblieben sein sollten.

Abgesehen davon schien es notwendig, das Buch irgendwie zusammenzufassen oder zu kürzen – da die zwei deutschen Bände zwar keine zwei englischen ergeben, aber den Rahmen eines Bandes dieser Reihe doch gesprengt hätten. Darum habe ich Passagen ausgelassen, die sich mit Goethes Farbenlehre beschäftigen. Sie enthalten Berichte über Experimente, die Eckermann durchgeführt hat, und Goethes

Betrachtungen zu ihnen. Da die *Farbenlehre* hierzulande kaum bekannt ist, dachte ich, dies sei jetzt nicht von Interesse; und sollte das Werk, auf das sie sich beziehen, doch einmal übersetzt werden, so wären sie besser in einen Anhang aufzunehmen. Und dieser Verzicht erleichterte mich, da ich den Gegenstand nicht gut verstehe und nicht sicher war, ihm gerecht zu werden.

Auch Eckermanns dürftige Aufzeichnungen von seiner italienischen Reise habe ich ausgelassen, außerdem einige Erörterungen zu einem noch nicht übersetzten Roman von Goethe, die denen, die ihn nicht gelesen haben, kaum verständlich wären, gelegentlich auch andere Passagen, die mir nur Füllmaterial zu sein oder so ortsbezogen schienen, dass sie für uns uninteressant sind. Häufig habe ich Eckermanns Ausführungen gekürzt, seltener die seines Gönners.

Mir ist bewusst, dass es ein berechtigtes Vorurteil gegen paraphrastische oder verstümmelte Übersetzungen gibt und dass ich mich mit diesem heiklen Vorgehen mancherlei Vorwürfen aussetze. Doch ich habe sehr sorgfältig gearbeitet und hoffe zuversichtlich, dass das Wesentliche des Werkes und seine charakteristischen Züge hier zu finden sind; wer das Original kennt und die Auslassungen bedauert, wird sie hoffentlich entschuldigen. Diese beiden Regeln wurden befolgt: – nicht einmal solche Details wie das Schnäuzen der Kerzen und den Weg zum Ofen auszulassen (von dem guten Eckermann mit dieser echt deutschen Genauigkeit verzeichnet, die vor vielen Jahren Mr. Jeffreys Witz reizte), wenn sie notwendig waren, um das Bild deutscher Gewohnheiten oder Goethes Beziehungen zu seinen Freunden und seinem Haushalt zu vollenden. Ebenso wenig wurde etwas ausgelassen, das Licht oder Schatten auf seinen Charakter werfen könnte. Ich bin sicher, dass nichts abgemildert oder beschönigt wurde, und glaube, dass sich Goethes Gewohnheiten, Wesen und Ansichten hier so zeigen wie im Original.

Ich vertraue darauf, dass die Übersetzung im wahren Sinne des Wortes getreu ist und dass diejenigen, die die Form als lebendig und angemessen empfinden, nicht jede Veränderung im Schnitt oder in der Machart des Gewandes streng tadeln werden, in das sie gekleidet ist.

JAMAICA PLAIN, 23. *Mai* 1839.

Goethes Wanderjahre
Um 1834

Mr. … sagt, die *Wanderjahre* seien »*weise*«. Das will ich glauben; und doch befriedigt es mich nicht. Ich war mit meiner Lektüre der *Lehrjahre* ganz zufrieden; diese Fortsetzung aber rüttelt an meiner Intuition und droht sie zu zerstören. Ich kenne unseren Goethe noch nicht. Ich habe meine Meinung über seine religiösen Ansichten schon oft geändert. Manchmal bin ich versucht zu denken, dass es nur seine wunderbare Menschenkenntnis ist, die in mir eine solche Ehrfurcht vor seiner Philosophie erregt hat, und dass kein würdiger Bau auf diesem breiten Fundament errichtet wurde. Aber oft, wenn ich glaube, eine ungeheure Lücke gefunden zu haben, stellt sich alsbald heraus, dass es nur ein Luftloch war, und ein Ziegelstein liegt bereit, es zu stopfen. Im Großen und Ganzen ist meine Begeisterung für die Goethe'sche Philosophie zwar gedämpft, meine Bewunderung für Goethes Genie aber keineswegs gemindert, und ich stehe zweifelnd, bereit, es doch mit seiner Philosophie zu versuchen und, wenn es sein muss, den Eklektiker zu spielen.

Habe ich geschrieben, dass ein gutherziger Nachbar, der fürchtete, ich sei *stumpfsinnig*, mir einen *Bücherschrank* voller Souvenirs, Schmuckstücke und dergleichen glitzernder Dinge zur Verfügung stellte? Ich nahm eine zwei oder drei Jahre alte Ausgabe des *Token* und stieß auf eine Geschichte mit dem Titel *Gentle Boy*, von der ich gehört zu haben glaube, dass sie von jemandem in Salem geschrieben wurde. Sie ist so anmutig und feinfühlig, dass ich sehr erpicht darauf bin, den Autor kennenzulernen, den ich für eine Dame halte.

Eine Goethe-Biografie
An James F. Clarke, Februar 1836

Ich bin betroffen, dass Du denkst, ich schriebe *Goethes Leben*. Nein, warum nicht gar! Ich werde reichlich Vorbereitung brauchen, ehe ich mir genauere Gedanken darüber machen kann. Ich habe mir schrecklich viele Notizen gemacht; aber ich kann nicht mit dem Schreiben beginnen, wenn sich nicht alles deutlich vor meinen Augen abzeichnet.

Es fehlt mir an Material über zehn Jahre seines Lebens: von der Zeit, da er nach Weimar ging, bis zur Italienischen Reise. Außerdem will ich die Bücher sichten, die in Deutschland über ihn geschrieben wurden, von Freund oder Feind. Ich will die Sache von allen Seiten beleuchten. Mir gehen ständig neue Lichter auf, und ich halte es für möglich, dass ich mich von Carlyles Sichtweise, und vielleicht auch von der Deinen, abwenden und Dich verärgern werde, was mich bekümmert.

Ich habe längst den Verdacht, dass niemand sein Wissen systematisieren und die Arbeit konzentriert fortsetzen kann, ohne eine klare Meinung zur Metaphysik zu haben. Meine Abneigung, wenn nicht Angst vor dem Studium, an die Du Dich vielleicht erinnerst, hat mich aber gehindert, mich näher damit zu befassen – bis mir unlängst, als ich über Goethes Leben nachdachte, der Gedanke kam, ich müsste mir zuerst ein Bild von der Geschichte der deutschen Philosophie machen, um ihren Einfluss auf Goethe ermessen zu können. Ich denke, in jeder anderen Hinsicht kann ich ihn verstehen und vielleicht auch anderen zufriedenstellend auslegen – wenn ich nur an die richtigen Materialien komme. Als ich in Cambridge war, besorgte ich mir Fichte und Jacobi; ich wurde viel unterbrochen, habe ihnen aber einige Zeit gewidmet und ernsthaft über sie nachgedacht. Fichte verstand ich nicht im Geringsten, obwohl ich eine Abhandlung las, die als populär galt und von der Fichte sagte, sie müsse zur Überzeugung zwingen. Jacobi verstand ich in Teilen, aber nicht im Ganzen. Mir schien sein Denken von einem anderen Philosophen geprägt, den ich zuerst kennen müsste, um ihn ganz zu verstehen – vielleicht Spinoza. Seit ich nach Hause gekommen bin, habe ich die Philosophiegeschichten von Buhle und Tennemann zu Rate gezogen und Brown durchgeblättert. Stewart und ähnliche Bücher.

Lebensregel

23. Mai 1836

Ich habe eben Goethes *Lebensregel* gelesen. Es ist leicht zu sagen: »Mußt dich ums Vergangne nicht bekümmern; mußt stets die Gegenwart genießen, und die Zukunft Gott überlassen.« Aber für Menschen, die von Natur aus weder gelassen noch sorglos sind, ist diese Regel nicht leicht zu befolgen. Ich neige eher zur Meinung von Novalis: »Wer sich der höchsten Lieb ergeben, genest von ihren Wunden nie.«

Ich will mich aber bemühen, aus den Anweisungen des großen Philosophen zu lernen. Ich denke, er vermittelt wie Christus die Kunst, diese Welt zu nutzen, ohne sie zu überschätzen.

Die Umstände haben entschieden, dass ich nicht nach Europa gehen darf, und mir für immer den Weg zu den Schauplätzen verstellt, die ich hätte lieben können. Lass mich nun versuchen, mich selbst zu vergessen und zum Wohle anderer zu handeln. Was ich mit der Feder erreichen kann, weiß ich nicht. Im Augenblick empfinde ich weder Hoffnung noch Zuversicht. Meine Fähigkeit, zu unterhalten, hat dazu geführt, dass viele Bekannte unbegründete Erwartungen in mich setzen. Ich glaube nicht, dass ich ein bedeutendes Werk schaffen kann. Mir fehlt die Zuversicht, die es braucht, um sich bei solchen Unternehmungen aufrecht zu halten, – die Zuversicht des Genies. Aber ich habe mich eben erst von einer Krankheit erholt, und mein Herz ist noch immer von Kummer und Enttäuschung gebrochen. Mag sein, dass ich noch einmal zu neuem Leben erwache und dann anders denke. Wenn das nicht bald geschieht, werde ich mich entschließen zu unterrichten. So kann ich Geld verdienen, das ich zum Wohle meiner lieben, sanften, leidenden Mutter, – meiner Brüder und Schwester verwenden werde. Das wäre mir jedenfalls der größte Trost.

Goethe

Nemo contra deum nisi deus ipse.

Wer Großes will muß sich zusammenraffen;
In der Beschränkung zeigt sich erst der Meister,
Und das Gesetz nur kann uns Freiheit geben.

Goethe hat das erste dieser beiden Motti den letzten Büchern von *Dichtung und Wahrheit* vorangestellt. Sie erzählen vom Gezeitenwechsel in seinem Leben, von der Zeit, in der er sich an der »Weggabelung« entscheiden musste. In diese Monate, in denen seine Jugend gipfelte, auf diesen Wendepunkt zum Mannesalter lässt sich die Geburt von *Egmont* und *Faust* datieren, auch wenn der Letztere nicht so bald veröffentlicht werden sollte. In diese Zeit fielen der Aufgang und Untergang seiner Liebe zu Lili, augenscheinlich die tiefste Liebe, die er je erlebt hat. Er selbst war mit diesen Entscheidungen nicht unzufrieden, wie sich aus dem Motto und der ruhigen Schönheit schließen lässt, die er seinem Bericht mitgab.

Die Weggabelung! Der Weg, den er einschlug, führte zu Hofgunst und Wohlstand, zum Ruhm und zur Unabhängigkeit vom Ruhm. Er führte zur Vollendung seines Verstandes und zu einem wunderbar ökonomischen Umgang damit. Er führte Faust, den Suchenden, von den Höhen seines eigenen Geistes auf ausgetretene Wege der Welt. Dort verlor er die Berge nie aus den Augen, doch ihre scharfe Luft atmete er nie wieder.

Von nun an zeigt er eher große und tiefe Weisheit als die Inspiration des Genies. Seinem Glauben, dass alles gut ausgehen *müsse*, fehlt die Süße der Frömmigkeit, und der Gott, den er uns offenbart, ist eher ein Gott des Gesetzes oder der Notwendigkeit als ein Gott der verständnisvollen Liebe. Wie dieser Gott die Dinge erschafft, weil er muss, so beobachtet Goethe die Dinge als sein Werkzeug und bildet sie nach, weil er muss, indem er die Natur in größter Detailtreue wahrnimmt. Nie lässt er sich täuschen oder von Furcht hemmen, und er zeigt uns, dass ihn nach Einsicht in das geheiligte Geheimnis der Natur verlangt. Der ruhigste Schriftsteller gönnt uns keine Ruhe, weil er sich kaum durchschauen lässt. Die ruhelos strebenden flammengleichen Menschen, auf die er geringschätzig hinabschaut, geben uns mehr Frieden und Hoffnung, als er es mit seinem ruhigen Herdfeuer einer beständigen Erfüllung tut. Denn so wahr es ist, dass Gott überall ist – wir müssen ihn nicht nur selbst sehen, sondern ihn auch von anderen anerkannt wissen. »Soll die Natur nicht Gott erklären?« In diesem Bewusstsein wandern wir, jeder in seinem eigenen Glauben, und sehnen uns doch an jeder neuen Wegbiegung nach einem Hinweis auf den Einen.

Es ist ebenso schwer, von Goethe zu sprechen, ohne niedrig, blind oder unverschämt zu erscheinen, wie von anderen Menschen, deren Charakter eher intellektuell als moralisch ist. Denn solche Menschen *sehen* alles, was andere *leben*, und wenn man meint, den Mangel einer Fähigkeit bemerkt zu haben, wagt man ihn kaum auszusprechen aus Furcht, dass sie gerade diese Fähigkeit im nächsten Moment doch an den Tag legen. Aber diese Menschen *sind* nicht, nein, sie *wissen* nicht, sie nehmen nur wahr. Der Unterschied zwischen ihnen und den anderen Menschen gleicht demjenigen zwischen Ansicht und Leben, Voraussicht und Sein, Weisheit und Liebe. So auch bei Goethe. Von Natur aus mit tiefem Verstand und seichtem Herzen begabt, empfand er die Gewalt der Gefühle gerade stark genug, um ihre Auswirkungen auf andere Menschen abschätzen zu können, aber nie genug, um selbst ihren erneuernden Einfluss zu spüren.

Es ist schwer zu sagen, was geschehen wäre, wenn er sich nur einmal einem Gefühl ganz hingegeben hätte. Doch die Erziehung seiner Jugend unterstützte seine natürliche Neigung mehr als sie auszugleichen. Sein Vater war ein gebildeter Zuchtmeister; geistlos, mürrisch, belesen und mit Blick auf Äußerlichkeiten sehr ehrgeizig. Sein Einfluss auf den Sohn war ganz künstlich. Er wandte seinen mächtigen Geist auf der Suche nach neuen Erkenntnissen von einer Seite zur anderen, um das zu erreichen, was man Vollendung nennt. Die Mutter war auf ihre Weise eine reizende Person, offen, munter, scherzhaft, voll lebhafter Talente, doch ohne seelischen Ernst. Sie war eine dieser zauberhaften, aber nicht edlen Personen, die jeden Tag die Menschen nehmen, wie sie sie vorfinden, die im bereits Vorhandenen das Beste sehen, aber nie das Bessere zum Wachsen bringen. Seine Schwester war von ernsthafterem Wesen, dabei gesellig und verständig, weniger fromm oder zärtlich. Bei Goethe ließ die demütigende Zurückweisung seiner frühen Liebe die wenigen zarten Knospen von Vertrauen und Zärtlichkeit verkümmern, die sein Herz hervorgebracht hatte. Seine Freunde waren lediglich Verstandesfreunde; – das Schicksal scheint ihn an den Ort geführt zu haben, den er ausfüllen sollte.

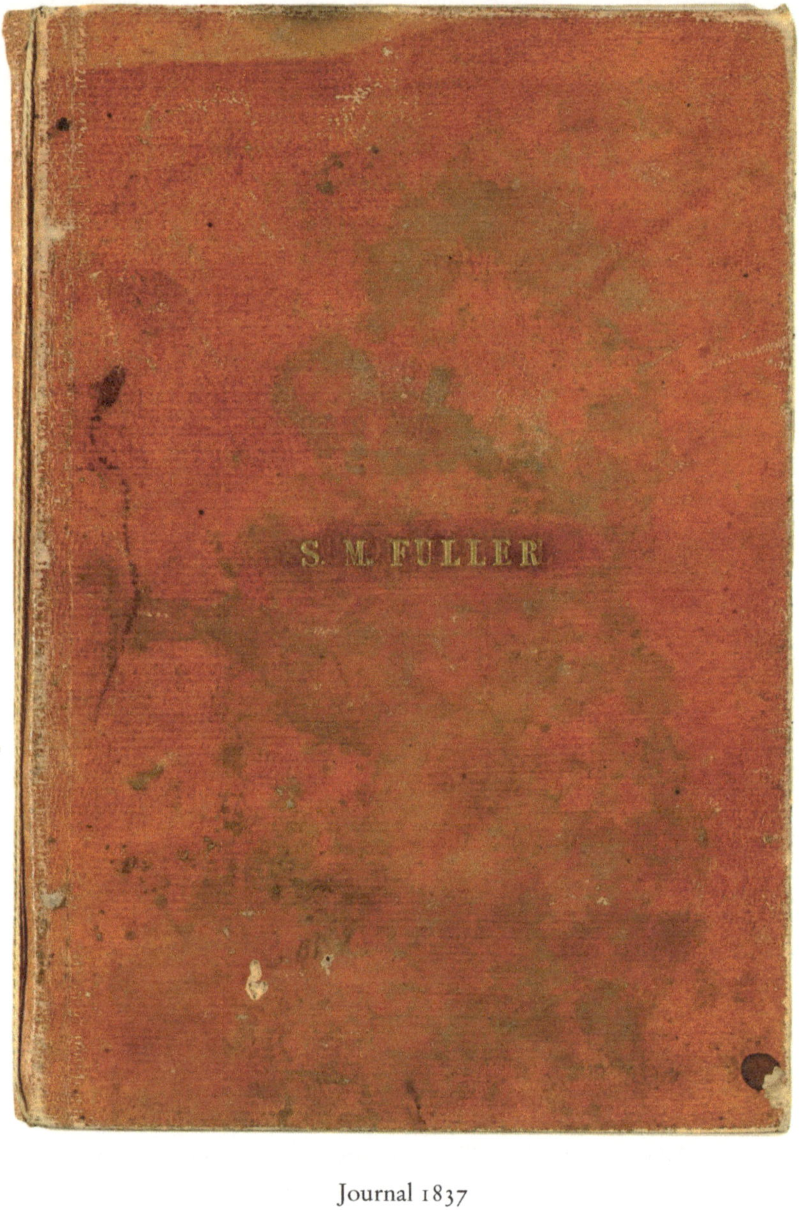

Journal 1837

Life of Goethe G a
Plan
Extract from preface to Poesy & Truth.
– He was born 28th August 1749
at twelve o'clock noonday.
Influence of the house upon his ^earliest childhood
Balconies looking on the neighbors gardens.
His father the martinet what he
did for him. His mother, the lively
natural imaginative woman what
she was to him. His sister most
striking character what. His family
relations and citizen position what.
Anecdote of throwing the plates into
the street. Anecdote of ~~resisting~~
enduring maltreatment to a certain
hour what a germ it showed
Anecdotes from Bettina's book.
German authors which influenced
his boyhood. His father's taste
for Art and frenzy for Italy –
How he had so fine a chance
to study pictures.

Verzeih ihm, Welt, dass er zu weltlich war. Sei nicht erstaunt, Herz, dass er so herzlos war. Glaube nur, Seele, dass ein so wahrhaftiger Mensch, so weit er es auch gebracht hat, doch noch immer in die tieferen Geheimnisse der *Seele* eingeweiht werden muss. Vielleicht sieht er noch jetzt, dass wir Einschränkungen nur annehmen müssen, um sie zu überwinden, in Abläufen nur arbeiten müssen, um die ordnende Kraft zu entdecken, die sie ersetzt, und dass die sphinxhaften Rätsel von fünfundfünfzig Bänden allesamt in den Abgrund geworfen werden können vor dem einzigen Wort, das sie alle löst.

Immer wenn ich an Goethe denke, ist mir, als sähe ich seine Seele mit all den bunten Federn ihres Wissens, der künstlerischen Gestalt *und so weiter* ausgebrannt von den Feuern göttlicher Liebe, flügellos, bewegungslos, außerstande, sich vor sich selbst hinter dem Vorwand von Arbeit zu verstecken, wie sie immer und immer wieder die einfachen Worte vor sich hin murmelt, die er auf Erden niemals deutlich ausgesprochen hätte – Gott jenseits der Natur – Glaube jenseits des Sichtbaren – der Suchende edler als der *Meister*.

Denn diese von Goethe so hochgeschätzte Meisterschaft liegt anscheinend eher im klugen Gebrauch der Mittel als im klaren Aussprechen von Zielen. Gewiss, sein Meister bekennt sich zu einer göttlichen Ordnung, im Bewusstsein der Leser aber steht immer der zeitliche Nutzen im Vordergrund. Doch davon mehr mit Blick auf seine Werke.

Abgesehen von diesem Mangel, den wir in seinen Werken empfinden, gibt es auch einen kleinlichen Zug in seinem Charakter. Warum musste er seine Zeit mit Weimarer Hofunterhaltungen vergeuden? Seine Pflichten als Minister waren seiner nicht unwürdig, aber vielleicht wäre es besser gewesen, wenn er nicht einen so großen Teil dieser Blütezeit seines geistigen Lebens zwischen fünfundzwanzig und vierzig damit zugebracht hätte.

Doch zugestanden, dass er hier seine Fähigkeiten übte, allerlei Kenntnisse sammelte und Gutes für die Gemeinschaft tat, dass das Amt es also wert war, seine Zeit damit zu verbringen, – warum diese ewige Anhänglichkeit an die herzogliche Familie, all dies Versemachen für die Stammbücher durchlauchtigster Hoheiten, diese netten poetischen Unterhaltungen für junge Prinzessinnen und diese kalte Abgrenzung von denen, die ihm wirklich ebenbürtig waren, den wahren Herrschern Weimars, Herder, Wieland und den anderen? Eine Entschuldigung ist wohl in seinem Temperament und den historischen Umständen zu suchen, die es für ihn so viel anziehender machten, den Welt- und

Geschäftsmann zu spielen, als es den Naturkindern bei einem Mann vorstellbar erscheint, der ein geweihter Dichter hätte sein können.

Der Mann von Genie spürt, dass die Literatur zu sehr zum Handwerk geworden ist. Kein Mensch sollte durch oder für seine Feder leben. Schreiben ist wertlos außer als Lebenszeugnis, und kein großer Mensch war es je zufrieden, sein ganzes Dasein auf diese Weise wiederzugeben. Sein Werk sollte lediglich auf ihn hindeuten. Die Spitze des Obelisken sollte auf eine Eroberungsszene weisen. In unserer arbeitsteiligen Gesellschaft ist der Literat dazu verurteilt, nichts anderes zu sein als Literat. Schreibt er ein gutes Buch, so wird es nicht als Zeugnis seiner Lebens- und Handlungsfähigkeit begriffen – im Gegenteil. Ihm wird nicht mehr das Amt eines Botschafters angeboten, wie es in früheren Zeiten Petrarca geschah; man wäre erstaunt, wenn er seine Studierstube verließe, um in den Krieg zu ziehen, wie Cervantes es tat. Wir haben Männer des Krieges, Männer des Staates und Männer der Feder, aber es wird nicht bedacht, dass derselbe Mensch, der über das Schicksal eines Gedichts bestimmen kann, das auch mit einer Armee oder einem ganzen Reich tun könnte.* Der Wissenschaftler mag die Abgeschiedenheit von Alltagsangelegenheiten benötigen, denn er hat sein Material vor sich, doch der Literat muss das seine im Leben suchen, und hat er keine Möglichkeit, selbst zu handeln, wird er das Handeln anderer nur unvollkommen beurteilen können.

Der Literat wird unleidlich, wenn er als andersartig betrachtet wird. Er weiß, dass Mönche und Troubadoure, wenngleich in einer ähnlichen Gesellschaftsposition, doch in einer engeren Verbindung zu Mensch und Natur standen als er selbst, der sie nur betrachten soll, um sie niederzuschreiben. Also lehnt er sich auf, und Sir Walter Scott ist eher stolz darauf, ein guter Sheriff und Farmer zu sein, als auf seinen Ruhm als der Große Unbekannte. Byron bildet sich etwas auf seine Geschicklichkeit im Schießen und Schwimmen ein. Sir H. Davy und Schlegel wollen als Dandys bewundert werden, und Goethe, der von einem Verleger mit einem »Dutzend mehr Stücke im selben Stil wie *Götz von Berlichingen*« beauftragt worden war, während er (umso trauriger) bereits den *Faust* im Kopf hatte, sah keine Herabsetzung darin, Minister im kleinen Herzogtum Weimar zu werden.

An Getreidehalmen lässt sich erkennen, in welche Richtung der Wind weht, und in den beliebten Romanen, dass der Literat sich die

* Außer in *la belle France*.

Tinte in einem Veilchenbad abzuwaschen, seinen Mut im Duell zu beweisen und seinen Idealismus unter der gewöhnlichen Lässigkeit und Geckenhaftigkeit des Modemannes zu verbergen hat.

Diese Tendenz seiner Zeit mag einen gewissen Einfluss darauf gehabt haben, dass Goethe Freude an handfester Macht und entschiedenen Beziehungen zur Gesellschaft fand, aber es gab auch andere, tiefer gehende Beweggründe. Die Beziehungen zu seinen Mitmenschen sind für das sich entfaltende Genie mit täglichen Schmerzen verbunden. Der Seher wendet seinen bezauberten Blick von dem weit entfernten Stern ab, den er entdeckt hat, und dem kurzsichtigen Zuschauer zu, und er wird verspottet, weil er sieht, was andere nicht sehen können. Der weite, umfassende Geist erkennt im Einzelnen das Ganze und wird von allen Seiten für sein anmaßendes Urteil getadelt. Sein ithurielhaftes Wesen durchschaut Täuschungen, Überzeugungen, Bündnisse und jagt die Phantome, die andere für echt halten, bis die Liebhaber der falschen Florimells diesen wahren Ritter zu Boden werfen. Kleingeistige Menschen sind empört, dass Herkules noch als Kind erklärt, er habe die Schlange erdrosselt; sie verlangen Beweise und schicken ihn in die Welt hinaus, um ein Zeugnis dafür zu erbringen, dass sein Vater ein Gott ist. Was die Alten zeigen wollten, wenn sie von Apolls fortwährend scheiternden Liebschaften erzählten, das bekommt das jugendliche Genie täglich zu spüren. Das Verständnis, das es sucht, flieht seine Berührung; die Gegenstände seiner Leidenschaft verspotten seine begeisterte Gutgläubigkeit; sein Selbstvertrauen ist Arroganz, seine Weitsichtigkeit Verblendung, und wenn es Denkfehler eingesteht, dann gilt das als Wankelmut und Unbeständigkeit. So vergeht die Jugend des Genies, bis es die Anzeichen an den Tag legt, die auch eine ungläubige Generation nicht anfechten kann. Und selbst dann nützt ihm die Verwandlung der Spötter in Anbeter ihres Dalai Lama wenig. Denn die Seele sucht keine Verehrer, sondern Ebenbürtige, keine blinde Anbetung, sondern verständige Anteilnahme. Der beste Trost bleibt der, den Goethe Tasso in den Mund legt: »Gab mir ein Gott zu sagen, wie ich leide.« Im *Tasso* hat Goethe den poetischen Geist in seinen prosaischen Verhältnissen eindringlich und umfassend beschrieben. Wir erkennen, dass sein Empfinden das Ergebnis einer völligen Hingabe an die höchste Natur sein musste. Wir erkennen, weshalb er es sich selbst hoch anrechnete, die Alfonse zu verstehen und mit den Antonios des täglichen Lebens von Gleich zu Gleich zu sprechen.

Aber, sagt ihr, es besteht keine Ähnlichkeit zwischen Goethe und Tasso. Glaubt das nicht, denn solche Gemälde werden nicht nach bloßer Betrachtung gemalt. Die leuchtenden Farbtöne, die sie mit Licht und Leben erfüllen, entstehen, wenn der Pinsel in das eigene Lebensblut getaucht wird. Goethes Charakter war nicht von Natur aus von dem Selbstvertrauen und der Selbstbeherrschung bestimmt, in denen er der Welt so lange erschien. Sie waren in hohem Maße erlernt, und er schätzte sie deshalb so sehr, weil er sich seiner gegenteiligen Neigung bewusst war. Er war von Natur aus ebenso impulsiv wie Tasso, wenn auch nicht ebenso weichherzig, und die ungünstige Lage, in die er sich dadurch immer wieder brachte, empfand er, der die feinsten Nuancen in allen Beziehungen wahrzunehmen vermochte, besonders deutlich. Deshalb widerstrebte es ihm schließlich so sehr, nachdem er einmal den Anker ausgeworfen hatte, sich wieder Wind und Wellen anzuvertrauen.

Ich habe schon von den widerstreitenden Einflüssen gesprochen, unter denen er erzogen wurde. Im Laufe seiner bewegten Jugend trieb es ihn oft aus dem Ernst der Studierstube in die Welt hinaus, und ebenso oft zog es ihn wieder dorthin zurück. Welt und Studierstube nutzte er mit nimmermüdem Eifer, aber er tat es ohne die Süße einer friedlichen Hoffnung. Die meisten Charakterzüge, die ihn in späteren Jahren ausmachten, fehlten ihm in seiner Jugend. Er war sehr gesellig und sah sich beständig durch seine gesellschaftlichen Verpflichtungen gestört. Es mangelte ihm an Selbstbeherrschung wie an Selbstvertrauen. »Ich war meist«, sagt er, »*zu lebhaft oder zu still*, sodass jene, die freundlich auf mich sahen, mich keineswegs immer mit ihrer Hochachtung beehrten.« Er schrieb viel und völlig ungezwungen; die Feder kam ihm ganz natürlich in die Hand, aber er hatte kein Vertrauen in den Wert seiner Schriften und hätte sich von Menschen, die Merck und Herder weit unterlegen waren, dazu verleiten lassen, als wertlos fortzuwerfen, was ihm beim Schreiben aufrichtige Freude bereitet hatte. Es fiel ihm schwer, sich abzusondern, sich zu trösten und zu beruhigen; und auch wenn sein eigener Geist mit wichtigen Gedanken umging, lastete der Druck anderer Geister auf ihm. Seine Jugend war so empathisch und ungestüm wie nur irgendeine.

Die Folgen dieses äußeren Drucks auf den Dichter sind im *Werther* nachzulesen, einem Werk, das er später geringschätzte und dem gegenüber er sogar einen ausgemachten Widerwillen empfand. Und es war nur natürlich, dass es so kam. In der stillen Luft der kultivierten Ebenen, die er endlich erreicht hatte, war ihm die Erinnerung an den Gifthauch der Empfindsamkeit verhasst. Ist aber die Empfindsamkeit lediglich ein krankhaftes Gefühl, das von einem verständigen Arzt geduldig beobachtet werden muss, um geheilt zu werden, so entspringen Werthers Sehnsucht und Todesverlangen der Krankheit einer Seele, die nach einem reineren, freieren Zustand sucht und nur den falschen Weg wählt.

Das beste oder schlimmste Ereignis im Leben ist ebendas, das im *Werther* missbraucht wird: wenn ein Mensch sich nach mehr Liebe, größerer Freiheit und ungehinderter genialer Entfaltung sehnt, als die Grenzen seiner irdischen Sphäre erlauben. Wirklich traurig ist es, wenn er zu viel auf einmal erreichen will und darum alles verliert, wie Werther es tat. Er muss Einschränkungen hinnehmen, muss bereit sein, seine Arbeit pünktlich zu erledigen, und zulassen, dass seine Liebe durch die Grenzen der Konvention vereitelt wird. Er macht wie Tantalus diese Welt zu einem Tartarus oder steigt wie Herkules in feurigen Flammen zum Himmel auf, je nachdem, wie er sein Schicksal auslegt. Aber er darf sein Los nur nutzen, nicht billigen. Niemals darf der Mensch seine Begrenzungen verwechseln mit der Bestimmung seiner Seele. Weist er seine Bestimmung nicht zurück wie Werther, so gereicht es ihm zur Ehre, wenn er sie als untauglich für sein ewiges Ziel empfindet. Er war zum Fliegen geboren und muss am Gängelband gehen; nur der Glaube darf ihn aufgeben lassen, und nur in der Hoffnung kann er Zufriedenheit finden – nicht in der Hoffnung auf diese oder jene kleine Verbesserung seines irdischen Lebens oder des Lebens anderer Menschen, sondern in einer Hoffnung, die in der göttlichen Gerechtigkeit gründet und die, wenn die Zeit gekommen ist, jedes Bedürfnis seiner Natur stillen wird.

Schillers wichtiges Gebot lautet: »Bleib den Träumen deiner Jugend treu.« Die große Aufgabe besteht darin, die Träume mit wachem Willen wahr werden zu lassen.

Das aber war nicht ebendas, was Goethe umzusetzen versuchte. Es wurde ihm wichtiger, *tätig* zu sein; das deutet das zweite Motto dieser Abhandlung ebenso an wie seine Maxime: »Es ist nicht das Wissen, was werden *könnte*, sondern was *ist*, das uns bildet.«

Der *Werther* ist, wie die gerade wiederveröffentlichten frühen Abhandlungen aus dem Frankfurter Journal, von italienisch funkelnder, hitziger Beredsamkeit und verrät damit einen Charakterzug, der in der ruhigen Durchsichtigkeit der späteren Werke fast aus dem Blick geraten ist und uns eine Vorstellung von den seelischen Kämpfen vermittelt, die er bis in sein Mannesalter zu bestehen hatte.

Überaus charakteristisch für sein Genie ist eine kleine Geschichte, die er, wie er sagt, seinen Spielkameraden als Acht- oder Neunjähriger öfter erzählte: *Der neue Paris*. Mir scheint, sie verdient hier eingefügt zu werden.

[...]

Wie er das Geheimnis ins Leben hinüberspielt, der ruhige Überblick, die leidenschaftliche Empfindung und vor allem der Aufbau der Geschichte auf einen Höhepunkt hin, und wie er die Zuhörer dann in ironischer Verblüffung ob des Fehlens ebendieses Höhepunktes zurücklässt – all das lässt den Mann erkennen, der er werden sollte. Ebenso viel verlangte er dem Leser im *Werther* ab, ebenso beherzt fällt er im ersten Teil des *Faust* mit der Tür ins Haus, ebenso scheint er im zweiten Teil des *Faust* und im *Wilhelm Meister* mit sich und seinen Zeitgenossen zu spielen.

Und doch war sein Spiel tiefernst, nicht für die anderen Menschen, sondern für ihn selbst. Als Teil der Natur wollte er wachsen und sein Haupt zum Licht erheben. In die Natur setzte er sein ganzes Vertrauen und grenzenlose Hoffnung für den Menschen als Teil der Natur; seinem eigenen individuellen Willen aber schien er in den frühesten Jahren nicht sonderlich zu trauen.

Die Geschichte seiner Freundschaften kennzeichnet seinen Lebensweg: Immer ging er sie mit leidenschaftlichem Eifer ein, immer endeten sie mit einer rationalen Entscheidung, und er ließ sie am Wege liegen wie die Schlange ihre abgestreifte Haut. Der erste Mann, der stark genug war, seine Aufmerksamkeit ernsthaft auf sich zu ziehen, war Herder, und die Frucht ihres Umgangs war eher kunstrichterlich als freundschaftlich. Beim guten Lavater nahm er bald die Schwächen wahr. Merck wiederum gewann seine Achtung, doch sein Einfluss war ebenfalls kalt.

Erst im Weimarer Großherzog scheint er einen Charakter gefunden zu haben, dessen Stärke einen entschiedenen Einfluss auf ihn hatte. Goethe war politisch und lebensweltlich nicht so eingestellt, dass ein unbedeutender Mann jemals sein Maecenas hätte werden können. In der Herzogin Amalia und ihrem Sohn fand er praktische Klugheit, umfassendes Wissen, tätige Kraft und geistreiche Empfindung, wie er sie nie zuvor vereint gesehen hatte.

Die Klugheit der Herzogin gab den ersten Anstoß für die edle Entwicklung Weimars. Dass ihr Sohn das von ihr gelegte Fundament weiter ausbaute, ist ein großes Lob in einer Welt, in der der elterliche

Einfluss gar nicht oder nur insofern von Bedeutung ist, als das Kind die Ratschläge der Eltern nutzt, um den von ihnen vorgezeichneten Weg gerade zu vermeiden. Der Herzog selbst nahm den mütterlichen Rat in Anspruch, handelte jedoch vollkommen unabhängig. Die Herzogin hatte die seltene Klugheit, die Zügel zur rechten Zeit aus der Hand zu geben, und behauptete auf diese Weise ihren Einfluss, soweit die Stärke ihres Charakters es zuließ.

An sie dachte Goethe, als er schrieb: »Für die vorzüglichste Frau wird diejenige gehalten, welche ihren Kindern den Vater, wenn er abgeht, zu ersetzen imstande wäre.«

Der Herzog scheint einer jener Charaktere gewesen zu sein, deren Gegenwart einen bleibenden Eindruck hinterlässt, eher eine elementarische und umfassende Kraft als ein besonderes Individuum. Goethe beschreibt ihn als »dämonisch«, das heißt begabt mit einer instinktiven, willkürlichen Kraft, die intuitiv und ohne Berechnung oder Voraussicht die richtige Entscheidung trifft. Wie solche Menschen nicht berechnend sind, so ist ihr Einfluss unberechenbar. Ihre Ruhe hat ebenso viel Einfluss auf andere wie ihr Handeln, gleich der Gewitterwolke, die schwarz und fern am Sommerhimmel nicht weniger Ehrfurcht gebietet, als wenn sie aufbricht und ihre Blitze zur Erde schleudert. Mirabeau und Swift waren solche Männer. Sie hatten bestimmte Begabungen, doch ihr Einfluss beruhte darauf, dass die Menschen ihre willkürliche Kraft wahrnahmen. Bisweilen sehen wir einen solchen Menschen in einer unbedeutenden Position, die Umstände haben ihn nicht in einen großen Wirkungskreis geführt, vielleicht hat er kein einziges Wort gesprochen, das es wert wäre, niedergeschrieben zu werden, doch mit seinem Blick und seiner Stimme beherrscht er seine ganze Umgebung. Er steht fest und sicher auf seinen Füßen, sodass andere Menschen neben ihm aussehen, als holperten und stolperten sie im Gehen. In seinem tiefgründigen Blick offenbaren sich unbegrenzter Verstand, unbegrenzte Kraftreserven. Kein Ton seiner klangvollen Stimme entgeht einem einzigen Ohr in Hörweite, und wenn er spricht, mögen die Menschen wohl die beunruhigende Kraft hassen oder fürchten, die sie spüren, aber sie werden nicht im Traum daran denken, nicht zu gehorchen.

Doch hören wir Goethe selbst.

> [Der Knabe] glaubte in der Natur, der belebten und unbelebten, der beseelten und unbeseelten etwas zu entdecken, das sich nur in

Widersprüchen manifestierte und deshalb unter keinen Begriff noch viel weniger unter ein Wort gefaßt werden könnte. Es war nicht göttlich, denn es schien unvernünftig, nicht menschlich, denn es hatte keinen Verstand, nicht teuflisch, denn es war wohltätig, nicht englisch, denn es ließ oft Schadenfreude merken. Es glich dem Zufall, denn es bewies keine Folge, es ähnelte der Vorsehung, denn es deutete auf Zusammenhang. Alles was uns begrenzt schien für dasselbe durchdringbar, es schien mit den notwendigen Elementen unsres Daseins willkürlich zu schalten, es zog die Zeit zusammen und dehnte den Raum aus. Nur im Unmöglichen schien es sich zu gefallen und das Mögliche mit Verachtung von sich zu stoßen. Dieses Wesen, das zwischen alle übrigen hineinzutreten, sie zu sondern, sie zu verbinden schien, nannte ich dämonisch nach dem Beispiel der Alten und derer die etwas Ähnliches gewahrt hatten. – *Dichtung und Wahrheit.*

Das Dämonische ist dasjenige, was durch Verstand und Vernunft nicht aufzulösen ist. In meiner Natur liegt es nicht, aber ich bin ihm unterworfen. Napoleon scheint dämonischer Art gewesen zu sein, im höchsten Grade, so daß kaum ein Anderer ihm zu vergleichen ist. Auch der verstorbene Großherzog war eine dämonische Natur, voll unbegrenzter Tatkraft und Unruhe, so daß sein eigenes Reich ihm zu klein war, und das größte ihm zu klein gewesen wäre. Dämonische Wesen solcher Art rechneten die Griechen unter die Halbgötter. – *Gespräche mit Eckermann.*

Diese große Willensstärke, dieses instinktiv unmittelbare Handeln verliehen dem Herzog einen Einfluss auf Goethe, wie niemand sonst ihn je hatte. Es war keineswegs Kriecherei, die Goethe die folgenden zehn Jahre, die Blüte seines Mannesalters hingeben ließ, um den Großherzog auf seine Lustbarkeiten zu begleiten oder ihn bei seinen Plänen zu unterstützen oder elegante Unterhaltung für die Damen des Hofes zu ersinnen. Es war aufrichtige Bewunderung für den Charakter dieses liebenswürdigen Weltmannes und seine Umgebung.

Wer von seinem eigenen Weg abgebracht wird, kann an Größe und Tiefe gewinnen, was er an schlichter Schönheit verliert; so war es bei Goethe. Faust wurde eine weisere, wenn nicht gar edlere Figur. Werther, der sterben musste, weil ihm das Leben nicht reich genug an Liebe war, endet als der Meister der *Wanderjahre* und gibt sich damit zufrieden, stets den Umständen gerecht zu werden, »hülfreich, gut«.

In dieser Zeit veränderte sich Goethes Charakter für seine Freunde spürbar. Von seinem immer »zu lebhaften oder zu stillen« Wesen zog er sich zurück in einen Zustand der Selbstbeherrschung, der seiner Umgebung zunächst eisig erschien. Er versprühte keine Geistesblitze mehr, sondern saß jupiterhaft und gesammelt da, den Donnerkeil in seiner Hand und den Adler zu seinen Füßen. Sein eigenwilliger Witz war einer ruhigen, ja kalten Ironie gewichen; seine zahlreichen Beziehungen erlaubten es ihm nicht mehr, sich einer einzigen ganz hinzugeben; der Minister und Hofmann konnte nicht mehr in den freien Regionen der Fantasie wandeln und Spuren seines höheren Daseins zu Papier bringen, ohne sich künstlich zu isolieren. Um Zeit und Mittel zu sparen, wandte er sich nicht zärtlich oder uneigennützig fürsorglich an seine Vertrauten, sondern machte sie zu Lehrern und Ernährern seines Verstandes. Die Welt war ihm Bühne oder Atelier, aber kein Tempel.

Ihr könnt nicht Gott dienen und dem Mammon.

Wäre Goethe ins praktische Leben getreten, getreu dem Geist, der ihn nicht zum bloßen Schriftsteller machen wollte, sondern zu einem lebendigen, liebenden Menschen, so wäre alles gut geworden. Doch er musste ebenso den Weltmann spielen, und nichts ist für ein redliches Mannesalter nachteiliger. Der Bürger, der Held, der General, der Dichter, sie alle stehen in redlichen Verbindungen, aber ein Mann von Welt zu sein, bedeutet, sich der Welt zu fügen, und nicht, ihr wirklich dienstbar zu sein.

Sieht man ihn derart gefesselt an falsche Verbindungen, ohne eine Möglichkeit, sich auf sich selbst zurückzuziehen, so frei von der früheren Last seiner großen Gedanken, dass er frommere Seelen für ihr ruheloses Suchen bemitleidet, dann verwundert es nicht, dass er schrieb:

Es ist dafür gesorgt, daß die Bäume nicht in den Himmel wachsen.

Aye, aye, Goethe. Aber ihre Höhe steht doch im Verhältnis zu ihrer aufstrebenden Kraft!

Und dennoch – verwechselt ihn nie mit einem von denen, die ihr ganzes Geburtsrecht verkaufen! Er wurde blind für die großherzigeren

Tugenden und die edleren Regungen, aber immer hielt seine Selbstachtung ihn dazu an, sich weiterzuentwickeln. Er war gütig, fleißig, verständig, weltmännisch, wenn nicht gar mannhaft. Verlor er auch das höchste Ziel aus den Augen, so lehrte er doch am besten den Gebrauch der Mittel; war er auch kein prophetischer Poet mehr, so blieb er doch ein poetischer Künstler. Von dieser Zeit an scheint er Zuhörer der Natur zu sein, nicht selbst ihre erhabenste Schöpfung, vielmehr ein Priester der Naturseele. Seine Werke sprießen aus dem Leben hervor, aber sie sind nicht von so eigentümlicher menschlicher Entschlusskraft durchdrungen wie die Werke Shakespeares oder Dantes.

Faust umfasst die große Idee seines Lebens, und tatsächlich ist dem Menschen nur ein einziges großes poetisches Konzept möglich: das Fortschreiten einer Seele durch die verschiedenen Daseinsformen. All seine anderen Werke sind, ungeachtet ihrer wundersam schönen Ausführung, bloße Kommentare zu diesem Gedicht und heben einzelne Punkte hervor. *Faust* wäre die *Divina Commedia* seiner Zeit geworden, hätte er das Werk im selben Geist vollendet, in dem es begonnen wurde.

Nichts kann den Unterschied zwischen einem strengen, ernsten Leben und einem in Teilen angepassten besser zeigen als ein Vergleich zwischen dem *Paradiso* und dem zweiten Teil des *Faust*. In beiden wird eine Seele allmählich ausgebildet, zu Gott zurückgeführt und zuletzt nicht aufgrund eigener Verdienste, sondern aus Gnade in den Himmel aufgenommen. Aber oh! wie groß ist der Unterschied zwischen dem demütigen Vertrauen des alten Katholizismus und der Hintertürchen-Erlösung modernen Scharfsinns! Dante war ein *Mann*, von glühenden Leidenschaften, mannigfachen Vorurteilen, ebenso bitter wie süß. Sein Wissen war dürftig, sein Beobachtungsbereich begrenzt, sein alltägliches Leben unbedeutend verglichen mit Goethes. Da er sich aber beharrlich in sein tiefstes Inneres zurückzog, hellsichtig sowohl die Begrenzungen des Menschen als auch die grenzenlose Kraft der Seele erkannte, vermitteln die scharfgezeichneten Details in seinem Werk den größten Sinn, und die starken und sicheren Aufschwünge seiner Fantasie lenken den Blick auf den Himmel allein.

Doch vielleicht hatte er keine so harten Kämpfe zu bestehen wie dieser andere große Dichter. Die heftigsten Leidenschaften können der Seele nicht so gefährlich werden wie der kalte Skeptizismus. Der jüdische Dämon suchte den Mann von Uz mit Krankheiten heim; der Luzifer des Mittelalters nutzte die Leidenschaften des Menschen; der

Mephistopheles des achtzehnten Jahrhunderts jedoch hieß das Endliche nach dem Unendlichen streben und den Verstand alle Probleme der Seele lösen.

Diesen Pfad hat Faust gewählt: Es ist der Pfad der modernen schwarzen Magie. Nicht willens, durch immerwährende Anbetung in Gott hineinzuwachsen, suchen die Menschen seine Gegenwart durch Zaubersprüche zu erzwingen; nicht willens, sein Dasein im Laufe ihres eigenen langsam zu begreifen, mühen sie sich, es in ein Wort zu bannen, das sie als Talisman um den Hals tragen können.

Faust, bemüht zu verstehen, was die Welt im Innersten zusammenhält, verzweifelt – wie könnte es anders ein – nach einer langen Zeit der Prüfung, die eine harmonische Entfaltung seiner Natur verhindert hat. Er hat nach einem bestimmten Ziel gestrebt, und dieses Ziel entzieht sich ihm. Als er wieder zu sich kommt, findet er große Teile seines Wesens wüst und düster. Er ist zu edel, alles gleichmütig hinzunehmen, und zu klug, sein Verlangen durch die tierischen Genüsse des Lebens zu befriedigen. Der Durst aber, der über so viele Jahre nur zugenommen hat, ist nicht zu ertragen. Gib mir, ruft er, nur einen Wassertropfen, meine brennende Zunge zu kühlen. Doch als er sich mit zügelloser Rücksichtslosigkeit seinen noch unerprobten natürlichen Impulsen überlässt, zweifelt er, ob etwas Geringeres als das Ganze den unsterblichen Geist befriedigen kann. Sein erster Versuch war edel, wenn auch irregeleitet, und unter diesem erlösenden Einfluss schließt er den Pakt, der den Teufel am Ende überlistet.

> Kannst du mich schmeichelnd je belügen,
> Daß ich mir selbst gefallen mag,
> Kannst du mich mit Genuß betriegen:
> Das sei für mich der letzte Tag!
>
> Werd' ich zum Augenblicke sagen:
> Verweile doch! du bist so schön!
> Dann magst du mich in Fesseln schlagen,
> Dann will ich gern zu Grunde gehn! &c.

Diese Bedingung aber wird niemals erfüllt. Faust kann sich weder mit Sinnlichkeit noch mit der Scharlatanerie des Ehrgeizes noch mit Reichtum begnügen. Sein Herz verhärtet sich nicht, seine moralische und geistige Empfindung stumpfen nicht ab. Am Ende wird er gerettet.

Die Entwicklung einer einzelnen Seele reflektiert auch die Entwicklung der Seele des Zeitalters: beginnend im Skeptizismus, in Zügellosigkeit versinkend, im selbstbetrügerischen Traum von vollkommener Glückseligkeit, der umstandslos durch so zuverlässige Mittel wie eine gefälschte Papierwährung zu erreichen ist, voll Sehnsucht nach dem Zeitalter der Griechen, einer Zeit vor dem christlichen Widerstreit von Geist und Fleisch, bemüht, das geliebte Trugbild klassischer Schönheit im mittelalterlichen Heldentum neu zu beleben, vor der Byron'schen Hoffnungslosigkeit all derer fliehend, die sterben, weil sie sich ohne Flügel nicht zu Plänen von praktischem, sei es auch kleingeistigem Nutzen aufschwingen können – zuletzt erlöst durch Gnade allein.

Der zweite Teil des *Faust* ist erfüllt von Bedeutung, glänzend vor lauter Schönheit, doch er ist mehr ein Anhang zum ersten Teil als eine Erfüllung seiner Versprechen. Im ersten Teil hatte der kraftvolle Stempel individuellen Gefühls alle Bedenken bezwungen, der zwar universell ausgelegt werden konnte, aber doch erfüllt war von individuellem Leben.

Die Welt, die noch den mächtigen Ausdruck individuellen Gefühls erinnerte, das im ersten Teil alle Bedenken bezwungen hatte, erblickte verdrossen anstelle des Mannes Faust den Geist des Zeitalters – unzufrieden mit der nur schemenhaften Erscheinung von Wahrheiten, die es erfassen wollte, und vor allem enttäuscht darüber, dass der Autor uns nicht mehr von Angesicht zu Angesicht begegnete oder das Ohr mit den tiefen Klängen von Trauer und Entschlusskraft in Bann schlug.

Wenn die Welt sich einmal von dem noch immer überwältigenden Einfluss des ersten Teils befreit hat, wird man erkennen, dass die grundlegende Idee des ersten Teils auch im zweiten nie aus den Augen verloren wird. Die Veränderung besteht darin, dass Goethe zwar noch derselbe Denker, aber nicht mehr dieselbe Person ist.

Wilhelm Meister ist die Fortsetzung von *Faust* im praktischen Sinne der Erziehung eines Menschen. Hier sehen wir die Veränderung im stärksten Kontrast. Triebfeder der Handlung ist nicht länger der leidenschaftliche und edle Suchende, sondern ein Schüler der Umstände, dessen bezeichnendste Eigenschaft ein *Geschmack* für Tugend und Wissen ist. Wilhelm zieht diese beiden Lebensbedingungen gewiss ihrem jeweiligen Gegensatz vor, aber nichts in seinem Charakter ist so entschieden, dass es ihn daran hinderte, jeden Teil der bunten Weltszenen unverstellt in Augenschein zu nehmen, die der Schriftsteller vor unseren Augen ausbreitet.

Alles zu sehen, bis er es hinreichend kennt, um die Verhältnisse richtig zu begreifen, dann seine Kräfte zu sammeln und sein Wissen unter den einmal erkannten Bedingungen zu nutzen – das ist der Weg vom Lehrling zum Meister.

Es ist ein Jammer, dass die *Wanderjahre* nicht vollständig übersetzt wurden, so wenig wie die *Lehrjahre*, denn viele, die nur die Letzteren gelesen haben, sind der Meinung, Wilhelm reife bereits in diesem Werk zum Meister. Weit gefehlt, er wird sich gerade einmal der höheren Mächte bewusst, die unaufhörlich seinen Schicksalsfaden gesponnen haben. Weit davon entfernt, schon ein Meister zu sein, wird er erst langsam zum Wissenden. In den *Wanderjahren* sehen wir, wie er schrittweise die bürgerlichen Pflichten erlernt und zum Manne reift, indem er das Gelernte auf die Erziehung seines Kindes anwendet. Er unterhält sich mit den Weisen und Wohltätigen auf Augenhöhe; er wird nicht länger hinters Licht geführt und zu seinem eigenen Besten betrogen, sondern von Gleich zu Gleich behandelt.

Wilhelm ist ein Meister, wenn er seine Handlungen selbst bestimmt und zugleich offen bleibt für neue Erkenntnismöglichkeiten. Wenn er unterschiedliche Lebensweisen, unterschiedliche Arten von Religion und unterschiedliche Charaktere beobachtet und gelernt hat, alles zu dulden und das Gute darin zu erkennen. Wenn der Astronom ihm seine höchsten Gedanken kundtut und der arme Hüttenbewohner ihn als Wohltäter und Ratgeber um Hilfe ersucht.

Zu allen Aufgaben fähig und durch keine eingeschränkt, mit offenem Blick, einer geschickten und tüchtigen Hand, sicherem Schritt, tiefem, ruhigem und ohne Angst vorausschauendem Geist, hoffnungsvoll ohne Illusionen – das ist reife Männlichkeit. Ist sie erreicht, sollte eine große Seele unermüdlich weitersuchen und streben, sich quälen aber und kämpfen, das muss sie nicht mehr.

Jedem denkenden Menschen müsste einleuchten, warum Goethe einen so negativen Charakter wie Wilhelm gewählt und ihn durch Szenen von Pöbelhaftigkeit und gemeinem Laster geführt hat. Er schuf sich so einen Rahmen, in dem er das Leben zeichnen konnte, wie es wirklich ist, um in seiner Laterna magica auch die Bilder zu zeigen, von denen man weiß, dass sie existieren, auch wenn man vor gesitteten Ohren nicht von ihnen sprechen darf.

Wilhelm kann weder den Traditionen treu bleiben, noch kann er wie seine Väter vor ihm um des Geldes oder gesellschaftlichen Ranges willen handeln. Auf der Bühne, die hier als Symbol des idealen Lebens vor den unerfahrenen Augen aufleuchtet, glaubt er, ein geistvolles Leben statt der geistlosen Routinen gefunden zu haben. Hier ist er nicht mehr der einfache Bürger, sondern ein Mensch, *alle* Menschen, und er wird die verschiedenen Seiten des Lebens erfahren, bis er sie einmal alle als Dichter kennengelernt haben wird.

Zweifellos liegt die Anziehungskraft der Bühne für gewöhnliche junge Menschen bloß in der Pracht des Putzes, doch für Wilhelm wie für Goethe liegt sie in der poetischen Freiheit und den täglichen Anregungen, die ein so anmutiges Atelier im Grünen zu bieten scheint.

Das Ideal muss jedoch in der Wirklichkeit verwurzelt sein, sonst verdirbt es das Dichterleben zum Possenspiel oder zum Laster. Wilhelm findet schließlich die durch dieses vermeintlich ideale Leben geformten Charaktere verächtlicher als jene, die in den staubigen und geschäftigen und stumpfsinnigen Gleisen des gewöhnlichen Lebens aufgewachsen sind. Durch diese Enttäuschung wird er auf ein höheres Ziel vorbereitet.

Im Hause des Grafen findet er reine Anmut, reine Empfindung, aber keine Weisheit oder Hingabe an die bedeutenden Dinge. Auch diese Liebe, auch dieses Leben ist unvollkommen.

Nun erkennt er mit Therese die Segnungen des häuslichen Friedens. Er sieht einen selbstgenügsamen Geist, der sich in der vollendeten Wirtschaft einer kleinen Welt beschäftigt und bildet. Die Lehre ist der Gemütsverfassung angemessen, die seinen früheren Erfahrungen entsprang, denn die tiefste Weisheit erlangen wir erst im Rückblick. Ein unerwarteter Szenenwechsel führt ihn in die Gesellschaft des klugen und gelehrten Oheims und der klugen und wohltätigen Natalie. In ihr findet er dieselben Tugenden wie in Therese, aber sie leuchten in größerer Weisheit.

Einer meiner Freunde meint, die ideale Freundin wäre für ihn eine würdige Tante, die zärtlich ist, aber nicht blind wie eine Mutter und dieselbe Sorge für die geistige Entwicklung des Kindes trägt wie die Mutter für die körperliche. Ich weiß nicht, ob das stimmt, aber wenn ja, ist das Tantentum, wie andere großartige Berufe, auf traurige Weise verkommen. Jedenfalls scheint Goethe ein ähnliches Gefühl gehabt zu haben. Der Graf de Thoranc, ein Mann von starkem Charakter, hinterließ in seiner Kindheit einen bleibenden Eindruck und wurde, wie Goethe sagt, »von mir wie ein Oheim verehrt«. Und so steht nun der ideale weise Mann im Alltagsepos der *Lehrjahre* als »der Oheim« vor uns.

Nachdem Wilhelm bei diesem Oheim das Wirken gerechter Ansichten gesehen, Frömmigkeit aus den *Bekenntnissen einer schönen Seele* und religiöse Wohltätigkeit aus dem schönen Leben Nataliens gelernt hat, wird er für würdig befunden, in die Gesellschaft der Illuminaten aufgenommen zu werden, die das Geheimnis des Lebens durchdrungen haben und wissen, was es heißt, zu sein und zu handeln.

Hier findet er die Geschichte seines Lebens, »in großen scharfen Zügen geschildert«, das heißt, dass diese wahren Weisen seinen Charakter für ihn gelesen haben, sodass nun »Geist und Bestimmung nur zwei Namen für einen Gedanken sind«.

Er weiß nun genug, um in seine Wanderjahre einzutreten.

Goethe stellt das höchste Prinzip stets weiblich dar. Die Frau ist die Minerva, der Mann ist der Mars. Im *Faust* wird Gretchen durch ihre Reinheit gerettet, sie widersteht dem Teufel und wird selbst nach ihren Fehltritten in den Himmel aufgenommen; im zweiten Teil erscheint sie dann geheiligt durch ihre unschuldige und verzeihende Zärtlichkeit und erlöst das Wesen, das ihr Unrecht getan hat.

Im *Meister* durchschweben diese Frauen die Erzählung, und jede verkörpert den Geist einer Szene. Die zerbrechliche Philine, anmutig trotz ihrer Verächtlichkeit, stellt die Erniedrigung dar, in die ein ausschließlich poetischer Lebenswandel führt. Mignon, das göttlichste Geschenk, das die Muse dem leidenschaftlichen Menschenherzen je gemacht hat, stellt mit ihrer weichen, geheimnisvollen Inspiration und ihrer Sehnsucht nach ewiger Jugend das hohe Verlangen dar, das zu eben diesem Irrtum führt, so wie Aurelie das Verlangen nach Anregung, Therese die tätige Weisheit und sanfte Gelassenheit, die nach der Aurelien-Verblendung sehr wünschenswert erscheint. Von der schönen Seele und von Natalie haben wir bereits gesprochen. Für die Erstere orientierte Goethe sich an Mademoiselle von Klettenberg, der geistlichsten Person, die er in seiner Jugend kannte, über der, wie er sagte, in ihrer gebrechlichen Einsamkeit der Heilige Geist wie eine Taube brütete.

Wenn er in die Wanderjahre eintritt, macht Wilhelm die Bekanntschaft einer anderen Frau; sie scheint die Vollendung aller vorhergehenden Frauenfiguren zu sein und verkörpert den Gedanken, der ihn zur Verwirklichung aller vergangenen Erfahrungen führen soll.

Lange bevor wir sie zu sehen bekommen, wird diese Figur auf verschiedene Arten als eine beherrschende Kraft angekündigt. Sie ist die letzte Hoffnung in schwierigen Fällen und wird, obwohl sie gebrechlich ist und in vollkommener Zurückgezogenheit lebt, von ihren Verwandten und Bekannten als eine unfehlbare Richterin in allen Angelegenheiten zu Rate gezogen.

Alle Dinge neigen sich zu ihr hin wie zu einem Mittelpunkt; sie weiß alles, lenkt alles, geht jedoch niemals aus sich heraus.

Schließlich besucht Wilhelm sie. Er findet sie körperlich entkräftet, doch all ihren Aufgaben gewachsen. Wohltätigkeit und Rat für die Menschen, die ihrer bedürfen, sind ihre Arbeit; die Astronomie ist ihr Vergnügen.

Nach einer Weile erfährt Wilhelm von dem Astronomen, ihrem Gefährten, was er bereits vermutet hatte: dass sie wahrhaftig dem Sonnensystem angehört und nur auf der Erde erscheint, um den Menschen ein Gefühl planetarischer Harmonie zu vermitteln. Von ihrer Jugend an, sagt der Astronom, bis sie mich kennenlernte, wurde sie in ihren hellsichtigen Zeiten für krank gehalten, obwohl alle in ihr die höchsten moralischen und geistigen Gesinnungen erkannten. Wenn ihre Gedanken nicht in den Himmeln weilten, wenn sie zurückkehrte und den Menschen auf Erden gehorsam war, hielt man sie für gesund.

Nachdem der Astronom sie lange genug beobachtet hatte, bestätigte er ihr eigenes Wissen um ihre zwiegespaltene Existenz und ihre besondere Verbindung mit den Himmelskörpern.

Ihr Bild wird in mancherlei zarten Zügen gezeichnet, und erst allmählich erkennt der Leser die Wahrheit; doch wer sollte – selbst in der hier nur andeutungsweise zusammengefassten Darstellung – Dich nicht erkennen, göttliche Philosophie, die Du zuverlässig bist wie die planetarischen Umlaufbahnen und unerschöpflich wie der Lichtquell, die Du den gläubig Suchenden schließlich mit dem Vorrecht krönst, seine eigene Seele zu besitzen.

In allem, was über Makarie* gesagt wird, erkennen wir, dass für Goethe kein Gedanke zu religiös ist. Und so war es in der Tat; man kann ihm nichts absprechen, sondern spürt nur, dass seine Werke nicht instinktiv sind und das zentrale Feuer nicht in ihnen glimmt; nachdem man aber einen Blick auf die höchste Wahrheit erhascht hat, muss man

* Der Name Makarie weckt edelste Assoziationen. Es ist der Name der Tochter von Herkules, die sich freiwillig für ihr Land opferte. Sie wurde von den Griechen als die wahrhaftige Glückseligkeit verehrt.

wiederum feststellen, dass er zu sehr fürchtet, die Grenzen der Natur aus den Augen zu verlieren, um den Leser oder sich selbst mit dem schöpferischen Geist zu überfluten.

Während die Erscheinung der himmlischen Makarie auf die letzte Bestimmung der menschlichen Seele hinzudeuten scheint, ist die praktische Anwendung all dessen, was Wilhelm so mühsam erlernt hat, nicht von rein delphischer Art. Goethe zieht im Vorübergehen einen Pfeil aus dem Köcher des Phoebus, doch er endet als Asklepios oder Merkur. Wilhelm denkt in der Schule der Drei darüber nach, was für den Menschen in seinen irdischen Beziehungen getan werden kann. Er lernt, sich in Mäßigung und schmerzlicher Entsagung zu üben. Das Buch endet mit einer schlichten Hindeutung auf seinen weiteren Lebensweg, indem es ihn einsichtsvoll und im rechten Augenblick einen Akt der Güte vollziehen lässt.

Sicher sollte Goethes schlichte Nüchternheit zumindest denen gefallen, die sich selbst als Menschen mit gesundem Menschenverstand *par excellence* auffassen.

Die folgenden Bemerkungen stammen von der gefeierten Rahel von Ense, deren Scharfsinn im Blick auf seine Werke Goethe sehr zu schätzen wusste.

> Wilhelm Meister und Don Quixote!
> Küßt euch, Cervantes und Goethe!
> Beide sahen mit ihren reinen Augen: vertheidigten das Menschengeschlecht; sahen den Ritter durch, durch seine Thorheiten und Irrsale, konnten ihrer Augen edlen Blick bis in seine tiefste Seele tauchen, und dort seine eigentliche Gestalt sehen. Wie jenem Don Quixote geht es Meistern; einen Narren nennen ihn die Leute »ohne Tadel«, einen Herumtreiber, der sich mit nichts Wirklichem beschäftigt, der sich mit Bettlervolk abgiebt, nichts zuwege bringt; nicht einmal weiß, was er denken soll; der für einen Helden in einem Roman nicht einmal gut genug ist! Während unser Weiser die edelste, reinste, ehrlichste Seele in ununterbrochenem Bemühen und Kampfe geschildert hat mit der Welt, wie sie leibt und lebt; ohne je einen Moment in ihre unreine Verwirrung zu gerathen; immer im Bemühen, sich zu tadeln und zu bessern; immer in der Unschuld, die Andern besser zu sehen, als sie sind, und meist sie sich vorzuziehen; immer aufgelegt zu lernen und nachzugeben, außer dem evident Unedlen: rührenderes, verehrungswürdigeres

> Benehmen, vortrefflichere Gesinnung, kann man nicht erfinden; und je mehr man ihn sich deutlich macht, je mehr ehrt und liebt man ihn.
>
> Don Quixote mußte mit eben solcher Seele eine Eigenschaft, die des Ritters, wählen, und mußte sie in Ausübung bringen wollen. Meister mußte den ganzen Menschen ausbilden wollen; und mir ist's, als ob Goethe dem Cervantes nur die Feder abgenommen hätte, weil die Menschen sich in der Zeit folgen.

Die sich von ihm aber eine lebenslange Fortsetzung der frühen Leidenschaftlichkeit seines *Faust* erhoffen, die in seinen Werken nicht nur mannigfaltige Schönheit und subtile Weisheit erblicken wollen, sondern auch die klare Sicherheit des Göttlichen, das reine weiße Licht der Makarie: die wünschen sich, dass er seine Natur nicht in so viele unterschiedliche Richtungen entfaltet, sondern sie vielmehr verdichtet hätte. Sie wollen sehen, wie er die Schlange mit dem göttlichen Zorn des Apoll vernichtet, statt sie zu zähmen und in seinen Dienst zu stellen wie Asklepios. Sie wünschen, er wäre nie nach Weimar gegangen, wäre nie zum Universalgelehrten und dilettierenden Wissenschaftler geworden und zu einem Hofmann, ebenso »würdevoll wie ein geborener Edelmann«, sondern hätte stattdessen die Lebenslast der leidenden Menge mitgetragen und seine Natur in Einsamkeit und Entbehrung vertieft, bis Faust den Teufel besiegt und nicht betrogen und die Musik himmlischen Glaubens die ernste und milde Beredsamkeit menschlichen Verstandes abgelöst hätte.

Das große Genie, das sich so anmutig in seinen selbst auferlegten Fesseln bewegte, überrascht uns immerzu durch die Zufriedenheit mit seinem gewählten Weg, der ihn nicht zu dem Höchsten führte, dessen sein Geist fähig war. Das Geheimnis mag im zweiten Motto dieser kleinen Abhandlung zu finden sein.

> Wer Großes will muß sich zusammenraffen; in der Beschränkung zeigt sich erst der Meister, und das Gesetz nur kann uns Freiheit geben.

Aber es gibt ein höheres Geistesgesetz, das die irdischen Gesetze auf Verlangen der Seele hin außer Kraft setzt. Die Seele, die sich mit den gewöhnlichen Beschränkungen zufriedengibt, wird niemals dieser ungewöhnlichen Offenbarung teilhaftig werden.

Es gibt im Leben der Menschen Gezeiten, die im richtigen Moment genutzt werden müssen, damit sie das Glück anschwemmen. Wer am Wendepunkt der Jugend vor sich selbst Halt gemacht hat, wird nicht wiederfinden, was er versäumt hat, denn in jeder Lotterie gibt es mehr Nieten als Gewinne.

Doch unser Schmerz darüber, dass »jene, die so viel sind, nicht mehr sind«, scheint neue Sphären, neue Zeitalter, neue Wendepunkte zu versprechen, die es diesen Wesen ermöglichen, ihren Kreis zu vollenden.

Vielleicht ahnte Goethe, dass er Weimar nicht zu seiner Heimat, sondern lediglich zu einer Station auf seinem Weg ins Paradies hätte machen sollen, dass er bei der Menschheit nicht hätte innehalten, sondern sie als Symbol des Göttlichen ansehen und anderen ein klareres Gefühl für den Mittelpunkt des Universums und die Harmonie seiner Bestandteile hätte vermitteln sollen. Es ist wunderbar, ein Künstler, ein Meister zu sein, noch wunderbarer aber ist eine Suche, an deren Ende der Mensch sich selbst findet.

Goethe hatte bei seinem Selbstbild eher eine Sammlung von Arbeitsmitteln im Sinn als eine prophetische Schau der tiefsten Daseinswahrheiten. Daher werden diese Wahrheiten stets nur angedeutet, aber nie erklärt, und die religiöse Hoffnung, die er durch sein feines Gespür für das Wirken der Natur erweckt, wird nie erfüllt, außer durch den Intellekt.

Der, dessen Gebet nur der Arbeit gilt, wird seinen Schatz nicht im geheimen Heiligtum zurücklassen.

Man schämt sich, an einem so wunderbaren Menschen wie Goethe einen Fehler zu finden. Die einzige Kritik sollte darin bestehen, all das zu tun, was er zu tun unterließ, und niemand, der dessen nicht fähig ist, ist berechtigt, die Stimme gegen ihn zu erheben. Lasst den sprechen, der alle Eigenschaften hat, die Goethe nicht besaß: der edel ist, wahrhaftig, tugendhaft, aber weder Weises noch Feinsinniges hervorbringt, ein Gottesdiener, ein verwirrter Mensch, beherrscht von den Pygmäen, die er verachtete, ein kühner Künstler, ein Demokrat ganz in Burns' Sinne:

> Der Rang ist das Gepräge nur,
> Der Mann das Gold trotz alledem!

Hören wir, wie Beethoven bei einer Gelegenheit von Goethe spricht, welche die beiden Charaktere in starkem Kontrast zueinander zeigt.

Auszug aus einem Brief von Beethoven an Bettine Brentano, Teplitz, 1812.

> Könige und Fürsten können wohl Professoren machen und Geheimräthe und Titel und Ordensbänder umhängen, aber große Menschen können sie nicht machen, Geister, die über das Weltgeschmeiß hervorragen, das müssen sie wohl bleiben lassen zu machen, und damit muß man sie in Respect halten; wenn so zwei zusammen kommen wie ich und der Göthe, da müssen diese großen Herren merken, was bei unser einem als groß gelten kann. Wir begegneten gestern auf dem Heimweg der ganzen Kaiserlichen Familie. Wir sahen sie von weitem kommen, und der Göthe machte sich von meiner Seite loß, um sich an die Seite zu stellen; ich mochte sagen, was ich wollte, ich konnte ihn keinen Schritt weiter bringen, ich drückte meinen Hut auf den Kopf, knöpfte meinen Oberrock zu und ging mit untergeschlagenen Armen mitten durch den dicksten Haufen. – Fürsten und Schranzen haben Spalier gemacht, der Herzog Rudolph hat mir den Hut abgezogen, die Frau Kaiserin hat gegrüßt zuerst. – Die Herrschaften *kennen* mich. – Ich sah zu meinem wahren Spaß die Prozession an Göthe vorbei defiliren. Er stand mit abgezogenem Hut tief gebückt an der Seite. Dann hab ich ihm noch den Kopf gewaschen, ich gab kein Pardon und hab' ihm all seine Sünden vorgeworfen, am meisten *die* gegen Sie, liebste *Bettine*, wir hatten gerade von Ihnen gesprochen.

Auch wenn Beethoven in dieser Szene ein wenig arrogant und bärbeißig erscheint, wie edel ist doch sein Extrem, wenn man es mit seinem Gegenteil vergleicht! Goethes Freundschaft zum Großherzog schätzen wir, weil Carl August ein starker Mensch war. Doch wir bedauern, dass Goethe allen Mitgliedern der herzoglichen Familie und ihren Angehörigen, die sich nur durch ihren Rang empfahlen, Zeit und Gedanken opferte, mit denen er seinen Freunden gegenüber so zurückhaltend war. Beethoven konnte es nicht ertragen, Erzherzog Rudolph, der sein Genie verehrte, zu unterrichten, weil er das als »Hofdienst« empfand. Er nahm mit vollkommener Nonchalance die Huldigungen der Landesherren Europas entgegen. Nur die Kaiserin von Russland und Erzherzog Karl, die er persönlich schätzte, hatten die Macht, ihm durch ihre Aufmerksamkeiten gefällig zu sein. Vergleichen wir Goethes ehrerbietiges Vergnügen, solch hohen Persönlichkeiten auf anmutige Weise Komplimente zu machen, mit Beethovens Verhalten im Blick auf die berühmte *Heroische Sinfonie*. Sie wurde auf Vorschlag von Bernadotte komponiert, während Napoleon noch im ersten Glanz seines Ruhmes stand. Beethoven machte ihn zu seinem Helden und erhoffte von ihm die Befreiung Europas. Mit Vergnügen brachte der große Künstler in seinen ewigen Harmonien die Entwicklung der Heldenseele zum Ausdruck. Die Sinfonie wurde beendet und sogar Bonaparte gewidmet, just als die Nachricht von dessen Selbstkrönung zum französischen Kaiser eintraf. Die erste Handlung des entrüsteten Künstlers war es, seine Widmung zu zerreißen und sie mit Füßen zu treten; von nun an konnte er es nicht mehr ertragen, Napoleons Namen nennen zu hören, bis zu dessen Sturz.

Zugegebenermaßen fand Goethe an den Vorzügen von Rang und Wohlstand einen Geschmack, von dem der Tonkünstler völlig frei war, aber wir zweifeln nicht daran, dass beide durch diese Äußerlichkeiten die menschliche Natur erkannten; es steht außer Frage, auf wessen Seite die schlichte Größe war, die edle Einfalt. Wir vergeben Dir, Goethe – doch Dich, Beethoven, verehren wir, da Du die Ehre des Männlichen, des Beständigen, des Wahrhaftigen bewahrt hast.

Unter Goethes guten Eigenschaften war sein deutliches Empfinden für die Schönheit dieser Standhaftigkeit, dieser Aufrichtigkeit und schlichten Seelenmelodie, die er selbst zu freigebig aufgeopfert hatte, um »der Vielseitige« zu werden. Das zeigt sich besonders deutlich in seinen beiden unübertrefflich schönen Werken, den *Wahlverwandtschaften* und der *Iphigenie*.

Nicht dem *Werther*, nicht der *Neuen Heloise* schlug wegen grober Unsittlichkeit ein solcher Sturm von Empörung entgegen wie dem ersteren dieser beiden Werke.

Der Grund dafür ist wohl der Gegenstand: Jede Erörterung über den Wert des Ehegelübdes lässt die Gesellschaft in ihren Grundfesten erzittern; hinzu kommt die kalte Art, in der diese Erörterung stattfindet. Das Buch wäre den meisten erträglicher, wenn der Autor weniger wie ein unbeteiligter Zuschauer wirkte und sein Werk hie und da mit Ausrufen von Entsetzen und Überraschung gespickt hätte.

Der Großteil der Leser scheint vom Autor zu verlangen, er möge seine Empfindungen erklären und seine Absichten auslegen, so wie in einer altmodischen Predigt das Sechstens, Siebtens und Achtens dazu da waren, den Zuhörern die Auslegungsmethode des Predigers zu verdeutlichen.

Wer aber keiner solchen Erklärungen bedarf, wer ein Werk gründlich liest, um selbst dessen Absicht und Wirkung zu begreifen, und nicht hören muss, was der Autor dazu zu sagen hat, wird in den *Wahlverwandtschaften* ein Werk erkennen, das einen besonders moralischen Eindruck hinterlässt und das sogar religiös bis zur Frömmigkeit ist. Die geistigen Irrgänge der Ehegatten werden mit furchtbarem Kummer und einer entsetzlichen Katastrophe bestraft, obwohl auf der einen Seite der Versuchung niemals nachgegeben und auf der anderen kein sophistischer Schleier über die Unhaltbarkeit der Leidenschaft geworfen, sondern alles mit der Offenheit eines Menschen ausgesprochen wird, der seine Gefühle rechtfertigen will. Ottilie, dieses reinste aller Wesen, deren Verstand und Charakter in weiblicher Schönheit harmonieren – ein Frauenporträt, wie es nie zuvor von menschlicher Hand gezeichnet wurde – geht an der Feststellung zugrunde, dass sie, angehaucht von gottloser Leidenschaft und verleitet durch ihre unwissentlichen Wünsche, gegen das verstoßen hat, was ihr heilig ist. Die einzige Figur, die wir nicht bemitleiden, ist Eduard, da er als Einziger die Stimme seines Gewissens erstickt.

Es herrscht eine Traurigkeit, als brüte ein unabwendbares Verhängnis über allem. Vielleicht hätte es nur eines Strahls engelhafter Wahrhaftigkeit bedurft, um diese Menschen verständiger durch das Zwielicht gehen zu lassen, das zuerst so sanft und verlockend erscheint, bis es sich zu blindem Grauen verdunkelt.

Zwar verhindert kein solcher Strahl ihre irdischen Irrtümer, aber er scheint in der heiligen Sanftheit Ottilies doch himmelwärts zu weisen. Ihr Wesen ist zu rein für das Laster, selbst für Verirrungen zu zierlich gearbeitet, und es erscheint einsam, ernst und bleich, wie der Abendstern in einer Winternacht. Sie lässt an andere Welten denken, in denen so seltsame Passagen wie diese den Menschen vorgelesen werden, die so gläubig und rein sind und Opfer wie sie, die noch grün bekränzt in ihrer unbefleckten Jugend vergehen, um die Unwürdigkeit anderer zu sühnen.

Ein unaussprechliches Pathos liegt noch in den feinsten Zügen dieser Figur und vertieft sich bei jeder neuen Betrachtung. Nicht einmal bei Shakespeare habe ich die gestaltende Kraft des Genies so deutlich empfunden. Obwohl es nur tote Worte sind, haben sich die letzten Gesten dieser Figur meinem Gedächtnis eingeprägt und meinem Herzen das Geheimnis ihres Lebens verraten, das sie selbst, wie all diese göttlichen Wesen, nicht kannte. Ich fühle mich vertraut mit allen Wesen ihrer Art. Ich sehe nicht nur, was sie war, sondern auch, was sie hätte sein können, und lebe in noch unbetretenen Gefilden mit ihr.

Das ist das erhabene Vorrecht einer Gestalt, die man nur aus der Welt des Genies kennt. Kein Makel trübt unser Bild von ihrem unermesslichen Leben. Solche Kinder des Genies empfinden mit ganzer Seele, was in manchen Momenten auf unseren täglichen Wegen inmitten gewöhnlicher Gesichter und gewöhnlicher Orte ein Blick oder der Klang einer Stimme über uns hinwegfliegen lässt.

Dieser kostbare Edelstein ist in einen Ring von vollkommenem Glanz gefasst. Es ist kaum auszudrücken, wie sehr ich dieses Buch als Kunstwerk empfinde. Ich würde es nicht versuchen, wenn ich anderswo eine ähnliche Ansicht zu diesem Werk gefunden hätte. Es ist das vollkommene Gemälde, das vor unserem inneren Auge leuchtet, von Schloss, Mooshütte, Park, Garten, dem See mit Boot und dem Steg unter den Platanen; wie uns allmählich Orte und Figuren ans Herz wachsen, uns lebendiger erscheinen als das Leben, weil die geniale Atmosphäre unbewusst unsere Wahrnehmung viel mehr schärft als unser nebelhafter Alltag; wie sich der Hauptgedanke anmutig entfaltet wie eine Blüte in der Morgensonne; wie dann der Schluss wie eine Wolke aufsteigt, zuerst weich und weiß, sich aber im Näherkommen immer mehr verdunkelt, bis sie mit einem plötzlichen Windstoß über unseren Köpfen ausbricht; wie mühelos uns überall ganz unterschiedliche Sichtweisen auf denselben Gegenstand vorgeführt werden, denn wenn sich auch immer Neues vor unserem inneren Auge eröffnet, so liegen dort doch stets dieselben Gegenstände, neu und zugleich unveränderlich und trotzdem immer wieder anders, je weiter wir gehen, bis wir schließlich feststellen, dass wir selbst den ganzen Kreis durchschritten haben und nun alles wissen, über das wir anfangs hinweggesehen haben.

Ich habe noch nie so vollkommen ebendas gespürt, was ein Genie uns immer spüren lassen sollte: dass ich in seinem Bannkreis war und nicht entkommen konnte, bis der Bann gebrochen war und auch das letzte Gespenst verschwinden durfte. Das Werk hat mich nicht stärker mitgerissen, belehrt, erfreut als andere Werke, aber ich *war* dort, lebte dort, ob als Platane oder als Architekt oder irgendein anderes beobachtendes Element der Szenerie. Die Figuren leben zu intensiv, als dass wir in ihnen leben könnten, sie ziehen innerhalb des großen Kreises kleine Kreise um sich selbst, und wir können sie lediglich aus der Nähe betrachten, nicht mit ihnen verschmelzen.

Andere rufen, wenn sie das Buch schließen: »Was für ein unmoralisches Werk!« Ich erinnere mich noch gut an meinen eigenen Gedanken: »Das ist ein Kunstwerk!« Endlich verstand ich diese Welt innerhalb einer Welt, diese reifste Frucht der menschlichen Natur, die man Kunst nennt. Mit jedem Weiterlesen wuchsen in mir Staunen und Vergnügen über diesen wundervoll ausgeführten Entwurf. Ich verstand, warum Goethe damit zufrieden war, sich selbst als Künstler und seine Werke nicht als Offenbarungen, sondern als Kunstwerke bezeichnet zu hören. Jetzt, in Erinnerung an mein damaliges Empfinden, bin ich geneigt, all meine gerade zu Papier gebrachten Einwände als dummes Zeug zu verwerfen und auf mich selbst, da ich sie mir ausdachte, mit ebenso viel Geringschätzung zu schauen, wie Mr. Carlyle oder Mrs. Austin oder Mrs. Jameson es tun würden, von den deutschen Goetheanern ganz zu schweigen.

Doch dass sie nicht ganz unbegründet waren, spüre ich wieder, wenn ich mich der *Iphigenie* zuwende; einem Werk, das über jeden möglichen Einwand erhaben ist; einem Werk, das von religiöser Bedeutung nicht nur durchdrungen, sondern ganz umfasst ist; einem Werk, das als Kunstwerk bewundernswert, in seiner Bedeutung erhaben, in seinem Ausdruck einzigartig ist.

Es gibt eine englische Übersetzung von Goethes *Iphigenie* (ich weiß nicht, was sie taugt). Da es aber wahrscheinlich nicht allgemein bekannt ist, werde ich einen kurzen Überblick über das Drama geben. Iphigenie wurde in dem Moment, als sie von Agamemnon im Namen der Griechen als Opfer dargebracht werden sollte, von der Göttin errettet und zum Tempel auf Tauris gebracht; nun erscheint sie allein im geweihten Hain. Viele Jahre sind vergangen, seit dieses tragische Geschick sie aus ihrer Heimat, dem Palast von Mykene, verschlagen hat. Troja ist gefallen, Agamemnon wurde ermordet, Orest wuchs heran, um dessen Tod zu rächen. All diese Ereignisse sind der verbannten Iphigenie nicht bekannt. Als Priesterin der Diana in einem barbarischen Land hat sie die Jahre im Dienst des Heiligtums und mit Wohltaten verbracht. Sie hat große Macht über Thoas gewonnen, den König von Tauris, und hat sie verwendet, um Fremde zu schützen, die früher nach landesüblichem Brauch der Göttin geopfert wurden.

Sie begrüßt uns mit einem Monolog, von dem ich eine grobe Übersetzung gebe.

Heraus in eure Schatten, rege Wipfel
Des alten heil'gen, dichtbelaubten Haines,
Wie in der Göttin stilles Heiligtum,
Tret' ich noch jetzt mit schauderndem Gefühl,
Als wenn ich sie zum erstenmal beträte,
Und es gewöhnt sich nicht mein Geist hierher.
So manches Jahr bewahrt mich hier verborgen
Ein hoher Wille, dem ich mich ergebe;
Doch immer bin ich, wie im ersten, fremd.
Denn ach mich trennt das Meer von den Geliebten,
Und an dem Ufer steh' ich lange Tage,
Das Land der Griechen mit der Seele suchend;
Und gegen meine Seufzer bringt die Welle
Nur dumpfe Töne brausend mir herüber.
Weh dem, der fern von Eltern und Geschwistern
Ein einsam Leben führt! Ihm zehrt der Gram
Das nächste Glück vor seinen Lippen weg.
Ihm schwärmen abwärts immer die Gedanken
Nach seines Vaters Hallen, wo die Sonne
Zuerst den Himmel vor ihm aufschloß, wo
Sich Mitgeborne spielend fest und fester
Mit sanften Banden aneinander knüpften.
Ich rechte mit den Göttern nicht; allein
Der Frauen Zustand ist beklagenswert.
Zu Haus' und in dem Kriege herrscht der Mann
Und in der Fremde weiß er sich zu helfen.
Ihn freuet der Besitz; ihn krönt der Sieg;
Ein ehrenvoller Tod ist ihm bereitet.
Wie eng-gebunden ist des Weibes Glück!
Schon einem rauhen Gatten zu gehorchen,
Ist Pflicht und Trost; wie elend, wenn sie gar
Ein feindlich Schicksal in die Ferne treibt!
So hält mich Thoas hier, ein edler Mann,
In ernsten, heil'gen Sklavenbanden fest.
O wie beschämt gesteh' ich, daß ich dir
Mit stillem Widerwillen diene, Göttin,

Dir, meiner Retterin! Mein Leben sollte
Zu freiem Dienste dir gewidmet sein.
Auch hab' ich stets auf dich gehofft und hoffe
Noch jetzt auf dich Diana, die du mich,
Des größten Königes verstoßne Tochter,
In deinen heil'gen, sanften Arm genommen.
Ja, Tochter Zeus, wenn du den hohen Mann,
Den du, die Tochter fodernd, ängstigtest;
Wenn du den göttergleichen Agamemnon,
Der dir sein Liebstes zum Altare brachte,
Von Troja's umgewandten Mauern rühmlich
Nach seinem Vaterland zurückbegleitet,
Die Gattin ihm, Elektren und den Sohn,
Die schönen Schätze, wohl erhalten hast;
So gib auch mich den Meinen endlich wieder,
Und rette mich, die du vom Tod' errettet,
Auch von dem Leben hier, dem zweiten Tode.

Das sind die Worte und Gedanken, aber wie ließe sich die süße Schlichtheit des Ausdrucks wiedergeben, die im Original jedem Wort den Liebreiz und die Zartheit eines Blütenblattes verleiht?

Iphigenie wird unterbrochen von einem Boten, der sie auf den gefürchteten Besuch des Königs vorbereitet. Thoas, der sie immer geliebt hat und nach dem unglücklichen Krieg kinderlos geblieben ist, kann seinem Verlangen nicht länger widerstehen und will durch ihre Gegenwart wieder Leben in sein verlassenes Haus bringen. Er drängt sie, ihm die Geschichte ihres Geschlechtes zu erzählen, und sie tut das auf eine Weise, dass man meint, diese berühmteste aller Tragödien sei noch nie zuvor erzählt worden, so schlicht, so frisch in seiner Naivität ist dieser Vortrag.

Thoas drängt ihr seine Bewerbung auf, unbeeindruckt von dem Schicksal, das über dem Geschlecht des Tantalus schwebt.

Ist's jener Tantalus,
Den Jupiter zu Rat und Tafel zog,
An dessen alterfahrnen, vielen Sinn
Verknüpfenden Gesprächen Götter selbst,
Wie an Orakelsprüchen sich ergetzten?
IPHIGENIE Er ist es; aber Götter sollten nicht

Mit Menschen, wie mit ihres Gleichen, wandeln;
Das sterbliche Geschlecht ist viel zu schwach
In ungewohnter Höhe nicht zu schwindeln.
Unedel war er nicht und kein Verräter;
Allein zum Knecht zu groß, und zum Gesellen
Des großen Donn'rers nur ein Mensch. So war
Auch sein Vergehen menschlich; ihr Gericht
War streng, und Dichter singen: Übermut
Und Untreu stürzten ihn von Jovis Tisch
Zur Schmach des alten Tartarus hinab.
Ach und sein ganz Geschlecht trug ihren Haß!
THOAS Trug es die Schuld des Ahnherrn oder eigne?
IPHIGENIE Zwar die gewalt'ge Brust und der Titanen
Kraftvolles Mark war seiner Söhn' und Enkel
Gewisses Erbteil; doch es schmiedete
Der Gott um ihre Stirn ein ehern Band.
Rat, Mäßigung und Weisheit und Geduld
Verbarg er ihrem scheuen düstern Blick;
Zur Wut ward ihnen jegliche Begier,
Und grenzenlos drang ihre Wut umher.

Iphigenie lehnt mit sanfter Entschiedenheit ab, nur aus Dankbarkeit etwas zu tun, was unrecht wäre. Thoas verlässt sie im Zorn und befiehlt, um sie das spüren zu lassen, dass der alte, barbarische Brauch wieder aufgenommen werde und zwei Fremde, die eben eingetroffen sind, auf Dianas Altar geopfert werden sollen.

Iphigenie lässt sich durch die Tyrannei trotz dieser Bedrängnis nicht ins Wanken bringen. Sie vertraut darauf, dass ihre himmlische Beschützerin ihr einen Weg zeigen wird, diese Unglückseligen zu retten, ohne ihre Treue zu verletzen.

Die Fremden sind Orest und Pylades, denen das Orakel des Apoll geboten hatte, sie sollten nach Tauris gehen und »die Schwester« zurückbringen, um Orests gottgewollten Muttermord zu sühnen und die Furien von ihrer Verfolgung abzubringen.

Die Schwester, so legen sie den Spruch aus, sei Apolls Schwester Diana, in Wahrheit aber ist Iphigenie gemeint, die Schwester des Orest.

Die Szenen des folgenden Aktes sind höchst kunstfertig gearbeitet: zuerst zwischen dem wohlgemuten Pylades, voll weltlichem Einfallsreichtum und hilfsbereiter Güte, und dem leidenden Orest, der von weit edlerer, ja heldenhafter Natur ist, aber weniger für den Tag taugt als für die Jahrhunderte. In der ersten Szene werden die Charaktere der beiden mit großem Geschick herausgearbeitet, und die Bindung zwischen »dem Schmetterling und der dunklen Blume« in wenigen Worten vorgeführt.

Die nächste Szene zeigt Iphigenie und Pylades. Pylades, obwohl er auf die Fragen der Priesterin nach dem Schicksal Trojas und dem Geschlecht des Agamemnon aufrichtig antwortet, verbirgt ihr, wer Orest tatsächlich ist, und verfertigt ein Gewebe aus nutzlosen Lügen mit derselben Bereitwilligkeit, die der weise Odysseus bei ähnlichen Gelegenheiten an den Tag legte, wenn er seinen Einfallsreichtum spielen ließ.

Ich weiß nicht, ob es wahr ist, aber man sagt, die modernen Griechen eiferten dem Odysseus darin nach, niemals die reine Wahrheit zu sagen, wenn stattdessen auch eine List den Zweck erfüllt, wenn sie aber etwas Wahres sagen, übten sie sich in der Sparsamkeit des Ithakerkönigs und behielten stets einen Teil für sich. Ein solcher Charakter wird auf bewundernswerte Weise mit wenigen Strichen in der Figur des Pylades entworfen, dessen schöne Seite Iphigenie in einer späteren Szene folgendermaßen zeichnet:

O segnet, Götter, unsern Pylades
Und was er immer unternehmen mag!
Er ist der Arm des Jünglings in der Schlacht,
Des Greises leuchtend Aug' in der Versammlung:
Denn seine Seel' ist stille; sie bewahr't
Der Ruhe heil'ges unerschöpftes Gut,
Und den Umhergetriebnen reichet er
Aus ihren Tiefen Rat und Hülfe.

Iphigenie verlässt ihn in plötzlicher Erschütterung, wenn sie vom Tod Agamemnons hört. Als sie zurückkehrt, findet sie anstelle des Pylades den Orest, den sie zuvor noch nicht gesehen hat, und entlockt ihm mit ihren einfachen Fragen die Fortsetzung dieses entsetzlichen, von ihm selbst ausgeführten Dramas. Nachdem er seine Erzählung tief gequält beendet hat, ruft sie aus:

Unsterbliche, die ihr den reinen Tag
Auf immer neuen Wolken selig lebet,
Habt ihr nur darum mich so manches Jahr

Von Menschen abgesondert, mich so nah
Bei euch gehalten, mir die kindliche
Beschäftigung, des heil'gen Feuers Glut
Zu nähren, aufgetragen, meine Seele
Der Flamme gleich in ew'ger frommer Klarheit
Zu euern Wohnungen hinaufgezogen,
Daß ich nur meines Hauses Greuel später
Und tiefer fühlen sollte? – Sage mir
Vom Unglücksel'gen! Sprich mir von Orest! –
Orest O könnte man von seinem Tode sprechen!
Wie gärend stieg aus der Erschlagnen Blut
Der Mutter Geist
Und ruft der Nacht uralten Töchtern zu:
»Laßt nicht den Muttermörder entfliehn!
Verfolgt den Verbrecher! Euch ist er geweiht!«
Sie horchen auf, es schaut ihr hohler Blick
Mit der Begier des Adlers um sich her.
Sie rühren sich in ihren schwarzen Höhlen,
Und aus den Winkeln schleichen ihre Gefährten,
Der Zweifel und die Reue, leis' herbei.
Vor ihnen steigt ein Dampf vom Acheron;
In seinen Wolkenkreisen wälzet sich
Die ewige Betrachtung des Gescheh'nen
Verwirrend um des Schuld'gen Haupt umher.
Und sie, berechtigt zum Verderben, treten
Der gottbesäten Erde schönen Boden,
Von dem ein alter Fluch sie längst verbannte.
Den Flüchtigen verfolgt ihr schneller Fuß;
Sie geben nur um neu zu schrecken Rast.
Iphigenie Unseliger, du bist in gleichem Fall,
Und fühlst was er, der arme Flüchtling, leidet!
Orest Was sagst du mir? Was wähnst du gleichen Fall?
Iphigenie Dich drückt ein Brudermord wie jenen; mir
Vertraute dies dein jüngster Bruder schon.
Orest Ich kann nicht leiden, daß du große Seele
Mit einem falschen Wort betrogen werdest.
Ein lügenhaft Gewebe knüpf' ein Fremder
Dem Fremden, sinnreich und der List gewohnt,
Zur Falle vor die Füße; zwischen uns

Sei Wahrheit!
Ich bin Orest! und dieses schuld'ge Haupt
Senkt nach der Grube sich und sucht den Tod;
In jeglicher Gestalt sei er willkommen!
Wer du auch seist, so wünsch' ich Rettung dir
Und meinem Freunde; mir wünsch' ich sie nicht.
Du scheinst hier wider Willen zu verweilen;
Erfindet Rat zur Flucht und laßt mich hier.

Wie alle wahrhaft genialen Werke kann auch dieses durch die geringfügigste Änderung beschädigt werden, und ich schmeichle mir nicht, mit meinen englischen Worten auch nur einen Hauch der heldenhaften Erhabenheit zu vermitteln, die sich im Tonfall des Originals in folgenden Worten äußert:

zwischen uns
Sei Wahrheit!
ICH BIN OREST!

wenn der Grieche sein Gewand in der ganzen Strenge klassischer Männlichkeit anzulegen scheint, gefasst auf das Schlimmste und das Beste, nicht wie ein steinerner Stoiker, sondern wie ein Held, der alles fühlen, alles wissen und alles erdulden kann. Der zweisilbige Name wirkt im Deutschen in der darauffolgenden Pause weit eindringlicher als der dreisilbige des Orestes.

between us
Be Truth!

klingt in meinen Ohren gut, da unser Wort ›Truth‹ mit ebenso großer Erhabenheit innehält.

Die folgenden Szenen sind von immer noch zunehmender lebendiger Schönheit. Iphigenies reizende Freude, die nachdenkliche Sanftmut, mit der ihr fromm ausgebildeter Geist beständig Schlüsse aus den bewegendsten Ereignissen zieht, machen immer tieferen Eindruck. Schließlich schlägt die Stunde der Prüfung. Sie muss Thoas mit einer geschickt ersonnenen Geschichte aufhalten, während ihr Bruder und Pylades die Flucht vorbereiten. Orest hat die lang verlorene und durch göttlichen Willen wiedergefundene Schwester ins Herz geschlossen, und in ihrer Umarmung fällt der Fluch von ihm ab; er ist genesen und Pylades überglücklich. Das Schiff wartet darauf, sie zu dem Palast zurückzubringen, den sie von der jahrhundertealten Last befreien soll, und schon schimmert der blaue Himmel ihres geliebten Griechenlands vor ihrem inneren Auge.

Aber oh! der Schritt, bevor all das erreicht werden kann! Thoas hinters Licht zu führen, der zwar ein Barbar und Tyrann ist, aber doch lange Zeit ihr Beschützer war – auf seine barbarische Art ihr Wohltäter –, wie kann sie Leben, Glück oder Sicherheit ihrer Lieben zu einem solchen Preis erkaufen!

Weh!
O weh der Lüge! Sie befreiet nicht,
Wie jedes andre wahrgesprochne Wort,
Die Brust; sie macht uns nicht getrost, sie ängstet
Den der sie heimlich schmiedet, und sie kehrt,
Ein losgedruckter Pfeil, von einem Gotte
Gewendet und versagend, sich zurück
Und trifft den Schützen.

O soll ich nicht die stille Hoffnung retten,
Die in der Einsamkeit ich schön genährt?
Soll dieser Fluch denn ewig walten? Soll
Nie dies Geschlecht mit einem neuen Segen
Sich wieder heben? – Nimmt doch alles ab!
Das beste Glück, des Lebens schönste Kraft
Ermattet endlich! Warum nicht der Fluch?
So hofft' ich denn vergebens, hier verwahrt,
Von meines Hauses Schicksal abgeschieden,
Dereinst mit reiner Hand und reinem Herzen
Die schwer befleckte Wohnung zu entsühnen.
... das heilige,
Mir anvertraute, viel verehrte Bild
Zu rauben und den Mann zu hintergehn,
Dem ich mein Leben und mein Schicksal danke.
... Olympier, nicht auch die zarte Brust
Mit Geierklauen fasse! Rettet mich,
Und rettet euer Bild in meiner Seele!

Vor meinen Ohren tönt das alte Lied –
Vergessen hatt' ich's und vergaß es gern –
Das Lied der Parzen, das sie grausend sangen,
Als Tantalus vom gold'nen Stuhle fiel:
Sie litten mit dem edlen Freunde; grimmig
War ihre Brust, und furchtbar ihr Gesang.
In unsrer Jugend sang's die Amme mir
Und den Geschwistern vor, ich merkt' es wohl.

Darauf folgt der erhabene Gesang der Parzen, der aus Übersetzungen allgemein bekannt ist.

Iphigenie jedoch ist kein Opfer des Schicksals, da sie unerschütterlich auf die göttliche Stimme in ihrem Innern hört. Ihre Lippen sind der Lüge nicht fähig. Sie gehorcht ihrem eigenen Herzen, erzählt dem König alles, appelliert an seine bessere Natur, siegt, heiligt und läutert alles um sich herum, bis der vom Himmel vorbereitete Weg durch das gehorsame Himmelskind geebnet ist und das große Vergehen des Tantalus durch das Vertrauen einer Frau auf die Stimme ihrer unschuldigen Seele aufgehoben wird.

Auch wenn es unmöglich ist, die Schönheit noch zu verstärken, mit der Idealgestalten wie die Iphigenie und die Antigone schon im alten Griechenland geschildert wurden, so hat Goethe doch einen Teil dieser Figur entfaltet, der in der Literatur bisher unbekannt war. Der Charakter der Priesterin, die ganze Schönheit der jungfräulichen Weiblichkeit, einsam, doch zärtlich, weise und unschuldig, empfindsam und selbstbeherrscht, süß wie der Frühling, würdevoll, wie es der auserwählten Gottesdienerin gebührt, jede Geste und jedes Wort von tiefer und feiner Bedeutsamkeit – wo sonst kann ein solches Bildnis gefunden werden?

Es war weder der Hofmann noch der Weltmann noch der Kunstkenner noch der Freund des Mephistopheles noch Wilhelm der Meister noch Egmont, der edelmütige Freie, der Iphigenie in der Geisterwelt erblickte, sondern es war Goethe in seiner ganzen Herrlichkeit, Goethe der Dichter, Goethe, der willens war, das hellste Gestirn in einer neuen Konstellation zu sein. Wir sollten in der Betrachtung seiner Werke und seines Lebens nicht zu lange in den Grenzbereichen und Vororten seiner selbst verweilen. Lassen wir uns auf sein hohes Streben ein, danken wir ihm für Engel wie Iphigenie, deren schlichte Wahrhaftigkeit all seiner weisen »Beschränkungen« spottet, und erhoffen wir die Stunde, in der er, umgeben von vielen ihrer Art, entgegen seiner in den letzten Tagen geäußerten Meinung bekennen wird, dass es sich lohnt, siebzig Jahre zu leben, und sei es nur um herauszufinden, dass sie in den Augen Gottes nichts sind.

F.

Prometheus

An Caroline Sturgis Tappan, 17. April 1838

Meine teure Cary,

ich vermute, Du hast nie Goethes *Prometheus* gelesen. Hier ist ein Ausschnitt – Du wirst sehen, wie sich die alten Griechen manchmal fühlten, denn auch sie wussten, wie quälend es ist, wenn eine versuchte Entfaltung vereitelt wird und unvollendet bleibt.

Ich kenne nichts ärmers
Unter der Sonn' als euch, Götter!
Ihr nähret kümmerlich
Von Opfersteuern
Und Gebetshauch
Eure Majestät,
Und darbtet, wären
Nicht Kinder und Bettler
Hoffnungsvolle Toren.

Da ich ein Kind war,
Nicht wußte wo aus noch ein,
Kehrt' ich mein verirrtes Auge
Zur Sonne, als wenn drüber wär'
Ein Ohr zu hören meine Klage,
Ein Herz wie mein's,
Sich des Bedrängten zu erbarmen.

Wer half mir
Wider der Titanen Übermut?
Wer rettete vom Tode mich
Von Sklaverei?

Hast du nicht alles selbst vollendet,
Heilig glühend Herz?
Und glühtest jung und gut,
Betrogen, Rettungsdank
Dem Schlafenden da droben?

Ich dich ehren? Wofür?
Hast du die Schmerzen gelindert
Je des Beladenen?
Hast du die Tränen gestillet
Je des Geängsteten?
Hat nicht mich zum Manne geschmiedet
Die allmächtige Zeit
Und das ewige Schicksal,
Meine Herrn und deine?

Wähntest du etwa,
Ich sollt das Leben hassen,
In Wüsten fliehen,
Weil nicht alle
Blütenträume reiften?

Hier sitz' ich, forme Menschen
Nach meinem Bilde,
Ein Geschlecht, das mir gleich sei,
Zu leiden, zu weinen,
Zu genießen und zu freuen sich,
Und dein nicht zu achten,
Wie ich!

Wen von uns hätten nicht schon die Fragen umgetrieben, die in diesem kühnen Fragment formuliert sind – wären wir Götter, oder könnten ihr Feuer stehlen! würden wir die Menschen nicht nur glücklicher machen, *so* viel glücklicher, sondern auch »frei, glorreich« – ja, mein Leben ist »seltsam«, Deines ist seltsam. – Wir sind, wir werden in diesem Leben fragmentarische Wesen bleiben, aber ich glaube fest, dass ich irgendwann den Grund erkennen werde. Ich bin stolz darauf, dass ich diese Unvollkommenheit aushalten kann (Gott bewahre mich vor der einfältigen Blindheit, die so vielen den Blick für die Unvollkommenheiten nimmt, die verhassten Unvollkommenheiten unseres Loses). Und es gibt einen Grund dafür, ein unbestimmtes Gefühl, dass Schicksal und Zeit alle Schande und alle Schuld an meiner Verstümmelung tragen. Ich werde alles tun, was *ich* kann – Du nicht auch? – Und wenn es nicht gelingt, so liegt doch im Martyrium eine besondere Schönheit. –

Arme Sue – da sie einen »Sinneswandel« hatte, wie wünschte ich, sie für ein Jahr zu mir zu nehmen. Aber es soll nicht sein –

Ich danke Dir für Deinen Besuch. Er hat mir große Freude gemacht. Hab keine Angst, mir zu lange Briefe zu schreiben. Ich mochte Deine Briefe nicht immer, sie waren mir zu unnatürlich, aber jetzt sind sie ausgezeichnet. – Ich hatte nicht so sehr das Gefühl, dass Du Vertrauen *erwartetest*, sondern dass Du es Dir *wünschtest*, und ein Wunsch von Dir ist eine Forderung. – Und ich konnte nicht von vorn anfangen und ungezwungen schreiben, bevor ich nicht protestiert hatte. Ich wüsste nicht, dass ich mich von Dir erholt hätte, aber ich nehme wieder meine natürliche Haltung ein, und je mehr ich sehe, desto mehr fühle ich, dass sie etwas Königliches hat. – Ohne Thron, Zepter oder Wachen, und doch eine Königin! – Natürlich denke ich nicht daran, sondern lasse die Dinge ihren natürlichen Lauf nehmen. Man muss Alfieris Werke nicht kennen, um sich an seinem Charakter zu freuen. Seine Werke sind nur die Ebbe in der Flut des Lebens. Cellini war ein Bildhauer und Edelsteinschnitzer. Ich erwähne sie beide als große und starke Naturen, die das Leben mit der Gewalt eines Wasserfalls durchstürzten.

Die Titanen sind die niederen Leidenschaften – sie wagten den Versuch, mit Leitern die heiteren Höhen zu erklimmen, auf denen die Götter wohnen. Aber sie werden zermalmt, von Blitzen zerschmettert und liegen unter Bergen von *Materie* gefangen. Und trotzdem haben sie die Macht, an den schönsten Orten Vulkane ausbrechen zu lassen. –

Gleichgeschlechtliche Liebe
Tagebuch, Oktober 1842

Damals interessierten mich viele Dinge, über die zu schreiben nicht lohnt, aber nichts fesselte meine Aufmerksamkeit so sehr wie ein großer Stich von Mme. Récamier in ihrem Boudoir. Ich habe oft über die Intimität zwischen ihr und Mme. de Staël nachgedacht. Es ist so wahr, dass eine Frau eine Frau lieben kann, und ein Mann einen Mann. Es ist so angenehm, sich dieser Liebe sicher zu sein, denn zweifellos ist es dieselbe Liebe, die wir als Engel empfinden werden, wenn wir zu dem einzigen Ort aufsteigen, der für die Mignons geschaffen ist, denn

Sie fragen nicht nach Mann und Weib –

Diese Liebe unterliegt demselben Gesetz wie die zwischen Menschen verschiedenen Geschlechts, nur ist sie rein geistig und unkörperlich, nicht vom Gemisch niederer Triebe entweiht, ungestört von dem Trieb, profane Bedürfnisse zu befriedigen; der Wunsch nach Ganzheit ist ihr Gesetz, man sucht in einem anderen Wesen das, was man in sich selbst nicht findet. So sucht das Schöne das Starke, und das Starke das Schöne, das Stumme das Beredte &c. Der Schmetterling lässt sich immer auf der dunklen Blume nieder. Warum liebte Sokrates Alkibiades? – warum liebte Körner Schneider? wie natürlich ist die Liebe von Wallenstein zu Max, die von Mme. de Staël zu de Récamier, meine zu Anna Barker?

Ich liebte Anna eine Zeitlang mit, glaube ich, der ganzen Leidenschaft, die mir damals möglich war – ihr Gesicht leuchtete immer vor meinen Augen, ihre Stimme hallte in meinem Ohr, alle poetischen Gedanken versammelten sich um ihr teures Bild. Diese Liebe war ein Schlüssel und erschloss mir Schätze, die ich noch immer besitze; sie war der Karfunkel (der sinnbildliche Edelstein), der Licht in die dunkelsten Gründe der menschlichen Natur warf. – Sie liebte mich auch, wenn auch nicht so sehr, denn ihr Wesen war »weniger hoch, weniger ernst, weniger groß, weniger tief«, doch sie liebte zärtlicher, weniger leidenschaftlich. Sie liebte mich, denn ich erinnere mich gut daran, wie sie litt, als sie zum ersten Mal meine Fehler empfand und erkannte, dass ein Teil des kostbaren Schleiers zerrissen war: wie sie am liebsten den ganzen Tag für sich bleiben und weinen wollte. Dann wieder in jener

Nacht, als sie sich an mich lehnte und ihre Augen von so tiefem Veilchenblau waren wie die Nacht selbst, wie sie es nie zuvor gewesen waren, und als wir beide eine fremde geheimnisvolle Erregung fühlten und wussten, was wir nie zuvor gewusst hatten. Nun kann ich auch das oft empfundene Verlangen erklären, vor ihr zu fliehen und mit der Natur allein zu sein – ihr missfiel das sehr, denn sie wollte immer bei mir sein. Ich liebe sie jetzt nicht mehr leidenschaftlich, weil ich die Vorstellung von ihr ausgeschöpft habe, und sie erregt meine Fantasie nicht mehr; sie verkörpert für mich jetzt nicht mehr das Schöne, sie ist nur noch ein schöner Gegenstand. Damals hatte sie nie die Gelegenheit, mein Herz mit den tausend Banden der Vertraulichkeit zu fesseln, wir waren so selten zusammen; es war alles Wahlverwandtschaft. Doch ich liebe sie noch immer mit einer Art fahler, zarter Romantik und empfinde für sie, was ich für keine andere Frau empfinden kann.

An all das dachte ich, als ich Mme. Récamier ansah, und außerdem kam mir ein Gedanke, der mir häufig in den Sinn gekommen ist, aber ich werde ihn nicht niederschreiben; er ist so eigentümlich, dass ich oft gedacht habe, ich werde ihn niemals in irgendeiner Weise formulieren; ich bin sicher, kein menschliches Wesen außer mir würde ihn verstehen –

François-Louis Dejuinne: Madame Récamier

III
Bettina von Arnim und die romantische Frauenfreundschaft

Als Fuller für ihre Goethe-Biografie auch die Werke sichten will, die in Deutschland über Goethe geschrieben wurden, begegnet sie zum ersten Mal Bettina von Arnim. Sie, die sich selbst »die Bettine« nennt und von ihren Zeitgenossinnen und Zeitgenossen so genannt wird, hatte kurz zuvor unter dem Titel Goethes Briefwechsel mit einem Kinde *(1835) sowohl ihren Briefwechsel mit Goethes Mutter Catharina Elisabeth Goethe, mit der sie seit 1806 bekannt war, als auch den mit Goethe selbst in weitreichenden Bearbeitungen veröffentlicht, eher ein romantischer Briefroman (so lautet die Gattungsbezeichnung in der Ausgabe des Deutschen Klassiker Verlags) als eine Dokumentation. Bettine hatte Goethe schwärmerische Briefe geschrieben, die er zunächst nicht beantwortete, und ihn 1807 in Weimar persönlich kennengelernt. Schon vier Jahre später brach Goethe nach einem Streit zwischen Bettine und seiner Ehefrau Christiane den Kontakt ab. Bettines Selbststilisierung zur Kindfrau, die wie viele andere Leserinnen und Leser auch Fuller irritiert, lässt sich nur anhand des Altersunterschieds zwischen den beiden nachvollziehen: Goethe war bei ihrer ersten Begegnung 58 Jahre alt, Bettine 22. Dass sie mit den Briefen sehr frei umging, freihändig überarbeitete und erfand, war schon ihren Zeitgenossen bekannt. Fuller verwendet das Werk zunächst als Quelle für ihre Goethe-Biografie, wird mit der Zeit aber kritischer und schreibt 1844 an Georgiana Bruce: »Ich werde Dir, wenn einer meiner Freunde hier es hat,* Goethes Briefwechsel mit einem Kinde *mitbringen (eigentlich müsste es heißen: ›Briefwechsel eines Kindes mit sich selbst‹).« (L III 250) Auch für die anderen Mitglieder des* Transcendental Club *ist dieses Werk von Interesse. Besonders in »this undercurrent of rebellion on religious and socio-cultural matters«, »the pantheistic and Platonic thought« und »her pure love for nature« (Bäumer,* Fuller, *52) erkennen sie Parallelen zu ihren eigenen Überzeugungen. Fuller selbst schwankt zwischen einer schwärmerisch enthusiastischen und einer kritischen Haltung. Dabei scheint ihr Urteil über Goethe etwas vorschnell, wenn sie ihm vorwirft, Bettine künstlerisch ausgebeutet zu haben: »Der Künstler empfängt das, was sie von ihrer Seele darbietet – um es künst-*

Ludwig Emil Grimm: Bettina von Arnim

lerisch zu verwenden.« (Hier 144) Tatsächlich verhält es sich in Bettines Buch genau umgekehrt.

Noch während ihrer Recherchen zu Goethe wendet Fuller sich 1840 direkt an Bettina von Arnim. »Das wichtigste Ereignis der Woche«, lässt sie Emerson wissen, »ist, dass ich an Bettine geschrieben habe.« (L II 181) Trotz Fullers widersprüchlicher Haltung ist der Ton dieses Briefes beinahe ebenso schwärmerisch wie Bettines eigener. Fuller erhofft sich unveröffentlichte Details, die sie in ihrer Goethe-Biografie verwenden könnte. Von einer Antwort ist nichts bekannt.

Als Bettina von Arnim im selben Jahr 1840 ihr zweites Briefbuch, Die Günderode, veröffentlicht, das ihre Freundschaft und den Briefwechsel mit der Dichterin Karoline von Günderrode verarbeitet (Bettine streicht beharrlich das zweite r aus dem Namen), gehört Fuller zu den ersten Leserinnen. Obwohl sie sich darüber im Klaren ist, dass auch Die Günderode kein authentisches Dokument ist, sondern ein romanhaft überarbeitetes Werk, wird es für sie bedeutsam als die empfindsame Darstellung einer Frauenfreundschaft: »Die Verbindung, die wir hier sehen, zeichnet sich aus durch großes Genie und große Schönheit auf beiden Seiten, und steht für alles Liebenswerte zwischen Frau und Frau.« (Hier 148) Der so idealisierten Frauenfreundschaft stellt sie die Beziehung zwischen Goethe und Bettine gegenüber, die auf sie angesichts der Asymmetrie zwischen dem alten, berühmten Mann und der jungen, kindhaften Frau unwürdig wirkt. Die Freundschaft zwischen Bettina von Arnim und Karoline von Günderrode dagegen zeichnet sich für Fuller dadurch aus, dass beide Frauen unterschiedliche Lebenskonzepte verkörpern und trotzdem in ihrem Austausch gleichwertig sind und ganz sie selbst sein können.

Als sie die geplante Goethe-Biografie endgültig aufgegeben hat, wendet Fuller sich intensiver Bettine zu. In The Dial veröffentlicht sie ihren Aufsatz Bettine Brentano and her Friend Günderode (1842); noch im selben Jahr erscheint ihre Auswahlübersetzung von Die Günderode; erst Jahre nach Fullers Tod wird die Übersetzung von Minna Wesselhoeft beendet und unter dem Titel Correspondence of Fräulein Günderode with Bettina von Arnim (1861) veröffentlicht.

Bettina von Arnim und George Sand
Tagebuch, 1839

Als ich G. Sand kennenlernte, meinte ich, hier werde das Experiment durchgeführt, das ich wollte. Ich mochte Bettine nicht so sehr, sie hatte in meinen Augen nicht genug Stolz; erst jetzt, da ich meiner selbst sicher bin, würde ich meine Seele einem anderen Menschen zu Füßen legen. Für eine gefestigte Seele ist das eine königliche Freigebigkeit, für eine, die nicht anders kann, ist es bloße Unmündigkeit. Ich begrüße Hingabe nur dann, wenn man auch zum genauen Gegenteil fähig ist. Ich wusste, dass Bettine im Nichts enden würde, als ich ihr Buch las – ich wusste, dass sie ihre Liebe nicht überdauern könnte.

In *Les Sept Cordes de la Lyre* aber, das ich zuerst las, ist das Wissen von den Leidenschaften und sozialen Institutionen verbunden mit der himmlischen Wahl, die sich über beide erhebt.

Aber was muss ich hier (in den *Lettres d'un Voyageur*) sehen? Eine unglückliche Frau, die ihre Einsamkeit beklagt, ihre Fehler bejammert, für Geld schreibt? Sie hat Genie und einen männlichen Verstand, aber kein männliches Herz! Wird es nie ein Wesen geben, das den Verstand eines Mannes und das Herz einer Frau in sich vereint und das Leben dennoch zu kostbar findet, um es zu beweinen? Niemals?

Bettina von Arnims Offenbarung
An William H. Channing, 25. und 28. Oktober 1840

Diese Woche habe ich kein Buch gelesen und bin auch nicht ein einziges Mal in Wald und Feld umhergestreift.

Ich hatte vor, tagsüber einige Dinge zu ordnen und abends zu schreiben. Aber ich weiß nicht, was ich tun soll, ich kann mein Leben nie vereinfachen, immer so viele Verpflichtungen, so viele Forderungen! Bald aber werden die Winterwinde die Matutin und Vesper singen, vielleicht mein Haus in eine Zelle verwandeln und mich zum Gebet in einen schneeigen Schleier hüllen. Wenn ich diese Zeit nicht nur mir selbst widmen kann, will ich das nie wieder erwarten. Unbedingt soll es so sein! Diese Karnevalsmasken haben mich lange genug bedrängt, und bald muss die Fastenzeit kommen. [...]

Ich bin erstaunt, wie sehr Bettines Buch all diesen Menschen am Herzen liegt. Das zeigt, wie wenig Mut sie hatten, sich selbst zu verwirklichen. Sie ist ihnen wirklich eine Offenbarung. Die Männer wünschen, von Bettine geliebt worden zu sein; die Mädchen möchten ihre Gedanken niederschreiben und sehen, ob nicht ebenso ein Buch entsteht. ... war jedenfalls eine der wenigen, die sie nicht überschätzten; sie dachte, Bettine veröffentliche nur, was die meisten anderen verbrennen. Wäre das Genie nicht so alltäglich wie das Licht, wenn die Menschen ihrem höheren Ich vertrauten? [...]

Nun, hier bin ich – es ist seit einem Jahr der erste Tag, den ich ganz zu meinem eigenen Vergnügen verbracht habe, die Zeit in Cohasset und Newbury ausgenommen. Ich habe keinen Brief geschrieben, keine Rechnung angesehen. Ich habe mir nichts vorgenommen; meine Gedanken durften nach Belieben schweifen, und das zu Hause.

Bin ich glücklich gewesen? Ja. – Wäre ich es immer noch, wenn ich sechs Monate lang solche Tage hätte? Aber die werde ich nicht haben! Ich habe einen gewissen Zauber an mir, der andere Geister in den Bann zieht, ob ich will oder sie wollen oder nicht. Es wäre dasselbe, wenn ich meinen Stab in eine Wüste pflanzte. – Wie dem auch sei, ich war jedenfalls nicht ungeduldig, werde es auch nicht sein, wenn auch nur aus Furcht vor dem Spruch des Dichters:

Wer sich der Einsamkeit ergiebt
Ach! der ist bald allein,
Ein jeder lebt, ein jeder liebt,
Und läßt ihn seiner Pein.

[...] Die letzten Oktoberblätter, matt, verblichen, durchnässt von schwarzem Regen, trotzdem, verschmähe sie nicht, denn aus der Böschung, auf der sie verstreut, verloren liegen, wird das Veilchen in einer freundlicheren Jahreszeit hervorlugen!

Die Günderode
An William H. Channing, 19. Februar 1841

Bin ich nie auch nur *einem* meiner geistigen Verwandten begegnet? Am vergangenen Abend saßen sie um mich herum, so viele, die glaubten, mich zu lieben, oder die begannen, mich zu lieben. Ich fühlte, wie ich in all ihren Seelen dasselbe Feuer entfachte. Ich sah jeden an, und kein Blick wies mich zurück. Doch an all diesen Altären gab es keine Wärme für mich. Ihr Wesen schien tiefgründig, und doch konnte man die Zeit mit ihnen nur betrügen, schätzen, bewundern und bemitleiden. Es war traurig, aber wer würde schon Traurigkeit an mir wahrnehmen?

Früher war ich fast nur Verstand, jetzt bin ich fast nur Gefühl. Die Natur verteidigt ihre Rechte, und ich spüre, wie ganz Italien unter der sächsischen Kruste glüht. Es kann nicht mehr lange so weitergehen; ich werde zu Asche verbrennen, wenn all das noch länger schwelt. Ich muss sterben, wenn ich nicht in Genie oder Heldentum ausbreche.

Es tut mir leid, feststellen zu müssen, dass in diesen Blättern schlechterdings nichts steht, was ich all diese Tage getan oder gesehen habe. Ich wünschte, ich hätte Dir beide Seiten gezeigt, denn es war nicht nur das Stöhnen des Nachtwindes, das durch diese Blätter ging. Ich habe gedient und mit heiterer Miene und scharfem Auge um mich geblickt. Kein Mensch sah mich fasten, und wenn ich bei ihnen war, habe ich die Stunden nicht vergeudet. In Wahrheit aber war ich anall dem nicht interessiert, und mein eigentliches Leben bestand nur darin, das Blei immer weiter in die Tiefe sinken zu lassen, wie ich es Dir beschrieben habe. Nun, da ich es heraufgezogen habe und das Netz in die hellen Wasser auswerfen kann, schicke ich Dir vielleicht den Fang.

Und doch gab es in diesem Winter andere, äußerliche Dinge – könnte ich sie nur mit einem Federstrich festhalten! Ich wollte Dir die besten Passagen aus *Die Günderode* übersetzen (die ich dem Briefwechsel mit Goethe vorziehe. Die beiden Mädchen sind einander ebenbürtig, und *beide* sind ernsthaft. Goethe hat zu seiner persönlichen Unterhaltung ein Puppenspiel aus Bettines Leben gemacht, und es ist verwunderlich, dass sie nicht empfand, dass er ihrer Huldigung nicht würdig war.) Aber mir ging es nicht gut genug, um viel zu schreiben, und diese Seiten sind nur das, was ich diktiert habe; es sind nicht die besten, aber sie werden Dich interessieren. Das kostbare kleine Gedicht der Günderode muss man zwei- oder dreimal laut vorlesen, damit man seine Musik erhascht; es ist von höchst geheimnisvoller Süße. Sie ist mir teuer und bewundernswert. Bettine nur interessant. Sie [die Günderode] ist von religiöser Anmut. Bettine die Fülle der Natur.

Ich werde nicht mehr schreiben, vielleicht für zwei oder drei Wochen. Schreib Du mir oft, wenigstens von Büchern und Tatsachen, *das* wird die Stille nicht unterbrechen.

Ideal und Natur

An William H. Channing, März 1841

Die Günderode ist das Ideal, Bettine die Natur; die Günderode stürzt sich in den Fluss, weil die Welt zu eng ist. Bettine lebt und folgt jedem grillenhaften Gedanken, bis das bezaubernde Kind zu einer exzentrischen und würdelosen alten Frau verkümmert ist. Irgendwo gibt es einen Mittelweg. Philip Sidney hat ihn gefunden, anderen wurde er vom Schicksal gewiesen.

Ein schöner moosreicher Platz

An William H. Channing, Juli 1841

Die läppischste Kleinigkeit löste den ganzen Klumpen auf, alles wurde klar wie Kristall, und ich erkannte an der tiefen Zufriedenheit mit dem Ergebnis, was die mühsame Vorbereitung genützt hatte. So wird es auch bei Dir sein, wenn Du nicht zu schnell zur Tat schreitest.

In der kostbaren Ruhe dieses Ortes fühlte ich mich heute wie die arme Bettine gegenüber der Günderode. »Ich wollte Dich tragen auf meinen Armen ans End der Welt, und dort Dich an einen schönen moosreichen Platz niedersetzen.« Da, das weiß ich wohl, würde die Seele sich nicht nach *ewiger* Ruhe sehnen; sie bräuchte sich nur die Zeit zu nehmen, sich auf dem freundlichen Ast auszuruhen und in der beschirmenden Nacht zu schlafen, in der Gewissheit, nicht unsanft durch das grelle Licht streitlustiger Forderungen geweckt zu werden. – Hier gibt es weder tiefe Wälder noch ernste Berge noch enge, heilige Täler, nur das kleine weiße Farmhaus blickt von seinem sanften Hang hinunter auf das grenzenlose Meer, und im Mondschein hört man jenseits der glänzenden Kornfelder die endlose Brandung. Alles rund um das Haus ist sehr sanft und freundlich, mit vielen Blumen, die sich anscheinend selbst ausgesät haben, und dem heimischen Geißblatt, das sorgsam das kleine Fenster umrankt. Ringsum sind all die üblichen Farmgeräusche zu hören: das Federvieh, das zwischen den Liedern der Singvögel einen munteren Sprechgesang anstimmt, selbst Gänse und Truthähne klingen nicht unharmonisch, wenn sie mit den

Melodien des Strandes zusammenklingen. Der Obstgarten voll sehr alter Apfelbäume, deren gekrümmte Gestalten von den herrlichen Winden erzählen, die hier in Saus und Braus gewirkt haben, beschützt einen kleinen schlichten Garten, der mir eine unbeschreibliche Erfrischung verschafft und in dem sich die Gemüsebeete mit den blühenden jungen Obstbäumen unbekümmert vermischen, als hätte ein Mensch die Samen genau dort fallen gelassen, wo er die Pflanzen haben wollte, und sie wären sofort aus dem Boden geschossen.

Auch die Familie scheint auf den ersten Blick gut zu diesem Ort zu passen, häuslich, freundlich, nicht niedergedrückt, von ehrlichem Stolz und gegenseitiger Liebe, nicht unwürdig des Ausblicks auf das weithin leuchtende Meer! Gestern Nachmittag gingen wir mit dem letzten rosigen Licht an den Strand und verbrachten dort den ganzen Abend. Es war eine weiche Stimmung; dieser Strand, der viel schöner ist als der andere, scheint in seiner Rundung den Ozean an seine Brust zu drücken.

Zeichen der Verehrung

An Bettina von Arnim, 2. November 1840

Teure Bettine,

Denn wie könnte ich Dich mit einem weniger vertraulichen Namen anreden als dem, mit dem Du uns nun so vertraut bist. Ich schreibe Dir im Namen vieler Männer und Frauen meines Landes, für die Du Wunder gewirkt hast. Wie viele haben die Aufzeichnungen aus Deiner schönen Jugend gelesen und dabei aufgehört, ihren jungen Herzen zu misstrauen! Wie viele haben in reiferen Jahren zurückgeblickt und sich gefragt, warum sie es nicht gewagt haben zu *leben*!

Wie viele haben jeden Schlag Deines liebenden Herzens gezählt; wie viele wurden durch die Berührung mit Deinem Genie entflammt!

Wir wollen mehr von Dir wissen, Bettine. Deine ideale Jugend ist für uns so verheißungsvoll! Deine Kindheit war so freigebig wie die Maienzeit. Wir wollen hören, dass Du zu ewiger Jugend erblüht bist. Da Du uns in das Geheimnis Deiner Liebe eingeweiht hast, willst Du uns nicht noch mehr anvertrauen? Wir haben wieder und wieder die bunten Aufzeichnungen über diese inspirierenden frühen Jahre gelesen. Wir trinken in tiefen Zügen aus diesem Nektarbecher und sehnen uns

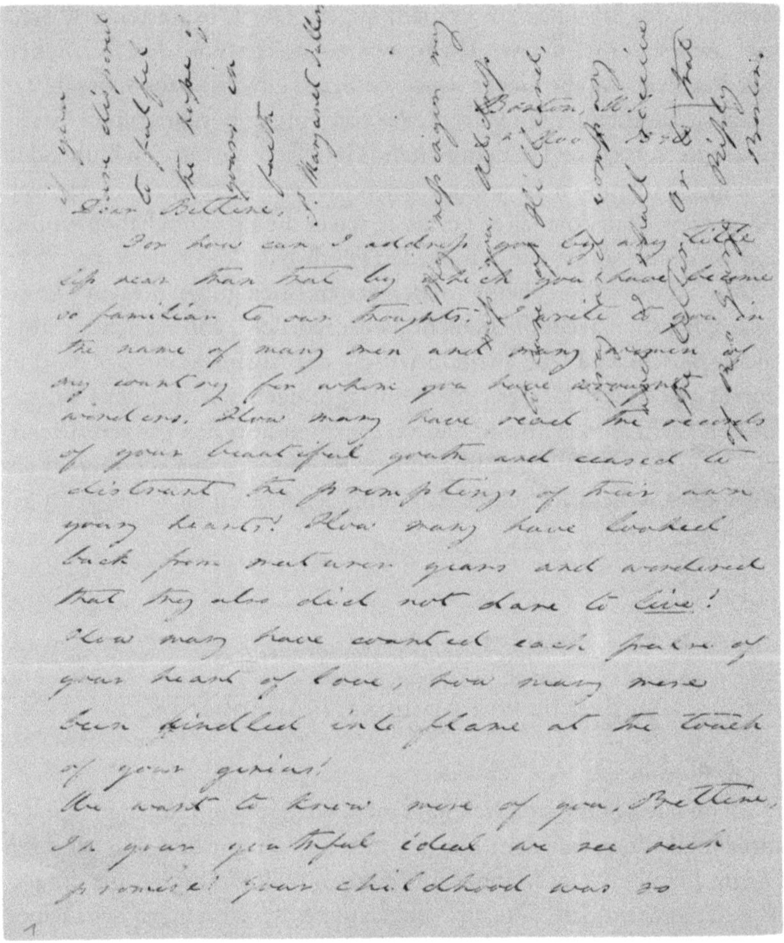
Dear Bettine,

For how can I address you by any title less dear than that by which you have become so familiar to our thoughts? I write to you in the name of many men and many women of my country for whom you have awakened wonders. How many have read the records of your beautiful youth and ceased to distrust the promptings of their own young hearts! How many have looked back from maturer years and wondered that they also did not dare to live! How many have counted each pulse of your heart of love, how many have been kindled into flame at the touch of your genius!

We want to know more of you, Bettine. In your youthful ideal we see such promise! Your childhood was so

Fullers Brief an Bettina von Arnim

their friend. We have written here no
book worthy to send you; should any
printed leaves accompany this, it
will be merely as a token of respect.

for "Bettine."

But you are wise, you have the
spiritual sight, the breath of our love
will be wafted to you and you will
see whether we are yours. The bearer
of this will tell you how to direct

doch nach mehr. Wir fragen alle Menschen, die aus Deinem Land kommen: Habt ihr die Bettine gesehen? – Was wisst ihr von dem Kind? – Weint sie an Goethes Denkmal oder hat sie ihre eigene Bühne bestiegen? – Sie aber sprechen verständnislos von Dir! Sie erzählen uns nicht, was wir hören wollen. Du bist uns teuer, Du bist die Freundin unserer geheimsten Gefühle. Wir wollen keinen Straßenklatsch über Dich hören. Wir werden ihn nicht hören. Sprich Du selbst zu uns.

Offenbare Dich uns noch mehr. Hier lebt vielleicht niemand, der angemessen von Dir sprechen könnte, aber es sind viele, die verständig zuhören würden.

Ich glaube nicht, dass Du unsere Bitte abschlagen wirst. Auch wenn sie von einer einzelnen Unbekannten ausgesprochen wird, ist sie doch das Verlangen vieler Herzen. Ich könnte sagen, aus einer neuen Welt, – aber für feurige Naturen wie die Deine sind alle Welten neu. Schreib mir oder bring es in einem Buch. Erzähl uns, wie die Jahre verflogen sind, was sie beflügelt hat. Vor allem eins möchten wir Dich gern fragen. Du wirst es erraten und, wie ich glaube, beantworten. Ich gebe meinen Namen, auch wenn er Dir nichts bedeutet, in der Hoffnung, dass Du Dich an mich wenden und mich so in den Stand versetzen wirst, anderen das große Vergnügen zu machen, mehr von ihrer Freundin zu hören. Wir haben hier kein Buch geschrieben, das es wert wäre, Dir geschickt zu werden; sollten einige gedruckte Seiten diesen Brief begleiten, so sind sie lediglich Zeichen der Verehrung.

Du bist weise, Du durchschaust die Dinge; der Hauch unserer Liebe wird hinübergetragen zu Dir, und Du wirst sehen, dass wir Dein sind. Der Überbringer dieses Briefes wird Dir sagen, wohin Deine Antwort zu richten ist, wenn Du die Hoffnung erfüllen willst

Deiner treuen S. Margaret Fuller

Vielleicht verfehlt Dich mein Bote. Adressiere zu Händen von Hilliard, Gray & Co., und ich werde den Brief erhalten. Oder zu Händen von Rev. George Ripley Boston.

Bettine Brentano und ihre Freundin Günderode

Bettine Brentanos Briefe an Goethe, erschienen unter dem Titel *Goethes Briefwechsel mit einem Kinde*, sind bei uns bereits wohlbekannt und wurden von den Lesern im Allgemeinen herzlicher aufgenommen, als zu erwarten gewesen wäre. Sogar diejenigen, die sonst die Kunst an den beengenden Alltagskonventionen messen, ließen sich von der Ausgelassenheit und dem wilden, jugendlichen Spiel von Bettines Genie überraschen, auch diejenigen, die in großen Werken nur nach Hinweisen auf den moralischen Charakter des Autors suchen, diejenigen, die sich, wären sie Zeitgenossen Shakespeares gewesen, gescheut hätten, den Menschen zu besuchen, der Vergnügen an der Darstellung eines Falstaff hatte, – selbst die, über die Byron als »das Garnisonvolk« spottet. Sie gaben ihren Widerstand auf, um Bettines Gedanken und Gefühle in dem Geist aufzunehmen, in dem sie niedergeschrieben wurden. Sie erkannten in ihr eine Person, deren einziger Antrieb es war zu *leben* – ihre Natur zu entfalten und zu verwirklichen, und sie vergaßen, ihr Handeln an ihrer gesellschaftlichen Rolle zu messen.

Es gab ein paar Ausnahmen, Menschen, die ihr Werk verächtlich beurteilten, die gänzlich unempfänglich waren für die Fülle origineller Gedanken und begeisterter Schilderungen, und die mit ihren trüben Blicken die unschuldigen Grillen jugendlicher Vergötterung abwerteten. Doch es waren so wenige, dass dieses Mal der Großteil des gewöhnlichen Volks eine Vorliebe fürs Außergewöhnliche zu zeigen schien.

Wenn das Buch so von den Menschen aufgenommen wurde, die von Gewohnheiten gefesselt und unter verkünstelten Vorlieben verkrustet waren – mit welcher Freude erst wurde es von den Freigeistern und den jugendlich eifrigen Herzen begrüßt! In so wenigen Büchern findet sich eine aufrichtige Darstellung des Lebens, dass dieses Buch für viele den Anbruch einer neuen Epoche bedeutete. Wer lange verschwiegen hatte, was ihm am teuersten und kostbarsten war oder am innigsten ersehnt, entdeckte hier eine neue Sprache. Der gewöhnliche Tag und das gewöhnliche Licht werden wieder wertgeschätzt, seit man gesehen hat, wie fruchtbar sie für diese eine Person waren. Der an unserem Himmel spielende Meteor verbreitete dort eine Elektrizität und ein Licht, das ungekannte Anziehungskräfte auf scheinbar schwerfällige Körper entwickelte und viele Geheimnisse aus schummrigen Schlupfwinkeln lockte, in denen sie jahrelang gekauert hatten, unfruchtbar, kalt und still.

Wie haben wir es genossen, diesem Geist zuzusehen, den die Sehnsucht antrieb, dem Angebeteten täglich zu dienen; wir wurden durch die Zeugnisse dieser kindlichen Verehrung für den Mann bereichert, der von den Philistern als »alter Heide« verhöhnt, in ihrer poetischen Vorstellungskraft aber zu »Jupiter, Apoll, alles in einem« wird. Und doch müssen wir die Beziehung, in der sie zu Goethe steht, als unschön empfinden. Vergötterung ist nur natürlich für jugendliche Herzen, die edel genug sind für eine Leidenschaft, die über das bloße Verlangen nach Mitleidenschaft oder Abhängigkeit hinausgeht. Fast jeder aufstrebende Geist kann sich an eine Zeit erinnern, in der ihm eine edle Gestalt, ob im Leben oder in der Literatur, an den Himmelstoren zu stehen und alle Herrlichkeiten der Natur und Kunst zu verkörpern schien. Es ist zumeist eine geheime Verehrung; die stille, schwache Stimme der Seele wird lauter im Wunsch, die Misstöne der Welt wieder in Einklang zu bringen und Schönheit aus Unvollkommenheit zu gewinnen, wie es dieses gleichgesinnte Wesen tat. Diese bewunderte Gestalt ist sein heiliger Petrus, der ihm die Schlüssel zum Paradies bereithält, sie ist sein Vorbild, sein Ansporn für ein ehrliches Leben, sein äußeres Gewissen. Wenn es eine stille Verehrung ist, die sich nur in unseren persönlichen Handlungen zeigt, dann ist sie ganz gewiss die Himmelsleiter und führt die Menschen, bis sich ihnen plötzlich durch ihre eigene Berührung das goldene Tor öffnet und sie weder Mittler noch Vorbild mehr brauchen. Dasselbe lässt sich in den Religionen der Völker beobachten, in denen die Verehrung von Personen schließlich aufgeht im freien Denken philosophischer Geister.

Wenn diese Verehrung aber geäußert wird, dann verlangt das vom Angebeteten wie vom Anbetenden einen Charakter von einzigartiger Reinheit und Stärke, sonst verkümmert sie zu gemeiner Eitelkeit oder Verblendung.

»Du bist der Einzige, der es wert ist, mich zu inspirieren«, ruft der eine.

»Du bist der Einzige, der fähig ist, meine Inspiration zu verstehen«, lächelt der andere zurück.

Und Wolken von Weihrauch steigen auf, die beiden den freien Atem rauben.

Wenn aber der Angebetete dort steht, schrecklich und unempfänglich, dann wird der arme Jünger sein Opfer mit leidenschaftlicher Inbrunst verdoppeln, bis daraus ein so trauriges Possenspiel wird wie der monströse Götzendienst, der alle Menschenwürde zermalmt, bis sie beschmutzt von abergläubischer Torheit am Boden liegt.

Eine Bewunderung, die von Selbstachtung im Zaum gehalten wird (ich meine nicht Stolz, sondern einen Sinn dafür, dass die eigene Seele eine königliche Kraft und ein kostbares Gut ist; und wenn ihre Größe auch nicht so offensichtlich ist, so folgt sie doch einer ebenso hohen letzten Bestimmung wie die eines anderen), ehrt den Bewunderer ebenso wie den Bewunderten. Aber Demut ist nicht dasselbe wie unterwürfige Schwäche, ebenso wenig wie Freigebigkeit dasselbe ist wie Verschwendung. Die Seelenverschwender verdienen es, viele Tage zu hungern, denn wenn sie sich nicht so weit vom Vater entfernt hätten, hätte er ihnen Brot gegeben.

Kurzum, wir sind so erstaunlich eingerichtet, dass Ausschweifung irgendwann zu Armut führen muss. Wer unfähig ist zur freien Hingabe an einen schönen Gegenstand, ist gemein und kalt – aber wenn wir selbst keine ausgleichende Geisteskraft haben, die uns wieder so weit zu unserem Mittelpunkt zurückführt, wie wir uns von ihm entfernt haben, lernen wir aus unserem Versuch nichts und werden durch unsere Liebe nicht belebt, sondern geschwächt.

Etwas davon empfinden wir mit Blick auf Bettine und Goethe. Der große Nationalpoet und kluge Repräsentant eines halben Jahrhunderts war ein derart starker Magnet, dass er viele Wesen anzuziehen vermochte, die ebenso geistreich waren wie sie. Seine Größe war jedem geläufig und der Stolz ihrer gemeinsamen Geburtsstadt. Ihrer eigenen Familie war er in der Brillanz seiner Jugend persönlich bekannt. Sie wuchs auf in der Atmosphäre, die er geschaffen hatte. Dort oben im fernen rosigen Licht der schneeigen Gipfel erschien er ihr schön und erhaben. Wir brauchen uns nicht zu wundern, wenn ein Wesen, das ebenso gewandt, fein und fruchtbar an kleinen Blumen und Moosen ist wie eine seiner eigenen Melodien und so begabt, ihn zu empfangen, aus ihrem ganzen Leben einen schön modellierten Sockel für diese einzige Figur macht.

All das wäre gut und schön oder jedenfalls nicht schlecht, wenn er nur Gegenstand ihrer Gedanken geblieben wäre, aber sobald diese beiden Gestalten in eine tatsächliche Beziehung miteinander treten, wird es zu ungleich. Wäre Bettine wirklich ein Kind, könnte sie ihren Korb voll Blumen bringen und sie auf seinen Weg streuen, ohne dafür auch nur ein Lächeln von ihm zu erwarten. Doch ganz abgesehen von ihrem tatsächlichen Alter, das die Neugierigen ausgerechnet haben, empfinden wir allenthalben, dass sie kein Kind mehr ist. Sie ist es zwar im Altersvergleich mit ihm, in ihrer Beziehung aber ist sie es nicht, und angesichts ihrer Lebenserfahrung und ihres Wissens müssen wir von ihr als Frau eine bewusste Würde verlangen. Nicht in allen Passagen des Buches zeigt sich die große Kunst, im rechten Moment innezuhalten. Dann ist Goethe so kalt, so abweisend, diplomatisch und höflich entschieden, sich selbst nicht zu kompromittieren. Hätte er aufrichtig eine väterliche Haltung angenommen, so hätte er weit milder und zärtlicher sein, all die prachtvollen Blüten dieser jugendlichen Fantasie pflegen können, ohne dass wir jemals das kummervolle Gefühl von Ungleichheit empfänden. Aber das tut er nicht; er wirkt wie ein ältlicher Vormund, der vorsichtig mit einem leichtfertigen, unerfahrenen Mündel kokettiert, oder wie ein Beichtvater, der durch das heilige Amt die Gedanken seines Beichtkindes nicht erhebt und läutert, sondern nur benutzt, um seine Neugier zu befriedigen. Wir können ihm nicht vorwerfen, mit ihren Gefühlen zu spielen. Er verführt sie nie. Sie wählt den Weg selbst, sie folgt dem Traumbild, das vor ihr leuchtet. »Ich will nicht«, sagt er, »den kleinen Vogel aus dem Neste gestört haben«, und er tut das auch nicht. Aber er ist bereit, dieses frische, eifrige Wesen zu benutzen; er zeigt sich hier so unerbittlich wie gewöhnlich. Der Künstler empfängt das, was sie von ihrer Seele darbietet – um es künstlerisch zu verwenden. Er genießt es wie wir, das unaufhörliche bienengleiche Summen zu hören, mit dem sie ihren Nektar aus tausenden Blüten sammelt, aber er tut es nur mit dem kalten Vergnügen eines Beobachters; es gibt keinen unverfälschten Moment dankbaren Verständnisses. Wir haben das Gefühl, dass Bettine das hätte erkennen und die Art ihrer Opfer ändern müssen. Denn nun ist in ihrem Leben nichts mehr heilig, und kein schönes Gleichgewicht bleibt gewahrt. Leidenschaftlich hat sie sich genähert, wo sie nicht gerufen wurde, und die aufrichtige und zarte geistige Verbindung wurde verletzt. Sie folgt wie eine Sklavin, wo sie Schülerin hätte sein können. Bedenkt das, ihr jungen Bewunderer! Habt ihr einen hellen besonderen Stern zum Gegenstand eurer Abendandachten gewählt? ihr werdet ihn nicht dann am besten sehen oder verehren, wenn ihr euch vor ihm in den Staub werft – bleibt aufrecht stehen, wenn auch mit aufwärts gewandtem Blick und vor Andacht bleichem Gesicht.

Ein alter Schriftsteller sagt: »Diejenigen, welche ihren Königen diejenige Ehre erwiesen haben, so man nur den Göttern schuldig ist, werden durch den Verlust der Götter gestraft.« Bettines grenzenlose Hingabe an ein Gefühl muss eine Zeitlang ihren Fortschritt behindert haben, und ihre reiferen Jahre werden nach der ungestümen Hast ihrer Jugend wohl langsamer vergehen. Sie lebte über so lange Zeit nicht für die Wahrheit, sondern für einen Menschen, dass der Sprössling, als ihm die Stütze entzogen wurde, in den Staub fallen und lange dort liegenbleiben musste, ehe er wieder so weit mit seinen Säften haushalten konnte, dass er zum Baum werden konnte.

Wir haben auch das Gefühl, dass sie im Zuge dieser innigen Freundschaft zu selbstbewusst geworden ist. Ohne eine Reaktion von seiner Seite, die sie auf natürliche Weise hervorgelockt hätte, sucht sie überall nach Mitteln, einen herrschaftlichen Gast zu unterhalten, der zur Mahlzeit nichts mitbringt als eine silberne Gabel. Vielleicht würde Goethe sagen, seine Fragen und Antworten seien in seinen Büchern zu finden; wenn sie wisse, wer er sei, wisse sie wohl auch, was sie beizusteuern habe. Doch das immer noch menschliche Mädchen wollte mit ihren Geschenken doch zumindest Überraschung, wenn nicht Sympathie erregen, und ihre Arglosigkeit wurde durch diese Anstrengungen verdreht. Wir sehen, wie das Schwärmerische ins Fantastische kippt, die Freiheit in Zügellosigkeit, und wir erinnern uns an das Schicksal von Euphorion in Goethes großem Zauberwerk.

So verfolgen wir den Verlauf dieser innigen Beziehung mit denselben Gefühlen wie die Liebe Tassos und, in der Literaturgeschichte, Werthers und George Douglas', ebenso wie die Liebe Sapphos, Eloisas und Mlle. de L'Espinasses. Das Fundament ist ausgehöhlt, und wir spüren von Anfang an,

Es ist nicht, und es wird auch nimmer gut.

Und doch können wir nicht umhin, den Umständen dankbar zu sein – auch wenn sie unseren Wünschen nicht ganz entsprechen –, denen wir einige der vortrefflichsten Werke der Literatur verdanken, diese wenigen Seiten eines unverfälschten Protokolls persönlicher Erfahrungen. Sie tragen größtenteils Tränenspuren, – aber durch diese Tränen wurden auf dem Blatt die Blumen am Leben erhalten, die die Dichter uns nur zu Essenzen destilliert zeigen. Die wenigen Werke dieser Art, die wir besitzen, erinnern uns an Wandteppiche, die von Gefangenen und Verbannten gewoben sind, ergreifende Erbstücke adliger Familien.

Manche haben gesagt, diese Briefe an Goethe seien ein so unverfälschtes Werk, so frei von jeder Literarisierung, dass der Leser das Gefühl habe, nie zuvor ein ehrlicheres Buch gesehen zu haben.

Andere: »Sie scheint ein maskierter Geist zu sein, der jedem Herzen seine geheimen Wünsche und die unermesslichen Möglichkeiten des beschränktesten Lebens offenbart.«

Aber die Briefe an Goethe sind hier nicht mein Thema, und die vor mir liegenden, ebenso verdienstvollen Briefe geben uns keinen noch so geringen Anlass, das zu bedauern. Mein Thema ist der Briefwechsel zwischen Bettine und dem Stiftsfräulein Günderode, der Freundin, der sie einige Jahre vor ihrer Bekanntschaft mit Goethe treu ergeben war.

Die Leser des *Briefwechsels mit einem Kinde* werden sich an die Geschichte dieser innigen Freundschaft als eine der kostbarsten Passagen in diesen Bänden erinnern und an die Tragödie, in der sie endete. Die dort gegebene Skizze ist es wert, weiter ausgemalt zu werden.

Die Günderode war Stiftsfräulein in einem der Orden, die Mrs. Jameson beschrieben hat. Sie lebte im Konventsgebäude, mischte sich aber so frei in die Welt, wie es ihr gefiel. Doch da sie acht oder zehn Jahre älter war als ihre Freundin und von zarterer und zurückhaltenderer Natur, beschreiben ihre Briefe ein äußeres Leben von geringer Reichweite. Sie scheint mit einigen hochgebildeten und genialen Menschen, besonders Philosophen, ebenso vertraut gewesen zu sein wie mit Bettine. Diese innigen Freundschaften gaben einem Leben neuen Reiz, das sie ansonsten zu der Zeit, in der sie diese Briefe schrieb, entweder in ihrer kleinen Kammer mit Büchern und Feder, mit gelegentlichen Familienbesuchen oder an schönen Orten auf dem Land verbrachte.

Bettine führt uns einen viel weiteren Kreis vor Augen. Sie gehört einer großen und wohlhabenden Familie mit bedeutenden Handelsbeziehungen an, und sie begegnet im Haus ihrer Großmutter Mme. La Roche sowohl den meisten angesehenen Literaten dieser Zeit als auch jenen edlen und fürstlichen Personen, die es sich zur Ehre anrechneten, der Literatur ihre Reverenz zu erweisen, auch wenn sie sie nicht ausdrücklich förderten. Die Briefe wären allein schon wegen der detaillierten Bilder von großem Interesse, die sie von diesen beiden Lebensformen zeichnen, und die beiden schönen Gestalten, die sie verkörpern und schildern, harmonieren vollkommen mit ihnen.

Ich habe mir angewöhnt, die beiden in Natur und Ideal zu unterscheiden. Bettine, die von Gegenstand zu Gegenstand schwirrt, aus allem neue Lebensenergie zieht, munter zwischen den Menschen lebt wie in Bäumen, die den Duft der feuchten Erde ebenso liebt wie den der ihr entsprießenden Blume, die gesellschaftliche Hindernisse ebenso leichtfüßig überwindet wie die Zäune auf dem Feld, die sich an der Einsicht in jedes neue Geheimnis berauscht und niemals zum Schweigen zu bringen ist, die fliegt und singt wie ein Vogel, hoffnungslos wie ein Kind schluchzt, prophetisch ist und doch über die Erfüllung jeder Prophezeiung erstaunt, die ruhelos ist und furchtlos, die an der Liebe festhält und doch unermüdlich experimentiert – ist das nicht die allgegenwärtige Lebenskraft, Ursprung all dessen, was wir Natur nennen?

Und dann die Günderode, mit dieser weichen Würde in jedem Blick und jeder Geste, deren leisestes Wort in der silbrigen geistigen Klarheit erklingt wie die Leier eines Engels, die alle Gegenstände in Einklang bringt, aus jeder Lebensform ihren ewigen Sinn zieht, mit ihrer Trauer alles Unwürdige in seinen Existenzmöglichkeiten prüft, ermahnt und klärt. Begegnet sie den zügellosen, unerschrockenen Ausbrüchen des freundlichen Genius nicht, um zu messen, zu läutern, zu deuten und dadurch zu erhöhen? So wie jedes von Bettines Worten genossen und betrachtet werden will wie ein freier Atemzug in frischer Bergluft, so naht sich jedes Wort der Günderode wie der Mondschein, um die Landschaft zu verändern, das wilde Herzklopfen zu besänftigen und all die schwülen Dünste des Tages zu verwandeln in die reinen Tautropfen der feierlichen und geheiligten Nacht.

Die Wechselwirkung dieser beiden Frauen, die ganz verschiedene Denkarten repräsentieren, ist darum von höchster poetischer Bedeutung. Ihre menschliche Beziehung ist nicht minder schön. Eine Freundschaft zwischen zwei jungen Männern ist heroisch. Sie rufen einander, um gegen die Ungerechtigkeiten des Lebens zu kämpfen; sie verteidigen einander gegen die Masse; sie ermutigen einander, die Leiter des Wissens zu erklimmen; sie hoffen, miteinander Gerechtigkeit und Wohlstand zu verbreiten. Da das Leben des Mannes tätig sein muss, erscheinen sie mehr als Waffenbrüder denn als Studiengefährten. Die Beziehungen zwischen zwei jungen Mädchen dagegen ist ihrem Wesen nach poetisch. Was ist schöner, als zwei kleinen Mädchen zuzusehen, die Hand in Hand durch einen Garten spazieren, lachen, singen, mit leisen geheimnisvollen Stimmen plaudern, Wange an Wange und Stirn an Stirn? Hermia und Helena kommen einem in den Sinn, die Nymphen, die im Tal von Enna Blumen pflücken, die Grazien-Schwester und die Musen-Schwester, und wir spüren, wie die Frauengestalten verbunden sind in der Betrachtung von Schönheit und harmonischer Neigung. Schon der Briefwechsel zwischen sehr gewöhnlichen Mädchen ist unterhaltsam, wenn es keine törichten Gefühlsmenschen sind, sondern gesunde Naturen mit einem alltäglichen Leben. Eine mühelose Zärtlichkeit zeigt sich darin; sie ordnen die belanglosesten Begebenheiten mit einer angeborenen Anmut an und stimmen aufrichtig und kindlich in ihren Sehnsüchten überein – all das gehört zum Schicksal der Frau. Sie sollte das Gedicht sein, der Mann der Dichter.

Die Verbindung, die wir hier sehen, zeichnet sich aus durch großes Genie und große Schönheit auf beiden Seiten und steht für alles Liebenswerte zwischen Frau und Frau. Der Altersvorsprung, die höhere Bildung und die größere Harmonie der Günderode wird ausgeglichen von Impulsivität, Ideenreichtum und Melodie der anderen.

Und diese Briefe sind nicht nur deshalb von Interesse, weil sie Einblicke in ein deutsches Leben und eine gelebte ideale Verbindung gewähren. Die große Bedeutung der Kultur in Deutschland – die diese Frauen über poetische und philosophische Gegenstände ebenso leicht plaudern lässt wie die englischen oder amerikanischen Mädchen über die Wahl eines Kleides, das letzte Konzert oder eine Teegesellschaft – macht diese Briefe zu Äußerungen der edelsten Ziele und füllt sie mit oft tiefgründigen Gedanken zu großen Themen. Viele der poetischen Fragmente aus der Feder der Günderode hätten nicht geschrieben werden können, wäre sie nicht Zeitgenossin von Schelling und Fichte gewesen, und sind doch natürlich und eigenständig, die Gedanken wie gespiegelt in den glänzenden und auserlesenen Farbtönen einer seltsamen Pflanze. Solche poetischen Kräfte, wie sie sich bei Goethe, Kant und Schelling zeigen, in das stille weibliche Leben zu übertragen, ist ein schöpferischer Akt und verdient nicht weniger Bewunderung als die Werke, die die Muse den Künstlern eingibt, um sie der Welt auf selbstgewähltem Wege zum Geschenk zu machen. Sie sind nicht weniger Kinder des Genies, als sein Werk oder die Demonstration seiner Arbeitsweise es sind. Wahrhaftig, was den Künstler, den unsterblichen Spross der Muse, betrifft, so ist

die Liebe, die (die Kunst) besiegelt,

Gegenstand größeren Vertrauens als die Geschöpfe, denen er Leben eingehaucht hat. Sie ist sicher, denn nur der Tod kann, wie der Dichter sagt, wirkliche Schönheit verleihen. Sie werden immer so lieblich und schön erblühen wie jetzt, immer ein reines Licht verbreiten und nie die verheißungsvollen hohen Augenblicke durch Kompromisse, Nichtigkeit oder Torheit herabsetzen, wie es die lebendigen Gedichte tun. Das Universum aber, das Zeit und Raum gibt, die schlechten Verse in diesen lebendigen Gedichten zu verbessern, kann warten – anders als der Künstler mit seinen menschlichen Empfindungen, trotz der Sicherheit, dass ein wahrer Gedanke niemals stirbt, sondern, ist er erst einmal in die Welt hinausgezogen, für immer tätig sein und leben muss.

Wir wissen, dass auf einen kühn geäußerten Gedanken immer Nachahmung folgen muss, und wir versöhnen uns so gut wie möglich mit den Insekten, die durch die aufblühende Rose angelockt werden und ihre Süßigkeit plündern. Wo aber der Gedanke seine eigentliche Arbeit getan hat, wo er befruchtet und jedes Wesen auf seine Weise verwandelt hat, nur da ist unsere Freude ungetrübt. Lasst den, der sich unter die große deutsche Eiche gesetzt und das Wachstum von Poesie, Philosophie, Kritik, Malerei, Schauspiel so lange bestaunt hat, bis ihm das Leben der letzten fünfzig Jahre lebenswert erschien, auch die kleinen Eicheln einsammeln, die anmutig auf die Erde fallen, und sie forttragen und in seinem Heim einpflanzen. Denn noch in jeder feenhaften Form kann man die Geschichte des Nationalbaums lesen, und das Versprechen zukünftiger, ebenso edler Gewächse.

Das Geheimnis dieser Freundschaft könnte man in der Nachschrift zu einem Brief der Günderode finden: »Wenn Du Muse findest, so schreib bald wieder.« Ich habe gezögert, ob das nicht heißen könnte: »Wenn Du Muße (freie Zeit) findest, so schreib bald wieder.« Dann hätte dieser Brief geendet wie einer unserer Briefe hier in Amerika. Ich glaube aber, dass ich mich hier nicht getäuscht habe. Sie warteten auf *die Muse*. Diese Schriften sind persönliche und öffentliche Literatur zugleich. Der Dichter findet Inspiration im Idealbild des Menschen, der über die Zeitalter erhaben ist, dessen Gesichtszüge die Nationen sind und dessen Stimme ein Messias. Der Freund findet diese Inspiration im Gedanken an seinen Freund, dessen Dasein und Neigungen seine eigene Sehnsucht spiegeln und Ursache seines bewussten Wachstums sind. Denn wer aufrichtig schreibt, tut das weder für die Öffentlichkeit noch für einen Einzelnen, sondern für die im Leib verkörperte Seele, und Veröffentlichungen oder Briefwechsel verschaffen ihm lediglich die Gelegenheit, seine Gedanken auf einen bestimmten Punkt zu bringen.

Jeder Tag wurde für Bettine und ihre Freundin dadurch bereichert, dass sie füreinander seine Schätze sammelten. Ohne ein solches Ziel können wir nicht mit ganzem Herzen in der Gegenwart leben, denn unsere Gedanken strecken sich bis in die Ewigkeit und finden keine Heimat. Diese beiden Frauen waren einander genug; sie brachten sich gegenseitig dazu, ihre besten Gedanken, ihre schönsten Traumbilder zu äußern. Ihre Freundschaft darf deshalb eine wahre Freundschaft genannt werden. Sie mussten nicht »herabsteigen, um sich zu treffen«.

Das Unglück in Freundschaften ist traurig, da es meist nur einseitig empfunden wird. Es ist selten, dass mehr als eine Partei dem ursprünglichen Bund treu bleibt. Glücklich der Überlebende, der durch den Verlust seines Freundes nicht den Glauben an die Freundschaft verliert! Glücklich, wer diesen Glauben nicht verliert, weil seine einstigen Schutzengel, die das Streben seiner besseren Natur unterstützten und seine Seele durch die zeitweilige reine Schönheit ihrer Handlungen und Sehnsüchte beruhigten, ihn unerwartet betrüben und das Vertrauen enttäuschen, das diese Schutzengel doch als Vorbilder aus einer willensschwachen, oberflächlichen, eigennützigen und verzagten Menge auserwählt hatte! Glücklich, wem nicht weiszumachen ist, dass es keine wahre Vertraulichkeit gebe, keine harmonische Entwicklung zweier Geister, zweier Seelen, die einander weissagen, ernähren, stützen und verzeihen! Sei nicht ungläubig, Du, den ich allein umherschweifen sehe inmitten der Gräber Deiner verstorbenen Lieben. Die Verbindung, die Du bisher vergebens suchtest, ist den ruhigen, tiefsinnigen, zärtlichen und selbstlosen Naturen selbst auf Erden möglich; im Himmel ist sie gewiss, wo nur geläuterte Geister eintreten können – der Vollkommenheit geweihte Pilger.

Da die Schönheit dieser innigen Freundschaft durch nichts beeinträchtigt wird – da die Günderode durch ihr Alter gerade den gegenüber einem so kühnen Kind wie Bettine nötigen Vorteil hatte und in jeder anderen Hinsicht Gleichheit herrschte –, ist jedes Detail anziehend und malerisch. In machen Szenen zwischen Bettine und Goethe liegt etwas Fantastisches oder beinahe Albernes, zeigen sich Anklänge an Karikaturen, und manchmal ist uns zumute, als sähen wir anstelle der Natur eine die Natur nachahmende Maske. Bettines Genie war begeistert von der Idee, das Leben für Goethe zu idealisieren, doch immer wieder schleicht sich ein Schimmer der Wirklichkeit ein und verleiht der Gruppe einen Anflug von Groteske. Sie sollen als Nymphe und Apoll aufeinandertreffen, doch plötzlich sind bloß der ältliche

Minister und das sentimentale Mädchen zu sehen. Im Austausch mit der Günderode aber gibt es keine Anstrengung; beide geben gleich viel, ihr geistiges Feuer zu erhalten. Wir denken mit großem Vergnügen daran, wie die beiden zusammen am Ofen in der kleinen Kammer der Günderode sitzen, durch Madame La Roches Garten spazieren, wo sie *»eine Religion stiften für einen jungen Königssohn«*, oder wenn wir sie auf dem Rhein erblicken oder im alten Schloss auf dem Hügel, wie es in den folgenden schönen Passagen beschrieben wird:

> Sie war so zaghaft; eine junge Stiftsdame, die sich fürchtete, das Tischgebet laut herzusagen; sie sagte mir oft, daß sie sich fürchtete, weil die Reihe an ihr war; sie wollte vor den Stiftsdamen das Benedicite nicht laut hersagen; unser Zusammenleben war schön, es war die erste Epoche, in der ich mich gewahr ward; – sie hatte mich zuerst aufgesucht, in Offenbach, sie nahm mich bei der Hand und forderte, ich solle sie in der Stadt besuchen; nachher waren wir alle Tage beisammen, bei ihr lernte ich die ersten Bücher mit Verstand lesen, sie wollte mich Geschichte lehren, sie merkte aber bald, daß ich zu sehr mit der Gegenwart beschäftigt war, als daß mich die Vergangenheit hätte lange fesseln können; – wie gern ging ich zu ihr! ich konnte sie keinen Tag mehr missen, ich lief alle Nachmittag zu ihr; wenn ich an die Thür des Stift's kam, da sah' ich durch das Schlüsselloch, bis nach ihrer Thür, bis mir aufgethan ward; – ihre kleine Wohnung war ebner Erde nach dem Garten; vor dem Fenster stand eine Silberpappel, auf die kletterte ich während dem Vorlesen; bei jedem Kapitel erstieg ich einen höheren Ast und las von oben herunter; – sie stand am Fenster und hörte zu und sprach zu mir hinauf, und dann und wann sagte sie: Bettine, fall' nicht; jetzt weiß ich erst, wie glücklich ich in der damaligen Zeit war, denn weil alles, auch das Geringste, sich als Erinnerung von Genuß in mich geprägt hat; – sie war so sanft und weich in allen Zügen, wie eine Blondine. Sie hatte braunes Haar, aber blaue Augen, die waren gedeckt mit langen Augenwimpern; wenn sie lachte so war es nicht laut, es war vielmehr ein sanftes, gedämpftes Girren in dem sich Lust und Heiterkeit sehr vernehmlich aussprach; – sie ging nicht, sie wandelte, wenn man verstehen will, was ich damit auszusprechen meine; – ihr Kleid war ein Gewand, was sie in schmeichelnden Falten umgab, das kam von ihren weichen Bewegungen her; – ihr Wuchs war hoch, ihre Gestalt war zu fließend,

als daß man es mit dem Wort *schlank* ausdrücken könnte; sie war schüchtern-freundlich und viel zu willenlos, als daß sie in der Gesellschaft sich bemerkbar gemacht hätte. Einmal aß sie bei dem Fürst Primas mit allen Stiftsdamen zu Mittag; sie war im schwarzen Ordenskleid mit langer Schleppe und weißem Kragen mit dem Ordenskreuz; da machte jemand die Bemerkung, sie sähe aus wie eine Scheingestalt unter den andern Damen, als ob sie ein Geist sei, der eben in die Luft zerfließen werde. – Sie las mir ihre Gedichte vor und freute sich meines Beifalls, als wenn ich ein großes Publikum wär'; ich war aber auch voll lebendiger Begierde es anzuhören; nicht als ob ich mit dem Verstand das Gehörte gefaßt habe, – es war vielmehr ein mir unbekanntes Element, und die weichen Verse wirkten auf mich wie der Wohllaut einer fremden Sprache die einem schmeichelt, ohne daß man sie übersetzen kann. – Wir lasen zusammen den Werther, und sprachen viel über den Selbstmord; sie sagte: recht viel lernen, recht viel fassen mit dem Geist, und dann früh sterben; ich mag's nicht erleben, daß mich die Jugend verläßt; wir lasen vom Jupiter Olymp des Phidias, daß die Griechen von dem sagten, der Sterbliche sei um das Herrlichste betrogen, der die Erde verlasse, ohne ihn gesehen zu haben. Die Günderode sagte, wir müssen ihn sehen, wir wollen nicht zu den Unseligen gehören, die so die Erde verlassen. Wir machten ein Reiseprojekt, wir erdachten unsre Wege und Abenteuer, wir schrieben alles auf, wir malten alles aus, unsre Einbildung war so geschäftig, daß wir's in der Wirklichkeit nicht besser hätten erleben können; oft lasen wir in dem erfundenen Reisejournal und freuten uns der allerliebsten Abenteuer, die wir drin erlebt hatten, und die Erfindung wurde gleichsam zur Erinnerung, deren Beziehungen sich noch in der Gegenwart fortsetzten. Von dem, was sich in der Wirklichkeit ereignete, machten wir uns keine Mitteilungen; das Reich, in dem wir zusammentrafen, senkte sich herab wie eine Wolke, die sich öffnete um uns in ein verborgenes Paradies aufzunehmen; da war alles neu, überraschend, aber passend für Geist und Herz; und so vergingen die Tage. Sie wollte mir Philosophie lehren, was sie mir mitteilte, verlangte sie von mir aufgefaßt, und dann auf meine Art schriftlich wiedergegeben; die Aufsätze, die ich ihr hierüber brachte, las sie mit Staunen; es war nie auch eine entfernte Ahndung von dem, was sie mir mitgeteilt hatte; ich behauptete im Gegenteil, so hätt' ich es verstanden; – sie nannte diese Aufsätze Offenbarungen, gehöht durch die süßesten Farben einer entzückten Imagination; sie sammelte sie sorgfältig, sie schrieb mir einmal: Jetzt verstehst Du nicht, wie tief diese Eingänge in das Bergwerk des Geistes führen, aber einst wird es Dir sehr wichtig sein, denn der Mensch geht oft öde Straßen; je mehr er Anlage hat durchzudringen, je schauerlicher ist die Einsamkeit seiner Wege, je endloser die Wüste. Wenn Du aber gewahr wirst, wie tief Du Dich hier in den Brunnen des Denkens niedergelassen hast und wie Du da unten ein neues Morgenrot findest, und mit Lust wieder heraufkömmst und von Deiner tieferen Welt sprichst, dann wird Dich's trösten, denn die Welt wird nie mit Dir zusammenhängen, Du wirst keinen andern Ausweg haben als zurück durch diesen Brunnen in den Zaubergarten Deiner Phantasie; es ist aber keine Phantasie, es ist eine Wahrheit, die sich nur in ihr spiegelt. Der Genius benützt die Phantasie, um unter ihren Formen das göttliche, was der Menschengeist in seiner idealen Erscheinung nicht fassen könnte, mitzuteilen oder einzuflößen; ja Du wirst keinen andern Weg des Genusses in Deinem Leben haben, als den sich die Kinder versprechen von Zauberhöhlen, von tiefen Brunnen; wenn man durch sie gekommen so findet man blühende Gärten, Wunderfrüchte, krystallene Paläste, wo eine noch unbegriffene Musik erschallt, und die Sonne mit ihren Strahlen Brücken baut, auf denen man festen Fußes in ihr Zentrum spazieren kann; – das alles wird sich Dir in diesen Blättern zu einem Schlüssel bilden, mit dem Du vielleicht tief versunkene Reiche wieder aufschließen kannst, drum verliere mir nichts, und wehre auch nicht solchem Reiz, der Dich zum Schreiben treibt, sondern lerne mit Schmerzen denken, ohne welche nie der Genius in den Geist geboren wird; – wenn er erst in Dich eingefleischt ist, dann wirst Du Dich der Begeistrung freuen, wie der Tänzer sich der Musik freut. – *Briefwechsel mit einem Kinde.*

Diese inspirierten Reden hören sich im Deutsch-Englischen von Bettines Übersetzung beinahe so schön an wie im Original. Ich kann bei den folgenden Auszügen aus *Die Günderode* nicht auf denselben Erfolg hoffen, aber die besonders anmutige und originelle Ausdrucksweise können nicht gänzlich verloren gegangen sein. Ich habe die Spracheigenheiten der Schreiberin so gut wie möglich abgebildet, ebenso ihre wirklich mädchenhafte Interpunktion. Kommas und Gedankenstriche sind die einzigen natürlichen Ruhepunkte für Mädchen; ihre Sätze fließen in leichten Wellchen weiter, werden wie der Bach in einem grünen Feld von nichts unterbrochen, außer von einem kleinen Wasserfall oder einem Strudel aus Ohs und Ahs.

An die Günderode. Ich hab mirs nicht gedacht, daß ich so sein könnt in diesen schönen Tagen. In Deinem Brief, Zeile für Zeile, lese ich nichts Trauriges und doch macht er mich schwer. – Du redest von Dir als seist Du anders wie ich, ganz anders, ach und stehst mir doch allein unter allen Menschen gegenüber, und alles was wir mit einander besprachen, da waren wir nicht eins, Du warst anders gesinnt und ich anders, und doch hast Du mich immer vertreten, ja gewißlich ich bin anders wie Du, ich fühls auch heut aus jeder Zeile Deines Briefs, die mir doch so wahr sind und den tiefen Grund Deiner Seele beleuchten. Wie ist doch jeder Mensch ein groß Geheimniß, und bis alles ins Himmlische sich verwandelt, wie viel bleibt da unverstanden. Aber ganz verstanden sein, das deucht mir die wahre alleinige Metamorphose, die einzige Himmelfahrt. – Im Gartenhäuschen, wo wir vorm Jahr um die Zeit uns zum erstenmal gesehen haben – also ein ganz Jahr sind wir schon gut Freund mit einander???!!! – – – und so könnt ich fortfahren Zeichen zu machen der Verwunderung, des Stummseins, des Denkens – Seufzens, ja wenn ich ein Zeichen des Schauderns, der Tränen zu machen wüßte, so könnte ich die Blätter voll der merkwürdigsten Gefühle bezeichnen, denen ich keine Namen zu geben weiß. – Das Geisblatt, das da herabschwankt über die Latten, blüht dies Jahr viel üppiger. Weißt Du, das war unser erst Wort, ich sagte zu Dir: es war ein recht kalter Winter dies Jahr, der Hahnenfuß hat seine meisten Zweige erfroren, die Laube gibt wenig Schatten; da sagtest Du: die Sonne gibt und die Laube nimmt, was sie nicht fassen kann vom Licht das muß sie durchlassen zu uns, und dann sagtest Du diese Pflanze sei schöner benannt Geisblatt als Hahnenfuß, weil man dabei eine schöne Ziege sich denke, die mit Anmut gewürzige Blumen fresse, und daß die Natur für jedes Geschöpf ein idealisch Leben darbiete. – Und wie die Elemente in ungestörter Wirkung das Leben erzeugen, tragen, nähren und vollenden, so bereite sich im Genuß einer ungestörten Entwickelung abermal ein Element, in dem das Ideal des Geistes blühen, gedeihen und sich vollenden könne. – Und dann sagtest Du, ich solle mich doch weiß kleiden der Natur zu Lieb, die rund um uns her so herrliche Blumen aufsprieße, dabei ein Kleid tragen zu wollen mit gedruckten Blumen, das sei geschmacklos und man müsse im Einklang leben wollen mit der Natur, sonst könne die Knospe des Menschengeistes nicht aufblühen. – Ich dachte ein Weilchen über Deine Reden, so waren wir beide still' – die Antwort war an mir – ich getraute mich gar nicht, Du kamst mir so weisheitsvoll vor, es schien mir Dein Denken wirklich mit der Natur übereinzustimmen, und Dein Geist rage über die Menschen hinaus, wie die Wipfel voll duftiger Blüten im Sonnenschein, im Regen und Wind, Nacht und Tag immer fort streben in die Lüfte. Ja Du kamst mir vor wie ein hoher Baum von den Naturgeistern bewohnt und genährt. Und wie ich meine Stimme hörte, die Dir antworten wollte, da schämte ich mich als sei ihr Ton nicht edel genug für Dich. – Ich konnts nicht heraussagen, Du wolltst mir helfen und sagtest, »der Geist strömt in die Empfindung, und die geht aus allem hervor was die Natur erzeugt, der Mensch habe Ehrfurcht vor der Natur, weil sie die Mutter ist die den Geist nährt mit dem, was sie ihm zu empfinden gibt.« – Wie sehr hab ich an Dich gedacht, und Deine Worte, und an Deine schwarzen Augenwimpern die Dein blau Aug decken, wie ich Dich gesehen hatt zum allererstenmal, und Dein freundlich Mienenspiel und Deine Hand, die mein Haar streichelte. Ich schrieb auf: Heut hab ich die Günderode gesehen, es war ein Geschenk von Gott. – Heut lese ich das wieder, und ich möcht Dir alles zu Lieb tun, und sags mir lieber nicht, wenn Du mit andern Menschen auch gut bist. Das heißt: sei mit andern was Du willst, nur laß das uns nichts angehen. Wir müssen uns mit einander abschließen, in der Natur, da müssen wir Hand in Hand gehen und mit einander sprechen nicht von Dingen, sondern eine große Sprache. Mit dem Lernen wirds nichts, ich kanns nicht brauchen, was soll ich lernen was andere schon wissen, das geht ja doch nicht verloren, aber das was grad nur uns zu Lieb geschieht, das möcht ich nicht versäumen mit Dir auch zu erleben, und dann möcht ich auch mit Dir all das überflüssige Weltzeugs abstreifen, denn eigentlich ist doch nur alles comme il faut eine himmelschreiende Ungerechtigkeit gegen die große Stimme der Poesie in uns, die weist die Seele auf alles Rechte an. Einmal ist mir die Höflichkeit zuwider die sich immer neigt vor andern und doch keinen Verkehr mit einem hat, als ob das unhöflich wär, dem auszuweichen der einem nichts angeht; – wär die Natur so verkehrt, so intrigant und unsinnig wie die Menschen sind, es könnte kein Erdapfel reifen, viel weniger denn ein Baum blühen, alles ist die

reine Folge der Großmut in der Natur, jede Kornähre die den Samen doppelt spendet, gibt Zeugnis. Engherzigkeit wird nimmer ihren Samen spalten zum Licht, sie verkeimt. Jetzt fang ich an zu fühlen zu was ich da bin. Alle Morgen bet ich wenn ich aufwache: »Lieber Gott, warum bin ich geboren,« und jetzt weiß ichs, – darum daß ich nicht so unsinnig sein soll wie die andern sind, daß ich den reinen Pfad wandle in meinem Herzen bezeichnet, für was hätt ihn der Finger Gottes mir eingeprägt und meine fünf Sinne in die Schule genommen, daß ein jeder ihn buchstabieren lerne, wenn es nicht wär diesen Weg zu bekennen. — Ja man muß dem Menschen Weisheit zumuten und sie ihm als den einfachen Weg der Natur vorschreiben, aber das Verleugnen eines großen mächtigen Weltsinnes in uns, ist immer Folge unseres Sittenlebens mit andern, das hängt sich einem an, daß man keinen freien Atemzug mehr tun kann, nicht groß denken, nicht groß fühlen aus lauter Höflichkeit und Sittlichkeit. Groß handlen, das dank einem der Teufel, das müßte von selbst geschehen wenn alles natürlich im Leben zuging. Es ist eine Schande, was die Menschen alles mit dem Namen Großmut belegen, als ob nicht ein rasches selbsttätiges Leben, immer das als elektrisches Feuer ausströmen müsse was man große Handlung nennt. –
Das mühselige Menschengeschlecht plappert wie die Elstern, es versteht nicht das Stöhnen der Liebe, das muß ich sagen weil die Nachtigallen so süß stöhnen über mir. Vier Nachtigallen sinds, auch im vorigen Jahr warens Vier. Ja lieben werd ich wohl nie, ich müßt mich vor den Nachtigallen schämen daß ichs nicht könnt wie die. – Wie hauchen sie doch ihre Seel in die Kunst der Wollust, in die Musik – und in einen Ton hinein, so rein, so unschuldig – so wahr und tief – was keine Menschenseele weder durch die Stimme noch durch das Instrument hervorbringen kann. Warum doch der Mensch erst singen lernen muß, während die Nachtigall es so rein, so ganz ohne Fehl versteht tief ins Herz zu singen, ich hab noch gar keinen Gesang gehört von Menschen, der mich so berührt wie die Nachtigall – eben dacht ich, weil ich ihnen so tief zuhör, ob sie mir wohl auch zuhören wollten, wie sie eine Pause machten, kaum heb ich die Stimm, da schmettern sie alle vier zusammen los, als wollten sie sagen, lasse uns unser Reich. Arien, Operngesänge sind wie lauter falsche Tendenzen der sittlichen Welt, es ist die Deklamation einer falschen Begeisterung. Doch ist der Mensch hingerissen von erhabner Musik, warum nur, wenn er nicht selbst erhaben

ist? – Ja, es ist doch ein geheimer Wille in der Seele groß zu sein. Das erquickt wie Tau, den eignen Genius die Ursprache führen zu hören, – Nicht wahr? – O wir möchten auch so sein wie diese Töne, die rasch ihrem Ziele zuschreiten ohne zu wanken. Da umfassen sie die Fülle, und dann, in jedem Rhythmus ein tief Geheimnis innerlicher Gestaltung, aber der Mensch nicht. Gewiß, Melodien sind gottgeschaffne Wesen, die in sich fortleben, jeder Gedanke aus der Seele hervor lebendig, der Mensch erzeugt die Gedanken nicht, sie erzeugen den Menschen. – Ach! Ach! Ach! – da fällt nur ein Lindenblütchen auf die Nas – und da regnets ein Bißchen: was schreib ich doch hier dumm Zeug hin, und kanns kaum mehr lesen, jetzt dämmerts schon stark – wie schön doch die Natur ihren Schleier ausbreitet – so licht, so durchsichtig – jetzt fangen die Pflanzenseelen an umher zu schweifen, und die Orangen im Boskett. Und der Lindenduft – es kommt Well auf Well herüber geströmt – es wird schon dunkel – Nachtigallen werden so eifrig – sie schmettern recht in die Mondstille, – ach wir wollen was recht großes tun – wir wollen nicht umsonst zusammen getroffen haben in dieser Welt – laß uns eine Religion stiften für die Menschheit, bei ders ihr wieder wohl wird – ein Sein mit Gott – dein Mahomet hats mit ein paar Ritt in den Himmel auch zu Wege gebracht. – Ein bißchen Spazierenreiten in den Himmel. –
Gestern hab ich vergessen Dir zu schreiben, daß ich Dein Gedicht an den Clemens geschickt hab nach Marburg, ich hab mirs aber erst abgeschrieben, ich wollt Dir auch sagen wie schön ichs find. Aber vor Dankbarkeit daß ich Dich als Freundin hab, hab ichs versäumt. Aber Du siehsts doch im Brief gespiegelt, daß es Dein groß Herz ist, das mich rührt, und daß ich mich unwert halt Deine Schuhriemen zu lösen. – Du wählst Dir einen schönen Gedanken und fügst ihn in Reime zu einem Ehrenmantel für den Clemens, ach was hast Du da für eine schöne Tugend, hebst den Geist heraus aus dem Erdenleben. – Gott schuf die Welt aus Nichts, predigten immer die Nonnen, – da wollt ich immer wissen wie das war – das konnten sie mir nicht sagen und hießen mich schweigen, aber ich ging umher und schaute alle Kräuter an, als müßte ich finden aus was sie geschaffen seien. – Jetzt weiß ichs, er hat sie nicht aus nichts geschaffen, er hat sie aus dem Geist geschaffen, das lern ich vom Dichter, von Dir, Gott ist Poet, – ja – so begreif ich ihn [...]

Ein Gefühl von Untreue, beinahe von Reue, überkommt mich, wenn ich diese wenigen Auszüge wiederlese, für die hier Platz war. Gewiss waren diese Feldblumen an ihrem angestammten Platz schön, selbst der stumpfsinnigste Beobachter war erfreut zu sehen, wie sie die grüne Erde schmückten. Hier aber, ausgerissen aus ihrer natürlichen Umgebung, sehen sie so kläglich und verloren aus wie ein Strauß Schlüsselblumen, der achtlos auf die Straße gefallen ist, zwischen die Füße geschäftiger Menschen. Hier abgedruckt wurden sie, um auf die demnächst erscheinende Übersetzung dieser Bände aufmerksam zu machen. Und nun scheint es, als ob die zarte Musik der Feenglöckchen sich kein Gehör verschaffen kann neben dem Getöse der Schmieden oder Fabriken; aber nur Mut! denn sie erzählt uns, dass es die Eigenheit der einfachsten Klänge ist, eine Welt aus *Lärm* zu durchdringen.

Dass ein Buch von dieser zarten Schönheit bei uns erscheint, ist ermutigend. Ich meine *Perikles und Aspasia*. Was in Bettines Briefen vor uns lebt und wächst, hat der Autor hier in künstlerischer Form vorgeführt. Wir finden einen kleinen Kreis von Freundschaften, edel genug, um die höchsten Wünsche zu erwecken und zu befriedigen. Jede Beziehung ist einzig, jede harmoniert mit allen anderen. Der Staatsmann, der Philosoph, die bezaubernde Frau von Welt, die Laienschwester, der überschwängliche und mutwillige Charakter, für den wir keinen besseren Namen kennen als den des Alkibiades – sie alle werden von ihrer persönlichen wie von ihrer gesellschaftlichen Seite mit bewundernswerter Kraft und Deutlichkeit gezeichnet. Niemand kann dieses Buch lesen, ohne Liebe, Freundschaft und Alltag zumindest für diesen Tag als veredelt und bereichert zu empfinden. Und doch ist Landors Buch marmorkalt, verglichen mit dem Bettines, das vor uns liegt. Landors göttlich-menschliche Figuren vermitteln uns das Leben, wie es sein sollte, wie es sein könnte, doch es bleiben leblose Darstellungen. Aber wenn es auch kalt wirkt, so ist es doch rein, und die Erde kann diese Statuen zwar bedecken, aber nicht verzehren, wie sie es mit lebenden Gestalten tut. Wir sind dem Buch tief verpflichtet, das dieses Porträt einer Heimat zeigt, einer Heimat wechselseitig verbundener Herzen, die zu weise sind, um mit Vollkommenheit zu rechnen, zu edel, um Unvollkommenheit zu entschuldigen, würdig, das Beste zu verlangen und – es zu erwarten. Hier sind die Freundschaften so in den beteiligten Charakteren verwurzelt, dass sie durch die Zeiten andauern und sich vertiefen. Wir spüren, dass dieses Buch mit seiner einzigartigen Schönheit in jedem Detail für uns nur einen Anfang darstellt. Wie glücklich wird Verehrung durch Verspieltheit gemildert, bewusster Wert durch Empfindsamkeit und Wissen. Ja! wer dieses Buch liest, muss zumindest für diesen Tag von leichtfertigen und gewöhnlichen Gesprächen, geistiger Faulheit oder übertriebener Sorgfalt beschämt sein.

Vergleicht man den wechselseitigen Einfluss der beiden Charaktere, dann ist die Freundschaft zwischen Aspasia und Cleone derjenigen zwischen Bettine und der Günderode nicht unähnlich. Die beiden Frauen sind je auf ihre Weise intellektuell und charakterlich bemerkenswert, und ihr Verstand ist ganz weiblich. Sie studieren einander nicht weniger als sie sich lieben, sie können ebenso wenig schmeicheln wie schwache Forderungen stellen, die Empfindung ist zu aufrichtig, um Empfindelei zu erlauben. Sie gründet nicht auf Täuschung, sondern auf dem schicksalhaften Einklang zweier Leben.

Ohne vollkommenes Vertrauen kann keine Freundschaft bestehen, keine ohne Großmut, ohne unermüdliches Mitempfinden und ohne die Bescheidenheit, die es erlaubt, im Leid diesen Balsam zu empfangen. Doch ebenso wenig kann sie ohne wechselseitigen Ansporn bestehen und wachsen, ohne ein unendliches Versprechen, ohne dass von beiden Seiten Vortrefflichkeit gefordert wird und alle Gedanken offenliegen, die nicht nur in der Vergangenheit gesammelt, sondern im Austausch beständig neu geboren werden. Man muss aneinander glauben, füreinander eintreten, man muss es lieben, geduldig aufeinander zu warten.

All das finden wir in den beiden Freundschaften. Bettine spürt bei ihrer Freundin dieselbe Freude und denselben Stolz wie Aspasia, von der Alkibiades uns erzählt, sie sei es gewohnt, mit den Briefen von Cleone zu Perikles zu eilen und sie an seine Schulter gelehnt zu lesen. Cleone betrachtet Aspasia mit derselben Bewunderung wie die Günderode die Bettine, engelhaft in ihrer reinen Demut, aus der ihre Melancholie hervorschimmert.

Das Werk *Die Günderode* ist in dieser Hinsicht poetischer als *Perikles und Aspasia*: Hier lebt und verändert sich ebendas vor unseren Augen, was uns in Landors Buch nur als grob umrissenes Ergebnis gezeigt wird. Dieses atmende Leben macht uns selbst lebendig, das dargestellte Leben befiehlt uns nur zu leben.

Ein paar Worte noch als Antwort auf die Rückfragen eines Freundes. Bettine wird beschuldigt, in einer späteren Lebensphase Passagen in diese Briefe eingefügt zu haben, und es gibt sicherlich Seiten, die danach aussehen. Die Vergangenheit scheint die Leinwand zu sein, auf die sie malt. Ihre Vergangenheitsverehrung bestätigt die Sorgen derer, die sie am meisten lieben: dass das reiche, aber unbeständige Wesen nicht gut genug haushalten konnte, um in den späteren Tagen fürstlich zu leben.

Bettine!
Mit diesem schönen Band aus deinen Briefen
Soll er die Frau bewegen, so dem Kinde aufzuwarten?
Nicht so sammelt die Eiche die Blätter ihres ersten Sommers,
Sondern empfängt Jahr für Jahr mit neuen Zweigen neue Kraft.

Wir lernen aus Ausschweifungen, wir wachsen an Fehlern, aber wir tun es nur, wenn Überzeugungen und Reaktionen angemessen wechseln. Der Weg, auf den Gott den Menschen führt, ist der einzige Weg, aber der Mensch muss das erst zu verstehen lernen. – Was erscheint der strebsamen Jugend so wahrhaftig wie der Pfad, den Bettine wählte? Sie folgte ihrem eigenen Genie ohne Umwege, Hals über Kopf die Abgründe hinab, dann wieder unermüdlich hügelaufwärts und durch Sümpfe; sie nahm den wichtigsten Schritt so ernst wie die geringste Laune und lebte so ihre Natur aus. Sie hätte keinen Kompromiss schließen mögen, wusste nichts von der Gesellschaft und konnte nur die sehen, »die ihr gegenüberstanden«. Hier also hätten wir eine Kluge, hier hätten wir eine Freie? Leider nein! Der Himmel ließ nicht ohne Grund solche Fesseln für den Menschen schmieden, und der kühne Geächtete verleumdet und lästert Gott, während der willige Gefangene sich aufschwingt und singt.

Wer mit dem Gesetz hadert, dass »die Bäume nicht in den Himmel wachsen«, sollte zusehen, wie jemand wie Bettine sich entwickelt, und erkennen, dass der Baum, der dem Gesetz trotzt, sein eigenes Wachstum verdirbt. Kummer muss mit Freude abwechseln, oder der Charakter ist oberflächlich, geduldige Mühen mit Inspiration, sonst gibt es kein edles Wachstum, die feurigste Einbildungsgabe muss die strengste Urteilskraft verlangen und hervorbringen. Im Geist des Kindes gab es keine Geduld, keine Anpassung, nichts, was ihr half, zu reifen und eine Welt zu erhalten oder wiederaufzurichten. Sie musste immer Kind bleiben; die wirkliche Welt kam ihr in die Quere, und sie wurde eine Fantastin. Doch auch das strahlende Bild dieses eigentümlichen Zustandes ist uns willkommen: aus jener Zeit, in der die Wahrnehmung geschärft und der Blick noch intuitiv ist und die so viele nur aus einem heiligen Traum kennen oder unter den ersten Blendwerken irdischer Liebe. Hier ist das Bild allversprechender, allerkennender Jugend; möge ein anderes Leben eine passende Fortsetzung folgen lassen.

Wer die dramatische Neigung des Menschen genau beobachtet, wird erkennen, dass sie sich zuerst in sogenannten Unwahrheiten äußert, wenn auch nur deshalb, weil das poetische Auge eine Tatsache nicht einfach so bloß und einzeln sehen kann, wie sie dem prosaischen Beobachter erscheint. Für einen solchen Geist hat die Wirklichkeit nur den Zweck, das Ideal zu repräsentieren, und jeder tatsächlich gesehene Gegenstand wird zum Mittelpunkt einer Horde fantastischer Gestalten. So wie auf den Gemälden von Magdalenen und Madonnen von allen Seiten Cherubsgesichter hervorlugen, die gleichsam von dem Gesicht im Mittelpunkt erschaffen werden, so bringt auch jeder neu gesehene Gegenstand, jeder neuerfasste Gedanke im poetischen Geist ein natürliches, wenn auch von der Natur noch nicht verwirklichtes Beiwerk hervor.

Darum werden fantasiebegabte Kinder häufig der Lüge oder der Ungenauigkeit beschuldigt, während man die anderen, mit ihren armseligen Fähigkeiten und beschränkten Träumen, für ihre Genauigkeit lobt. Trotzdem, so paradox es dem Oberflächlichen auch erscheinen mag, wird häufig von einem Lügner mehr Wahrheit erwartet als von dem, der die Wahrheit spricht. Denn der Erstere kann lernen, seine Fantasie zu zügeln und die Romantik in die ihr gebührenden Bahnen zu lenken, der Letztere aber wird seine Fähigkeiten erst nähren und üben müssen, ehe er die Wahrheit ganz begreifen kann.

Diejenigen, denen ein Drama oder Roman nicht ausreicht, haben die romantische oder dramatische Neigung, die Geschichte ihrer alltäglichen Wege auszuschmücken. Sie verleihen den Tatsachen mehr Farbe, erfinden Zwischenfälle, runden ab und füllen Lücken oder Längen und werfen über alles das sanfte idealische Licht des Gedankens, den der Erzähler aus der jeweiligen Passage abgeleitet hat. Das zeigt sich in den Briefen immer wieder und macht sie eher zu poetischen als zu historischen Dokumenten. Diese Neigung mag auch Bettine veranlasst haben, Sätze oder sogar ganze Absätze einzuschieben. Wenn sie so gehandelt hat, geschah es nicht aus Eitelkeit, sondern weil ihr poetisches Gefühl so gewachsen ist, dass die Darstellungen in den Briefen nur als unvollkommener Ausdruck dessen erscheinen müssen, was tatsächlich der Fall war. Was auch immer hinzugefügt wurde, es harmoniert so mit den Szenen und Personen, dass man es nur deshalb anzweifeln kann, weil es zu gut ist, weil alles mit einer Vollständigkeit gesagt und getan wird, wie man sie sonst nur in der Kunst findet.

Als Richter (ich denke, es war Richter) seine Memoiren als *Wahrheit aus meinem Leben* veröffentlichte, um damit Goethe für seinen Titel *Dichtung und Wahrheit aus meinem Leben* zu tadeln, da sagte Goethe mit seinem ruhigen ironischen Lächeln – »Als ob die Wahrheit aus dem Leben eines solchen Mannes etwas anderes sein könnte, als daß der Autor ein Philister gewesen!«

Es kommt tatsächlich eine Zeit, in der Poesie und Wahrheit, wenn auch im Gedanken zwillingsgeboren, im Ausdruck getrennt werden können; die Vorlage ist nicht mehr von den hellen Fäden der Fantasie durchzogen und durchwoben und klar erkennbar unter den schönen schmückenden Mustern. Doch es liegt in der Vollkommenheit der Fähigkeiten, wenn Verstand, Fantasie und Wahrnehmung ganz harmonieren, wenn die Bedeutung des großen Weltgedichts so deutlich gesehen wird, dass seine Einzelheiten niemals nichtssagend bleiben. Wir müssen die Gewebe der Kunst nicht ununterbrochen wieder in seine Fäden auflösen. Die Wahrheit erzählen zu können, ist das höchste Gut des Menschen, und es wird vom Chronisten viel mühsamer erreicht als vom Fantasten.

So viel sei dem Tadler zugestanden: Bettine hat ihren Anspruch auf dieses Gut wegen einer oder zweier unangemessener Nachlässigkeiten verloren.

Doch alle Mängel sind zurückzuführen auf ihren eigenen Charakter; ihr Buch ist wahrhaftig und von seltenster Vortrefflichkeit, eine vielblättrige Blume an der Brust der Natur, aus deren Blüten der Tau niemals schwinden wird. Wie die Höhenflüge, die in geringerem Ausmaß im alltäglichen Leben oft zu sehen sind, erreicht es eine Vollkommenheit, die Bettines Charakter missen lässt. Wie der Gesang der Lerchen, so tropfen diese Morgenlieder aus den Wolken und spenden der Sängerin einen Himmelstau, wie ihn ein tätiger, strahlender, andauernder, neugieriger Tag niemals hervorbringen könnte.

Schließen wir mit dem letzten Brief, den die Günderode an Bettine richtete, als sie über ihren freiwilligen Tod nachsann. Zu diesem Gegenstand habe ich nichts gesagt; es geht da um zu viel, als dass der Raum mir ein Wort erlaubte. Dieser Brief macht den wahren Ton von Günderodes Genie hörbar, und er verdient auch deshalb unsere Betrachtung, weil er eine klare Vorstellung von der Freundin vermittelt, die sie liebte, wenn auch nicht genug, um ihr zuliebe am Leben zu bleiben:

An die Bettine.
Ich mußte abreisen und konnte Dir nicht einmal ausführlich schreiben. Eine Schwester die schon länger unwohl ist und jetzt nach mir verlangte. Das wird mich auch wohl so bald nicht dazu kommen lassen. Denke nicht ich vernachlässige Dich liebe Bettine, aber die Unmöglichkeiten dem nachzukommen was ich in Gedanken möchte, häufen sich, ich weiß sie nicht zu überwinden und muß mich dahin treiben lassen wie der Zufall es will, Widerstand wär nur Zeitaufwand und kein Resultat, Du hast eine viel energischere Natur wie ich, ja wie fast alle Menschen die ich zu beurtheilen fähig bin, mir sind nicht allein durch meine Verhältnisse, sondern auch durch meine Natur engere Gränzen in meiner Handlungsweise gezogen, es könnte also leicht kommen daß Dir etwas möglich wäre, was es darum mir noch nicht sein könnte, Du mußt dies bei Deinen Blicken in die Zukunft auch bedenken. Willst Du eine Lebensbahn mit mir wandlen, so wärst Du vielleicht veranlaßt alles Bedürfniß Deiner Seele und Deines Geistes, meiner Zaghaftigkeit oder vielmehr meinem Unvermögen aufzuopfern, denn ich wüßte nicht wie ichs anstellen sollte Dir nachzukommen, die Flügel sind mir nicht dazu gewachsen. Ich bitte Dich fasse es bei Zeiten ins Aug, und denke meiner als eines Wesens was manches unversucht muß lassen, zu was Du Dich getrieben fühlst. Wenn Du auch wolltest manches Recht was Du ans Leben hast aufgeben um mit mir zusammen zu halten, oder besser gesagt, Du wolltest von dem Element das in Dir sich regt, nicht Dich durchgähren lassen, blos um Dich meiner nicht zu entwöhnen; das wär ja doch vergeblich. Es giebt Gesetze in der Seele, sie machen sich geltend oder der ganze Mensch verdirbt, das kann in Dir nicht so kommen, es wird immer wieder in Dir aufsteigen, denn in Dir wohnt das Recht der Eroberung, und Dich weckt zum raschen selbstwilligen Leben was mich vielleicht in den Schlaf singen würde, denn wenn Du mit des Himmels Sternen Dich beredest und sie kühn zur Antwort zwingest, so würde ich eher ihrem leisen Schein nachgeben müssen, wie das Kind der schlummerbewegenden Wiege nachgeben muß. – Alle Menschen sind Dir entgegen, die ganze Welt wirst Du nur durch den Widerspruch in Deiner Seele empfinden und erfahren, keine andere Möglichkeit

für Dich sie zu fassen. Wo wirst Du je eine Handlung, weniger noch eine Natur treffen die mit Dir einklänge? – es ist noch nicht gewesen und wird auch nie sein, (von mir will ich Dir nachher reden). Was andern Menschen die Erfahrung lehrte, wozu sie sich bequemen, das ist Dir der Unsinn der Lüge. Die Wirklichkeit hat als verzerrtes Ungeheuer sich Dir gezeigt, aber sie hat Dich nicht gescheucht. Du hast gleich den Fuß drauf gesetzt, – und obschon sie unter Dir wühlt und ewig sich bewegt, Du läßt Dich von ihr tragen, ohne nur der Möglichkeit in Gedanken nachzugehen daß Du einen Augenblick mit ihr eins sein könnest. Ich spreche von heute und mehr noch von der Zukunft; ich wollte Dir wünschen es kämen Augenblicke in Deinem Leben wo Dir dieses Zusammenströmen mit andern Kräften gewährt wär. Erinnerst Du Dich Deines Traums auf der grünen Burg, den Du mir in der Nacht erzähltest wo ich Dich weckte, weil Du sehr im Schlaf geweint hattest. Ein Mann der zum Wohl, der Menschheit – ich weiß nicht mehr welche Heldenthat — gethan hatte, sei zum Richtplatz um dieser großen That willen geführt worden. Das Volk habe in seiner Unwissenheit darüber gejubelt, und in Dir sei große Begierde gewesen zu ihm aufs Schaffot zu gelangen, aber der Streich sei gefallen noch kurz vorher, wie Du eben glaubtest oben zu sein. Du kannst den Traum nicht vergessen haben. Dein schmerzlich Weinen bewegte mich mit, so daß ich kaum wagte Dich zu erinnern daß es nur ein Traum sei, aber dies war eben worüber Du untröstlich warst. Du meintest, nicht im Traum sei Dirs gegönnt das auszuführen was in Deiner Seele spreche, vielmehr noch verzweifeltest Du an der Wirklichkeit. Damals in der Nacht habe ich gescherzt um Dich ein wenig zu trösten, aber heute fühl ich mich bewogen jene Frage, ob es nicht ein Verlust sei, nicht zusammen mit jenem Helden im Traum gestorben zu sein, wieder aufzunehmen; ja es war ein Verlust, denn das Erwachen, das Fortleben nach so bestandner Prüfung Deiner tiefen inneren Anlagen die ja doch so selten in der Wirklichkeit sich bewähren und bestätigen, mußte Dir ein Triumph sein, einen Genuß gewähren, wenn es auch nur im Traum war; denn im Traum scheitert die edelste Überzeugung wie oft. – Und ich stimme mit Dir ein, daß es ein Streich war den Dir Dein Dämon spielte, aber ein Weisheitsstreich; – wärst Du befriedigt worden im Traum, so wär Deine Sehnsucht das Große gethan zu haben vielleicht auch befriedigt. Und was konnte daraus hervorgehen für Dich? – vielleicht

jene nachlässige Zuversicht in Dich selber, was Savigny allenfalls Hochmuth nennen würde? – nein das wohl nicht, aber doch würde die Spannung wahrscheinlich nicht geblieben sein, die jetzt, ich wollt es wetten, bei der leisesten Anregung jener unerfüllten Sehnsucht sich wieder erneuen wird.
Ich wollte Dir wünschen Bettine (unter uns gesagt, denn dies darf niemand hören) daß jede tiefe Anlage in Dir vom Schicksal aufgerufen würde, und keine Prüfung Dir erlassen, daß nicht im Traum aber in der Wirklichkeit Dir das Räthsel auf eine glorreiche Art sich löse, warum es der Mühe lohnt gelebt zu haben. – Pläne werden leicht vereitelt, drum muß man keine machen. Das Beste ist sich zu Allem bereit finden was sich einem als das Würdigste zu thun darbietet, und das Einzige was uns zu thun obliegt ist, die heiligen Grundsätze die ganz von selbst im Boden unserer Überzeugung emporkeimen, nie zu verletzen, sie immer durch unsre Handlungen und den Glauben an sie mehr zu entwicklen, so daß wir am End gar nicht mehr anders können als das ursprünglich Göttliche in uns, bekennen. Es giebt gar viele Menschen, die große Weihgeschenke der Götter mitbekommen haben, und keines derselben anzuwenden vermögen, denen es genügt über dem Boden der Gemeinheit sich erhaben zu glauben, blos weil der Buchstabe eines höheren Gesetzes in sie geprägt ist, aber der Geist ist nicht in ihnen aufgegangen und sie wissen nicht wie weit sie entfernt sind jenen Seelenadel in sich verwirklicht zu haben auf den sie sich so mächtig zu gut thun. – Dieses scheint mir also die vornehmste Schule des Lebens, darauf zu achten daß nichts in uns jene Grundsätze durch die unser Inneres geweiht ist, verläugne; weder im Geist noch im Wesen. Jene Schule entläßt den edlen Menschen nicht, bis zum letzten Hauch seines Lebens. Dein Ephraim wird mir recht geben und ist ein Beweis dafür. Ich glaub auch, daß es die höchste Schicksalsauszeichnung ist zu immer höheren Prüfungen angeregt zu sein. – Und man müßte wohl das Schicksal eines edlen Menschen aus seinen Anlagen weissagen können. – Du hast Energie und Muth zur Wahrhaftigkeit, und zugleich bist Du die heiterste Natur die kaum das Unrecht spürt was an ihr verübt wird. Dir ists ein Leichtes zu dulden was andre nicht ertragen können, und doch bist Du nicht mitleidsvoll, es ist Energie was Dich bewegt andern zu helfen. – Sollt ich Deinen Charakter zusammenfassen so würd ich Dir prophezeihen wenn Du ein Knabe wärst Du werdest ein Held werden; da Du aber ein

Mädchen bist so lege ich Dir all diese Anlagen für eine künftige Lebensstuffe aus, ich nehme es als Vorbereitung zu einem künftigen energischen Charakter an, der vielleicht in eine lebendige regsame Zeit geboren wird. – Auch wie das Meer Ebbe und Fluth hat, so scheinen mir die Zeiten zu haben. Wir sind in der Zeit der Ebbe jetzt, wo es gleichgültig ist wer sich geltend mache, weil es ja doch nicht an der Zeit ist daß das Meer des Geistes aufwalle, das Menschengeschlecht senkt den Athem und was auch Bedeutendes in der Geschichte vorfalle, es ist nur Vorbereiten, Gefühl wecken, Kräfte üben und sammeln, eine höhere Potenz des Geistes zu erfassen. Geist steigert die Welt, durch ihn allein lebt das wirkliche Leben, und durch ihn allein reiht sich Moment an Moment, alles andre ist verflüchtigender Schatten, jeder Mensch der einen Moment in der Zeit wahr macht ist ein großer Mensch, und so gewaltig auch manche Erscheinungen in der Zeit sind, so kann ich sie nicht zu den Wirklichkeiten rechnen, weil keine tiefere Erkenntniß, kein reiner Wille den eignen Geist zu steigern sie treibt, sondern der Leidenschaft ganz gemeine Motive. Napoleon zum Beispiel. – Doch sind solche nicht ohne Nutzen fürs menschliche Vermögen des Geistes. Vorurtheile müssen ganz gesättigt, ja gleichsam übersättigt werden eh sie vom Geist der Zeit ablassen. Nun! welche Vorurtheile mag wohl dieser Aller Held, schon erschüttert haben? – und welche wird er nicht noch bis zum Ekel sättigen? wie manches werden die zukünftigen Zeiten nicht mit Abscheu ausreuten, dem sie jetzt mit leidenschaftlicher Blindheit anhängen. Oder sollte es möglich sein daß nach so schauderhaften Gespensterschicksalen, der Zeit nicht gegönnt sei sich zu besinnen? – Ich zweifle nicht dran, alles nimmt ein End und nur was lebenweckend ist, das lebt. – Ich habe Dir genug gesagt hierüber, Du wirst mich verstehen. Und warum sollte nicht ein jeder seine eigne Laufbahn feierlich mit Heiligung beginnen, sich selbst als Entwicklung betrachtend, da unser aller Ziel das Göttliche ist, wie und wodurch es auch gefördert werde? – Ja ich habe Dir genug gesagt um Dir nah zu legen daß jene Anlagen des höheren Menschengeistes das einzige wirkliche Ziel Deiner inneren Anschauung sein müsse, daß es Dir ganz einerlei sein müsse ob, und wie fern Dein Vermögen zur Thätigkeit komme. Innerlich bleibt nichts ungeprüft im Menschen was seine höhere ideale Natur hervorbringen soll. – Denn unser Schicksal ist die Mutter, die diese Frucht des Ideals unterm Herzen trägt. – Nehme Dir aus diesen

Zeilen alles was Deine angehäuften Blätter berührt, beschwichtige Deine Ängstlichkeit um mich damit. Lebe wohl und habe Dank für alle Liebe.

Solche Schönheit ist geliehen nur und nicht gegeben,
Von himmlischer Liebe beflügelte, rasch verbrauchte Pfeile,
Schwache Abbilder des meist gesehenen Ungesehenen,
Das ist und sein muss, doch nie gewesen ist; –
Oh lehre das Ohr, zu hören, was mitschwingt
Und am Herzen zieht, die Unbekannte zu kennen, Allein!
Ich sehe Dich ziehen, einst leibhaftige Seele,
Von Sphäre zu Sphäre jenes einzige Ziel suchend,
Wo Denken, Liebe und Leben ineinanderfließen,
Und das Oben das Lächeln des Unten erwidert.
Dir war dies Erdendasein nur ein Glas,
Und jenseits sahst Du Deine Wünsche und Gedanken ziehen,
Und konntest nicht bleiben und die Blumen wässern,
Auf dieser kümmerlichen Stunden Pfad
Mit unnötigen Tränen. – Oh einsame Flamme,
Wir werden Dich nicht anfachen mit menschlichem Tadel,
Erbitte Gnade von dem Himmel, den anzurufen Du uns lehrtest.

F.

IV
Kampf für die Frauenrechte

Fullers Schrift Woman in the Nineteenth Century *gilt als ein grundlegender Text der Frauenrechtsbewegung, gleichrangig mit Mary Wollstonecrafts* A Vindication of the Rights of Woman *(1792). Bevor sie diese Schrift veröffentlicht, hat Fuller bereits über mehrere Jahre in ihren* Conversations *mit anderen über die gesellschaftlichen Lebensbedingungen von Frauen diskutiert und dabei, wie sie es nun auch in* Woman in the Nineteenth Century *tut, Beispiele aus der antiken Mythologie und der Literatur herangezogen.*

Woman in the Nineteenth Century *ist eine ausgearbeitete Version der 1843 in* The Dial *erschienenen Abhandlung* The Great Lawsuit. Man versus Men. Woman versus Women. *Diese Abhandlung war mit ihren beinahe fünfzig Seiten einer der längsten Beiträge in der transzendentalistischen Zeitschrift gewesen. Die Buchfassung ist fast dreimal so lang wie der Essay, die Argumentationslinie aber und die Hauptgedanken bleiben dieselben. Sie werden nur genauer ausgeführt und mit weit mehr Beispielen belegt. In dieser Zusammenstellung von Argumenten und Analysen wird die Schrift zum Sammelbecken für eine Vielzahl von Fullers Interessen: »Drawing on her knowledge of history, myth, and literature, she demonstrated her power to observe and interpret human lives.« (Hudspeth,* Introduction, *41)*

Fuller selbst nennt das Werk in ihren Briefen ein »Pamphlet«, politische Streitschrift. In den zeitgenössischen Rezensionen dagegen wird es zumeist als »gelehrte Abhandlung« wahrgenommen. Tatsächlich ist der Text höchst voraussetzungsreich, voll literarischer Bezüge und Zitate. Nicht selten scheint Fuller über den zahlreichen Abschweifungen den Faden zu verlieren. Ihre Freundin Caroline Sturgis tadelt Wiederholungen und die mangelnde Lebendigkeit der Schrift:

> *Ich danke Dir für das Pamphlet, liebe Margaret. Ich habe es durchgelesen, aber der Stil stört mich sehr. […] Vergleiche, Erläuterungen & Worte wiederholen sich, und das ist nicht angenehm. Es fehlt an Lebenskraft, als hättest Du Blumen gepflückt und sie in den Garten gepflanzt, aber ihre Wurzeln zurückgelassen. […] Es ist kein Buch,*

Emilia Plater

> das man sich zu Herzen nimmt, aber ein Buch über die Frau sollte das sein. (Chevigny, Woman, 233)

Fuller selbst ist sich dieser Schwierigkeiten bewusst. Im letzten Teil von Woman in the Nineteenth Century vergleicht sie den Ausgangstext The Great Lawsuit mit der Buchversion: »In der ersten Abhandlung hätte ich, so wurde mir gesagt, meine Absichten nicht deutlich genug gemacht. Darum habe ich hier versucht, sie anders zu veranschaulichen, und mich dabei womöglich einiger Wiederholungen schuldig gemacht.« (Hier 234f.)

Eine von Fullers hier vertretenen Grundüberzeugungen lautet, dass die gesamte Menschheit nicht frei sein könne, wenn die Hälfte aller Menschen unfrei sei. Jede Vervollkommnung der Menschheit sei nur möglich, wenn auch für das weibliche Geschlecht (ausdrücklich ebenso wie für andere versklavte, stigmatisierte oder marginalisierte Gruppen, seien sie jüdisch oder irisch) uneingeschränkt alle Menschenrechte gälten. In ihrer gegenwärtigen Situation können für sie Frauen, namentlich verheiratete Frauen, als Sklavinnen betrachtet werden, weil sie kein Recht auf Eigentum, ja im Fall einer Trennung nicht einmal ein Recht auf ihre eigenen Kinder haben, weil ihnen keine gleichwertige Ausbildung wie den Männern zusteht und keine freie Berufswahl.

Fullers Analyse zeigt, wie Frauen schon durch eine patriarchale Rhetorik herabgesetzt und entwertet werden, wenn ihnen in Wendungen wie »Frauen und Kinder« die Mündigkeit abgesprochen wird, wenn selbstbewusst auftretende Frauen als »männlich« verspottet und erfolgreiche Frauen als Ausnahmen bezeichnet werden, die »ihr Geschlecht übertroffen« hätten. Als Gegenbeispiele führt Fuller unterschiedlichste Frauengestalten an, von den Göttinnen der griechischen Mythologie über die biblische Jungfrau Maria bis hin zu Vorbildern wie Queen Elizabeth I., Emilia Plater, die als »polnische Jeanne d'Arc« im Polnisch-Russischen Krieg 1830/31 mitkämpfte, oder Zeitgenossinnen und Vorkämpferinnen wie George Sand und Mary Wollstonecraft. Auch fiktive Frauenfiguren werden ausdrücklich einbezogen und erörtert, etwa Frauen bei Shakespeare oder Goethe. Vielen von ihnen ist die Jungfräulichkeit gemeinsam: »Für Fuller wird die Jungfrau zu einem dominanten Symbol für self-reliance, die es den jungfräulichen Göttinnen erlaubt, sich der männlichen Kontrolle zu entziehen, und Iphigenie befähigt, die sich selbst treu bleibt.« (Maas, Transnationales Projekt, 148)

Die oft bespöttelten »alten Jungfern« verteidigt Fuller als Vertreterinnen weiblicher Autonomie. Aber sie untersucht auch verschiedene Formen des ehelichen Zusammenlebens: die Haushaltsgemeinschaft, das Leben in gegenseitiger Idealisierung, die intellektuelle Kameradschaft, die fromme eheliche Verbindung. Sie selbst plädiert für eine Ehe, in der Mann und Frau als »gleichberechtigte Gefährten in Arbeit und Leben öffentliche und persönliche Interessen teilen« (hier 206). Eine Gleichberechtigung der Geschlechter ist für sie umso notwendiger, eine Benachteiligung des einen Geschlechtes umso unverständlicher, als »Männlichkeit« und »Weiblichkeit« von vornherein nur Konstrukte mit fließenden Übergängen seien:

> *Männlich und weiblich sind die beiden Seiten des großen ursprünglichen Dualismus. In Wirklichkeit aber gehen sie beständig ineinander über. Flüssiges verhärtet sich zu Festem, Festes zerfließt zu Flüssigem. Es gibt keinen vollkommen männlichen Mann, keine rein weibliche Frau. (Hier 216)*

Auch in sich selbst nimmt Fuller solche fließenden Übergänge wahr, »weibliche« und »männliche« Züge. Vor diesem Hintergrund erklärt sich ihre Faszination für Goethes Mignon. Das knabenhafte Mädchen aus dem Wilhelm Meister *setzt jede binäre Geschlechtszuschreibung außer Kraft, beginnend mit einem Namen, der die männliche Form des französischen Wortes »mignon« bildet, das für ein Mädchen grammatisch angemessene »mignonne« hingegen vermeidet.*

Vor dem Hintergrund ihrer literarischen Beispiele wie ihrer theoretischen Überlegungen lässt Fuller ein Frauenbild entstehen, von dem sie erhofft, dass es ein neues Zeitalter des Frauseins, ja der ganzen Menschheitsgeschichte einleiten wird. Diese Frau trägt die Züge der römischen Göttin Minerva, der Göttin der Weisheit, aber auch der Kriegsführung. Sie soll in jungfräulicher Unabhängigkeit vom Mann selbstbewusst über ihr eigenes Leben bestimmen. Die kriegerischen Tendenzen der Minerva benötigt sie vor allem in der Übergangsphase, in der sie sich ihre Selbstbestimmung erst erkämpfen muss; in einer zukünftigen Gesellschaft, in der Frauen und Männer gleichberechtigt sein werden, werden diese Tendenzen zurücktreten, wird der musische Teil dominieren.

Durchaus im Widerspruch zu solchen progressiven Ansichten erhebt Fuller in derselben Schrift immer wieder gouvernantenhaft den kon-

servativen Zeigefinger und mahnt zu Tugendhaftigkeit, Keuschheit, Reinheit und Abkehr von jeder Eitelkeit. Dabei bezieht sie auch Positionen, die ihren eigenen Thesen entgegenstehen, etwa dass es Frauen natürlicher ist, das inspirierende Modell eines Künstlers zu sein, als selbst ein Kunstwerk hervorzubringen. Dieser Widerspruch zwischen progressiven und konservativen Ansichten durchzieht die Schrift; er kann nicht aufgelöst werden.

Fuller schließt ihre Abhandlung in einem kämpferischen Ton. Sie fordert »die Gleichheit der Geschlechter [...], ihre Ebenbürtigkeit in Arbeit, Pflicht und Hoffnung« (hier 237). Sie verlangt die Berechtigung für Frauen, jeden Beruf ergreifen zu dürfen, den sie ausüben wollen: »Wenn ihr mich aber fragt, welche Ämter die Frauen bekleiden können, so antworte ich – jedes. Es ist mir gleichgültig, welchen Fall ihr vorbringt – lasst sie Kapitäne zur See sein, wenn ihr wollt.« (Hier 238) Damit wird Woman in the Nineteenth Century *in all ihrer Widersprüchlichkeit zu einer der wichtigsten Schriften für die amerikanische Frauenrechtsbewegung.*

Die Frau im neunzehnten Jahrhundert

Frei durch Vernunft, stark durch Gesetze,
Durch Sanftmuth groß, und reich durch Schätze,
Die lange Zeit dein Busen dir verschwieg.

Ich meinte, der Morgenstern sollte nicht heller ziehen
auf seiner Bahn,
Noch vergleichbar strahlen von seinem lichten Thron;
Ich meinte, sie sollte höflich sein, anmutig, und lieb,
Frei von der ernsten Sucht nach Stolz und Größe;
Ich meinte, alle zarten Tugenden sollten vereint sein,
Geeignet, in dem zarten Busen zu bestehen,
Dazu eine (fromme und gelehrte) Seele
Wünschte ich für sie, die gleichermaßen
Über Wiege, Spindel, und Schere des Schicksals
Wacht, und ihre eigenen freien Stunden spinnt.

Vorwort

Der folgende Aufsatz ist die überarbeitete und erweiterte Version eines Artikels, der im Juli 1843 unter dem Titel *The Great Lawsuit. Man versus Men. Woman versus Women* in *The Dial* in Boston veröffentlicht wurde.

Dieser Artikel stieß auf sehr viel Sympathie und auf noch mehr Interesse. Auf Wunsch von vielen Seiten wurde er für die vorliegende Veröffentlichung überarbeitet.

Gegen den früheren Titel wurde eingewendet, er sei nicht leicht genug verständlich; der gegenwärtige ersetzt ihn und ist Ausdruck des Grundgedankens. Ich selbst ziehe den ersten Titel vor, auch weil die anderen ihn nicht mögen, d. h., dass es einiges Nachdenkens bedarf, um ihn zu verstehen, dass er also die Lesenden darauf vorbereiten kann, mir auf meinem eigenen Grund und Boden zu begegnen. Zudem bietet er einen größeren Spielraum und wird auch in dieser Hinsicht meinem Wunsch eher gerecht. Ich wollte mit diesem Titel Folgendes andeuten: Es ist das Schicksal des Menschen, im Laufe der Zeitalter das Gesetz seines Daseins zu bestimmen und zu erfüllen, sodass das menschliche Leben in seiner Gesamtheit wie das Leben von Engeln oder Boten erscheint; die Vorurteile und Leidenschaften des Einzelnen verzögern jedoch fortdauernd das heilige Werk, das die Erde zu einem Teil des Himmels machen soll. Mit ›Mensch‹ meine ich sowohl Mann als auch Frau: Sie sind die zwei Hälften eines Gedankens. Ich lege keinen besonderen Wert auf das Wohlergehen einer von beiden. Ich glaube, dass die Entwicklung des einen nicht ohne die des anderen zu beeinflussen ist. Mein größter Wunsch ist es, dass dies von allen klar und deutlich erkannt werde und dass die Lebensbedingungen und die Freiheiten für Töchter und Söhne künftig dieselben sein werden, sind sie doch Zwillingsgeborene desselben göttlichen Gedankens.

Ich erbitte von allen, die die folgenden Seiten überhaupt aufschlagen werden, aufrichtige und geduldige Aufmerksamkeit. Ich erbitte von den Frauen, dass sie mit ganzem Herzen erforschen, was für sie die Freiheit vor dem Gesetz bedeutet. Darum, und nicht um eine noch so große Ausweitung von Teilprivilegien geht es mir. Wenn das ihr Interesse weckt, bitte ich sie, aus ihren eigenen Erfahrungen und Überzeugungen nach Verbesserungsmöglichkeiten zu suchen und die Gräben, die sie einschließen, damit zuzuschütten. Für alles, was zu diesem großen und immer noch wenig beachteten Thema vorgebracht werden kann, erbitte ich von den Männern edle und ernsthafte Aufmerksamkeit, wie ich sie bereits von vielen erfahren habe, mit denen ich persönlich bekannt bin.

Und möge die Wahrheit, ungetrübt von Vorurteil, Eitelkeit oder Eigennutz, täglich mehr und mehr als unser rechtmäßiges Erbe und die einzig wertvolle Errungenschaft für uns alle anerkannt werden!

November 1844.

Schwachheit, dein Nam' ist WEIB.
Die Erde erwartet ihre Königin.

Freiheit und Gleichheit

Es ist an der Zeit, dass Eurydike nach einem Orpheus ruft, nicht Orpheus nach Eurydike – dieser Meinung sind inzwischen nicht wenige, und selbst die Männer haben sich dahingehend geäußert: dass das Konzept Mann, wie unvollkommen auch immer, weit mehr zur Verwirklichung gekommen ist als das Konzept Frau, dass jetzt sie, die andere

Hälfte desselben Gedankens, die andere Kammer des Lebensherzens, mit ganzem Einsatz zum Zuge kommen muss und dass die Söhne dieses Zeitalters sich am besten durch die Vervollkommnung der Töchter bessern lassen.

Sobald dem Prinzip Freiheit ein besseres und großzügiges Verständnis entgegengebracht wird, wird sich ein noch größerer Protest im Namen der Frau erheben. Sobald die Männer erkennen, dass nur wenige von ihnen eine gerechte Chance hatten, werden sie auch zugeben, dass keine Frau überhaupt je eine gerechte Chance hatte. Die Französische Revolution, dieser sonderbar verkleidete Engel, sprach zugunsten der Frau, brachte aber für ihre Forderungen so wenig Verständnis auf wie für die des Mannes. Die Revolution verstand unter Glück nur die oberflächlichen Genüsse, denen trotz der Gewaltherrschaft ungehindert gefrönt werden konnte. Sie verlieh den Titel *citoyen*, *citoyenne*, und es ist nicht bedeutungslos für die Frau, dass ihr diese Art von Gleichberechtigung zuerkannt wurde. Zuvor konnte sie wegen Hochverrats zum Tod auf dem Schafott verurteilt werden, und zwar nicht als Bürgerin, sondern als Untertanin. Dieser Titel verlieh jedem menschlichen Wesen das Recht zum Blutvergießen und das Recht zur Zügellosigkeit. Die Freiheitsgöttin war unzüchtig. Wir lesen das Gedicht, das Beranger vor Kurzem an sie gerichtet hat, und unsere Tränen sind ebenso schmerzlich wie die blutigen Tränen, die geflossen sind, als »solche Verbrechen in ihrem Namen begangen wurden«. Ja! der Mensch, der geboren ist, das Geistlose und das Kalte zu läutern und zu beleben, kann in seinem Wahn ebenso das Schöne und das Keusche entwürdigen und beflecken. Und doch wurde auch in der Hitze dieses durch Unwissenheit und Missbrauch verursachten schrecklichen Fiebers die Wahrheit prophezeit. Europa lernt aus diesem blutbefleckten Blatt eine wertvolle Lektion. Dieselben Tendenzen werden, wenn sie sich weiter entfalten, auch in diesem Land gute Früchte tragen.

Wie die Juden, als Mose sie in das verheißene Land führte, haben die Menschen in diesem Land dennoch alles getan, was die Erbsünde nur tun konnte, um die Erfüllung der himmlischen Verheißung zu verhindern. Das Kreuz ist hier wie anderswo nur errichtet worden, um durch Grausamkeit und Betrug gelästert zu werden. Der Name des Friedensfürsten wurde durch alle Arten von Unrecht den Heiden gegenüber entweiht – den Heiden, von denen er sagte, er sei gekommen, um sie zu retten. Doch ich brauche nicht davon zu sprechen, was dem roten, dem schwarzen Menschen angetan worden ist. Diese Taten spotten der Welt, und sie wurden von so frommen Worten begleitet, dass der Sanftmütigste nicht wagen würde, sie mit einem »Vater, vergib ihnen, denn sie wissen nicht, was sie tun«, zu begütigen.

Hier wie anderswo wird die Welt immer dort besser, wo individuelle Geister wachsen, leben und streben, so wie inmitten von Sümpfen Blumen blühen und Vögel singen und wo die Idee der menschlichen Bestimmung fortwährend weiterentwickelt wird. Der Ewigkeit ist es gegeben, diese Idee angemessen auszudrücken, und die Zeitalter des Versagens konnten sie nur scheinbar beeinträchtigen. Nur scheinbar, und wenn auch manches auf das Gegenteil hindeuten mag, ist dieses Land doch ebenso sicher dazu bestimmt, ein bedeutendes moralisches Gesetz zu erlassen, wie Europa dazu bestimmt war, die geistige Kultur des Menschen zu fördern.

Die nationale Unabhängigkeit wird getrübt durch die Unterwerfung Einzelner; Freiheit und Gleichheit wurden nur verkündet, um der Monstrosität von Sklavenhandel und Sklavenhaltung Raum zu lassen; der freie Amerikaner fühlt sich oft so frei wie der Römer, aber nur um seine Begierden und seine Trägheit durch das Elend seiner Mitmenschen zu befriedigen – und doch ist diese Proklamation nicht umsonst formuliert worden: »Alle Menschen sind frei und gleich geboren.« Da steht sie, eine goldene Gewissheit, die die Guten ermutigt, die Schlechten beschämt. Die neue Welt soll deutlich erkennen, dass sie die schwerste Schuld auf sich lädt, wenn sie die leidenden Geschwister zurückweist oder unterdrückt. Und wenn die Menschen taub sind, hören die Engel. Doch die Menschen können nicht taub sein. Es ist unvermeidlich, dass die Freiheit, die Unabhängigkeit von den Übergriffen anderer Menschen, die unsere Nation erlangt hat, auch für jedes einzelne Glied dieser Nation gelten muss. Was einmal in aller Deutlichkeit erkannt wurde, muss früher oder später auch ausgeführt werden. Es ist zu einem Gesetz geworden, das so unumstößlich ist wie das der Meder; nur einzelne Menschen werden sich dagegen versündigen. So formuliert es einer der führenden Geister dieser Zeit:

> Tutti fatti a sembianza d'un Solo,
> Figli tutti d'un solo riscatto,
> In qual'ora, in qual parte del suolo,
> Trascorriamo quest' aura vital,

Siam fratelli, siam stretti ad un patto:
Maladetto colui che lo infrange,
Che s'innalza sul fiacco che piange
Che contrista uno spirto immortal.

Alles ward auf Eines Ruf: Es werde!
Söhne eines Mittlers sind wir alle;
Wann, so wie auf welchem Theil der Erde,
Uns der Lufthauch dieses Lebens tränkt;
Brüder sind wir all', ein Bund gefalle,
Und verflucht sey, wer ihn möge brechen,
Schwache zu mißhandeln, sich erfrechen,
Welcher ein unsterblich Wesen kränkt!

Dieses Gesetz muss allgemeine Anerkennung finden. Verflucht sei, wer willentlich eine unsterbliche Seele verletzt, verdammt zur Schande in späteren, weiseren Zeitaltern und zu Buße in seinem künftigen Leben. Verflucht sei, wer unwissentlich sündigt, wenn der Grund für diese Unwissenheit bloße Faulheit ist.

Dieses Wortgepränge und diese Wortklaubereien machen uns krank. Noch nie waren die Lungen so gefüllt mit der Luft von Deklamationen zu moralischen und religiösen Gegenständen. »Wir sind versucht, diese ›Wort-Helden‹ anzuflehen«, diese Wort-Catos, Wort-Christen, sich vor allem vor Heuchelei zu hüten,* zu bedenken, dass Scheinheiligkeit das hoffnungsloseste und gemeinste aller Verbrechen ist und dass besonders diejenigen sich damit beschmutzen, die mit ihrer Tugendhaftigkeit und Frömmigkeit prahlen. Landor sagt, dass jemand, der es sich nicht leisten kann, den größten Teil seines Verstandes brachliegen zu lassen, nicht viel Verstand besitzen dürfte, und was für das Genie gilt, das gilt auch für die Tugend. Die Zunge ist ein kostbarer Körperteil, aber sie sollte nur einen kleinen Anteil der für den Körper lebenswichtigen Säfte beanspruchen. Der Geist kann »schwarz und ranzig werden im Rauch«, selbst »von Altären«. Während der Moralpredigt springen wir auf, um uns in unsere Kammer zurückzu-

* Dr. Johnsons Rat sollte an jeder Tür angebracht werden: »Befreie Deinen Geist von Heuchelei.« Byron aber, dem dieser Rat willkommen war, riss, indem er die schädlichen Ranken beseitigte, das ganze Gebäude nieder. Sterlings Berichtigung ist ehrenwert: »Erkenne Deine Heuchelei, verwirf sie nicht.«

ziehen und die Tür hinter uns zu schließen. Dort erkundigt sich der Geist: »Ist diese Rhetorik die Frucht gesunden Blutes oder kunstvoll aufgetragene falsche Schminke?« Und trotzdem muss, wo so viel Rauch ist, auch ein Feuer sein; in so viel Gerede über Tugend und Freiheit muss auch ein Verlangen danach stecken. Nicht umsonst sind gerade diese Begriffe, und nicht Tyrannei und Raub, zum allgemeinen Gesprächsgegenstand geworden; sogar die Zeitungen halten es für das Beste, sich selbst als Pilger, Puritaner, Herolde der Heiligkeit auszurufen. Der König, der ein so kostspieliges Gefolge unterhält, kann kein bloßer Großsprecher und keine Carabas-Erdichtung sein. Wir haben hier lange im Staube ausgeharrt, wir sind müde und hungrig, aber der Triumphzug muss nun endlich aufbrechen.

Kein Banner ist mit solcher Ausdauer hochgehalten worden wie das der Abolitionisten, und unter keinem wurden mehr Tapferkeit und wahre Opferbereitschaft bewiesen. Und gerade aus dieser Gruppe, teils wegen ihrer Prinzipien, teils weil sich viele Frauen für diese Sache eingesetzt haben, erklingt jetzt der wärmste Ruf im Namen der Frau.

Obwohl immer freisinniger mit dieser Frage umgegangen wird, ist die Gesellschaft im Ganzen nicht gut auf die Forderungen dieser Partei vorbereitet, vielmehr gelten ihre Mitglieder vorderhand kalt als die Jakobiner ihrer Zeit.

»Ist es nicht genug«, ruft der aufgebrachte Kaufmann, »dass ihr alles getan habt, um die nationale Einheit zu zerschlagen und damit den Wohlstand unseres Landes zu zerstören? Müsst ihr nun auch noch versuchen, die Familiengemeinschaft zu zerschlagen, meine Ehefrau von Wiege und Herd wegzureißen, damit sie an Wahlen teilnehmen und von der Kanzel predigen kann? Wenn sie solche Dinge tut, kann sie sich natürlich nicht mehr um ihre eigene Familie kümmern. Sie ist glücklich genug, wie sie ist. Sie hat mehr Muße als ich, jedes Mittel, sich zu bilden, jeden Luxus.«

»Hast Du sie gefragt, ob dieser *Luxus* sie befriedigt hat?«

»Nein, aber ich weiß, dass es so ist. Sie ist zu liebenswürdig, um sich etwas zu wünschen, was mich unglücklich machen würde, und zu verständig, um über den Wirkungskreis ihres Geschlechts hinausgehen zu wollen. Ich werde niemals einwilligen, dass unser häuslicher Frieden durch solche Diskussionen gestört wird.«

»Einwilligen – Du? es geht nicht um Deine Einwilligung, sondern um die Deiner Ehefrau.«

»Bin ich nicht das Haupt meines Hauses?«

»Du bist nicht das Haupt Deiner Ehefrau. Gott hat ihr ihren eigenen Verstand gegeben.«

»Ich bin das Haupt und sie ist das Herz.«

»Dann gebe Gott, dass ihr einander treu bleibt. Ich muss wohl dankbar sein, dass Du nicht gesagt hast, sie sei bloß die Hand. Wenn das Haupt nicht den natürlichen Rhythmus des Herzens unterdrückt, dann steht es außer Frage, dass Du Deine Einwilligung gibst. Beide werden miteinander übereinstimmen, und es genügt, die Frage zu stellen, um eine vollständige und wahre Antwort zu erhalten. Es gibt keinen Grund zu Vorsicht, Nachsicht oder Einwilligung. Aber wir fragen uns, ob das Herz tatsächlich mit dem Haupt übereinstimmt oder ob es den Vorschriften nur mit Passivität gehorcht, die es an der Ausübung seiner natürlichen Kräfte hindert, oder mit Widerwillen, der seine süßen Eigenschaften verbittert, oder mit Zweifel, der die schönen Ereignisse im Leben verwüstet. Um die Wahrheit herauszufinden, schlagen wir einige befreiende Maßnahmen vor.«

So unbestimmt werden diese Fragen gegenwärtig zur Sprache gebracht und erörtert. Aber *dass* sie zur Sprache gebracht werden, zeigt, wie viel darüber nachgedacht wird, und das wird weitere Gedanken provozieren. Viele Frauen überlegen, was sie brauchen, was sie nicht haben, und was sie haben können, wenn sie herausfinden, dass sie es brauchen. Viele Männer denken darüber nach, ob Frauen dazu fähig sind, mehr zu sein und zu haben, als sie jetzt haben und sind, *und* ob es, wenn das der Fall ist, das Beste wäre, der Verbesserung ihrer Lage zuzustimmen.

Heute Morgen schlage ich die Bostoner *Daily Mail* auf und finde in der »Dichterecke« eine Übersetzung von Schillers *Würde der Frau*. In der Ankündigung eines Buches über Amerika sehe ich im Inhaltsverzeichnis diese Abfolge: »Republikanische Institutionen. Amerikanische Sklaverei. Amerikanische Damen.«

Ich schlage die in New York erscheinende *Deutsche Schnellpost* auf und finde als Überschrift: *Juden- und Frauenemanzipation in Ungarn*.

Im vergangenen Jahr wurden in Rhode Island gesetzliche Maßnahmen ergriffen, verheirateten Frauen das Recht auf ihren eigenen Besitz zu sichern, und die Männer lernten bei einer solchen kleinen Auseinandersetzung mit diesem Gegenstand viel. Ein Artikel zum selben Thema in *The Democratic Review* fand viel Beachtung; er wurde von einer Frau geschrieben, die, wie es heißt, durch schreiendes Unrecht zu einem angesehenen Freund getrieben wurde, der die Mängel der bestehenden Gesetze und Meinungen aufgezeigt hat. Und der verehrte alte Mann, J. Q. Adams, in mancher Hinsicht der Phokion seiner Zeit, antwortete auf eine von einigen Damen an ihn gerichtete Ansprache. Auf diese Antwort werde ich an anderer Stelle noch eingehen.

Diese Zeichen der Zeit sind mir nur nebenbei aufgefallen: Wer sucht, kann jeden Monat oder jede Woche mehr davon sammeln.

Die vielköpfige Partei, deren Meinungen bereits zu sehr Etikett geworden und zu angepasst sind, um noch frischen Wind hereinzulassen, sucht zu verhindern, dass ein anderer als der rechtmäßige Hirte zum Handeln getrieben wird oder dass die Herde eine Gelegenheit nutzt, vom vorgeschriebenen Wege abzukommen: Sie halten Vorträge über Musterfrauen von bräutlicher Schönheit und Sanftmut, sie verfassen und verleihen kleine Traktate, die den Wirkungskreis der Frau und ihre Bestimmung genau abstecken sollen.

Ohne uns sofort auf eine der beiden Seiten zu schlagen, sollten wir das Thema vom besten Standpunkt aus betrachten, den diese Zeit zu bieten hat. Es steht allerdings zu befürchten, dass er nicht mehr taugt als ein hoher Hausgiebel. Eine hohe Bergspitze wäre wünschenswert oder wenigstens ein Kirchturm.

Es kann sehr wohl eine Anti-Sklaverei-Partei sein, die sich für die Frau einsetzt – wir müssen nur bedenken, dass die Frau anders als die Männer kein Recht auf Eigentum hat, sodass, wenn ein Ehemann ohne Testament stirbt, die Ehefrau seinen Platz als Familienoberhaupt nicht einnehmen kann, sondern nur einen Teil seines Vermögens erbt, das sie ihm oft selbst eingebracht hat – als sei sie nur ein Kind oder Mündel, keine gleichberechtigte Partnerin.

Wir werden nicht von den ungezählten Fällen sprechen, in denen rücksichtslose und arbeitsscheue Männer von den Einkünften fleißiger Ehefrauen leben. Auch nicht von den Fällen, in denen die Männer ihren Ehefrauen, von denen sie mit den Kindern verlassen worden sind und die nun die doppelte Last als Mutter und Vater in einer Person zu tragen haben, von Ort zu Ort folgen und drohen, ihnen die Kinder zu rauben, sollten ihnen die sogenannten Rechte eines Ehemannes entzogen werden; wie diese Männer sich in den ärmlichen Unterkünften der Frauen einnisten, Geld von ihnen erpressen, indem sie ihnen die Kinder wegnehmen, und sich auf Kosten der solcherart ausgelaugten Leibeigenen verschulden. Ich selbst erinnere mich an unzählige solcher Fälle. Ich habe den Ehemann gesehen, der sich durch eine lange Reihe niedriger Laster befleckt hatte, bis seine Ehefrau ihrer heroischen Vergebungsbemühungen müde wurde, weil sein Verrat sie sinnlos machte, und sie erkannte, dass sie sich von seinem schlechten Ruf trennen müsste, wenn sie sich und ihre Kinder ernähren wollte. Ich habe erlebt, wie der Mann kam, um sich in der Kammer einer Frau einzurichten, die ihn verabscheute, und wie er erklärte, sie dürfe niemals ohne seine Gesellschaft essen. Ich habe erlebt, wie solche Männer ihre Kinder, von denen sie wussten, dass sie sie nicht versorgen konnten, stahlen, sie in liederliche Gesellschaft brachten und körperlichen Gefahren aussetzten, um die arme Frau in Angst zu versetzen. Die Tatsache, dass die Frau allein die Qualen der Geburt ertragen und ihre Kinder genährt hat, gibt ihr, wie es scheint, doch keineswegs ein gleiches Recht auf diese. Ich glaube, dass diese Art der Kindesentführung – und sie kommt in allen Gesellschaftsschichten oft genug vor – von künftigen Zeitaltern so angesehen werden wird wie jetzt vom Himmel: Der Mann, der im Schutz der Gesetze einer Mutter ihre Kinder stiehlt und der sich irgendein höheres Recht auf sie anmaßt – das der überlegenen Tugend ausgenommen –, dieser Mann wird dann das verdiente Schandmal ebenso tragen wie jener, der erwachsene Menschen aus ihrem Mutterland, ihren Hoffnungen und ihrem Zuhause stiehlt.

Ich sagte, wir würden nicht von diesen Fällen sprechen, und nun habe ich doch davon gesprochen, weil mich der Gegenstand zu sehr erschüttert. Ich könnte Beispiele anführen, die selbst die rohesten und gefühlskältesten Menschen aufschrecken müssten, aber ich werde es nicht tun, denn die öffentliche Meinung ist schon gegen solche Männer eingenommen, und wo Fälle äußerster Tyrannei bekannt werden, wird einiges zugunsten der Ehefrau unternommen. Dessen aber sollte sie nicht bedürfen, und ich denke, sie wird es auch nicht mehr lange tun. Die Männer müssen bald erkennen, dass die Frau die schwächere Partei ist und gesetzlichen Schutz genießen muss, der eine solche Unterdrückung unmöglich macht. Ich hätte mich höchstens zur Veranschaulichung mit »grausamen Fällen« befasst und würde auch von den Männern keine Wiedergutmachung in irgendeiner bestimmten Sache verlangen, sondern ich möchte dem Ganzen auf den Grund gehen. Wenn Grundsätze festgelegt werden könnten, regelten sich die Einzelfälle von selbst. Erkennt die wahre Bestimmung der Frau, gebt ihr berechtigte Hoffnungen und einen eigenen Anspruch – die Ehe und alle anderen Beziehungen kämen nach und nach damit in Einklang!

Doch zurück zum historischen Verlauf dieser Angelegenheit. Wir wissen, dass die Männer den Frauen gegenüber Gefühle hegen wie gegenüber Sklaven, wie es in der Redensart zum Ausdruck kommt: »Sag das den Frauen und Kindern.« Sie sind der Ansicht, dass die unsterbliche Seele der Frauen nur in bereits festgelegten Grenzen wirken könne, dass sie in viel geringerem Maße mit der Gabe der Vernunft, dem höchsten Privileg des Mannes, ausgestattet sei, dass sie durch stetige Tätigkeit vor Unfug und Schwermut bewahrt und dabei durch diejenigen angeleitet werden müsste, die fähiger seien zu denken &c. &c. Wir brauchen nicht noch mehr Beispiele anzuführen, denn wer kann auch nur auf die letzte Woche zurückblicken, ohne sich an scherzhafte oder ernsthafte Worte zu erinnern, die genau diese oder ähnliche Ansichten enthalten? Ist es dann verwunderlich, wenn viele Reformer meinen, dass Maßnahmen zugunsten der Frau nur dann durchführbar sind, wenn ihre Wünsche auch öffentlich durch Frauen vertreten werden?

Das kann niemals notwendig sein, schreit die andere Seite. Alle Männer werden von Frauen beeinflusst, jeder hat seine Ehefrau, seine Schwester oder Freundinnen und ist durch diese Beziehungen viel zu befangen, als dass er versäumen könnte, ihre Interessen zu vertreten, und wenn das noch nicht ausreicht, sollen die Frauen ihre Wünsche eben schriftlich vorlegen und ihnen so Geltung verschaffen. Die Schönheit des Heimes würde zerstört, die Zartheit des Geschlechts verletzt, die Würde in den Hallen der Gesetzgebung herabgesetzt, wenn man versuchte, die Frauen dort einzuführen. Öffentliche Pflichten sind mit denen einer Mutter unvereinbar, und welch lächerliche Bilder bekämen wir sonst wohl zu sehen: von hysterischen Damen in den Wahllokalen, von Senatssälen voller Kinderwiegen.

Aber auch wenn wir akzeptieren, dass die Frau von Natur aus mehr für das häusliche Leben geschaffen ist, so müssen wir doch hinzufügen, dass bisher nur wenige Vorkehrungen getroffen wurden, diesen Ort zu sichern. Ihr Wirkungskreis mag der eintönigere sein – der ruhigere aber ist er nicht. Die Frau wird von »Aufregungen« ferngehalten, aber nicht von Plackereien. Nicht nur die indianische Squaw schleppt die Lasten für das Lager, auch die Mätressen Ludwigs des Vierzehnten begleiten ihn auf seinen Reisen und die Wäscherin steht an ihrem Zuber und trägt ihre Arbeit zu jeder Jahreszeit und in jedem Gesundheitszustand nach Hause. Wer meint, die Frau sei durch ihre körperliche Beschaffenheit nicht dazu geeignet, sich an nationalen Regierungsangelegenheiten zu beteiligen, ist im Übrigen durchaus nicht der Ansicht, es sei ausgeschlossen, dass die schwarzen Frauen die Feldarbeit oder die Näherinnen ihre mörderisch schwere Arbeit auch während der Schwangerschaft auf sich nähmen.

Gegen die Meinung, dass die Frau die Feder frei benutzen darf, gab es ebenso großen Widerstand wie heute dagegen, dass sie einen Platz auf der Rednerbühne oder am Schreibpult einnehmen solle; und sie wird aus der Erlaubnis, ihre Sache schriftlich zu vertreten, wahrscheinlich ganz andere Schlüsse ziehen, als diejenigen wünschen, die ihr diese Aussicht jetzt gewähren.

Wer die großen Schauspielerinnen gesehen und die Quäkerpredigerinnen unserer Zeit gehört hat, kann nicht daran zweifeln, dass eine Frau ein solches Amt mit Anmut und Würde ausfüllen und ihre Gedanken und ihre Bildung öffentlich äußern kann, ohne dabei etwas von der besonderen Schönheit ihres Geschlechts zu verlieren. Nur wer aus einem anderen Grund handelt als dem, dass eben etwas gesagt oder getan werden muss, kann sich damit verunreinigen und beflecken. Frauen konnten an Prozessionen, Gesängen und Tänzen der alten Religion teilnehmen, und niemand war der Ansicht, solche öffentlichen Auftritte beeinträchtigten ihre Zartheit.

Ihr Heim würde sie nicht häufiger verlassen, als sie es schon jetzt tut, um Bälle, Theater, Missionsveranstaltungen, Erweckungsversammlungen und Ähnliches zu besuchen, zu denen sie in der Hoffnung fliegt, ihr Dasein wie das der Männer zu beleben. Die Leitung einer Damenmesse ist nicht weniger vereinnahmend als die Leitung des Staates; der Präsident eines Washingtoner Vereins ist nicht weniger weit von zu Hause entfernt als der Präsident eines Kongresses. Bei genauer Betrachtung werden die Männer feststellen, dass, wenn sie selbst kein häusliches Leben führen, es auch die Frauen nicht tun werden. Ein Haus ist kein Zuhause, wenn es nicht Nahrung und Anregung für Leib und Geist bereithält. Die griechische Frau ist heute ebenso auf der Straße wie der Mann, um zu rufen: Was gibt es Neues? Wir zweifeln nicht daran, dass es im alten Athen genauso war. Die Frauen, die vom Markt ausgeschlossen waren, holten das bei den religiösen Festen nach. Denn Menschen können nicht leben, ohne ihren Horizont zu erweitern. Können sie das auf die eine Art nicht erlangen, müssen sie eben eine andere wählen, oder sie gehen zugrunde.

Kommen wir zur Vertretung der Frauen durch die Männer. Nicht selten hört man von Männern, die ihren Ehefrauen eine nicht nur angenehme und anmutige, sondern auch kluge Lebensgestaltung verdanken, die Bemerkung: »Mit einer Frau kann man nicht vernünftig reden«, und selbst von sanften, edlen und poetisch kultivierten Männern den verächtlichen Ausdruck »Frauen und Kinder«, und damit wollen sie nicht etwa einen leichtfertigen Witz machen, sondern in vollem Ernst ihre langjährigen Erfahrungen resümieren. Wenn unter einer Million, nein, unter hundert Millionen Männern kein einziger über die Meinung hinwegkommen kann, dass die Frau *für den Mann* geschaffen wurde: können wir da glauben, dass der Mann den Interessen der Frau immer gerecht wird? Können wir glauben, dass er ihre Rolle und ihre Bestimmung mit hinreichendem Scharfblick und frommer Gesinnung betrachtet, um ihr *jemals* gerecht zu werden, es sei denn, er würde von einem zufälligen oder flüchtigen Gefühl dazu gebracht, denn das Gefühl ist je nach den gegenwärtigen Verhältnissen veränderlich? Der Liebende, der Dichter, der Künstler werden sie wahrscheinlich mit edler Gesinnung betrachten. Der Vater und der Philosoph haben eine gewisse Aussicht auf Großmut; der Weltmann, der Gesetzgeber aus Berechnung aber haben keine.

Unter diesen Umständen, und ohne dass wir den von den Verfechtern der Frauenrechte geforderten Veränderungen an sich Bedeutung beimäßen, heißen wir sie als Zeichen der Zeit willkommen. Wir wollen, dass alle willkürlichen Schranken niedergerissen werden. Wir wollen, dass der Frau alle Wege genauso offenstehen wie dem Mann. Wäre das getan und wäre die leichte und vorübergehende Gärung abgeklungen, sollten wir Kristalle von reinerer und mannigfaltiger Schönheit zu sehen bekommen. Die göttliche Kraft würde die Natur in bisher ungekanntem Ausmaß durchdringen, und kein misstönender Zusammenstoß würde daraus folgen, sondern eine hinreißende Harmonie der Sphären.

Dafür aber wird die Menschheit erst dann und nur dann, reif sein, wenn die Frau im selben Maße wie der Mann innere und äußere Freiheit als ein Recht erlangt und nicht nur als ein Zugeständnis. Die Freunde der Schwarzen sind davon überzeugt, dass kein Mensch einen anderen rechtmäßig in Knechtschaft halten darf; ebenso sollten die Freunde der Frau gewiss sein, dass kein Mann der Frau rechtmäßig Beschränkungen auferlegen darf, und seien sie noch so gut gemeint. Wenn der schwarze Mensch eine Seele hat, wenn die Frau eine Seele hat und wenn jede Seele in einen Leib gekleidet ist, so müssen sie nur einem einzigen Herrn gegenüber Rechenschaft ablegen. Für eine unsterbliche Seele gibt es nur ein Gesetz, und wenn einer es auslegen soll, muss er nicht als Mensch oder Menschensohn ankommen, sondern als Sohn Gottes.

Wenn sich der Mann als Bruder und Freund der Frau betrachtete und nicht als ihr Herr und Erzieher, wenn er mit ihr in gegenseitiger Verehrung verbunden wäre, dann fiele die Regelung von Aufgaben und Beschäftigungen nicht ins Gewicht. Die Frau muss nicht als Frau handeln oder herrschen, vielmehr muss ihre Natur wachsen, ihr Verstand Neues aufnehmen, ihre Seele frei und ungehindert leben; sie muss die Kräfte entfalten, die ihr gegeben wurden, als wir unser gemeinsames Zuhause verließen. Auch wenn ihr weniger Talente anvertraut wurden, so wird sie nicht darüber klagen, wenn sie diese Talente frei verwenden und ganz ausschöpfen darf, um dem Geber das Seine mit Zinsen zurückzuzahlen; ja ich wage zu sagen, dass sie ihren irdischen Geburtsort, ihr irdisches Los segnen und sich daran erfreuen wird. Lasst uns bedenken, welche Hindernisse dieser guten Zeit noch im Wege stehen und welche Anzeichen Anlass zu der Hoffnung geben, dass sie näher rückt.

Rhetorische Herabsetzungen

Ich besprach dieses Thema mit Miranda, einer Frau, die wie keine andere besonnen und ohne Bitterkeit über die Lage ihres Geschlechts sprechen kann. Ihr Vater brachte den Frauen keine sentimentale Verehrung entgegen, sondern glaubte fest an die Gleichberechtigung der Geschlechter. Sie war sein ältestes Kind und kam ihm zu einer Zeit näher, in der er eine Gefährtin brauchte. Seit der Zeit, in der sie sprechen und allein gehen konnte, betrachtete er sie nicht mehr als Spielzeug, sondern als lebendigen Geist. Unter den wenigen Gedichten, die er schrieb, war eines, das er an dieses Kind richtete, als ihm die ersten Locken abgeschnitten wurden; der Ehrfurcht für diesen geschätzten Lockenkopf, die er bei der Gelegenheit zum Ausdruck brachte, hat er nie zuwidergehandelt. Er war für ihn der Tempel des unvergänglichen Verstandes. Er schätzte sein Kind jedoch zu sehr, um ein nachsichtiger Vater zu sein. Er verlangte von ihr ein klares Urteilsvermögen, Mut, Ehre und Treue, kurzum, die ihm bekannten Tugenden. Soweit er die Schlüssel zu den Wundern des Universums besaß, ließ er sie freien Gebrauch davon machen; und indem er große Erwartungen in sie setzte, spornte er sie an und untersagte ihr zugleich, dieses Privileg ungenutzt zu lassen.

So wurde das Kind schon früh dazu gebracht, sich als Kind des Geistes zu fühlen. Sie nahm ihren Platz in der praktischen Lebenswelt und in der Geisteswelt willig ein. Ein erhabenes Gefühl der Selbstständigkeit wurde ihr mit auf den Weg gegeben, und sie fand darin einen sicheren Anker. Sie selbst war fest im Leben verwurzelt, und ihre Beziehungen zu anderen waren ebenso sicher. Sie hatte das Glück, keinen der Reize zu besitzen, die sie zum Gegenstand verwirrender Schmeicheleien hätten machen können, vielmehr ein starkes magnetisches Wesen, das diejenigen abstieß, die nicht zu ihr gehörten, und diejenigen anzog, die es taten. Ihr Verhältnis zu Männern und Frauen war großherzig, liebevoll ohne Leidenschaft, intellektuell ohne Kälte. Die Welt stand ihr offen, und sie lebte frei in ihr. Es gab äußerliche Widrigkeiten und innere Kämpfe, aber Glaube und Selbstachtung waren früh in ihr geweckt worden, und das muss schließlich immer zu äußerer Gelassenheit und innerem Frieden führen.

Miranda war mir immer ein Beispiel dafür, dass die dem weiblichen Geschlecht auferlegten Beschränkungen nur für jene unüberwindlich sind, die sie für unüberwindlich halten oder sie lautstark durchbrechen wollen. Sie hatte ihren eigenen Weg eingeschlagen, und kein Mann war ihr hinderlich. Viele ihrer Handlungen waren ungewöhnlich, erregten aber keinen Anstoß. Wenige halfen ihr, aber keiner hielt sie zurück, und die Mehrheit der Männer, die ihren Geist und ihr Leben kannten, brachten ihr Vertrauen entgegen wie einem Bruder und Sanftmut wie einer Schwester. Und nicht nur gebildete, sondern auch sehr grobe Menschen respektierten und unterstützten eine Frau, in der sie Entschlossenheit und Klarheit erkannten. Häufig waren ihre Ansichten maßgebend, immer waren sie wirkungsvoll.

Als ich mich mit ihr über diese Dinge unterhielt und etwa das gesagt hatte, was ich hier geschrieben habe, antwortete sie lächelnd: »Und doch müssen wir uns eingestehen, dass ich Glück hatte, und das sollte nicht so sein. Das frühe Vertrauen meines guten Vaters gab den ersten Anstoß, und der Rest folgte wie von selbst. Es stimmt, dass ich in den letzten Jahren weniger Hilfe von außen erhalten habe als die meisten Frauen, aber das ist nicht von Belang. Die Religion erwachte schon früh in meiner Seele, ein Gefühl dafür, dass die Seele das, was sie zu verlangen imstande ist, auch erreichen muss, und dass ich mich, wenn ich auch von anderen unterstützt und unterwiesen werde, doch auf mich selbst als die einzig beständige Freundin verlassen muss. Diese Selbstständigkeit, die in meinem Falle die Anerkennung der anderen fand, wird bei den meisten Frauen als Fehler missbilligt. Ihnen wird beigebracht, ihr Benehmen von außen zu erlernen und es nicht von innen heraus zu entfalten. Das ist der Fehler des noch immer eitlen Mannes, der für die Frau wichtiger sein will, als er von Rechts wegen sein sollte.«

»Die Männer haben sich Dir gegenüber aber nicht so benommen«, sagte ich.

»Nein! denn ich konnte schon früh eine eigenständige Position einnehmen. Und wenn alle Frauen sich ihrer Bedürfnisse so sicher wären wie ich, wäre das Ergebnis dasselbe. Aber von Vormündern, die bei einer Frau nichts so fürchten wie eigenes Denken oder einen individuellen Charakter, werden sie derart mit Vorschriften überladen, dass ihr Verstand so lange von Zweifeln behindert wird, bis sie keine Aussicht mehr auf gerechte freie Verhältnisse haben. Die Schwierigkeit besteht darin, sie an einen Punkt zu bringen, an dem sie auf natürliche Weise Selbstachtung entwickeln und Selbsthilfe erlernen.

Früher war ich überzeugt, die Männer würden die Eigenständigkeit der Frau mehr begünstigen – jetzt bin ich es nicht mehr. So viele von ihnen gaben ein jämmerliches Bild ab, in Verbindungen, die sie aus Schwäche und Eitelkeit eingegangen waren. Sie schienen froh zu sein, den Frauen Achtung entgegenzubringen, wann immer sie konnten.

›Die weichen Arme der Zuneigung‹, sagte einer der scharfsichtigsten Geister, ›werden mir nicht genügen, wenn ich nicht die stählernen Armbänder der Stärke an ihnen sehe.‹

Aber schon früh wurde mir klar, dass Männer niemals, auch nicht in äußerster Verzweiflung, Frauen sein wollten. Im Gegenteil, sie waren stets dazu bereit, sich bei jedem Anzeichen von Schwäche gegenseitig zu verspotten, mit –

Bist Du nicht wie die Frauen, die –

Der Satz hat unterschiedliche Abschlüsse, je nach Anlass und Rhetorik des Sprechers. Wenn sie eine Frau bewunderten, neigten sie zu der Behauptung, sie stehe ›über ihrem Geschlecht‹. Im Stillen beobachtete ich das und fürchtete, es spreche für eine Skepsis, die sich über die Jahrhunderte immer tiefer in den Herzen verwurzelt hatte und sich nur durch ein Zeitalter voller Wunder entwurzeln ließe. Ich bin immer mit großer Aufrichtigkeit behandelt worden, und ich betrachte es als ein Zeichen dafür, dass ein vertrauter Freund vom anderen Geschlecht mir in einem glühenden Moment sagte, dass ich es ›in gewisser Weise verdiente, ein Mann zu sein‹. Er war sehr erstaunt, als ich ihm meine Ansicht über meine Stellung und meine Hoffnungen entdeckte, als ich ihm meinen Glauben erklärte, dass der weiblichen Seite, der Seite der Liebe, der Schönheit, der Heiligkeit, nun Gerechtigkeit widerfahren werde und dass es, wenn eine der beiden Seiten zu bevorzugen sei, jetzt die Seite der Frau sei, denn jede noch so kleine Verbesserung bringe das besondere Werk unserer Zeit voran. Er lächelte ungläubig. ›Sie macht das Beste daraus‹ dachte er. ›Lass die Juden an den Stolz des Judentums glauben, ich aber bin von besserer Art und weiß es besser.‹

Ein anderer verwendete als höchstes Lob für eine Romanfigur die Worte ›eine männliche Frau‹.

Ähnliches finden wir in der edlen Passage von Ben Jonson: –

Ich meinte, der Morgenstern sollte nicht heller ziehen auf seiner Bahn,
Noch vergleichbar strahlen von seinem lichten Thron;
Ich meinte, sie sollte höflich sein, anmutig, und lieb,
Frei von der ernsten Sucht nach Stolz und Größe;
Ich meinte, alle zarten Tugenden sollten vereint sein,
Geeignet, in dem zarten Busen zu bestehen,
Dazu eine gelehrsame und *männliche* Seele
Wünschte ich für sie, die gleichermaßen
Über Wiege, Spindel, und Schere des Schicksals
Wacht, und ihre eigenen freien Stunden spinnt.«

»Mir scheint«, sagte ich, »Du bist zu anspruchsvoll, wenn Du daran Anstoß nimmst. Jonson wollte hier mit dem Wort ›männlich‹ nur das Bild eines wahren, verständigen Schicksals mit einem satteren Farbton veredeln.«

»Und doch«, sagte sie, »wird dieses Wort beständig gebraucht, wenn eine heldenhafte Eigenschaft beschrieben werden soll, und dabei bin ich mir vollkommen sicher, dass Beharrlichkeit und Mut ebenso gut weibliche wie männliche Eigenschaften sind. Ich würde diese Worte durch andere, weiter reichende ersetzen, auch auf die Gefahr hin, das feine Gewebe des Verses zu beschädigen. Lies ›gelehrsame und starke Seele‹, und ich wäre zufrieden. Es ist nicht richtig, dass man, wo immer man auf Kraft oder schöpferisches Genie trifft, erklärt: ›Sie hat einen männlichen Verstand.‹«

Das soll keineswegs heißen, dass man es willentlich an Großzügigkeit gegenüber der Frau mangeln ließe. Der Mann ist ihr gegenüber so großzügig, wie er nur sein kann.

Wo auch immer sie sich hervortat, öffentlich oder privat, und in eleganter Vortrefflichkeit leuchtete, haben die Männer sie nicht nur bereitwillig, sondern triumphal empfangen. Ihre Lobreden allerdings haben in einer bestimmen Hinsicht immer etwas Demütigendes: Sie lassen zu viel Überraschung erkennen. »Kannst das wirklich Du sein?« ruft er dem verklärten Aschenputtel zu, »nun, das hätte ich nie erwartet, aber ich bin sehr froh darüber. Wir werden allen sagen, dass Du ›*Dein Geschlecht übertroffen hast*‹«.

Heldinnen und Heilige

Der Mann hat nur eine kurze Wegstrecke zurückgelegt, jetzt wartet er ab, ob die Frau mit ihm Schritt halten kann; doch anstatt wie ein guter Bruder zu rufen: »Du kannst es, wenn Du nur daran glaubst«, oder unpersönlicher: »Jeder kann tun, was er zu tun versucht«, entmutigt er sie oft mit schuljungenhafter Prahlerei: »Mädchen können das nicht; Mädchen können nicht Ball spielen.« Aber lasst nur eine ihrem Spott trotzen, sich durchdrängen und mutig und sicher sein, dann zerreißen sie mit ihrem Geschrei die Luft.

Diese Unbeständigkeit habe ich deutlich in einer Erzählung wiedererkannt, die ich neulich gelesen habe: in der Lebensgeschichte der Gräfin Emilia Plater, der Heldin der letzten Revolution in Polen. Die Würde, die Reinheit, die konzentrierte Entschlossenheit, die ruhige, tiefe Begeisterung, aus der dennoch, wenn ein Ereignis es erforderte, ein heiliges, zorniges Feuer aufflammen konnte, machen dieses junge Mädchen zu der Figur, die ich mir für mein Titelblatt wünsche. Ihr Bildnis ist in dem Buch zu sehen, ein sanfter Schatten ihrer Seele. Kurz war ihre Laufbahn – wie die Jungfrau von Orleans hat sie gerade so viel getan, dass ihre Begabungen erkannt wurden, und verschwand dann von einer Bühne, auf der sie wahrscheinlich eine zu früh Gekommene war.

Als das junge Mädchen sich der Armee anschloss, wohin ihr die Berichte ihrer Heldentaten vorausgeeilt waren, wurde sie empfangen, wie es der üblichen Gefühlslage entspricht. Einige Offiziere waren enttäuscht von ihren ruhigen Umgangsformen und davon, dass sie nicht das Auftreten und den Tonfall einer Bühnenheldin hatte. Sie meinten, sie könne nicht heldenhaft handeln, wenn sie keine Schnürstiefel trüge, und wussten nicht, dass solche Taten einfach ihrem Charakter entsprachen. Andere redeten von ihrer weiblichen Zartheit, rieten ihr, sich von Gefahren fernzuhalten, und hatten keine Ahnung von ihren Gefühlen, die ihr ein Fernbleiben unmöglich machten. Die sanfte Ironie ihrer Antwort an diese selbsternannten Lehrer (von denen sich kein einziger in Führung oder Denkvermögen als ihr ebenbürtig erwies) ist ebenso gut wie später ihre zornige Entgegnung für den General, dessen Verrat alles zugrunde richtete.

Doch obwohl sie die Mehrheit dieser Männer verwirrte und in Verlegenheit brachte, betrachteten die edleren sie mit einer ihr würdigen zärtlichen Begeisterung. »Ihr Name«, so ihr Biograf, »ist in ganz Europa bekannt. Ich zeichne ihren Charakter, damit sie ebenso weithin geliebt werde.«

Stolz zeigt er, dass sie von aller persönlichen Leidenschaft frei war, dass in ihrem geweihten Leben, obwohl sie ungewöhnlich zärtlich und sanft war, kein Raum für eine persönliche Liebe blieb. Sie inspirierte alle, die sie kannten, mit der schlichten Kraft ihres Selbstgefühls. Sie erkannten in ihr eine Frau, die dieser Bezeichnung würdig war: fähig zu süßer Leidenschaft, fähig zu strenger Tugend.

Es ist bemerkenswert, dass all diese Revolutionen, diese Freiheitskämpfe weibliche Vorkämpferinnen hervorgebracht haben, die dieselben Züge tragen, aber Emilia allein hat einen Biografen gefunden. Nur ein enger Freund konnte ihr diesen Dienst erweisen, denn die Blume wurde in weiblicher Abgeschiedenheit großgezogen, und die wenigen und schlichten Züge ihrer Geschichte, bevor sie auf dem Schlachtfeld erschien, konnten nur dem häuslichen Kreise bekannt sein. Ihr Biograf hat sie mit brüderlicher Hingabe zusammengetragen.

Nein! der Mann ist nicht freiwillig unfreigebig. Es verlangt ihn nach Glauben und Liebe, weil er selbst noch kein erhabenes Wesen ist. Er ruft mit spöttischer Skepsis: Gib uns ein Zeichen. Doch wenn das Zeichen erscheint, glänzen seine Augen, und er billigt es nicht nur, sondern erweist ihm seine Huldigung.

Seine strenge Natur lehrte ihn, das Glück des menschlichen Geschlechts sei durch die Schuld einer Frau verwirkt worden und der Mann schulde ihr nur so viel Achtung, wie es braucht, um sie auf die erste Nachfrage hin vor seinem Gott anzuklagen, seinem Gott, der sie dem Patriarchen zur Magd gab und sie mit dem mosaischen Gesetz wie eine Leibeigene an ihren Gehorsam band. Doch selbst diese strenge Natur begrüßte in feierlicher Verzückung jede große und heilige Frau als Heldin, Prophetin, ja als Richterin in Israel; und wenn sie Eva dazu brachten, auf die Schlange zu hören, übergaben sie Maria dem Heiligen Geist. In anderen Ländern ist es noch bis auf den heutigen Tag so. Der siegreichen Frau wurde der Triumph zuerkannt. Und es wurde nicht nur den Forderungen der Frauen entsprochen, die sich durch Stärke, Güte und Schönheit hervortaten, sondern auch denen der schlechten, solange sie standhaft und stark waren. In jedem Zeitalter behauptet eine Semiramis, eine Elisabeth von England, eine Katharina von Russland ihre Stellung, ob in einem großen oder kleinen Kreise.

Wie wurde stets auch nur ein wenig Witz, ein wenig Genie bei einer Frau gefeiert! Was für ein intellektueller Triumph wurde der einsamen Aspasia zuteil, und wie herzlich wurde er bewundert! Sie begegnete tatsächlich einem Perikles. Doch welcher Chronist, dieser rohste aller Männer, dieser plebejischste aller Gatten, wird in seinen Aufzeichnungen auch nur den geringsten Raum für eine der wenigen Anekdoten über römische Frauen erübrigen? – Sappho, Eloisa! Die Namen sind von fadenscheiniger Berühmtheit. Tatsächlich begegnete man ihnen zu ihrer Zeit ebenso unangemessen wie der Gräfin Kapitän Plater bei ihrem Eintritt in die Armee. Sie hatte Vieles zu beklagen, und ihre bemerkenswerten Denkanstöße fanden keinen gebührenden Raum. Sind aber genügend Zeit und Raum vorhanden, dann erscheinen ihre Verwandten auf der Bühne. Über die Zeitalter hinweg beugen sich Gestalten vor ihr und versuchen, den Saum ihrer sich zurückziehenden Gewänder zu berühren. Der Jüngling an meiner Seite wird der Dichtung der Sappho niemals überdrüssig. Er will nicht glauben, dass sie nicht an ihn selbst gerichtet ist oder dass der tatsächliche Adressat womöglich undankbar war. Ein hochangesehener Einsiedler widmet sich der Aufgabe, Eloisas Gedanken zu verstehen und zu erklären; er beteuert, sie sei ihrem Herrn an Seele und Genie weit überlegen gewesen; er verflucht das Schicksal, das ihn für ein anderes Zeitalter als das ihre bestimmt hatte. Er hätte sie verstehen können: Er wäre ihr ein Freund gewesen, wie es Abelard nie sein konnte. Und diese einzige Frau, die er hätte lieben und verehren können, lag, leider Gottes!, schon seit Hunderten von Jahren kalt in ihrem Grab. Sein Kummer ist wahrhaft mitleiderregend. Nichts ist so tragisch wie diese Erwiderungen, die zu spät kommen, um noch Freude zu bereiten, und dennoch glitzern die Tränen späterer Zeiten, wenn sie auf Tassos Gefängnisgitter fallen. Und wir wissen, wie tröstlich für den Gefangenen die Gewissheit ist, dass irgendwo jemand ist, der ihm Verständnis entgegenbringt. [...]

Vom alten Griechenland wird allgemein gesagt, dass die Frau dort eine sehr viel geringere Stellung innehatte als der Mann. Das ist kaum zu glauben, wenn man bedenkt, wie umfangreich und würdevoll dieses Thema in der Mythologie behandelt wird und welch ideale Gestalten die Dichter mit Kassandra, Iphigenie, Antigone, Makarie hervorgebracht haben – in einem Land, in dem sibyllinische Priesterinnen die Orakelsprüche des höchsten Gottes verkünden und in dem dieser höchste Gott nicht darauf verzichten will, mit einem Hofstaat von nicht weniger als neun Musen zu regieren. Sogar der Sieg wurde von einer Frau verkörpert.

Doch wie auch immer das tägliche Leben eingerichtet war, ich kann mich nicht über das Zeitalter und die Nation beklagen, die ihr Denken in ein solches Sinnbild fasst, wie ich es in diesem Augenblick vor mir sehe. Es ist ein Kreis von Büsten der Götter und Göttinnen, paarweise angeordnet. Der Kreis atmet die Musik einer himmlischen Ordnung. Männliche und weibliche Köpfe zeigen verschiedene Ausdrücke, sind einander aber gleich an Schönheit, Stärke und Gelassenheit. Jeder männliche Kopf ist der eines Bruders und eines Königs – jeder weibliche der einer Schwester und einer Königin. Könnte die so ausgedrückte Weltansicht nur gelebt werden, bliebe nichts mehr zu wünschen übrig. Es wäre ein Gleichklang in der Vielfalt, Geistesverwandtschaft in der Verschiedenheit.

Nähern wir uns unserer Zeit, finden wir die Offenbarungen in unserer Religion und Poesie nicht weniger wahrhaftig als jene. Der rohe Mann, der sich gerade von der Erde gelöst hat, dieser Adam, klagt die Frau bei seinem Gott an und zeichnet ihre Schande für ihre gemeinsame Nachkommenschaft auf. Er schämt sich nicht zu schreiben, dass ihn eine Unterlegene aus dem Himmel holen konnte, die, wie er sagt, nur aus einem kleinen Teil seiner selbst geschaffen wurde. In demselben Volk aber, das mit der Zeit dazulernte, unterrichtet durch eine Reihe von Propheten, hat die Frau eine so hohe Stellung wie nie zuvor. Nie wurde eine Gestalt inbrünstiger verehrt als die der Madonna. Heine nennt sie die *Dame du Comptoir* der katholischen Kirche, und sein Spott trifft die ernste Wahrheit gut.

Und dieses heilige und bedeutende Bild wurde nicht nur vom Pilger verehrt und vom Künstler zum Lieblingsmotiv erhoben, es hatte auch einen unmittelbaren Einfluss auf das Ergehen des weiblichen Geschlechts. Die Kaiserinnen, die das Kreuz umarmten, bekehrten Söhne und Ehemänner. Auf diese Eine lassen sich ganze Verzeichnisse weiblicher Heiliger und heroisch-ritterlicher Damen zurückführen, die dem innigst Geliebten das Glaubenssinnbild ans Herz legten und die Blüte ihrer Jugend in Trennung und Einsamkeit verschwendeten, um den vermeintlich religiösen Pflichten in unzähligen poetischen Varianten nachzukommen. Wie unvollkommen dieser Glaube in unseren Tagen auch gelebt werden mag und auch wenn er diesem Idealbild kaum näher kommt als der indische oder der griechische Glaube den ihren – kann die Erkenntnis vergeblich gewesen sein, dass die Frau nicht bloß ein Teil vom Manne ist, nicht bloß Bein von seinem Bein und Fleisch von seinem Fleisch, erschaffen, damit der Mann nicht einsam sei – dass vielmehr die Frauen selbst Besitzerinnen unsterblicher Seelen sind? Diese Wahrheit wurde zweifellos durch den Glauben gefestigt, dass der irdische Elternteil des Erlösers eine Frau war.

Die Himmelfahrt der Jungfrau, wie sie die erhabenen Künstler gemalt haben, Petrarcas Hymne an die Madonna können nicht gänzlich wirkungslos zur Welt gesprochen haben; dennoch wollten diejenigen, die Ohren hatten, oft nicht hören.

Betrachten wir den Einfluss dieses machtvollen Vorbilds auf die Nationen. In Spanien brauchen wir nur die Balladen zu lesen. Die Frau ist darin »sehr Frau«; sie ist die Verlobte, die Braut, die Gattin des Mannes; sie trägt nicht die Züge der Philosophin, der Heldin, der *savante*, aber sie wirkt bedeutend und vornehm. Warum? weil sie mit ihrer tiefen Hingabe zugleich die Verlobte des Himmels ist. Ihre himmelwärts gewandten Augen haben das Licht angezogen, das sie nun mit einem Strahlenkranz umgibt. Sehen wir uns nur die Ballade von *Lady Teresas Hochzeit* an.

Die Infantin, die dem Mohren zur Braut gegeben wird, ruft die Vergeltung des Himmels auf seine unheilige Leidenschaft herab und hält es für angemessen, den unfreiwilligen Schandfleck auf ihrer fürstlichen Jugend durch ein Leben im Kloster zu sühnen. Diese beständigen Ansprüche machten die irdische Liebe oder das Glück für die spanische Dame mehr zu einem Lohn, den man durch Mühen und Blut und ewige Reinheit erringt, als zu einem beweglichen Gut, das man zu Vergnügen und Gefallen erwerben kann.

Deutschland musste nicht *lernen*, die Frau wertzuschätzen; es war diesem Volk angeboren. Dem germanischen Krieger war die Frau Priesterin, Freundin, Schwester und wahrhaftig Ehefrau. Und die christlichen Steinfiguren adliger Ehepaare auf ihren Gräbern, die den Sinn der ganzen vergangenen Pilgerfahrt mit den zu gemeinsamem Gebet gefalteten Händen ausdrücken, können kein edleres Bild von Stellung und Macht der Frau vermitteln als die Zeit der Alten. Die heilige Liebe zu Christus, die sie dazu aufrief, »das gute Teil zu erwählen, das nicht von ihnen genommen werden soll«, veredelte und heiligte den angeborenen Glauben dieser Nation und zeigte so, dass es nicht allein der kriegerische Geist war, der die Latiner in dieser Hinsicht so barbarisch werden ließ.

Da aber die Deutschen so natürlich in diesem Gedanken lebten, wurden sie ihm umso mehr gerecht. In ihrer Literatur ist das Frauenbild erhabener und tiefgründiger als anderswo.

Ich werde als Beispiele drei Balladen anführen.

Eine berichtet von einem Ritter, der stets den Namen der Jungfrau auf den Lippen trug. Das schützte ihn sein Leben lang vor Sünde und anderen Gefahren, und als er starb, wuchs aus seinem Grab eine Pflanze, die so sanft das Ave-Maria flüsterte, dass niemand mit ungeläutertem Herzen an ihr vorübergehen konnte.

Die zweite erzählt die Legende vom berühmten Drachenfels. Eine Jungfrau, eine der ersten zum Christentum Bekehrten, wurde vom aufgebrachten Volk zu diesem furchtbaren Nest verschleppt und der »sagenumwobenen Drachenbrut« zum Fraß vorgeworfen. Sie wurde allein gelassen, war aber furchtlos, denn sie wusste, auf wen sie vertraute. Als die Drachen sich auf sie stürzten, zeigte sie ihnen ein Kruzifix, und sie kauerten ehrerbietig vor ihren Füßen nieder. Als am nächsten Tag das Volk kam und dieses Wunder sah, wandten sich alle dem Glauben zu, der die Niedrigen erhöht.

Die dritte Ballade, die mir in den Sinn kommt, ist eine andere Rheinlegende. Ein Jüngling sitzt mit seiner Geliebten am Ufer einer Insel, ihres Feenreiches, das damals von den blühenden, die Lauben umrankenden Weinstöcken durchduftet war. Sie sind glücklich, alles blüht mit ihnen, und das Leben verspricht ihnen seinen reichsten Wein. Ein Boot kommt mit der Flut herbei; es legt zu ihren Füßen an. Vielleicht bringt es eine freudige Botschaft, frischen Tau für ihre Blumen, frisches Licht auf den Wellen. Nein! es ist die gewöhnliche Probe für solch ein großes Glück. Der Vater des Grafen bricht zum Kreuzzug auf – wird sein Sohn ihm folgen oder zurückbleiben, um das Land zu regieren und die zu heiraten, die er liebt? Keiner der beiden Verlobten zögert einen Augenblick. »Ich muss mit meinem Vater ziehen.« »Du musst mit Deinem Vater ziehen.« Es war ein Gedanke, ein Wort. »Ich werde wieder hier sein«, sagte er, »wenn diese Blüten sich in purpurne Trauben verwandelt haben.« »So hoffe ich«, seufzte sie, während ihr prophetisches Gefühl verneinte.

Und sie wartete dort, und die Trauben reiften, und die Weinlese kam, und er kam nicht. So verging ein Jahr nach dem anderen ohne eine Botschaft, und doch wartete sie.

Er lag unterdessen in einem muselmanischen Gefängnis. Lange schmachtete er dort ohne Hoffnung, bis ihm schließlich in einer Vision sein Schutzheiliger erschien und ihm seine Befreiung verkündigte, allerdings unter der Bedingung, dass er in einen Mönchsorden eintrete, um dem Heiligen zu dienen.

Und so wurde er freigelassen, und man gewährte ihm eine sichere Heimreise. Und noch einmal setzt er die Segel auf dem Rhein. Die Jungfrau, die noch immer unter den Weinstöcken Ausschau hält, sieht endlich den Gegenstand ihrer duldenden Liebe herannahen. Herannahen, doch nicht das Ufer berühren, zu dem sie mit ausgebreiteten Armen stürzt. Er wagt nicht, an Land zu gehen, sondern erzählt ihr mit leisen, untröstlichen Worten vom Willen des Himmels und dass er, seinem Gelübde gehorchend, nun auf dem Weg zu einem Kloster am Flussufer sei, um dort den Rest seines irdischen Lebens im Dienste des Heiligtums zu verbringen. Und dann wendet er sein Boot und treibt fort von ihr und von der Hoffnung auf ein Glück in dieser Welt, getrieben aber, wie er glaubt, vom Himmelshauch.

Die Jungfrau steht bleich am Ufer, doch sie wagt nicht zu murren und kann nicht lange zögern. Auch sie heißt ihr Boot bereitmachen. Sie folgt ihrer verlorenen Liebe bis zur Klosterpforte, bittet um ein Gespräch mit dem Abt und weiht ihre elysische Insel, auf der die Reben für sie vergeblich die rubinroten Früchte reifen ließen, dem Kloster, dem ihr Geliebter dienen soll. Dann setzt sie über zum Nonnenkloster am anderen Ufer, nimmt den Schleier und trifft ihren Verlobten am Altar, für einen lebenslangen Bund, wenn auch nicht den, den beide sich früher erträumt hatten.

Ist das nicht eine traurige Geschichte von erhabener Schönheit? Zeugt sie nicht von einer ungemein hohen Vorstellung von der Frau, der Ehe? Das ist gemeinhin die ritterliche, mehr noch die deutsche Vorstellung.

Doch wo auch immer sich im menschlichen Geist Gefühl und Verstand die Waage hielten, stand ein solches Ergebnis fest. Der Grieche Xenophon hat nicht nur in seinem *Oikonomikos* ein süßes Bild der Hausfrau gezeichnet, sondern er hat mit der Panthea in der *Kyrupädie* auch ein Frauenbild erschaffen, das kein deutsches Bild übertreffen kann: ob sie nun einsam und still mit verschleiertem Antlitz auftritt, ein Tempel vestalischer Lieblichkeit, oder mit blitzenden Augen und im Wind flatterndem Haar den Helden anfeuert, für seinen Gott, sein Land oder wem auch immer er gerade verpflichtet sein mag, zu kämpfen. Dieses Bild werde ich Stück für Stück nachzeichnen. Doch Xenophon wuchs zur selben Zeit auf wie der Mann, der Iphigenie zu Achilles sagen lässt –

Mehr als tausend Weiber ist *ein* Mann des Sonnenlichtes wert.

Das war das allgemeine griechische Empfinden. Xenophon, der das männliche Ideal anstrebte, erhaschte auch flüchtige Blicke auf die ideale Frau. Von der Gestalt eines Cyrus stehen die Pantheas nicht weit entfernt. Sie tun es nicht in Gedanken; sie würden es im Leben nicht tun.

Ich könnte die Liste von Beispielen weit über die Geduld der Leser hinaus fortsetzen. Doch es ist genug vorgetragen worden, um zu zeigen, dass vom Idealbild der Frau, auch wenn es in diesem Punkt große Unterschiede zwischen den Kulturen und zwischen den Einzelnen in ihrer jeweiligen Kultur gab, doch immer ein Leuchten ausgegangen ist und dass es oft leidenschaftlich proklamiert wurde.

Liebe und Ehe

Das Idealbild von Liebe und Ehe wurde in allen christlichen Völkern, die ernster und tiefer Gefühle fähig waren, immer weiter überhöht. Zur Veranschaulichung der englischen Perspektive können wir diese Verse nehmen –

Nicht könnt' ich lieben dich so heiß,
Liebt ich nicht Ehre mehr.

Oder den Ausruf des Commonwealth-Mannes, den seine Ehefrau auf seinem Weg zum Schafott zum letzten Mal aus dem Fenster des Tower erblickte. Er richtete sich im Karren auf, schwenkte seinen Hut und rief: »Zum Himmel, meine Liebe, zum Himmel, und Dich zurücklassen im Sturm!«

Das war die Liebe zu Glauben und Ehre, die wie Colonel Hutchinsons Liebe »diesseits des Götzendienstes« endete, weil sie in sich selbst religiös war. Die Begegnung zweier solcher Seelen beschreibt John Donne als die Geburt einer »begabteren Seele«.

Lord Herbert schrieb an seine Geliebte –

Wär' unsre Seele unsterblich nicht gemacht,
Könnt' unsre Liebe sie dazu doch machen.

In Fords *Broken Heart* vermittelt Penthea, eine Figur, die ich noch mehr bewundere als die berühmte Calanthea, das schönste Bild davon, wie diese Beziehungen in ihrer reinsten Form sein sollten. Ihr Leben kann die Verletzung ihres reinsten Gefühls nicht überdauern.

Auch Shakespeare begriff, dass in der wahren Liebe wie beim Feuer der Moment der größten Hitze zugleich der Augenblick der größten Reinheit ist. Es ist ein wahrhaftig Liebender, den er in Todesqualen ausrufen lässt –

Ist diese falsch, so spottet sein der Himmel!

Der Sohn, der wie Hamlet die Aufrichtigkeit in allen schönen Beziehungen schätzt, sinkt in tiefe Melancholie, als er seine Erwartungen enttäuscht sieht. Er hat keine Mutter. Sie, der er diesen Namen gab, entehrt im Heiligtum seines Herzens das ganze Geschlecht:

Schwachheit, dein Nam' ist Weib.

Weil ein Hamlet wirklich Grund zu diesem Ausruf hatte, habe ich den Vers, dessen Schande nie verblasst ist, diesem Werk vorangestellt. Als Liebhaber aber hätte sich ein Hamlet gewiss nicht so geirrt, dass er bei dieser Meinung geblieben wäre. Er hätte dasselbe wie Othello empfunden, und bei seinem weniger leidenschaftlichen Wesen wäre dieser Glaube durch keine Verleumdung erschüttert worden.

In Spanien ist das Idealbild von Liebe und Ehe von einer Erhabenheit umgeben, die zum düsteren und leidenschaftlichen Charakter dieser Nation gehört. Calderons Justina widersteht allen teuflischen

Versuchungen und erhebt sich mit ihrem Geliebten über die süßen Verlockungen irdischen Glücks. Ihr Ehebund wird auf dem Scheiterhaufen geschlossen, ihre Seelen werden durch die Flamme des Martyriums in einen »reineren Empfindungs- und Daseinszustand« erhoben.

In das Leben der Italiener haben die großen Dichter eine höchst anspruchsvolle, idealische Liebe eingewoben. Sie umfasste die geistige und die zärtliche Liebe, eine Liebe von Geist zu Geist. Sie war weder enthaltsam noch übermenschlich, sondern verlieh dem gewöhnlichen Leben, dem Alltag eine eigene Schönheit. Der Dichter beschrieb seine Geliebte nicht als Blume, die er an seiner Brust barg oder achtlos in der Hand hielt, sondern als Licht, das nur mit Flügeln zu erreichen ist, oder als eine »Leiter zum Himmel«. Es gefiel ihm, von ihr nicht nur als seiner Herzensbraut, sondern auch als seiner Seelenmutter zu sprechen, denn er verstand, dass ihre zartere Gestalt und ihr stilles Leben sie empfänglicher für geistige Eingebungen machten als den Mann. So sah er sie nicht an als ein Wesen irgendwo zwischen sich selbst und der Erde, bestimmt zur Befriedigung seiner irdischen Bedürfnisse; er erblickte sie vielmehr zwischen sich selbst und dem Himmel, seine Gefühle zu läutern und ihn durch die Liebe zur Weisheit zu führen. Er suchte in ihr weniger die Eva als die Madonna.

Das Idealbild, das durch alle Ritterlegenden schimmert, hier erstrahlt es im hellsten geistigen Glanz, und die Welt verehrt es, obwohl sie in der praktischen Ausübung noch unendlich weit entfernt davon ist, so weit, dass zwischen beiden ein tödlicher Abgrund liegt.

Selbst bei diesen Männern unterschied sich die Praxis oft erheblich von ihrer geistigen Überzeugung. Ich sage geistig, denn wäre das Herz ganz und gar davon erfüllt, könnte die Praxis nicht anders ausfallen. Lord Herbert wurde mit fünfzehn Jahren in eine Vernunftehe gegeben; er war damit nicht unzufrieden, sondern sah nur auf den Vorzug, dass er mit dem großen Vermögen seiner Frau seine Familie erhalten konnte. Er schenkte dem Ehebund eine pflichtbewusste Aufmerksamkeit, mit den Gedanken war er anderswo; und während er das erhabene Idealbild einer ehelichen Geistesgemeinschaft entwarf, zweifelte er anscheinend nie daran, dass es erst in einem anderen Daseinszustand zu verwirklichen wäre. Dante heiratete fast unmittelbar nach Beatricens Tod eine Dame, die seine Freunde für ihn ausgewählt hatten, und Boccaccio beschreibt das Elend dieses Falles –

Formaler Bund, wo keine Bindung ist,

als sei solches Elend in einer häuslichen Verbindung unvermeidlich und als könne namentlich der Gelehrte und Dichter von einer Ehefrau nichts erwarten als Elend und Beschränkung.

Seitdem sind Jahrhunderte vergangen, aber wenn es um die Ehe geht, befindet sich das zivilisierte Europa sowohl praktisch als auch geistig noch immer in einem Übergangszustand. Es ist unlauter, mit Verachtung von den Ländern zu sprechen, in denen Polygamie oder Serails allgemein üblich sind, wenn jede Stadt und jedes Dorf von weitaus entwürdigenderen Sitten heimgesucht, ja überschwemmt wird. Und abgesehen davon, dass die Vereinigung zweier Menschen als die einzig gültige Form der Ehe angesehen wird, ist sich die große Mehrheit noch immer darüber im Unklaren, ob dieser irdische Bund ein Seelenbund sein muss oder bloß ein zweckmäßiger und nutzbringender Vertrag. Hätte die Frau die Rechte eines unsterblichen Wesens, wäre dieser Missstand nicht möglich. Ihr Vater könnte sie dann nicht einfach weggeben wie in manchen Ländern und dabei kaum mehr Rücksicht auf ihre Gefühle nehmen als ein Indianerhäuptling, der seine Tochter gegen ein Pferd eintauscht und sie prügelt, wenn sie aus ihrem neuen Zuhause wegläuft. Könnte die Frau frei wählen, würde sie auch nicht von der herrschenden Meinung irregeleitet, dass sie heiraten *müsse*, und sei es nur, um einen Beschützer und ein Heim zu finden.

Und auch der Mann ginge die Verbindung nicht so leichtfertig ein, wenn er von ihrer bleibenden Bedeutung überzeugt wäre. Er hielte es nicht für eine Kleinigkeit, mit einer anderen Seele in die engste Beziehung zu treten; denn mag auch die Beziehung selbst nicht ewig sein, so muss sie doch seine Entwicklung auf ewig beeinflussen.

Glaubte er daran, dass die Frau fähig zur Freundschaft sei, würde er auch nicht unbesonnen und übereilt die Gelegenheit verspielen, einen Freund in dem Menschen zu finden, der vielleicht ein halbes Jahrhundert an seiner Seite leben wird. Reichte die Liebe in seinen Augen bis in die Unendlichkeit, würde er ihre Offenbarungen nicht entbehren wollen, damit er sich umso früher am hellen Kaminfeuer von seiner Müdigkeit erholen und einer süßen und anmutigen Dienerin gewiss sein könnte, die »ihm allein ergeben ist«. Stünde er auf einer höheren Stufe als jetzt, ginge er nicht leichtfertig eine Beziehung ein, wenn er nicht in der Lage wäre, die Pflichten eines Freundes und Beschützers zu erfüllen und ein Wesen in seiner Macht zu haben, das sich nach Mitgefühl, Verständnis und Unterstützung sehnt, die er doch nicht geben kann.

Was für eine tiefe Verbundenheit, welchen wirklichen Austausch bedeuten die geteilten Freuden und Sorgen der Elternschaft, wenn eine gewisse Ebenbürtigkeit zwischen den Elternteilen zugelassen wird! In den meisten Fällen aber betrachtet der Mann seine Ehefrau als Adoptivkind und ihren eigenen Kindern gegenüber mehr als Amme oder Gouvernante denn als Elternteil. Sie hat sicher Einfluss auf die Kinder, doch da sie so behandelt wird, fehlt ihr die Bildung, die diesen Einfluss erst fruchtbar machen könnte. Es ist ein Naturgesetz, dass Kinder die moralische und geistige Ausbildung der Eltern vervollständigen: Sie bringen die Eltern zum Nachdenken darüber, was für die Bildung des Menschen notwendig ist, und lassen sie dann alle Fehler und hinderlichen Regungen überwinden, um diese Bildung an geliebte Wesen weiterzugeben, die für sie die Welt bedeuten. Vater und Mutter sollten sich gegenseitig darin unterstützen, zu lernen, was zu diesem erhabenen Priestertum der Natur notwendig ist. Aber das verlangt eine religiöse Anerkennung ihrer Gleichheit.

Wo sich dieser Gleichheitsgedanke zu verbreiten beginnt, zeigt er sich auf vier Arten.

Die Haushaltsgemeinschaft. In unserem Land sucht die Frau einen »klugen, aber freundlichen« Ehemann, der Mann eine »tüchtige, sanftmütige« Ehefrau.

Der Mann richtet das Haus ein, die Frau hält es in Ordnung. Ihre Beziehung ist geprägt von gegenseitiger Achtung, gegenseitiger Abhängigkeit. Ihre Gespräche sind geschäftlicher Art, ihre Zuneigung zeigt sich in praktischer Freundlichkeit. Sie wissen, dass das Leben mithilfe des anderen reibungsloser und froher verläuft; sie sind dankbar und zufrieden. Die Ehefrau preist ihren Ehemann als »guten Ernährer«, der Ehemann lobt sie im Gegenzug als »großartige Haushälterin«. Diese Beziehung ist gut, soweit sie reicht.

Die *zweite Art* ist eine engere Bindung, die in zwei Varianten auftritt: als gegenseitige Vergötterung oder als geistige Kameradschaft. Die erstere ist, wie wir annehmen, für niemanden ein erfreulicher Anblick. Die beiden Beteiligten schwächen einander und engen sich gegenseitig ein; sie verriegeln die Tür vor allen Herrlichkeiten des Universums, damit sie zu zweit in ihrer Zelle leben können. Sie erscheinen einander als die einzig weisen Menschen; für alle anderen sind sie in Verliebtheit versunken; die Götter lächeln, während sie der heilenden Krise entgegensehen; den Männern erscheint die Frau dann als reizlose Sirene, den Frauen der Mann als verweichlichter Knabe.

Die andere Variante, die geistige Kameradschaft, hat sich immer weiter verbreitet. Männer des öffentlichen Lebens, Literaten und Künstler, haben in ihren Ehefrauen oft mitdenkende und mitempfindende Gefährtinnen und Vertraute gefunden. Und da die Frau immer häufiger auch intellektuell gebildet ist, teilen sie nicht selten dieselbe Beschäftigung. Wie im Fall Rolands und seiner Ehefrau, die im Haushalt und im Nationalkonvent Gefährten waren, die gemeinsam lasen, die häuslichen Angelegenheiten regelten oder öffentliche Dokumente vorbereiteten.

Es ist sehr erfreulich, in den von Roland begonnenen und von seiner Ehefrau beendeten Briefen zu sehen, wie ihre Ansichten harmonieren und ihre Wesensart sich voneinander unterscheidet – ein gemeinsamer Gedanke, aber verschiedene Arten, ihn zu behandeln.

Das ist eines der schönsten Beispiele für eine Ehe in Freundschaft. Es war allein Freundschaft, auf Grundlage gegenseitiger Achtung; wahrscheinlich kannte keiner der beiden die Liebe, außer dem Namen nach.

Roland war ein guter Mann, der es verdiente, jemanden wertzuschätzen und selbst wertgeschätzt zu werden; seine Ehefrau verdiente dieselbe Bewunderung, auf die sie aber auch verzichten konnte. Madame Roland ist das schönste Exemplar, das wir bis jetzt von ihrer Gattung kennen; sie hat ihr Ziel so deutlich vor Augen, verfolgt es so beherzt wie Spensers Britomart; sie grenzt sich streng von allem ab, was nichts mit ihr als Frau oder geistigem Wesen zu tun hat. Sie ist das Urbild einer Gattung, der die kommende Zeit den Weg bereiten wird, die spartanische Matrone, deren geistiges Bewusstsein durch die Kultur des Buchzeitalters zum Wachsen gebracht wird.

Selbstgenügsamkeit, Stärke und Scharfsicht verbanden sich in ihr mit der Kraft einer tiefen und ruhigen Zuneigung. Auch sie hätte ihrem Sohn oder Ehemann die Devise auf seinen Schild schreiben können: »Kehr damit oder darauf zurück«, und zwar nicht weil ihre Liebe zu gering, sondern weil sie so stark war. Diese Seite ihres Lebens ist von makelloser Würde.

Ihr *Appell an die Nachwelt* richtet sich gegen die Ungerechtigkeiten und Verbrechen, die im Namen der Freiheit begangen wurden. Sie spricht darin für sich selbst und ihren Ehemann. Ich würde daneben ein kleines Bändchen ins Regal stellen, das einen ähnlichen Appell an die Menschheit enthält, verfasst von Godwin für seine Ehefrau, die berühmte, von den meisten Männern so verabscheute Mary Wollstonecraft. Seiner Ansicht nach war es ein Appell gegen die Ungerechtigkeiten, die im Namen der Tugend begangen wurden.

Wäre dieses kleine Buch aus keinem anderen Grund interessant, so doch jedenfalls wegen der großherzigen Zuneigung, die hier unter besonderen Umständen zum Ausdruck kommt. Dieser Mann hatte den Mut, diese Frau zu lieben und zu ehren, obwohl sie von aller Welt verurteilt wurde und einiges in ihrer Vergangenheit abstoßend war. Er glaubte, ihre Seele erkannt zu haben und dass es edle Ideen waren, denen gemäß sie zu leben versuchte, auch wenn sie ihre Ansichten nicht sorgfältig überdacht haben konnte. Er liebte sie und verteidigte sie. Das war eine gute Tat.

Mary Wollstonecraft war wie in unserer Zeit Madame Dudevant (besser bekannt als George Sand) eine Frau, deren bloße Existenz deutlicher als all ihre Werke bewies, dass die Frauenrechte neu gedacht werden müssen. Solche genialen, zärtlich mitfühlenden, tugendsamen und harmoniebedürftigen Wesen sollten nicht von Geburt an so eingeengt werden, dass sie zu Geächteten werden, sobald sie die vorgegebenen Grenzen überschreiten. Hätten sie in der Welt so viel Raum wie Britomart in Spensers Gedicht, würden sie nicht so wild mit dem Kopf gegen die Wände rennen, sondern wüssten ihren Schutz zu schätzen. Endlich finden sie ihren Weg zu Luft und Licht, doch die Welt wird das Brandmal nicht entfernen, das sie ihnen aufgedrückt hat. In Godwin fand die Verfechterin der Frauenrechte jemanden, der diesen Fall wie ein Bruder vertrat. Er, der in Marguerite die weibliche Gestalt mit so reinen Zügen malte, dass sich der schwache St. Leon ihrer niemals als würdig erweisen konnte – eine Perle, kostbarer als jeder Rubin –, blieb sein Leben lang dem Glauben treu, der seine Liebe geheiligt hatte. Er handelte so, wie er schrieb, wie ein Bruder. Ein solcher Appell berührt gewöhnlich selbst den verächtlichsten Menschen. »Verhältst Du Dich anderen Frauen gegenüber so, wie Du wünschst, dass sich die Männer Deiner Schwester gegenüber verhalten?« George Sand raucht, trägt Männerkleider, möchte als »mon frère« angesprochen werden, – wenn sie diejenigen findet, die ihr wie Brüder sind, kümmert sie sich vielleicht nicht einmal darum, ob sie selbst Bruder oder Schwester ist.*

* Seit ich das geschrieben habe, habe ich mit großer Freude die folgenden Sonette gelesen, die eine Frau an George Sand richtete, eine Frau mit genau den Eigenschaften, die der Autorin von Simon und Indiana fehlen. Eine

Wir sehen mit Freude, dass sie, die in den meisten ihrer Werke eine so schmerzliche Menschenverachtung zum Ausdruck bringt, die wohl

solche Frau, mit so makellosem Charakter, so hehrem Ziel und so reiner Seele, musste sich an George Sand wenden, die eine so edle, aber von Irrtümern getrübte Natur hat und stets gegen die Umstände aufbegehrt. Frauen wie sie können George Sand Gerechtigkeit widerfahren lassen. Sie scheuen sich nicht davor, auch unter denen, die *nicht* »für immer in Anstand gelebt haben«, nach Tugend zu suchen und auf Eingebungen einzugehen. Es ist ein Quell von Stolz und Freude, diese Anrede aus dem Herzen von Elizabeth Barrett zu lesen.

AN GEORGE SAND.
EIN VERLANGEN.
Du großgeistige Frau und großherziger Mann,
Selbsternannte George Sand! deren Seele zwischen den Löwen
Deiner stürmischen Gefühle trotzig aufbegehrt
Und mit Gebrüll antwortet auf Gebrüll, wie ein Geist es kann:
Ich wünschte, ein weicher wunderbarer Donner rollte
Über den beklatschten Zirkus hin und
Deiner eigenen edleren Kraft und Wissen
Entwüchsen zwei Flügel, schwanenweiß,
Den starken Schultern, um alle zu verwundern
Mit heiligerem Licht! dass Du dem Anspruch
Von Frau und Mann die Engelsgnade
Eines reinen geweihten Geistes beigeselltest,
Bis Kind und Jungfrau sich in Deine Arme drängten,
Auf Deine Lippen makellosen Ruhm zu küssen.

AN DIESELBE.
EINE ANERKENNUNG.
Wahres Genie Du, aber wahres Weib! verleugnest
Deine weibliche Natur mit männlicher Verachtung
Und machst Dich los von Armreifen und Schmuck,
Die schwächere Frauen tragen in Gefangenschaft?
Ach, eitle Verleugnung! diesen empörten Schrei
Stößt eine trostlose Frauenstimme aus: –
Dein Frauenhaar, oh meine Schwester, ungeschoren,
Wallt mit zerzauster Kraft in Folterqualen,
Entkräftet Deinen Männernamen, und während
Du hier vor der Welt in einem Dichterfeuer brennst,
Sehen wir Dein Frauenherz doch immer stärker
In der großen Flamme schlagen. Schlage reiner, Herz, und höher,
Bis Gott Dir Dein Geschlecht ganz nimmt an jenem Geistesufer,
Zu dem allein geschlechtslos, rein man strebt.

Eugène Delacroix: George Sand

großes Unrecht erfahren haben muss, in *La Roche Mauprat* einen Mann schildert, den die Liebe aus den Tiefen wilder Sinnlichkeit zu einem sittlichen und intellektuellen Leben erhebt. Es ist die Liebe zu einem reinen Wesen, einer beständigen Frau, einer von denen, die, wie der Italiener sagte, die Leiter zum Himmel erklimmen könnten.

Diese Autorin, die wie so viele andere mit einem Angriff auf falsche Konventionen und äußere Missstände beginnt, erkennt schließlich, dass das einzig wirksame Gegenmittel vom Einzelnen ausgehen muss. Diese falschen Konventionen, das muss man immer wieder sagen, hindern gute Menschen an ihrer Entwicklung, deshalb müssen wir sie abschaffen. Einverstanden, aber behaltet stets das höhere Ziel im Auge. Es nützt nichts, alle schlechten gesellschaftlichen Umgangsformen zu beseitigen, wenn nicht der einzelne Mensch zu diesen Verbesserungen bereit ist. Es muss eine parallele Entwicklung in beiden Lebensbereichen geben. Und alle Gebote, die Mose hinterließ, haben das bessere Leben weniger gefördert als das lebendige Vorbild des einen Messias.

Und dennoch, dennoch ringt der Geist des Zeitalters auf verworrene Weise mit diesen Problemen, weil er bis jetzt das ihm unerträgliche Übel schärfer wahrnimmt als das Gute, durch das er es ersetzen könnte. Aber Frauen wie Sand werden nun das Wort ergreifen und lassen sich nicht mehr zum Schweigen bringen; ihre Persönlichkeit und ihre Beredsamkeit verkünden eine Epoche, in der Menschen wie sie leichter ein aufrichtiges Leben führen können. Doch auch wenn sie diese neue Epoche nun verkünden, werden sie sie nicht selbst einläuten. Wenn sie die Welt verbessern wollen, dürfen sie nicht in der Hitze wilder Leidenschaft sprechen; ihr Leben muss unbefleckt bleiben von heißblütigen Irrtümern, sie müssen sich selbst ein strenger Gesetzgeber sein. Sie müssen fromme Schülerinnen der göttlichen Bestimmung des Menschen sein, wollen sie nicht die Launen eines Tages mit dem Verlangen nach den ewigen Gütern verwechseln. Ihre Freiheit muss auf Recht und Wissen gründen. Was die Sittenverstöße angeht, die einem solchen Aufschrei gegen Menschen voll edler Absichten folgen, so sollte man bedenken: Eloisas Entschluss, lediglich

Dieses letzte Sonett scheint sie geschrieben zu haben, nachdem sie das Bildnis von Sand gesehen hatte, das diese in Männerkleidung zeigt, aber mit langem gelöstem Haar und einem Blick, dessen trauriges Feuer selbst noch auf den Karikaturen beeindruckt.

Abelards Geliebte zu bleiben, war der Entschluss einer Frau, die in ihrer Umgebung den Ehevertrag als Siegel der Erniedrigung erblicken musste. Shelley fürchtete die Fesseln nicht, sofern sie keine Unaufrichtigkeit bedeuteten. Wo auch immer sie missbraucht werden, werden die Ängstlichen leiden, die Mutigen aufbegehren. Aber die Gesellschaft hat das Recht, sie zu ächten, bis die Gesetze geändert werden, und jemand, der mit Autorität, nicht aber in Zorn oder Hitze spricht, muss sie lehren, die Gesetze zu überarbeiten.

Wenn es ein Zeichen der neuen Epoche ist, dass Godwin die verleumdete Autorin der *Rechte der Frau* zu seiner respektablen Ehefrau machte, dann gilt das nicht minder für den Artikel, auf den ich bereits angespielt habe und der vor fünf oder sechs Jahren in einer englischen Zeitschrift veröffentlicht wurde. Der Verfasser lässt Eloisa darin vollkommene Gerechtigkeit widerfahren und bringt sein bitteres Bedauern darüber zum Ausdruck, dass sie nicht mehr lebt, um ihn zu lieben, ihn, der ihre Liebe besser zu schätzen wüsste als der selbstsüchtige Abelard.

Diese Ehen, diese Charaktere mit all ihren Unvollkommenheiten zeugen von Fortschrittlichkeit. Sie sprechen von emporstrebenden Seelen, von einem kraftvollen Geist auf der Suche nach Klarheit und Freiheit. Ähnlich vielversprechend sind die Traktate, die Goodwyn Barmby (der europäische Paria, wie er selber sich nennt) und seine Ehefrau Catherine unlängst veröffentlichten. Was auch immer wir von ihren Ansichten halten mögen, wir sehen sie in einer Ehe verbunden durch den einzigen Vertrag, der dauerhaft durch einen gemeinsamen Glauben und ein gemeinsames Ziel begründet ist.

Wir könnten auch Beispiele aus unserer Nähe nennen, Menschen, die als gleichberechtigte Gefährten in Arbeit und Leben öffentliche und persönliche Interessen teilen und nicht wie die letztgenannten Anstoß erregen: Menschen, die zielsicher geradeaus steuern und dabei in unserem verhältnismäßig freien Leben nicht gezwungen waren, mit dem Kopf gegen die Wand zu rennen. Ihre Grundsätze aber hätten sie unter verhärteten und bedrückenden Umständen kämpferisch werden lassen, und in gewissem Sinne zu Parias. Jeder Fall unterscheidet sich von den anderen, das Gesetz aber ist in allen Fällen dasselbe. Männer und Frauen waren gezwungen, ihr Haus von Grund auf neu zu errichten. Wenn sie im Steinbruch fertige Steine vorfanden, nahmen sie sie friedlich mit, andernfalls schreckten sie das Land auf, indem sie alte Türme einrissen, um an Baumaterial zu gelangen.

All das sind Beispiele für die Ehe als geistige Kameradschaft. Die beiden Beteiligten begegnen sich auf geistiger Ebene, und es entsteht ein gegenseitiges Vertrauen, das sie vor aller Unbill schützt. Sie arbeiten zusammen für ein gemeinsames Ziel, und in allen genannten Fällen tun sie das mit demselben Werkzeug, der Feder. Die Feder und das Schreibpult bilden ebenso selbstverständlich die Ausstattung für den Rückzugsort der Frau wie für den des Mannes.

Ein erfreuliches Beispiel dafür ist auch die Vereinigung der Howitts. Jahrelang hörten wir die Namen William und Mary Howitt zusammen nennen und hielten sie für Bruder und Schwester; auch so war ihre Ebenbürtigkeit in Arbeit und Ansehen vielversprechend – umso mehr jetzt, da wir sie als Mann und Frau erkennen. In seinen letzten Werken über Deutschland nennt Howitt seine Ehefrau mit Stolz eine der angesehensten Engländerinnen, und er tut das auf eine anmutige, schlichte Weise.

Unsere Freude wird allerdings getrübt durch die abgeschmackte Erscheinung, die in neuester Zeit das Bild der reinen und sanften Quäkerdichterin verdrängt hat, das wir in ihren Schriften schätzten. Die Überraschung war ebenso schmerzhaft wie die der kleinen Sentimentalistin in der Erzählung *L'Amie Inconnue*, wenn sie ihre poetische Korrespondentin, die »angebetete Araminta«, dabei ertappt, wie sie ihre Dienerschaft auf Walisisch schilt und gerösteten Käse und Knoblauch isst. Dennoch können wir die literarische Partnerschaft und die Zuneigung der Howitts nicht vergessen und das, was sie in Geistesverwandtschaft erstrebten und hervorbrachten, die Spaziergänge, bei denen das Ehepaar zeigte, dass die Ehe auf einer ausreichend breiten Grundlage die »unerschöpfliche« Unterhaltung nicht zerstört, die der liebende Mensch in der Gesellschaft des anderen findet.

Mit all diesen Beispielen will ich nicht andeuten, dass eine Arbeitsgemeinschaft für die Verbindung von Ehemann und Ehefrau unerlässlich wäre, vielleicht mehr als für die Verbindung von Freunden. Gegensätze können ebenso wie Ähnlichkeiten harmonieren, wenn nur derselbe Grundton erklingt. Die Frau das Gedicht, der Mann der Dichter! Die Frau das Herz, der Mann das Haupt! Solche Einteilungen bedeuten nur dann etwas, wenn sie nicht überwunden werden können. Es genügt, wenn die Natur nicht eingeengt und die Stimme der Inspiration nicht unterdrückt wird. Frauen sollten schreiben und sprechen, wenn ihnen danach ist, wenn sie etwas zu erzählen haben; das jahrhundertelange Schweigen wäre nur zu ertragen, wenn es auf einem göttlichen Gebot beruhte und nicht auf menschlicher Tradition.

Während Götz von Berlichingen in die Schlacht reitet, ist seine Ehefrau in der Küche beschäftigt; aber die Verschiedenheit der Tätigkeiten hindert nicht die innige Gemeinschaft, die vollkommene Hochachtung, mit der er sagt –

Wen Gott lieb hat, dem geb er so eine Frau.

So widmet Manzoni seinen *Adelchi*:

> Seiner geliebten und geehrten Ehefrau, Enrichetta Luigia Blondel, welche, in ehelicher Zuneigung und mütterlicher Weisheit, einen jungfräulichen Geist bewahrt hat, widmet der Autor diesen *Adelchi*, betrübt, dass er den teuren Namen und die Erinnerung an so viele Tugenden nicht mit einem prächtigeren und dauerhafteren Denkmale ehren kann.

Das Verhältnis könnte nicht schöner oder ebenbürtiger sein, wenn auch sie Gedichte geschrieben hätte. Aber die Stellung der beiden hätte auch umgekehrt sein können: Die Frau hätte die Taten des Mannes besingen, sein Leben in Worte kleiden können, und es hätte dieselbe Schönheit ergeben wie auf den Bildern von Arkadien, wo die Nymphe für die Hirten singt oder der Hirte mit seiner Pfeife die Nymphen anlockt; beide Motive ergeben ein gutes Bild. Es erfordert keine Muskelkraft, die Leier zum Klingen zu bringen, nur Seelenstärke, die die Hand belebt. Die Natur scheint sich daran zu erfreuen, die Anordnungen zu verändern, als wolle sie zeigen, dass sie an keine Regel gebunden ist und wir dieselbe Mannigfaltigkeit zulassen müssen wie sie.

Die *vierte und höchste Stufe* ist die fromme eheliche Verbindung, die einer Pilgerfahrt zu einem gemeinsamen Heiligtum gleicht. Sie schließt die anderen Varianten ein: die häusliche Anteilnahme und die häusliche Weisheit, denn diese Pilger müssen wissen, wie sie einander auf dem staubigen Weg beistehen können, und die geistige Gemeinschaft, denn wie traurig wäre es, auf einer solchen Reise einen Gefährten zu haben, dem man seine Gedanken und Hoffnungen nicht mitteilen könnte – wer bliebe kalt für die Ausblicke, die sich immer herrlicher eröffnen, je weiter wir voranschreiten, wer wollte nicht gern die Blumen sehen, die der fleißigste Reisende sammelt? Die Verbindung muss all das umfassen.

Weibliche Autorschaft, Ausbildung und Autonomie

Ein weiteres Zeichen der Zeit ist der Triumph weiblicher Autorschaft. Es sind bedeutende Triumphe, und ihre Zahl nimmt ständig zu. Die Frauen haben so viele Gebiete erobert, für die die Männer sie für unfähig erachteten, dass – auch wenn die Männer noch immer einige als unerreichbar für Frauen erklären – schwer zu sagen ist, *wo* sie aufhören müssen.

Die leuchtenden Namen berühmter Frauen haben den Weg des weiblichen Geschlechts erhellt, und viele Hindernisse wurden schon beseitigt. Wenn eine Montagu mehr lernte als ihr Bruder und ihre Kenntnisse später als Beobachterin nutzte, dann schien es verkehrt, Frauen daran zu hindern, ihre Beobachtungsgabe zu schulen oder später so viel wie möglich zu beobachten. Seit Somerville so viel erreicht hat – wird man ein junges Mädchen davon abhalten, sich mit der Physik zu befassen, wenn sie es wünscht? De Staëls Name war nicht ganz ohne Anstoß; sie konnte, während sie nachdachte, nicht ihr Frausein vergessen, und während ihr Geist andere Geister ausbildete, wollte sie als Frau bewundert werden; oft trübten empfindsame Tränen ihren Adlerblick. Auch war ihr salonmäßig glänzender und mit Schmeicheleien gefütterter Verstand etwas anrüchig und brüchig; aber für die kleinen zerlumpten Mädchen, die sich auf den Holzbänken zusammenscharen, erhellt und wärmt er das düsterste Schulhaus Neuenglands. Vielleicht werden sie den Namen De Staël nie in ihrem Leben hören, aber darum ist sie doch nicht weniger ihre Wohltäterin.

Ihr Einfluss war groß, und der Schulunterricht für Mädchen muss nun entschieden so gestaltet werden, dass sich ihnen die gleichen Wege eröffnen wie den Knaben. Bislang werden diese Einrichtungen allerdings mit wenig Urteilsvermögen oder Überlegungen bedacht. Gerade so wie die Lehrer Lady Jane Grey und anderen ausgezeichneten Frauen ihrer Zeit nichts als Latein und Griechisch beibrachten, weil sie selbst nichts anderes wussten, so soll nun die Ausbildung der Mädchen dadurch verbessert werden, dass man sie von jungen Männern unterrichten lässt, die nichts weitergeben als ihr eigenes Schulwissen – Lehrmethoden und Unterrichtsgegenstände müssen aber für diese neuen Schülerinnen überarbeitet werden, und das sollten besser diejenigen tun, die unter denselben Mängeln gelitten haben. Häufig werden solche Einrichtungen von Frauen geleitet; es sind bisher jedoch nur selten denkfähige Frauen, die auch in der Lage sind, eine zeitgemäße neue

Ordnung aufzustellen und für die einzelnen Ämter geeignete Personen auszuwählen. Und sollte auch ein Teil des Schulunterrichts gut sein, so widerspricht ihm der weitaus größere, von den öffentlichen Meinungen geprägte Teil. Immerhin sind die Beschäftigung mit Büchern und ein wenig Elementarunterricht nie umsonst. Frauen werden sich so eher bewusst, wie groß und reich das Universum ist, und lassen sich nicht mehr so leicht von beschränkten oder einseitigen Sichtweisen in ihrer Umgebung blenden. »Ihre Mutter hat vor ihr ebenso gehandelt«, ist keine hinreichende Entschuldigung mehr. Tatsächlich galt dieser Satz nie als Entschuldigung gegenüber dem Tadel, sondern bloß als Begründung dafür, dass man sich nicht um Verbesserungen bemühen müsse.

Es ist gleichgültig, ob viel oder wenig getan wurde oder getan wird, ob die Frauen einen Beitrag zur Erzählkunst, zur Naturwissenschaft leisten, ob sie Marmor meißeln oder zeichnen und malen. Wichtig aber ist anzuerkennen, dass sie einen Verstand besitzen, der sich entwickeln muss, dass man sie nicht einfach für schon vollendet halten darf und für Wesen, die allein in Zuneigung und Gewohnheiten leben.

Aber selbst diese Anerkennung, die mehr von der Frau errungen als ihr vom Mann dargebracht wurde, ist besudelt vom gewöhnlichen Eigennutz. Es wird viel davon gesprochen, dass Frauen gründlicher ausgebildet werden sollten, um bessere Mütter und Gefährtinnen *für die Männer* zu werden. Sie sollten zu einer solchen Gemeinschaft befähigt sein, und wir haben mit Genugtuung Beispiele dafür angeführt. Es gibt keine schönere, heiligere Beziehung auf der Welt als die einer Mutter zu ihrem Kind. Wird sie richtig verstanden, muss sie die höchsten Talente fördern und fordern. Doch ein Wesen mit unbegrenzten Möglichkeiten darf nicht behandelt werden, als sei es nur für eine einzige Beziehung geschaffen. Lasst der Seele freien Lauf, lasst Körper und Geist sich frei entfalten, und das Wesen wird zu jeder Beziehung fähig sein, zu der es berufen sein mag. Der Verstand der Frau soll ebenso wenig wie ihr Gehörsinn nur ausgebildet werden, damit sie dem Mann eine wertvollere Gefährtin sei, sondern weil er ihr von einer höheren Macht verliehen wurde und weil schon sein bloßes Vorhandensein verlangt, dass er bis zur Vollkommenheit ausgebildet werde.

Mit Blick auf Selbstständigkeit und ein schlichteres erfülltes Dasein begrüßen wir ausdrücklich das Anwachsen einer Gruppe, deren Angehörige man verächtlich alte Jungfern nennt.

Die Abneigung, mit der alte Junggesellen und alte Jungfern angesehen wurden, ist nicht verwunderlich. Die Hochzeit ist der natürliche Weg, einen eigenen Wirkungskreis zu gründen und Wurzeln zu schlagen; es erfordert mehr Kraft, das auch ohne einen solchen Anlass zu tun; sehr viele Frauen sind daran gescheitert, und ihre Unvollkommenheiten waren allen im Weg. Sie waren parteiischer, mürrischer, aufdringlicher und unverschämter als diejenigen, die durch stärkere Widerstände gezwungen waren, umgänglicher zu werden. Es gibt ein verbreitetes Misstrauen dagegen, dass sie wirklich menschlich und menschenfreundlich sein können, wie es in dem Sprichwort anklingt: »Die Kinder von alten Jungfern und Junggesellen sind gut versorgt«, das zugleich ihre Ahnungslosigkeit und ihren Dünkel verspottet.

Doch die gesellschaftlichen Aufgaben sind so vielfältig geworden, dass sie ohne die Anwesenheit dieser verachteten Helferinnen kaum noch zu bewerkstelligen wären; ganze Stoßtrupps aus dem Heer der Tanten und Onkel werden gesucht, um jede Lücke in der Einfriedung zu schließen. Sie ziehen als geistige und gesittete Ismaeliten umher und schlagen ihre Zelte zwischen den festen und geschmückten Häusern der Menschen auf.

In einer bemerkenswerten Vielfalt hat in letzter Zeit das Genie im Inland wie im Ausland dem Charakter der Tante und des Onkels seinen Tribut gezollt und in diesen Persönlichkeiten geistige Eltern erkannt, die eine mangelhafte Behandlung durch allzu beschäftigte oder nachlässige tatsächliche Eltern ausglichen.

Das übersinnliche Wesen der Frau

Das elektrische, das magnetische Element der Frau ist noch nie richtig zur Sprache gebracht worden. Dabei ist viel von ihm zu erwarten; sie besitzt weit mehr davon als der Mann. Gewöhnlich sagt man deshalb von ihr, ihre Intuitionen seien schneller und treffender. Meist sind die gebildetsten Männer schlechterdings unempfindlich für atmosphärische Veränderungen und subtile unsichtbare Verbindungen, die das Leben um sie herum bestimmen, während einfache Frauen, solange sie unschuldig und bescheiden sind und ihr geistiges Auge nicht durch ein konventionelles Selbst getrübt wird, sie mit unfehlbarem Unterscheidungsvermögen erfassen und beschreiben.

Frauen, die diese Gabe mit schöpferischem Genie verbinden, sind derzeit zumeist sehr unglücklich. Sie sehen zu viel, um sich an ihre Mitmenschen anpassen zu können, und ihre Impulsivität erscheint denen, die ihre Beweggründe nicht kennen, als Torheit. Das ist eine übliche Reaktion auf das Genie, beim Mann wie bei der Frau, bei Letzterer aber ist sie häufiger, weil von der Frau ein harmonisches, ruhiges, selbstbeherrscht sittsames Wesen erwartet wird.

Außerdem ist genialen Frauen, mehr als Männern, oft eine leidenschaftliche Empfindsamkeit eigen. Die Welt weist sie ruppiger zurück, und sie sind von schwächerer körperlicher Verfassung.

Diejenigen, die vor Elektrizität zu bersten scheinen, erschrecken die Menschen in ihrer Umgebung. »Wenn sie bloß den Raum betritt, bin ich, was die Franzosen *herissé* nennen«, sagte ein engstirniger Mann mit sehr irdischem Charakter über eine solche Frau, deren unergründlicher Blick und ausdrucksvolle Bewegungen sie als Medium des rätselhaften Phänomens kennzeichneten.

Wehe dieser Frau, wenn sie sich zu eng an einen solchen Mann gebunden sieht. Es ist der grausamste aller Fehler. Er wird sie mit der ganzen Bitterkeit seiner verletzten Eigenliebe verabscheuen. Er wird sie, befangen in den Vorurteilen der Männerwelt, soweit seine Macht reicht, einkerkern und mit herrischer Härte peinigen.

Lässt man ihr jedoch Raum, wird ihre Elektrizität das Leben stärken und verschönern, nicht zerstören. Solche Frauen sind große Schauspielerinnen, Sängerinnen. Diese Züge erkennen wir auch in einer neuen, aber allzu französischen Charakterskizze der Mademoiselle Rachel, geschrieben von einem modernen La Rochefoucauld. Die Griechen stellen so die Musen dar, sie haben nicht die goldene Gelassenheit des Apoll, sie *sprühen* vor Gedanken, es ist etwas Tragisches in ihrer Ausstrahlung. So zeigt Guercino die Sibyllen: Die Augen, ausdrucksvoll, geweitet und glänzend, scheinen ihr ganzes Wesen zu spiegeln.

Krankheit ist die häufige Folge dieses übervollen Daseins. In diesen Bereich, wie missverstanden oder nachlässig erklärt auch immer, gehören die Phänomene des Magnetismus, heutzutage meist als Mesmerismus bezeichnet, wenn die Entrückung angeblich durch die Einwirkung eines Menschen auf einen anderen erzeugt wird und nicht, wie bei Ecstatica, unmittelbar durch den Geist.

Das Weltkind spottet darüber wie über Gottesdienste. »Die Kirchen kann man immer mit Frauen füllen.« »Zeigt mir einen Mann in einem eurer magnetischen Zustände, und ich werde glauben.«

Frauen fallen tatsächlich leicht der Priesterschaft oder Selbsttäuschungen zum Opfer, aber das wäre nicht der Fall, wenn ihr Verstand

Stich nach Guercino: *Sibylla Hellespontiaca*

so ausgebildet worden wäre, dass er ihren anderen Fähigkeiten entspräche. Sie wären dann ausgeglichener und behielten dennoch dieselbe nervöse Empfänglichkeit, die eben zu ihren Anlagen gehört. [...]

In unserer Zeit wäre das beste Beispiel die Geschichte der Seherin von Prevorst, dem am gründlichsten beobachteten magnetischen Medium, das, wie die Vorfahrin aus Delphi, durch die Berührung mit Lorbeer in Ekstase oder Raserei versetzt wurde.

Ich beobachte in ihrem und einem anderen mir bekannten Fall, dass die erstaunlichen Kräfte, anstatt sich allmählich und sanft zu entfalten, durch eine unpassende Ehe gebrochen und zur Krankheit wurden. Beide Frauen verstanden unglücklicherweise nicht, was eine Ehe bedeuten würde, sondern fügten sich in ihrem Unwissen dem Willen ihrer Freunde. Sie meinten, das sei eben das unvermeidliche Schicksal der Frau. Als sie sich aber in dieser für sie so verkehrten Position wiederfanden, konnten sie, wie schon minder sensible Menschen, unmöglich diese Misstöne ertragen, und der schöne Strom ihres Lebens geriet ins Stocken und wurde trübe. Sie erkrankten, und dennoch erfuhren und offenbarten sie immer noch mehr, als die Gesunden tun.

Die Weltkinder spotten über solche Fälle, ehrfürchtige Menschen aber lernen aus ihnen wundersame Dinge, sei es von der beobachteten Person selbst, sei es durch die Gedanken, die ihre Beobachtung in ihnen auslöst. Fenelon lernte von Guyon, Kerner von seiner Seherin Vieles, was auch wir gerne erfahren würden. Doch um solche Enthüllungen zu würdigen, muss man ein Kind sein, und in diesem Zusammenhang kann die Redensart »Frauen und Kinder« vielleicht richtig gedeutet werden: Nur die Kinder werden ins Himmelreich kommen.

Diese Bewegungen unserer Zeit, diese Gezeiten, die auf einen zunehmenden Mond hindeuten, überfluten unser Land. Die Welt ist so bereit wie nie zuvor, die Frau ihre natürlichen Fähigkeiten kennenlernen und entfalten zu lassen, und gerade hier ist das Feld weniger belastet und die Luft reiner als irgendwo sonst. Und so sollte es sein, wir sollten für Isabellas Juwelen zahlen.

Die Namen der Nationen sind weiblich – Religion, Tugend und Sieg sind weiblich. Wer bei äußeren Einflüssen abergläubisch ist, wird es für kein unbedeutendes Zeichen halten, dass die Königin unseres Mutterlandes an diesem Wendepunkt *Victoria* sein sollte – Victoria die Erste. Vielleicht wird es an uns sein, die Epoche zu eröffnen, die sich so von außen ankündigt.

Übergänge zwischen Weiblichem und Männlichem

Ein Autor des *New York Pathfinder* hat in zwei Artikeln unter der Überschrift »Fraulichkeit« Bedeutenderes geäußert als alle, von denen wir bisher gesprochen haben. Seine Überlegungen zur Frau gehen von ihrer Seele aus, nicht von der Gesellschaft, und seine Tiefgründigkeit ist so bemerkenswert wie seine Gedankenführung. Aus seiner Sicht harmonisiert die weibliche Natur die stürmischen Elemente, eine Ansicht, die schon öfter geäußert wurde, aber sehr viel nachdrücklicher betont er ihr lyrisches, inspirierendes und inspiriertes Wesen.

Diese Auffassung entspricht dem, was ich über ihre größere Empfänglichkeit für magnetische oder elektrische Einflüsse geschrieben habe, und ich will das noch etwas weiter ausführen.

Es gibt zwei Seiten der weiblichen Natur, in der Antike wurden sie als Muse und Minerva dargestellt. Der Verfasser des *Pathfinder* richtet seinen Blick auf die Erstere. Letztere ist es, die Wordsworth im Sinn hat, wenn er schreibt –

> In Seelenruhe,
> Die eine Frau nie opfern sollte, halte Dein Gelübde.

Das besondere Genie der Frau ist meiner Ansicht nach elektrisch, intuitiv und vergeistigt. Sie tut sich weniger darin hervor, ein Werk einzuordnen oder nachzubilden, als vielmehr darin, es intuitiv zu erfassen, und weniger darin, Kunstwerke auszuwählen und ihnen Nachdruck zu verleihen, als vielmehr darin, das Empfangene in einer einmaligen Lebendigkeit einfach auszuatmen.

Natürlicher ist es für sie, dem Künstler Modell zu sein, als aus sich selbst eine Figur hervorzubringen, natürlicher, das Gedicht zu inspirieren und zu empfangen, als es selbst zu erschaffen. Soweit die Seelen sich vollkommen entfalten, gleichen sie alle einander; doch soweit sich die Seele in ihr als Frau verändert, fließt sie, atmet sie, singt sie, anstatt die Erde abzustreifen oder die Arbeit zu vollenden; das Weiblichste in seiner vollsten Blüte lässt das Antlitz der Erde erröten, und es durchflutet, wie Luft und Wasser, diesen ganzen fest erscheinenden Globus und erneuert und erfrischt täglich sein Leben. Das mag das besonders weibliche Element sein, das man als Fraulichkeit bezeichnet. Dass sie aber nur als reine Verkörperung auftritt, ist ebenso wenig ein Naturgesetz, wie dass die männliche Kraft nur unvermischt mit ihr existiert.

Männlich und weiblich sind die beiden Seiten des großen ursprünglichen Dualismus. In Wirklichkeit aber gehen sie beständig ineinander über. Flüssiges verhärtet sich zu Festem, Festes zerfließt zu Flüssigem. Es gibt keinen vollkommen männlichen Mann, keine rein weibliche Frau.

Die Geschichte macht alle Versuche der Physiologen zum Gespött, jede entstehende Form an die großen ursprünglichen Gesetze zu binden. Sie erklären etwas zur Regel, sie legen nach ihren Beobachtungen fest, was sein kann und was nicht. Umsonst! Die Natur macht Ausnahmen von jeder Regel. Sie schickt Frauen in die Schlacht und Herkules ans Spinnrad; sie lässt Frauen große Lasten, Kälte und Frost ertragen; sie lässt den Mann mütterliche Liebe empfinden, ihn wie eine Mutter sein Kind aufziehen. Neuerdings spielt sie noch lustigere Streiche. Sie erkennt nicht nur Organisationen, sondern auch Organen ihren unumstößlichen Zweck ab. Sie ermöglicht es Menschen, mit dem Scheitel zu lesen und mit der Magengrube zu sehen. Bald wird sie einen weiblichen Newton und eine männliche Sirene erschaffen.

Der Mann hat als Apoll am Weiblichen, die Frau als Minerva am Männlichen Anteil.

Unter der Muse verstehe ich die ungetrübte Klarheit der intuitiven Kräfte, die ein gebildeter Mensch erlangt, wenn er nur genau jede Ermahnung der höheren Instinkte befolgt. Die Muse kann als Prophezeiung oder als Poesie erscheinen. Sie befähigte Kassandra, die Ergebnisse von Handlungen in ihrer Umgebung vorherzusehen; sie befähigte die Seherin, den wahren Charakter eines Menschen hinter seiner Alltagsmaske zu erkennen. (Manchmal sah sie eine weibliche Gestalt hinter der Maske eines Mannes, manchmal das Gegenteil.) Sie befähigte die Tochter des Linnaeus, die Seelen zu erkennen, die den Blumen entströmten.* Sie verlieh einem Mann, einem Dichter, die Fähigkeit, von der er spricht, wie folgt: »Oft erscheinen mir bei der Naturkontemplation leuchtende Andeutungen, gleichsam Lichtbündel, hinsichtlich der kosmogonischen Wahrheiten, an denen mein Geist wohl besonders beteiligt war.« Er fügt weise hinzu: »Aber es ist not-

* Die Tochter des Linnaeus berichtet, dass sie, während sie die rote Lilie unverwandt betrachtete, deren Geist als rote Flamme über ihr schweben sah. Das kann selbstverständlich wie viele schöne Geistergeschichten als optische Täuschung erklärt werden, doch die poetische Schönheit und Bedeutung nähme ihr auch dann noch nichts von ihrem Wert als Verbildlichung eines geistigen Eindrucks.

wendig, das Wissen, das wir durch solche Lichtblitze erlangen, ernsthaft zu überprüfen.« Das sollte jeder beherzigen. Das Gesehene muss durch das Leben bestätigt werden, bevor es von Frömmigkeit und Genie ausgezeichnet werden darf. Doch die Wahrnehmung kommt zuerst, und meiner Ansicht nach sind Frauen besonders befähigt, sich den Weltursachen, den ursprünglichen Bewegungen zu nähern und sie zu erkennen. Das haben sie schon bewiesen, ohne dieselbe Freiheit wie das andere Geschlecht zu besitzen; sollten diese Fähigkeiten einmal freies Spiel haben, werden sie, glaube ich, neue, tiefere und reinere Quellen glücklicher Inspiration erschließen, als bisher die Erde erquickt haben.

Also lasst uns klug sein und die Seele nicht einschränken. Lasst sie tätig sein, wie sie will. Lassen wir die schöpferische Kraft zu, ihre nicht endenden Offenbarungen. Lassen wir sie jede Gestalt annehmen, die sie wünscht, und sie nicht an Zuschreibungen wie Mann oder Frau, Schwarz oder Weiß binden. Jupiter stammt von Rhea ab, Pallas von Jupiter. So möge es sein.

Wenn diese Bemerkungen die Frau eher auf die Minerva-Seite berufen – wenn ich, im Gegensatz zu dem großzügigeren Schriftsteller, von der Gesellschaft ebenso viel wie von der Seele gesprochen habe – so bitte ich um Verzeihung! Es ist Liebe, die das bewirkt – Liebe zu den vielen eingekerkerten Seelen, die befreit werden könnten, würde nur ihre fromme Selbstständigkeit gestärkt und die schwächende konventionelle Abhängigkeit von anderen durchbrochen.

Proklos zufolge vereint jedes Leben die belebenden Kräfte anderer Sphären vollständig oder ganz in seiner eigenen; Merkmal dieses Lebens ist lediglich das Vorherrschen einer bestimmten Kraft. So schließt Jupiter in sich selbst die anderen zwölf Kräfte ein, die folgendermaßen aussehen: Die erste Triade ist *demiurgisch oder schöpferisch*, also Jupiter, Neptun, Vulcanus, die zweite *schützend*, Vesta, Minerva, Mars, die dritte *belebend*, Ceres, Juno, Diana, und die vierte, Merkur, Venus, Apoll, *erhöhend und harmonisch*. In der Sphäre des Jupiter überwiegt die Tatkraft, bei Venus die Schönheit, aber jede umfasst und erfasst auch alle anderen.

Wenn erst die eine Lebens- und Bewusstseinsgemeinschaft unter den Menschen beginnt, wird die Menschheit ihre tierischen Elemente und ihre titanische Kindheit eindeutig und endgültig überwinden; es wird keine Vorwürfe mehr geben, keine Möglichkeit willkürlicher Grenzziehungen und ahnungsloser Vorwürfe; alle werden dann eintreten in die Gesetzesfreiheit und die Harmonie eines gemeinsamen Wachstums.

Dann wird Apoll zur Leier davon singen, was Vulcanus auf dem Amboss schmiedet, und die Muse wird die Wandteppiche der Minerva neu weben.

Minerva wird darum nur am jetzigen Wendepunkt der Vorzug gegeben. Aus der Enthaltsamkeit geht die rechtmäßige Freiheit hervor, aus der Selbstsicherheit die vollendete Bewegung.

Jede Verbindung, jede Abstufung der Natur ist unermesslich kostbar – aber nur für die Seele, die in sich ruht, die durch keinen Verlust, keine Veränderung mehr in dumpfe Disharmonie zu stürzen ist, weil sie in Harmonie mit der Allseele verbunden ist.

Wenn ein Mensch so sehr in Beziehungen befangen ist, dass ihm die eigene Natur fremd wird, wird er mit der Zeit verwirrt oder schwachsinnig und kann davon allein durch eine zeitweise Isolation geheilt werden, die die erneuernden Quellen hervorbrechen lässt. Mit einer Gesellschaft ist es ebenso. Viele, die der herkömmlichen oder natürlichen Wege zu einem unbeschwerten Leben beraubt sind, müssen sich aus eigenem Antrieb helfen oder aber zugrunde gehen. Darum sollten wir, auch wenn jede Stärkung des Ehebundes freudig begrüßt werden muss, doch die Ehelosigkeit als eine wichtige Tatsache dieser Zeit nicht ablehnen. Sie ist eine Tatsache, vor der sich gegenwärtig kein denkender Mensch durch ein Gelübde oder eine Absprache verschließen kann. Denn nun halten die Ruderer im Rudern inne, sie erwarten eine Veränderung, bevor sie gemeinsam weiterrudern können. All das veranschaulicht die Ideen eines klugen Zeitgenossen. Vereinigung ist nur denjenigen möglich, die in sich selbst schon eine Einheit bilden. Um fähig zu einer Beziehung zu sein, müssen die Seelen, seien sie männlich oder weiblich, die Beziehung im Geiste auch entbehren können.

Darum möchte ich, dass die Frau die gewohnte Vorstellung beiseitelegt, stets von Männern gelehrt und angeleitet werden zu müssen. Ich möchte, dass sie sich, wie das indianische Mädchen der Sonne, der Sonne der Wahrheit weiht und nirgendwo hingeht, wenn die Sonnenstrahlen ihr nicht den Weg weisen. Ich möchte, dass sie befreit ist von Kompromissen, von Gefälligkeiten, von aller Hilflosigkeit, denn ich möchte, dass sie gut genug und stark genug ist, ein und alle Wesen mit der ganzen Fülle ihres Daseins zu lieben und nicht aus Armut heraus.

So wie die Männer heute ausgebildet werden, werden sie dieses Werk nicht fördern, denn auch sie sind Sklaven der Gewohnheit. Mit

Freude habe ich ihre poetischen Denkanstöße gesehen. Eine Schwester ist das schönste Idealbild, und wie offenherzig haben Wordsworth und selbst Byron über eine Schwester geschrieben.

Es gibt kein süßeres Bild als das eines Vaters mit seiner kleinen Tochter. Die rohesten Männer wirken feiner, wenn sie ein kleines Mädchen an der Hand führen. In diesem Augenblick scheint das richtige Verhältnis zwischen den Geschlechtern hergestellt zu sein, und man spürt, dass der Mann das edelste Ziel unterstützen würde, bäte man ihn nur im Namen seiner kleinen Tochter. Einmal standen zwei solche schönen Gestalten vor mir. Der Vater, von sehr geistvollem Aussehen, sein Falkenauge besänftigt von Zuneigung, während er auf sein schönes Kind hinabsah; sie sein Ebenbild, nur anmutiger und strahlender. Ich fühlte mich an Southeys Kehama erinnert, als, siehe da!, der Traum ruppig unterbrochen wurde. Die Eltern sprachen über Erziehung, und er sagte –

»Ich werde Maria nicht zu weit vorankommen lassen. Wenn sie zu viel weiß, wird sie keinen Mann finden, überlegene Frauen tun das fast nie.«

»Sicher«, sagte seine Frau errötend, »willst Du, dass Maria so gut und klug wird wie möglich, ob ihr das nun zur Ehe verhilft oder nicht.«

»Nein«, beharrte er, »ich will, dass sie einen Wirkungskreis und ein Zuhause hat und jemanden, der sie beschützt, wenn ich nicht mehr da bin.«

Es war ein unbedeutender Vorfall, aber er machte mir tiefen Eindruck. Ich spürte, dass auch die heiligsten Beziehungen einen rückständigen und verdorbenen Geist nicht belehren können. Hätte dieser Mann die Sache von der anderen Seite betrachten können, so hätte er sich als Letzter um eines Heims und Schutzes willen einschränken lassen, viel eher wäre er bereit gewesen, die Geschichte von Alkibiades mit den Kelchen zu wiederholen.

Aber Männer betrachten *nie* beide Seiten, und die Frauen dürfen sie nicht weiter um Rat fragen und sich ihrem Einfluss aussetzen. Sie müssen sich auf sich selbst zurückziehen und ihre Lebensgrundlagen erforschen, bis sie ihr eigenes Geheimnis entdecken. Kehren sie dann zurück, erneuert und getauft, werden sie wissen, wie man Stroh zu Gold spinnt, und sie werden noch in der bescheidensten Hütte reich und frei sein, gelassen selbst im dichtesten Gewimmel. Dann werden sie ihren süßen Gesang nicht aus einem leidenschaftlichen Drang anstimmen, sondern aus dem lyrischen Überschwang göttlicher Verzückung, und eine neue Musik wird aus dieser vielstimmigen Welt emporsteigen.

Überlasst ihr darum eine Zeitlang die Rüstung und den Speer. Lasst sie dem äußeren Druck widerstehen und nachdenken in jungfräulicher Einsamkeit.

Drei männliche Stimmen: Swedenborg, Fourier und Goethe

Aus der Fülle von Zeitzeichen habe ich einige ausgesucht, die mir für die gegenwärtige Tendenz zu einem Wendepunkt im Leben der Frau charakteristisch erscheinen. Dieser Wendepunkt gleicht dem Übergang von den Mädchenjahren mit ihren schönen Ahnungen, unharmonischen Gedanken, ihrer blinden Bevormundung und ihrem rastlosen Suchen zu einer selbstbeherrschten, klugen und anmutigen Weiblichkeit.

Bemerkenswert ist der Gleichklang dreier männlicher Stimmen zu diesem Thema, die – universalgelehrt, konzentriert und würdevoll – als Propheten des kommenden Zeitalters gelten, während sie selbst noch in der Vergangenheit verwurzelt sind.

Swedenborg kam, wie er sagt, um die letzte Offenbarung auszulegen und eine neue kundzutun. Er verkündet die Neue Kirche, die dem Neuen Jerusalem den Weg bereiten soll, einer Stadt, erbaut aus Edelsteinen, die im Laufe der Zeitalter durch geheime Abläufe in den Erdadern gehärtet und geläutert wurden.

Swedenborg näherte sich der Harmonie zwischen wissenschaftlicher und poetischer Geistigkeit an, die wir von einem vollendeten Menschen erwarten. Den Zusammenhang aller Dinge in der Natur, die Geheimnisse ihrer Entstehung und ihres Wachstums erkannte er ungewöhnlich deutlich. Ihm scheint die Erkenntnis in einem Augenblick zuteilgeworden zu sein, in dem sein gereifter Geist bereit war, dieses Geschenk fruchtbar zu machen.

Seine Ansichten über die Frau sind im Ganzen zufriedenstellend. Einzelheiten können wir beanstanden, es gibt da noch Reste von Willkür und scheinbar grundlosem Verhalten, Spuren alter Konventionen und Wesenszüge, die nicht gründlich genug vom geistigen Sauerteig durchsäuert wurden. Zumindest scheint es mir jetzt so. Ich sage das mit Respekt, denn schon in meiner unvollkommenen Kenntnis seines Geistes finde ich so viel Grund, Swedenborg zu verehren, dass mir, wüsste ich mehr von ihm, gewiss Vieles deutlich würde, was mir jetzt noch missfällt.

Sein Bild der Frau ist so reich und edel, dass er ihr kein Hindernis in den Weg legen will. Seine Vorstellung von der Ehe ist recht. Mann und Frau teilen denselben engelhaften Dienst; die Verbindung zwischen ihnen ist dauerhaft und rein.

In dem Maße, in dem die Neue Kirche neue Anhänger gewinnt, müssen die Bedürfnisse der Frau stärker zur Geltung kommen.

Auch im Quäkertum ist die Frau dem Mann ebenbürtig. Doch auch wenn die ursprünglichen Ideen des Quäkertums makellos sind, ist ihre Reichweite doch noch zu gering. Dieser Einfluss, der schon viel Gutes bewirkt und einige Wahrheiten ans Licht gebracht hat, muss nach und nach in etwas Größerem aufgehen.* Swedenborg appelliert an die Veränderlichkeit der menschlichen Natur und lässt Raum für schöngeistige Kultur und freie Entfaltung.

Der nächste Apostel der neuen Ordnung, eines sozialen Gefüges, das sich auf dem Fundament der Liebe erheben und das alte auf Zwietracht beruhende ablösen soll, ist Charles Fourier; er spricht von vielen Tatsachen, deren verborgene Quellen Swedenborg sah. Fouriers Geist war groß und klar, aber in mancher Hinsicht oberflächlich. Die Erfahrung des Erhabenen war ihm fremd. Sein Blick war mehr auf die äußeren als auf die inneren Bedürfnisse des Menschen gerichtet. Doch auch er war ein Seher, der wenn schon nicht die poetische Seele der göttlichen Ordnung, so doch ihren musikalischen Ausdruck wahrnahm. Er hat eine ganze Abteilung mit Lehren für die neue Epoche gefüllt, und das von ihm erhoffte harmonische Handeln und freie individuelle Wachstum wird es einmal geben, und selbst wenn die von ihm vorgeschlagenen Wege sich nicht als die richtigen erweisen sollten, werden seine gutwilligen Pläne doch Anhaltspunkte geben und notwendige Inspirationen anstoßen.

Auch Fourier stellt die Frau dem Mann völlig gleich und wünscht der einen wie dem anderen die Selbständigkeit, die sich aus ihrer geistigen und praktischen Entwicklung ergeben muss.

Wer ihn aus keinem anderen Grund zu Rate zieht als diesem, kann hier erkennen, wie die Kräfte der Frau durch finanzielle Mittel verfüg-

* In den festgesetzten Zeiträumen der Andacht, im Alltag in Tat und Wort haben die Quäker die Frau auf dieselbe Stufe mit dem Mann gestellt. Kann irgendjemand behaupten, dass sie das bereuen mussten?

bar gemacht werden können. Fouriers Ziel war es, ihr die zur Selbsthilfe notwendigen Mittel zu geben, damit sie ihr Leben zu ihrem eigenen Glück und dem der Gesellschaft verbessern und entfalten könne. All die Menschen, deren Töchter der Armut ausgesetzt sind oder, um ihr zu entkommen, dem Laster, könnten an diesen Mitteln interessiert sein, auch wenn sie die Ziele jetzt noch nicht erkennen, die er benennt.

Auf der anderen Seite der Fortschrittsarmee steht der große Apostel des Individualismus: Goethe. Für Swedenborg sind Gesellschaft und Vereinigung die notwendigen Ergebnisse seines einsamen Denkens. Der vor allem konstruktive Fourier war zu ausschließlich auf dies beides bedacht. Bessere Gesetze, dachte er, werden bessere Menschen hervorbringen. Goethe stand in jeder Hinsicht auf der anderen Seite. Wenn ein Mensch bessere Umgangsformen zeigen kann, können die anderen sie erst übernehmen, wenn sie selbst reif dafür sind.

Fourier sagt: Wie die Gesetze, so die Menschen! Alle Torheiten sind eine natürliche Folge schlechter Gesetze und darum verzeihlich.

Goethe denkt: Wie der Mensch, so die Gesetze! Es gibt keine Entschuldigung für Unwissenheit und Torheit. Ein Mensch kann an jedem Ort wachsen, wenn er will.

Freilich! aber, Goethe: Schlechte Gesetze sind Gefängnismauern und unreine Luft, die ihn dumm machen, sodass er nicht wachsen will.

Und Du, Fourier: Rechne nicht damit, die Menschheit umgehend oder »in drei Generationen« zu verändern, indem Du Wohngenossenschaften und Arbeitsabläufe organisierst oder die industrielle Arbeit veredelst. Wenn unreife Menschen sich an der Umsetzung solcher Ideen versuchen, werden sie scheitern.

Trotzdem bewundern wir Fouriers Theorie nicht minder als Goethes tiefsinnigen Rat. Beide erziehen die Menschen unseres Zeitalters zu einem deutlicheren Bewusstsein dessen, was sie brauchen und was sie sein können, und daraus muss ein besseres Leben folgen.

Goethe geht seinen eigenen Weg und erhöht den Menschen in den unvollkommensten Gesellschaftszuständen durch das ständige Bemühen um Selbstbildung, und er schenkt den Frauen dieselbe Beachtung wie den Männern. Seine Mutter, die kühne, fröhliche Frau Aja mit ihrem spielerischen, freien Wesen; die weise und sanfte Jungfrau, die er in seiner Jugend kannte und über deren kränklicher Einsamkeit »der Heilige Geist wie eine Taube brütete«; seine Schwester; die intellektuelle Frau *par excellence*: die Herzogin Amalia; Lili, die Wesenszüge der Frau von Welt mit der lyrischen Süße einer Hirtin verband, deren keusche und edle Brust von Blumen wie von Edelsteinen geschmückt wurde – sie alle hatten seinem Geist reichlich Anregungen für die möglichen Mängel und Stärken der Frau geliefert. Und so wuchsen aus seiner poetischen Seele neue Gestalten, bewundernswertere, als das Leben sie bis dahin hervorgebracht hat, und sein klarer Blick suchte ihnen Wege in die Zukunft.

Im *Faust* erkennen wir in Margarete eben die erlösende Macht, die heute die Frau in Erwartung besserer Tage aufrechterhält. Das reizende junge Mädchen mit seinen reinen Instinkten und seinem ungebildeten Geist, wird verführt und entweiht von dem Mann, der ihr Vertrauen missbraucht.* Sie ruft die *Mater Dolorosa* um Hilfe an. Diese Hilfe wird ihrer Seele zuteil, wenn es auch gegen ihr irdisches Leid keine Hilfe gibt; und das durch Leiden erleuchtete Mädchen, das sich weigert, mithilfe des Bösen irdisches Heil zu gewinnen, erlangt stattdessen das ewige Heil.

Im zweiten Teil verdankt der Gelehrte nach seinem mannigfaltigen Streben *seine* Seligkeit allein der Fürsprache derjenigen, die er verraten hat. Sie legt, diesmal selbst ein verklärter Geist, bei der *Mater Gloriosa* eine Fürbitte ein.

Auch Leonore, wie wir sie jetzt sehen, ist eine reine, nachdenkliche Frau, geläutert durch oft erfahrenes Leid.

Goethe bezeichnet Iphigenie im Tagebuch als seine »Tochter«, und sie ist genau die Tochter,** die ein Mann sich wünschen würde, wenn er auch seine Ehefrau aus sehr niederen Beweggründen gewählt hat. Sie ist die jungfräuliche, unerschütterliche Seele, der jede Unredlichkeit schrecklicher ist als der Tod.

Vor allem aber von *Wilhelm Meisters Lehrjahren* und *Wanderjahren* will ich sprechen, denn diese Bände enthalten die Summe aus

* Wie Faust sagt, war ihr einziger Fehler »ein guter Wahn«.

** Goethe blieb seinen Grundsätzen in der Ausführung ebenso wenig treu wie Lord Herbert. Und seine Strafe war die gerechte und übliche für Verbindungen, die unter den rechtlichen Vorgaben, aus niederen Antrieben geschlossen werden. Iphigenie war die würdige Tochter seines Geistes, doch der Sohn, das Kind aus seiner erniedrigenden Verbindung im wirklichen Leben, entsprach dieser Verbindung. Dieser Sohn, auf den Goethe vergeblich so viele Gedanken und Fürsorge verschwendete, war wie seine Mutter und wie Goethes Neigung zu dieser Mutter: »Diesen jungen Mann«, sagt ein gut unterrichteter Schriftsteller (M. Henri Blaze), »nannte Wieland mit gutem Grund *den Sohn der Magd*. Er hat von seinem Vater nur seinen Namen und sein *physique* geerbt.«

den lebenslangen Beobachtungen des Weisen: was der Mensch unter den gegenwärtigen Umständen tun sollte, um die äußeren Umstände durch eine Hinwendung zur Innerlichkeit und strenge Ausbildung seiner Fähigkeiten zu beherrschen.

Während Wilhelm auf dem Weg nach oben voranschreitet, lernt er immer bessere Frauen kennen, die er zu suchen und, wenn er sie gefunden hat, zu schätzen lernt. Denn der schwache und unreife Mann bewundert überlegene Frauen zwar häufig, ist aber nicht in der Lage, an einem solchen Gefühl festzuhalten, das für sein gewohntes Dasein eine zu schwere Last bedeutete. Bei Wilhelm aber ist die Abstufung nur natürlich, und sie zeigt seinen Aufstieg auf der Lebensleiter. Zunächst wird er von Mariane und Philine bezaubert, gewöhnlichen weiblichen Gestalten, die nicht der erlösenden Wesenszüge und der Reize, dafür aber jeder Weisheit oder Reinheit entbehren. Bald wird er von Mignon begleitet, der anmutigsten je dagewesenen Darstellung dessen, was ich das lyrische Element der Frau genannt habe. Sie ist ein Kind, aber zu erwachsen für diesen Mann; er liebt sie, kann ihr aber nicht folgen, und dennoch beeinflusst diese Verbindung ihn dauerhaft. Seine poetische Seite ist nun gemäßigt, und obwohl er ihren himmlischen Antrieb in Kunst oder Sinnsprüche binden will, bleiben diese nur Zelte, unter denen er eine Zeitlang verweilt, die aber leicht abgebrochen und auf unendliche Wanderungen mitgenommen werden können.

Wenn er zum Denken vordringt, begegnet er in Natalie einer klugen Menschenliebe (die, wie wir bemerken, von einem *Onkel* unterrichtet wurde), in Therese dann praktischem Urteilsvermögen und äußerer Lebensökonomie, in der schönen Heiligen schließlich reiner Hingabe.

Zuletzt gelangt er zu Makarie, der in weiblicher Gestalt verkörperten Seele eines Sterns, also dem reinen und geläuterten Verstand und Mittelpunkt einer Welt, deren Angehörige einträchtig um sie kreisen. Sie unterrichtet ihn über die ganze Menschheitsgeschichte und erklärt ihm die Grundzüge der Himmelsbetrachtung.

Es ist eine große Entfernung, die er von den Stunden an Marianes Seite bis zu denen bei Makarie zurücklegen musste. Und Wilhelm ist nicht umsonst so weit gereist, hat nicht umsonst so viel gesehen und gelitten. Er bedenkt nun, wie er der nächsten Generation helfen könnte; er sieht die Dinge in harmonischer Anordnung und leitet aus seinen Beobachtungen Regeln ab, an die er sich als Lehrer und Meister halten kann, »hülfreich, gut«.

In all diesen Frauendarstellungen finde ich Goethes Absicht befriedigend. Er zielt auf reine Selbstgenügsamkeit und freie Entfaltung aller Kräfte, mit denen die Natur die Frauen ausgestattet hat, sowohl für sie selbst als auch für die Männer. Sie sind in sich eins, sind Seelen. Folgerichtig begegnen sich Mann und Frau bei Goethe ebenbürtig und edel, und wenn er im *Wilhelm Meister* auch keine Ehe schildert, so ermöglicht er sie doch.

In Makarie, die fest mit den Himmelskörpern verbunden ist und, obwohl selbst ohne Beziehung, der Mittelpunkt aller Beziehungen, bringt er die Minerva-Seite der weiblichen Natur zum Ausdruck. Goethe gab ihr diesen Namen nicht von ungefähr. Makarie, die Tochter des Herkules, die sich selbst für das Wohl ihres Landes opferte, wurde von den Griechen heiliggesprochen und verehrt als Göttin der wahren Glückseligkeit. Goethe hat diese Glückseligkeit in eine aus Weisheit hervorgehende Gelassenheit übersetzt, einer Weisheit, wie sie die jüdischen Gelehrten verehrten, die mit den Himmelsplänen so vertraut waren wie mit den irdischen Wegen.

Mignon ist das elektrische, inspirierte, lyrische Wesen. Und wo immer sie auftaucht, werden unsere Sehnsüchte zum Echo der Sehnsüchte dieses Kindes –

So laßt mich scheinen bis ich werde,
Zieht mir das weiße Kleid nicht aus!

* * *

Zwar lebt' ich ohne Sorg und Mühe,
Doch fühlt' ich tiefen Schmerz genung.
Macht mich auf ewig wieder jung.

All diese Frauen sind zwar mit anderen Figuren verbunden, könnten aber ebenso gut für sich allein stehen. Sie sind alle individuell ausgeprägt und wirken niemals flach. Sie befriedigen im Augenblick, aber sie wecken unendliche Erwartungen.

Die Ökonomin Therese, die gütige Natalie, die schöne Heilige haben jeweils einen bestimmten Weg gewählt, aber ihr Denken bleibt nicht darauf beschränkt. Ihre Aufgaben sind für sie nicht Endzweck, sondern Anregung.

So sind ihnen alle Dinge wichtig, da keines notwendig ist. Ihre unterschiedlichen Charaktere werden schön entfaltet, und jede von ihnen ist schön bis in die unbedeutendste Andeutung, nichts wirkt erzwungen oder konventionell, vielmehr wurzelt noch das Geringste im wesenhaften Dasein.

Mignon und Therese tragen, wenn sie wollen, Männerkleider, und sie tun das auf anmutige Weise, während Makarie sich auf ihren Sessel hinter dem grünen Vorhang beschränken muss und die schöne Heilige kein Staubkorn auf ihrem Gewand ertragen könnte.

In dieser kleinen Welt sind alle Dinge an ihrem Platz, hier ist alles natürlich und frei, so wie »im Freien Platz für alles ist«. Und alles wird abgerundet durch die natürliche Harmonie, die überall dort entsteht, wo Wahrheit und Liebe im Lichte der Freiheit gesucht werden.

Goethes Buch verheißt eine Epoche der Freiheit, des »wunderbaren, gutmütigen Suchens«, und neue Offenbarungen. In der wirklichen Welt werden sich neue Persönlichkeiten entwickeln, die sich dieser Epoche so behutsam nähern werden wie die Figuren auf seiner Leinwand.

Ich habe angedeutet, dass in diesem Punkt Goethes Hoffnungen mit denjenigen Fouriers übereinstimmen, obwohl Goethe aus einer unendlich viel größeren und tieferen Menschenkenntnis heraus spricht. Doch für unseren gegenwärtigen Zweck genügt es zu zeigen, wie sicher diese unterschiedlichen Wege zwei ernsthafte Denker zum selben Schluss geführt haben.

Die Erziehung des weiblichen Geschlechtes

Da die unbeständigen und vom Glauben abgefallenen Weltmänner ebenso wie die Mystiker erklären, der Mann habe durch die Frau das Paradies verloren und müsse darum auch durch die Frau erlöst werden, muss diese Zeit der Erlösung nun bevorstehen. Wenn die Frau sich tatsächlich als »vollendete«, mehr noch als »unsterbliche Eva« erkennt, wird das möglich. [...]

Sehr nahe scheint diese Zeit allerdings noch nicht zu sein, wenn man die Bücher betrachtet, die ich in letzter Zeit – nein, *nicht* gelesen, sondern beseufzt habe. Seit meine Freunde wissen, dass ich mich diesem Thema verpflichtet habe, wurden mir eine Menge Bücher zugeschickt über den »Wirkungskreis« der Frau, die »Mission« der Frau und die »Bestimmung« der Frau; ich glaube, mir sind so ziemlich alle existierenden Schriften dazu unter die Augen gekommen. Darunter war ein kleines erfrischendes Werk mit dem Titel *Die ganze Pflicht der Frau*, das »von einer edlen Dame auf Bitten eines edlen Herrn verfasst wurde« und so viel Edelmut zeigt, dass es eine religiöse Auffassung vertritt. Es will die Frau für den Himmel ausstatten, fast alle übrigen Werke dagegen zielen darauf ab, dass sie dem Ehemann gefällt oder ihn zumindest nicht stört.

Unter ihnen wähle ich als vorteilhaftes Exemplar das bereits zitierte Buch *Die Erziehung des weiblichen Geschlechtes, aus dem Französischen der Frau Necker von Saussure übersetzt*. Es wurde in Philadelphia veröffentlicht und hierzulande sehr wohlwollend gelesen. Madame Necker ist die Cousine von Madame de Staël und hat einem ihrer Werke das Motto entnommen, das sie diesem voranstellt: –

> »Cette vie n'a quelque prix que si elle sert à l'education morale de notre cœur.«

Madame Necker stimmt ihrer Natur nach damit vollständig überein, und darum ist auch in den Anweisungen für ihr Geschlecht nachdrücklich dasselbe Gewicht zu spüren, das die Kräfte dieses Geschlechts noch immer lähmt und verdirbt.

Das Buch ist voller empfindsamer Passagen und guter Vorschläge, aber im Ganzen hinterlässt es den folgenden Eindruck: –

Die Frau ist dem Mann untergeordnet und seinem Willen unterworfen und *soll es bleiben*, und wenn wir ihr helfen wollen, müssen wir tunlichst alles vermeiden, was als Ausdruck einer gegenteiligen Meinung missverstanden werden könnte, sonst sind die Männer gewarnt und tun sich zusammen, um unsere Bemühungen zu vereiteln.

Im Augenblick ist die Zeit für solche Bemühungen günstig, denn die Männer beschäftigen sich weniger mit den Frauen als früher. Ergreifen wir also die Gelegenheit und tun, was wir können, um unser Los erträglich zu gestalten. Wir müssen jedoch vermeiden, in das Hoheitsgebiet des Mannes einzudringen. Wenn wir Naturgeschichte studieren, kann ein männlicher Naturforscher unsere Beobachtungen verwenden; wenn wir gut zeichnen, können wir uns in den Dienst eines männlichen Künstlers stellen. Unsere Namen aber dürfen nicht bekannt werden, und um unsere Arbeiten zu vollenden, brauchen wir einen Mann als unseren Kopf und müssen seine Hände sein.

Das Los der Frau ist traurig. Sie erhofft und braucht eine Art von Glück, das es auf Erden nicht gibt. Sie muss solche Bestrebungen in ihrem Herzen ersticken und sich, so gut sie kann, auf ein Leben voller Entsagungen und Vertröstungen einstellen.

Sie wird sehr einsam sein, wenn sie mit ihrem Ehemann zusammenlebt. Sie darf nicht erwarten, dass sie ihm ihr Herz ganz öffnen kann oder dass er ihr nach der Hochzeit reinen Herzens Liebesdienste erweisen wird. Der Mann ist nicht für die Frau geboren, sondern die Frau für den Mann. »Männer können die Herzen der Frauen nicht verstehen.« Das Leben der Frau muss von außen als eine gutgemeinte, fröhliche Verheimlichung ihres wahren Lebens erscheinen.

Natürlich ähneln die Gefühle der Mutter bei der Geburt eines weiblichen Kindes denen der Frau aus Paraguay, die in Southeys Beschreibung so herzzerreißend darüber klagt, dass ihre Mutter sie nicht gleich nach ihrer Geburt getötet hat. »Ihre Mutter, die wusste, wie das Leben einer Frau sein muss« – oder der Frauen aus dem Norden, die, wie Sir A. Mackenzie sah, diese fromme Pflicht für ihre Säuglinge erfüllten, wann immer sich ihnen die Gelegenheit bot.

> Jedoch nach den ersten Freuden treten bei der jungen Mutter verschiedenartige Gefühle ein, je nachdem die Geburt einer Tochter oder eines Sohnes ihr angekündigt wird.
> Hat sie einen Sohn, so schwellt eine Art von Stolz bei diesem Gedanken das Mutterherz. Es dünkt ihr, als habe sie ein Recht auf größere Dankbarkeit. Sie hat dem Staate einen Bürger, dem Vaterlande einen Vertheidiger, ihrem Gatten einen Erben seines Namens, sich selbst einen Beschützer geboren. Und doch fühlt sie sich bald ergriffen von dem Kontraste zwischen so viel schönen Namen und der Schwäche des Wesens, das sie damit bekleidet hat. Bei dem Anblicke dieses gebrechlichen Kleinodes bewegen entgegengesetzte Empfindungen ihr Herz, sie meint in ihm eine Natur zu erkennen, die *der ihrigen überlegen*, und doch in hülfloser Lage ist, und ehrt künftige Größe in einem Wesen, welches Gegenstand des größesten Mitleidens ist. Ein Wiederschein jenes Gefühles von Ehrfurcht und Anbetung, welches manche schöne Gemälde in den Zügen der hochgebenedeiten Jungfrau ausgedrückt haben, scheint auf der jungen Mutter zu ruhen, die einen Sohn geboren hat.
> Hat sie eine Tochter, so weckt das oft einen leisen Schmerz, so eingewurzelt ist die Vorstellung davon, wie sehr das männliche Geschlecht an Glück und Würde bevorzugt sei. Und doch je mehr sie ihr Kind betrachtet, je mehr und mehr wird sie von *Rührung* er-

griffen, eine innige Sympathie, das Gefühl, daß dieß zarte Geschöpf ein seiner Natur nach ihr ähnliches Wesen sei, bemächtigt sich ihrer; das regste Mitleid mit seiner Schwäche, und das noch, dringendere Bedürfniß, für dasselbe zu beten, bewegen ihr Herz. Alles, was sie an Kummer hat empfinden können, fürchtet sie nun für ihre Tochter; allein sie will dafür sorgen, daß diese verständiger und viel besser werde, als sie selbst, sie soll ihr anderes, nur viel vollkommneres Selbst werden. Aber bald treten an die Stelle solcher ernsten Gedanken lachendere; der heitre, leichte Sinn einer jungen Frau macht sich schon Bahn. Sie hat nun eine Blume zu pflegen, eine Puppe zu schmücken.

Eine solche Traurigkeit bei der Geburt einer Tochter habe ich bei Müttern oft beobachtet.

In diesem Leben, das so ganz und gar für Männer eingerichtet ist, werden, denke ich, die Frauen zumindest einen Funken des alten Temperaments der uns verbundenen Geschlechter empfinden, wenn man sie dazu ermutigt. Wenn er mein Bräutigam *und Herr* sein soll, ruft Brunhild,* muss er zuerst durch Feuer und Wasser gehen können. Ich werde beim Festmahl dienen, sagt die Walküre, doch nur dem, der sich in einem tödlichen Kampf als Held bewiesen hat.

Müssen die Frauen Leibeigene sein, dann für jene Männer, die ihnen an Tapferkeit, Vorsätzen, Moral, Schönheitssinn überlegen sind! Ihr, die ihr euch hingebt, »um unterstützt zu werden« oder weil »man etwas lieben muss«, seid verantwortlich für das Los unseres Geschlechts und dafür, dass Mütter traurig sind über die Geburt einer Tochter.

Es ist bezeichnend für die vorherrschende Einstellung zu diesem Thema, dass einer Frau, die einigen Einfluss auf die Jüngeren hatte, der bittere Vorwurf gemacht wurde: »Sie bringt diese Mädchen dazu, Helden sehen zu wollen?«

»Und wird ihnen das schaden?«

»Allerdings, wie *kannst* Du nur fragen? Sie werden keine finden und deshalb nie heiraten.«

›Verheiratet *werden*‹ ist der gebräuchliche Ausdruck, der diese Auffassung zutreffend bezeichnet, aber die Sprecher waren in diesem Fall zu kultiviert, ihn zu verwenden. Sie schämten sich für den Ausdruck,

* Siehe das Nibelungenlied.

doch nicht für die Sache. Madame Necker hingegen erkennt auch das Gute in der Ehelosigkeit.

Ich weiß tatsächlich nicht, wie dieses Thema besser veranschaulicht werden könnte, als indem man in Madame Neckers Buch die Spreu vom Weizen trennt, sie auf zwei Haufen sortiert und dann dem Leser die Wahl lässt; man gibt ihm zuerst ein Vergrößerungsglas, um beide zu untersuchen – es kann ein christliches, astronomisches oder musisches Glas sein, ein gutes Glas, das die anerzogenen Blicktrübungen ausgleicht. Ich könnte eine Wette auf das Ergebnis abschließen.

Aber hier ist kein Platz für eine ausführliche Analyse. Ich habe nur Anhaltspunkte für die Fehlersuche gegeben.

Als Beispiel für das Gute sei die folgende Passage angeführt über die Phänomene dessen, was ich das lyrische oder elektrische Element der Frau genannt habe.

> Man hat Frauen als Dichterinnen in den rührendsten mimischen Darstellungen auftreten sehen, wo alle Leidenschaften mit hoher Schönheit ausgedrückt wurden, und doch bedienten sich diese Dichterinnen einer Sprache, die sie selbst nicht verstanden, und war die Darstellung vorüber, so war ihre Begeisterung ein vergessener Traum. Gewiß, es gibt eine ganz eigenthümliche innere Entwickelung bei so begabten Wesen, aber ihr einziges Mittel, sich uns mitzutheilen, ist ihr Talent. Im Übrigen sind sie Bewohner eines andern Planeten.

Ähnliches hat man auch bei Frauen während der Totenwache in Irland oder bei Beerdigungszeremonien im modernen Griechenland oder der Bretagne beobachtet, in Momenten also, in denen das Genie durch Aufregung geweckt wurde; aber augenscheinlich betrachtete niemand dieses seltene Talent als einem anderen Planeten zugehörig, sondern vielmehr als eine hohe Entwicklungsstufe unseres Planeten – ein Talent, das durch kluge und ehrerbietige Behandlung dazu weiterentwickelt werden könnte, den Alltag zu prägen und zu verschönern. Wenn aber die Frau eine gerechte Gelegenheit bekommt, wird sie ebendas tun, und das Gedicht der Stunde wird mit dem der Zeitalter wetteifern.

Zeichen der Zeit

Ich komme nun mit Genugtuung auf mein eigenes Land und auf einen Schriftsteller zu sprechen, einen weiblichen Schriftsteller, eine Autorin, die ich ausgewählt habe, weil sie die Deutlichste, Klügste und Freundlichste ist, die sich bisher zu diesem Thema geäußert hat. Ich meine Miss Sedgwick.

Obwohl Miss Sedgwick sich nur auf den privaten Bereich bezieht und Rechte durch Kultivierung des Charakters verteidigen will, zieht sie nirgendwo Grenzen und hat lautere Ziele und Antriebe. Es geht ihr um eine freie und sorgfältige Ausbildung der Kräfte, die den Menschen verliehen werden, um sie moralisch und geistig zu vervollkommnen. Ihre Ausdrucksweise ist bescheiden und vernünftig, aber niemals von Angst oder zweifelnder Vorsicht gelähmt.

Sie selbst ist ein schönes Beispiel dafür, wie Verstand und Charakter zum unabhängigen und wohltätigen Dasein der Frau beitragen – nicht weniger als zu dem des Mannes –, wenn sie es zu suchen und zu schätzen versteht, auch dafür, dass der Verstand die Liebe nicht verschlingt oder schwächt, sondern sie vielmehr verfeinert und belebt – die Lehren ihres praktischen Menschenverstandes sind kraftvoll und werden noch sehr nützlich sein. Ihre Schriften gefallen mir in jeder Hinsicht, sowohl was ihre Mittel als auch was ihre Ziele betrifft. Es freut mich, mit welchem Nachdruck sie auf der Berücksichtigung körperlicher Gesetze besteht, denn sie hat dazu allen Grund. Nur in einem starken und reinen Körper kann die Seele ihrer Berufung angemessen nachkommen.

Sie zeigt, wie wichtig es ist, auf die eigene Reinlichkeit zu achten, auf die unerlässliche Sauberkeit wie auf die Liebe zu Ordnung und Gestaltung, die sich aus einer wirklichen Harmonie der Empfindungen ergeben.

Der Lobpreis des kalten Wassers erscheint mir heutzutage als ein vortreffliches Zeichen. Es zeigt eine Neigung zum wahrhaftigen Leben. Nicht Orvietan, Opium oder irgendeine Quacksalberei sollen uns jetzt von Krankheiten heilen, sondern viel Luft und Wasser, zusammen mit Wärme, ungezwungener Kleidung und einfacher Ernährung.

Jeden Tag sehen wir Anzeichen dafür, dass ein natürliches Verhältnis zu diesen Themen wiederhergestellt wird und der Körper Pflege beansprucht – und zwar als Wohnstatt und Organismus der Seele, nicht als Werkzeug zu Sklavenarbeit oder als Gegenstand wollüstiger Ausschweifungen.

Eine arme Frau, die durch Schmach und Schande gegangen war, glaubte sich nie ganz verloren, »denn«, so sagte sie, »ich habe immer gute Unterkleider«; und wahrhaftig, wer könnte bezweifeln, dass das die Überreste der Selbstachtung sind?

Eine sehr kluge Frau sagte: »Es mag kindisch erscheinen, doch es war eines der günstigsten Zeichen der Zeit, dass die Damen dazu überredet wurden, das Korsett abzulegen.«

Sehr richtig! lasst uns alle künstlichen Verfremdungsmittel ablegen. Lasst das Leben gesund sein, rein, aus einem Guss. Miss Sedgwick hat eines der wichtigsten Menschenrechte formuliert: dass die Dienerschaft ebenso wie die Herrinnen die Möglichkeit und auch die Zeit zum Baden haben muss.

Ein weiteres bemerkenswertes Zeichen der Zeit ist der Einfluss, den zwei Frauen, Miss Martineau und Miss Barrett, aus ihren Krankenzimmern heraus ausübten. Das Lebenslicht allein, hätte es sich nur von Liebe genährt, von unsicheren menschlichen Beziehungen, wäre kaum imstande gewesen, in dem einsamen Gefängnis schwach weiterzuglimmen; nun aber erleuchtet es die Länder weit und breit, erheitert die Leidensgenossen und heiligt die Freude der Gesunden.

Diese Menschen brauchen weder Gesundheit noch Jugend noch die Anwesenheit anderer, um mit ihren Gedanken anderen nützlich zu sein. Noch ein paar davon, und die alte Frau wird nicht mehr synonym mit Geistesschwäche sein, die alte Jungfer kein verächtlicher Ausdruck mehr und die Frau nicht mehr das Bild eines Schilfrohrs, das im Winde schwankt.

Es ist wahrhaftig an der Zeit, dass Männer und Frauen altern wie der Baum, in Anmut und Würde. Das Haar des Künstlers wird weiß, aber sein Auge leuchtet klarer als je zuvor, und wir spüren, dass das Alter ihn reifen, nicht verfallen lässt. So erginge es allen, wäre in ihrer Seele die Quelle der ewigen Jugend nicht versiegelt, dann würden alle, wie diese beiden Frauen, vom Fenster der einsamen Kammer aus in die Herrlichkeiten des Universums hinausschauen oder würden, in Dunkelheit eingeschlossen, von Engeln besucht.

Ich spreche nun mein Land und meine Zeit an, und während ich schreibe, treten Ereignisse ein, die den schönen Bau bedrohen, dem wir uns auf einem so weiten Weg genähert haben. In der vorvergangenen Woche wurden die Nichtjuden aufgefordert, den Juden bei ihrer Rückkehr nach Palästina zu helfen, denn das tausendjährige Reich rücke näher, die Herrschaft des Mariensohnes. Soeben wurde der Jungfrau in einem feierlichen Hochamt gedankt, dass sie O'Connell aus der ungerechten Gefangenschaft befreit hat, zum Dank dafür, dass er ihr auf dem Hügel von Tara den Freiheitsbund weihte. Die vergangene Woche aber brachte die Nachricht, dass eine Sache in Gefahr ist, die gleichbedeutend ist mit der Gleichberechtigung von Juden, Iren, Frauen, ja und Amerikanern im Allgemeinen, denn die Volksentscheidung für die Annexion von Texas droht, die Ketten der Sklaverei und den Aussatz der Sünde dauerhaft an diese Nation zu fesseln!

Ach! wenn das geschehen sollte, wer wird dann noch eine himmlische Hoffnung für das Schicksal dieses Landes hegen? Der edle Gedanke, der unserem Wissen Einheit verlieh, unsere Pläne in Einklang brachte, – der Gedanke, dass der Fortschritt der Geschichte ein Zeitalter herbeigeführt habe, dass das Gewebe aus Prophezeiungen den Punkt sichtbar gemacht habe, an dem die Menschheit endlich sich selbst erkennen kann und alle Menschen frei und gleich für den Adlerflug geboren werden – dieser Gedanke flattert, als sei er im Begriff, die Brust zu verlassen, die ohne ihn kein Land, keine Heimat mehr auf Erden haben wird.

Ihr Frauen meines Landes! – Exaltadas! falls es solche geben sollte – ihr Frauen von englischem, altem englischen Adel, die den Mut Boudiccas nachempfinden, die Opferbereitschaft Godivas, die Fähigkeit Königin Emmas, unverletzt über glühende Eisen zu schreiten: ihr Frauen, die ihr von derselben Natur seid wie Mrs. Hutchinson, Lady Russell und die Mütter unserer Revolution – geht euch das nicht an? Ihr seht die Männer, die willens sind, das Glück unzähliger Generationen ihrer Mitmenschen, die Ehre ihres Landes und ihre unsterblichen Seelen schamlos für Geld und politische Macht zu verkaufen. Findet ihr in euch keinen Widerspruch, keine Zurechtweisung für sie, keinen Tadel oder etwas, das sie davon abhalten könnte? Ihr würdet eure Stimmen nicht vergeblich erheben, ob jede für sich in ihrem eigenen Heim oder alle im Gleichklang vereint.

Sagt diesen Männern, dass ihr den glitzernden Tand, die geräumigen Wohnungen und die zahlreichen Dienstboten, die sie euch so verschaffen wollen, nicht annehmen werdet. Sagt ihnen, dass eure Herzen von ihnen Edelmut und Ehre verlangen und dass sie, wenn sie sich schuldig machen und keine Barmherzigkeit zeigen wollen, nicht länger eure Väter, Liebhaber, Ehemänner, Söhne sein können.

Ihr streitet damit für eure eigene Sache, denn wie ich bereits sagte: Es gibt einen Grund, warum die Gegner der afrikanischen Sklaverei mehr Freiheit für Frauen anstreben sollten; aber begründet diese Freiheit nicht damit, sondern mit dem Recht.

Wenn ihr Macht besitzt, ist es eine moralische Macht. Ihr seid nicht durch so viele Interessen gebunden wie die Männer. Wenn ihr nachdenkt, müsst ihr euch wünschen, das Land vor dieser Schande zu bewahren. Lasst die Gelegenheit nicht ungenutzt verstreichen, sondern tut etwas, um den durch Eva über uns gekommenen Fluch aufzuheben.

Ihr habt gehört, dass die Frauen, die sich für die Abschaffung der Sklaverei einsetzen, der Dreistigkeit beschuldigt wurden, weil sie die Stimme in der Öffentlichkeit erhoben und damit etwas Unerhörtes begonnen haben. Waren diese Handlungen aber *so* dreist – seien sie nun vernünftig ausgeführt oder nicht –, als ob sie vor Gott und dem Mann die Früchte eines solchen Anstoßes pflückten?

Ihr hört viel von der Sittsamkeit eures Geschlechts. Bewahrt sie euch, indem ihr durch eine Fülle an reinherzigen Wünschen die verderbliche Eitelkeit und den Müßiggang abwehrt. Eine gefallene Frau, die ihre gewohnte Umgebung verlassen und den Dienst in einer New Yorker Pension aufgenommen hat, sagte, »sie habe in den Five Points nie so niederträchtiges Gerede gehört wie bei den Damen in der Pension«. Und warum? Weil sie untätig waren, weil sie ohne Beschäftigung mit unnatürlicher Neugier bei allem Schlechten verweilten, das sie nie anzusehen gewagt hätten.

Es wird eurer Sittsamkeit weniger Abbruch tun, wenn solche Gedankenlosen euren Namen mit gegenstandslosen Vorwürfen verbinden, als wenn auf eurer Seele das Gewicht lastete, nichts versucht zu haben, um die Frauen einer ganzen Nation vor der Missachtung *ihrer* Sittsamkeit zu bewahren.

Bedenkt es wohl! Ich bitte, ich beschwöre euch, bevor es zu spät ist. Ich glaube, dass die Frauen etwas bewirken könnten, wenn sie es nur in Betracht zögen und es mit dem richtigen Geist angingen, einem Geist, der sanft, aber entschlossen wäre und keinen Anstoß fürchtete, außer vor dem Einen, dessen Blick zu rein ist, um auf Missetaten zu sehen.

Zusammenfassung

In der ersten Abhandlung hätte ich, so wurde mir gesagt, meine Absichten nicht deutlich genug gemacht. Darum habe ich hier versucht, sie anders zu veranschaulichen, und mich dabei womöglich einiger

Wiederholungen schuldig gemacht. Da ich jedoch keinen Raum für Zweifel lassen will, werde ich nun noch einmal die Grundzüge meiner Ideen in Stichpunkten zusammenfassen, wie in altmodischen Predigten.

Der Mensch steht als Wesen in zweifacher Beziehung: zur Natur unter ihm und zu den Wesen über ihm. Die Erde ist seine Schule, nicht sein Geburtsort: Gott ist sein Ziel; Leben und Denken sind seine Mittel, die Natur zu verstehen und nach Gott zu streben.

Nur ein Bruchteil dieses Ziels wird im Leben eines einzelnen Menschen verwirklicht. Seine vollständige Verwirklichung ist nur von der Summe vieler Menschenleben oder von der Menschheit im Ganzen zu erhoffen.

Da dieses Ganze Seele und Körper hat, wirkt sich jede Verletzung oder Behinderung eines Teils, auch noch des kleinsten Gliedes, auf das Ganze aus. Der Mensch kann nie vollkommen glücklich oder tugendhaft sein, solange es nicht alle Menschen sind.

Will man sich verständig mit dem Menschen befassen, darf man nicht vergessen, dass sein Leben teilweise das eines Tieres ist, den gleichen Gesetzen unterworfen wie die Natur.

Aber man kann sich nicht verständig mit ihm befassen, wenn man ihn nicht vor allem als Seele betrachtet und die Bedingungen und die Bestimmung der Seele respektiert.

Der Mensch entfaltet sich zwiefältig, männlich und weiblich.

Soweit diese beiden Entfaltungen unterschieden werden können, sind sie wie –

Energie und Harmonie.

Kraft und Schönheit.

Verstand und Liebe.

Das sind nur grobe Klassifikationen, weil unsere Sprache nicht ursprünglich und rein genug ist, solche Konzepte angemessen zu formulieren.

Diese beiden Seiten sollen in Mann und Frau in stärkerer oder schwächerer Ausprägung sichtbar werden, denn sie wurden nicht rein und getrennt auf die Geschlechter verteilt, sondern existieren in beiden, herrschen aber in jeweils einem vor. Es gibt auch zahlreiche Ausnahmen: Männer, die schöner sind als mächtig, und umgekehrt. Als allgemeine Regel aber scheint es die Absicht gewesen zu sein, der einen Seite, die man männlich nennt, und der anderen, die man weiblich nennt, ein Übergewicht an bestimmten Eigenschaften zu verleihen.

Ohne Zweifel würden diese beiden Ausprägungen, befänden sie sich in vollkommenem Einklang, einander entsprechen und ergänzen wie die beiden Hemisphären oder Tenor und Bass in der Musik.

Aber es gibt in der menschlichen Natur keinen vollkommenen Einklang; die beiden Teile antworten einander nur hin und wieder, und falls ein anhaltender Gleichklang entsteht, erklingt er nur in großen Abständen und bildet keine klare Melodie.

Warum?

Der Mann entfaltete sich zuerst, so wie die Energie vor der Harmonie bestand und die Kraft vor der Schönheit.

Die Frau stand darum in seiner, des Älteren, Obhut. Er hätte ihr Beschützer und Lehrer sein können.

Die menschliche Natur aber entwickelt sich nicht geradlinig, sondern nimmt einen gewundenen Verlauf, weil immer zu vieles getan wird, dem man anschließend entgegenwirken muss, und der Mann hat seine Vorteile missverstanden und missbraucht und sich zum weltlichen Gebieter der Frau gemacht statt zu ihrem geistigen Vater.

Die Strafe fiel auf ihn selbst zurück. Er erzog die Frau mehr zu einer Dienerin als zu einer Tochter und fand sich als König ohne Königin wieder.

Die Kinder aus dieser ungleichen Verbindung zeigten ungleiche Wesenszüge, und mehr und mehr erschienen die Männer als Söhne der Magd statt als Prinzen.

Schließlich waren es so viele Ismaeliten, dass die anderen erschraken und unwillig wurden. Sie schoben die Schuld auf Hagar und trieben sie in die Wüste hinaus.

Aber darum gab es doch nicht weniger Ismaeliten.

Zuletzt wurden die Männer etwas klüger und erkannten, dass der kleine Mose in jedem Fall durch die reinen Instinkte der weiblichen Brust gerettet worden war. Denn weil für die Moral zu viel Unglück besser ist als zu viel Wohlstand, ist die Frau darin weniger verkümmert als der Mann, auch wenn sie sonst noch immer ein Kind am Gängelband ist.

So wurde der Mann ihr immer gerechter, und sie wurde immer gütiger.

Weil aber die Vergangenheit seine Gewohnheiten und seinen Willen verdorben hatte, wurde ihm nicht wirklich klar, dass die Frau zur Hälfte er selbst war, dass ihre Interessen die seinen waren und er sich nach dem Gesetz ihres gemeinsamen Wesens nie ganz entfalten konnte, solange sie in irgendeiner Weise an ihrer eigenen Entfaltung gehindert wurde.

Und so ging es weiter bis in unsere Tage; beide Konzepte entwickelten sich, aber sie taten es langsamer, als sie es getan hätten, wären nur Wahrheit und Gerechtigkeit anerkannt worden, die den Geschlechtern den nötigen Einfluss aufeinander, gemeinsame Besserung und würdigere Beziehungen ermöglicht hätten.

Wo immer reine Liebe war, wurden die natürlichen Einflüsse für eine gewisse Zeit wiederhergestellt.

Wo immer der Dichter oder Künstler seinem Genie freien Lauf ließ, erkannte er die Wahrheit und gab ihr eine würdige Form, denn gerade diese Menschen teilen und brauchen das weibliche Prinzip. Die göttlichen Vögel müssen von Müttern ausgebrütet werden, damit sie leben und singen können.

Wo immer die Religion (ich meine den Durst nach dem Wahren und Guten, nicht die Liebe zu Sekten und Dogmen) sich ausbreitete, begriff man den ursprünglichen Plan in seiner ganzen Einfachheit, und lieblich weissagte die Taube aus der Eiche von Dodona.

Ich habe zu zeigen versucht, dass es in jedem Zeitalter Zeugen für die Gleichheit der Geschlechter gegeben hat, für ihre Ebenbürtigkeit in Arbeit, Pflicht und Hoffnung.

Auch: dass es die Frauen, wenn Unwillen oder Unwissenheit diese Gleichheit verhinderte, nicht an Kraft fehlen ließen, um nach Licht und würdiger Freiheit zu streben. Es gab aber eine Kraft, die ihnen selbst und denen, gegen die sie die Waffen der Unterdrückten einsetzten, gleichermaßen schadete: Verschlagenheit, Schmeichelei und Unvernunft.

Kurz: dass nun die Zeit gekommen ist, klarer zu sehen und besser zu handeln. Eine Zeit, da Mann und Frau einander als Bruder und Schwester betrachten können, als tragende Säulen einer Vorhalle, als Priester eines Gottesdienstes.

Ich glaube und habe zu verstehen gegeben, dass diese Hoffnung in unserem eigenen Land stärker als je zum Tragen kommen wird.

Und sie wird es tun, wenn dieses Land die Grundsätze verwirklicht, aus denen unser Leben als Nation hervorgegangen ist.

Ich glaube, dass die Frauen sich derzeit am besten gegenseitig helfen können.

Lasst sie denken, lasst sie handeln, bis sie wissen, was sie brauchen.

Wir verlangen von den Männern nur, dass sie willkürliche Schranken beseitigen. Einige würden gerne mehr tun. Aber ich glaube, dass die Frau sich in ihrer angeborenen Würde zeigen muss, um die Männer zu lehren, wie sie ihr helfen können; die Männer sind so sehr in Traditionen befangen.

Als Lord Edward Fitzgerald mit den Indianern reiste, zwang ihn sein männliches Herz, den Squaws die Bündel abzunehmen und sie selbst zu tragen. Wir lesen aber nicht, dass die roten Männer seinem Beispiel gefolgt wären, dabei sind sie jederzeit bereit, das Bündel einer weißen Frau zu tragen, weil diese ihnen als ein überlegenes Wesen vorkommt.

Lasst die Frau in der milden Majestät der Ceres erscheinen, und die rohesten Burschen werden bereit sein, von ihr zu lernen.

Ihr fragt, welchen Gebrauch sie von der Freiheit machen wird, nachdem sie so lange bevormundet und gezügelt worden ist?

Ich antworte vor allem dies: Das wird nicht plötzlich geschehen. Ich habe gestern ein Streitgespräch aus diesem Jahr gelesen, in dem es um die Ausweitung der Eigentumsrechte für Frauen ging. Es las sich wie ein Blatt aus dem *Class Book*, das auf den dafür notwendigen Unterricht vorbereitet. Die Männer lernten sichtlich, während sie sprachen. Die Verfechter der Frauenrechte sahen den Irrtum in der Argumentation der Gegenseite und erschraken vor ihren eigenen Überzeugungen. Bei ihren Ehefrauen zu Hause und den Zeitungslesern war es dasselbe. Und so fließt der Strom weiter, die Gedanken drängen zum Handeln, und das Handeln führt zur Verbesserung der Gedanken.

Sollte aber diese Freiheit plötzlich eintreten, hätte ich keine Angst vor den Folgen. Einzelne mögen sich Ausschweifungen hingeben, doch unser Geschlecht zeichnet sich nicht nur durch ein Gefühl für Schicklichkeit und Beschränkungen aus, das von Generation zu Generation vererbt und verstärkt worden ist und das auch viele Jahre einer anderen Lebensweise nicht auslöschen können, sondern auch durch eine angeborene Liebe zum Gleichmaß, zur »einfachen Kunst des Nicht-zuviel« – eine griechische Mäßigung, aus der unmittelbar eine zügelnde Partei hervorgehen könnte, Gesetzgeberin und Lehrerin der anderen, die alle benötigten Regeln aufstellen würden, um das Leben zu schützen, ohne es zu beschränken.

Die Grazien würden den Tanz anführen und die anderen lehren, ihre Schritte im Takt zu setzen.

Wenn ihr mich aber fragt, welche Ämter die Frauen bekleiden können, so antworte ich – jedes. Es ist mir gleichgültig, welchen Fall ihr vorbringt – lasst sie Kapitäne zur See sein, wenn ihr wollt. Ich bezweifle nicht, dass manche Frauen für ein solches Amt gut geeignet

Eugène Delacroix:
Griechenland auf den Ruinen von Mesolongi

sind, und ich wäre glücklich, sie darin zu sehen, so wie ich die Jungfrau von Saragossa oder die Jungfrau von Mesolongi oder die Heldin von Suliote oder Emilia Plater begrüßen würde.

Ich glaube, Frauen brauchen gerade heute, um ihre verborgenen Kräfte zu wecken, ein viel größeres Betätigungsfeld, als sie es bisher haben. Unlängst besuchte eine Gruppe von Reisenden eine einsame Hütte auf einem Berg. Dort fanden sie eine alte Frau, die ihnen erzählte, dass sie und ihr Mann vierzig Jahre dort gelebt hätten. »Warum«, fragten sie, »habt ihr einen so unfruchtbaren Ort ausgewählt?« Sie wusste es nicht, *es war die Idee des Mannes gewesen.*

Vierzig Jahre lang hatte sie sich damit begnügt, nach »der Idee des Mannes« zu handeln, ohne zu wissen warum. Ich würde das nicht wollen.

In den mir bekannten Familien sägen einige kleine Mädchen gerne Holz, andere arbeiten gerne mit Tischlerwerkzeugen. Wo diesen Vorlieben nachgegeben wird, herrschen Fröhlichkeit und gute Laune. Wo sie verboten werden, weil »solche Dinge für Mädchen nicht schicklich sind«, werden die Mädchen mürrisch und boshaft.

Fourier hat diese Bedürfnisse der Frauen beobachtet, sie können niemandem entgehen, der die Sehnsüchte kleiner Mädchen wahrnimmt oder die Langeweile erwachsener Frauen kennt, wenn sie sich nicht durch irgendeine Art von Kunst eine heitere kleine Welt erschaffen. Wenn Fourier darum eine Vielzahl an Beschäftigungen vorschlägt, sei es in Manufakturen oder in der Pflege von Pflanzen und Tieren, dann gesteht er einem Drittel der Frauen eine Vorliebe für männliche Beschäftigungen zu, so wie einem Drittel der Männer eine Vorliebe für weibliche.

Wer hat nicht schon das unmittelbare Leuchten und die Heiterkeit im Leben von Frauen beobachtet, die zuvor rastlos oder reizbar waren, wenn sie sich mit Gärtnerei, Baukunst oder den niedersten Gefilden der Kunst beschäftigen. Etwas, das nicht zur Routine gehört, etwas, das das Leben auf das Unendliche hinlenkt.

Ich bezweifle jedoch nicht, dass ein großer Teil der Frauen sich denselben Tätigkeiten widmen würde wie jetzt, weil die Umstände sie dazu bringen. Mütter werden weiterhin ihre Freude daran haben, das Nest warm und weich einzurichten. Die Natur wird dafür schon sorgen; es besteht also kein Grund, einem Vogel die Flügel zu stutzen, der sich aufschwingen und singen will oder dessen Flügel kräftig genug sind, um zu einem für seine Gattung außergewöhnlichen Wanderflug aufzubrechen. Der Unterschied wäre, dass nicht *alle* von Beschäftigungen abgehalten werden müssen, für die *einige* nicht geeignet sind.

Ich habe das weibliche Geschlecht zur Selbsterhaltung durch Selbstständigkeit und Selbstbestätigung ermutigt, denn ich halte das für das im Augenblick notwendige Mittel.

Ich habe darauf gedrängt, dass die Frau unabhängig vom Mann sei, nicht weil ich nicht glaube, dass die beiden Geschlechter aufeinander angewiesen sind, sondern weil diese Tatsache zu einer übermäßigen Hingabe der Frau geführt hat – so ist die Liebe abgekühlt, die Ehe entwürdigt, und keines der beiden Geschlechter kann sein, was es für sich selbst oder den anderen sein sollte.

Ich möchte, dass die Frau *zuerst* Gott zuliebe lebt. Dann wird sie keinen unvollkommenen Mann zu ihrem Gott erheben und dem Götzendienst verfallen. Dann wird sie nicht aus einem Gefühl der Schwäche und Armut annehmen, was nicht zu ihr passt. Wenn dann der Mann für sie das verkörpert, was sie braucht, wird sie zu lieben wissen und würdig sein, geliebt zu werden.

Wenn sie mehr Seele ist, wird sie nicht weniger Frau sein, denn die Natur wird durch den Geist vervollkommnet.

Heute gibt es keine Frau, sondern nur ein zu groß geratenes Kind.

Damit sie jemandem würdevoll ihre Hand reichen kann, muss sie auch alleine stehen können. Ich möchte Männer und Frauen zu solchen Beziehungen befähigt sehen, wie Landor sie in *Perikles und Aspasia* zeigt, wo Anmut das natürliche Gewand der Stärke ist und die Zuneigung durch ihre Tiefe ruhig. Sie ist so weich wie ein festes Gewebe, –

> Die Götter loben
> Die Tiefe nur, den Aufruhr nicht der Seele.
> Nicht Übermaß, nur Inbrunst gilt dort oben.

Ein tiefsinniger Denker hat gesagt: »Keine verheiratete Frau kann die weibliche Welt verkörpern, denn sie gehört ihrem Ehemann an. Die ideale Frau muss von einer Jungfrau verkörpert werden.«

Das aber ist der eigentliche Fehler der Ehe und des heutigen Geschlechterverhältnisses: dass die Frau dem Mann *angehört*, anstatt mit ihm ein Ganzes zu bilden. Wäre es anders, so wären die Vorstellungen davon nicht so beschränkt.

Die auf sich selbst gestellte Frau würde niemals von einer Beziehung verzehrt werden, sie bedeutete ihr lediglich eine Erfahrung von vielen, wie dem Mann. Es ist ein verbreiteter Irrtum, dass die Liebe, *eine* Liebe das ganze Dasein der Frau ausmachte; sie ist auch für die allumfassende Wahrheit und die allumfassende Liebe geboren. Nähme sie ihr Erbe an, so wäre Maria nicht die einzige jungfräuliche Mutter. Nicht nur Manzoni feierte dann den jungfräulichen Geist seiner Ehefrau im Verein mit mütterlicher Weisheit und ehelicher Zärtlichkeit. Die Seele bleibt immer jung, immer jungfräulich.

Und wird sie nicht bald erscheinen? Die Frau, die das Geburtsrecht aller Frauen verteidigen wird, die die anderen lehrt, was sie verlangen und wie sie das Erhaltene nutzen können? Sollte ihr Name für ihre Epoche nicht Victoria lauten, für ihr Land und ihr Leben Virginia? Doch Vorhersagen sind voreilig, sie selbst wird uns ihren richtigen Namen lehren müssen.

Eine der Antike nicht unbekannte Vorstellung ist in letzter Zeit wiederbelebt worden: dass die Seele in den Metamorphosen des Lebens zuerst die Gestalt des Mannes, dann die der Frau annimmt, und dass sie die jeweiligen Gelegenheiten nutzt und aus beiden ihren Vorteil zieht. Warum also sollte man, fragen manche, so viel Gewicht auf die Rechte oder Bedürfnisse der Frau legen? Was sie als Frau nicht erreicht, wird ihr als Mann zuteil.

Aber das macht keinen Unterschied. Nicht die Frau spricht aus uns, sondern das Recht, das Gesetz des Wachstums, das die Vervollkommnung jedes Wesens fordert, des Apfels als Apfel, der Frau als Frau. Ohne mir eure Anschauung zu eigen zu machen, weiß ich, dass ich, eine Tochter, das Leben von vielen durchlebe, aber jetzt kommt es mir darauf an, dass mein Leben auf seine Art schön, kraftvoll, mit einem Wort: vollständig ist. Hätte ich nur noch einen Augenblick zu leben, würde ich mir genau dasselbe wünschen.

Angenommen, am Ende meines Lebenskreislaufs, meines großen Weltenjahres, wäre alles vollendet, ob ich mich anstrengte oder nicht (und die Annahme ist *falsch*, aber nehmen wir an, sie wäre wahr) – soll mein Leben mir dann gleichgültig sein? Nie und nimmer! Ich muss meinen eigenen Puls im Herzen der Welt schlagen fühlen, *das* ist Tugend, Größe, Gesundheit.

Du, Herr des Tages! hast uns in dieser Nacht so rühmenswert ruhig verlassen, nicht verzagt, weil der kalte Winter anbricht; Du hast Deine Wohltaten nicht auf den fruchtbaren Sommer verschoben. Du lächeltest auf Dein vollbrachtes Tagwerk herab und schmücktest Deinen Untergang wie Deinen Aufgang, denn Du bist treu, und es ist

Deine Natur, Leben zu schenken, wo Du kannst, und alles zu erleuchten!

So stehe ich in der sonnigen Mittagszeit des Lebens. Die Dinge glitzern nicht mehr im Morgentau, und sie sind noch nicht gedämpft von den Abendschatten. Jeder Fleck ist sichtbar, jeder Abgrund offenbart. Als ich den staubigen Hügel erklomm, zerbrachen einige schöne Bilder, die mir einst Symbole des menschlichen Schicksals waren, und die, die ich noch bei mir trage, weisen in diesem grellen Licht Mängel auf. Aber selbst die Erfahrung lässt genug übrig, um die Herrlichkeiten dieses Schicksals in klaren Umrissen zu erkennen, schwache, doch unverwechselbare Streifen des künftigen Tages. Mit dem Dichter kann ich sagen –

> Wohl mancher hat Schiffbruch schon erlitten, doch gibt's noch edle Herzen.

Beständig sagt die Seele zu uns: Ehrt eure größten Hoffnungen wie einen Glauben und handelt nach ihnen. Das wird der leidenschaftlichste, wirksame Weg sein, sie zu erfüllen: –

> Denn die Macht, vor der wir uns beugen,
> Gab das Versprechen, dass, wenn auch nicht jetzt,
> Jene, die standhaften und reinen Gemütes sind,
> Geläutert durch Wahrheit, durch Glauben erhöht,
> Jene Musik deutlich vernehmen *werden*,
> Deren erste Töne sie hier zu spielen wagten.
> Dann fürchte nicht, das Horn zu blasen,
> Wenn Elf und Gnom auch Deinen Mut verachten;
> Frag nach dem Königspaar des Schlosses,
> Wenn auch die Rotte wild dazwischendrängt,
> Bewusstlos Dich zu Boden schlägt
> Oder im Dunkeln Dich heimsucht;
> Fahr fort zu fragen und es wird geschehen,
> Such nicht nach Ruhe im bescheideneren Heim,
> Und Du wirst sehen, was Wenige nur sahen:
> Den Palast des Königs und der Königin.

15. November 1844.

V
Sozialkritik und Sozialismus

Hatte Fuller bereits zuvor bestehende gesellschaftliche Ordnungen kritisiert, angefangen mit der Rolle der Frauen in The Great Lawsuit *und dann in* Woman in the Nineteenth Century, *setzen in ihren letzten sechs Lebensjahren eine Ausweitung der Kampfzone und eine deutliche Radikalisierung ein. Chevigny bezeichnet Fullers Feminismus als eine Art Zwischenstation auf dem Weg zu einer umfassenderen Gesellschaftskritik:*

> *Her feminism was a way station, an early exercise in social criticism which led her to live out a much more comprehensive critique of American values. While her concern for women and their rights remained alive in her last years, it engrossed her less than it had, for it was translated into other terms. On the one hand it expanded to a concern for all oppressed people, on the other it contracted into the need – directly, without theory, and alone – to complete her own freedom. (Chevigny,* Woman, *2)*

Das beginnt mit Fullers Umzug nach New York und ihrer Arbeit bei der New-York Daily Tribune *Ende 1844. Sie wird in dieser Zeit zur engagierten Verfechterin sozialer Reformen. Wichtig für diese Entwicklung sind Personen aus ihrer privaten Umgebung, namentlich Horace Greeley, der sozialistische und feministische Ideen vertritt, und Gesellschaftstheoretiker wie der französische Schriftsteller Charles Fourier, dessen Werke zu dieser Zeit in Fuller Umkreis so populär sind, dass sie zur Gründung mehrerer sozialutopischer Kommunen führen. Denn Fouriers Ziel ist es, »to create small exemplary communities, or phalanxes, in which labor would be freed from coercion, and sexuality no longer repressed. Funded by private capital, the phalanx would share profits according to a reshuffled hierarchy of labor, capital, and talent.« (Chevigny,* Woman, *285) Fuller selbst befasst sich mehrfach mit Fourier, schon in* Summer on the Lakes *und in* Woman in the Nineteenth Century, *wahrt aber kritische Distanz.*

Ein Großteil von Fullers Beiträgen zur Tribune *besteht aus Sozialreportagen. Dafür besucht sie Orte, an die die Zeitungsabonnenten*

Ausrufung der Römischen Republik 1849

niemals gehen würden: Armenhäuser, Waisenschulen, Gefängnisse, psychiatrische Einrichtungen. Eindringlich schildert sie das Elend, das sie dort erlebt, und kritisiert eine Gesellschaftsordnung, die ein solches Elend nicht nur zulässt, sondern in ihm überhaupt begründet ist. Aus ihrer erklärten Sicht kann die Situation der Ärmsten und aus der Gesellschaft Verstoßenen nur dann verbessert werden, wenn auch für deren Bildung gesorgt und ihnen mit Respekt begegnet wird: »Menschen, die man respektvoll behandelt, werden an ihre Selbstachtung erinnert, und wenn etwas Gutes in ihrem Charakter übriggeblieben ist, breitet sich der gesunde Einfluss aus.« (CW 422) Besonders für Prostituierte setzt sie sich ein; einige besucht sie im Gefängnis Sing Sing. Sie erkennt, dass diese Frauen durch gesellschaftliche Gegebenheiten zu diesem Leben gezwungen worden seien und die Gesellschaft darum verpflichtet sei, sie aus ihrer Lage zu befreien.

Dasselbe Engagement zeigt sich auch in Fullers Literaturkritiken. Sie gehört zu den ersten Rezensentinnen der Autobiografie des einstigen Sklaven, abolitionistischen Vorkämpfers und Menschenrechtsaktivisten Frederick Douglass, Narrative of the Life of Frederick Douglass, an American Slave *(1845). Der argumentativen Stringenz und literarischen Qualität ihrer Texte kommt diese Arbeit sichtlich zugute: »Their engaging contents, their vital, organic form, their supple, powerful prose […] raise them far above the level of ordinary journalism.« (Reynolds,* Introduction, *2) Ihren Reflexionen zu Frauenleben und Geschlechterrollen verdankt sie eine besondere Sensibilität auch für andere gesellschaftlich und politisch Marginalisierte:*

> *Her position as a woman, and the experience of analyzing that position, enabled her to sympathize more readily with other outsiders, without losing her ability to connect with the privileged and acknowledge their perspectives as well. As a result, her analytical approach is marked by inclusiveness […]. Inclusiveness and mutuality are two of the main operating terms for Fuller's cultural and political analysis. (Fleischmann,* Fuller's Socialism, *186)*

Neben Sozialreportagen und Literaturkritiken übersetzt Fuller auch Artikel aus fremdsprachigen Zeitungen für die Tribune. *Die meisten davon sind in ihrer sozialen und politischen Zeitkritik noch schärfer als ihre eigenen Beiträge: »The items she culls from foreign and immigrant newspapers tend to be more overt in their political commen-*

tary, concerned as many of them are with the developing interest in communism and socialism throughout Europe.« (Zwarg, Feminist, *201) Unter diesen Übersetzungen sticht besonders eine hervor: ein Beitrag des Pariser Auslandskorrespondenten der in New York erscheinenden* Deutschen Schnellpost für europäische Zustände und sociales Leben Deutschlands. *Unter der Überschrift* The Social Movement in Europe *beschäftigt sich der Frühsozialist Heinrich Börnstein darin mit dem Begriff des Sozialismus und dessen wichtigsten neuen Vertretern in Deutschland, unter anderem mit Karl Marx und mit Friedrich Engels' gerade erschienener Schrift* Die Lage der arbeitenden Klasse in England *(1845). Dieser Text ist »surely among the very earliest notices of Marx and Engels in America« (Chevigny,* Woman, *294), erschienen drei Jahre vor dem* Kommunistischen Manifest *1848. Bemerkenswert ist, dass Fuller unter diesen Text ihr Erkennungszeichen, den Stern *, setzt und sich damit das Übersetzte zu eigen macht. Sie beendet ihre Übersetzung mit einem eigenen Kommentar: »Die neue Epoche ist nicht mehr fern. Die neue Epoche, in der der Arbeiter seines Lohnes für würdig erachtet werden und jeder Mensch das Recht haben wird, die ihn verzehrenden Bedürfnisse zu äußern.« (Hier 296)*

In die Beiträge, die Fuller kurze Zeit später als Auslandskorrespondentin von ihrer Europareise an die Tribune *schickt, mischen sich zunehmend radikale, bald auch revolutionäre Töne. In New York hatte sie unter dem Einfluss von Greeley und Channing zwar die Ansicht vertreten, dass soziale Reformen notwendig seien, blieb aber bei einer liberal-reformistischen Gesinnung. Ihr prononcierter Individualismus hatte sie davon abgehalten, sich einer Bewegung anzuschließen, sei es der Abolitionismus oder die sozialutopische Lebens- und Arbeitsgemeinschaft der Brook Farm, auf der sie mehrmals zu Gast war, ohne sich aber zu einer dauerhaften Teilnahme entschließen zu können.*

Die Radikalisierung ihrer Ansichten hängt zum einen mit dem zusammen, was sie in Europa zu sehen bekommt. Die sich beschleunigende industrielle Revolution prägt die Städtebilder, soziale Missstände verschärfen sich: »The Europe Fuller encountered on her travels during 1846 and 1847 teemed with unemployment, famine, and social unrest, as well as corrupt and despotic governments unable or unwilling to fashion solutions to these problems.« (Reynolds, Introduction, *12) In England nimmt sie das Elend, »die Schrecken und Sorgen der Straße« wahr (DE 72). Sie besucht die Kohleminen in Newcastle und leidet mit den Arbeitern wie auch mit den Grubenpferden, die »meist das Tages-*

licht nicht mehr zu sehen bekommen, nachdem sie einmal in diese finsteren Gruben hinabgelassen wurden, sondern ihre Tage damit zubringen, Wagen über die Schienen in engen Gängen zu ziehen, und ihre Nächte damit, Heu zu essen und von Gras zu träumen!!« (DE 82) In Frankreich sieht sie, wie die Landbevölkerung hungert, während König Louis-Philippe in Paris Feste veranstalten und Berichte über die Hungersnot zensieren lässt.

Zum anderen hängt Fullers Radikalisierung mit ihren persönlichen Kontakten zusammen. Sie reist mit Marcus und Rebecca Spring durch Europa, die beide abolitionistisch, feministisch und sozialistisch engagiert sind. Außerdem lernt sie in England und Frankreich, besonders in Paris, das zu dieser Zeit eine Hauptstadt der politischen Exilanten ist, führende Vertreter und Vertreterinnen der revolutionären Bewegungen kennen. Unter ihnen sind der Philosoph Pierre Leroux und die Schriftstellerin George Sand, der polnische Romantiker Adam Mickiewicz und der italienische Freiheitskämpfer Joseph Mazzini. Über den Letzteren schreibt sie in der Tribune:

> Der Name Joseph Mazzini ist all jenen unter uns bekannt, die für die Freiheit brennen, die sich nicht mit Frieden und Bequemlichkeit zufriedengeben, erkauft durch die Aufopferung ihrer Väter, und die mit banger Teilnahme auf die leidenden Nationen schauen, die sich auf einen ähnlichen Kampf vorbereiten. […] Sie wissen, dass es kein wahres Glück, kein Heil geben kann, wenn nicht allen dasselbe sicher ist. (DE 98)

Nach ihrer Trennung von den Springs trifft sie in Norditalien radikale Aktivistinnen und Aktivisten, die für die Unabhängigkeit Italiens von Österreich kämpfen und 1848/49 an der Revolutionsregierung beteiligt sein werden, darunter Costanza Arconati Visconti (die zu einer der engsten Vertrauten Fullers in Europa wird), Giuseppe Arconati Visconti und Cristina Trivulzio di Belgiojoso. Die sozialistisch-republikanische Entwicklung der politischen Ansichten Fullers lässt sich anhand ihrer Tribune-Beiträge gut verfolgen.

Im Frühjahr 1848 beobachtet sie hoffnungsvoll das Revolutionsgeschehen in ganz Europa. Sie fordert »Gleichheit« und »Brüderlichkeit«. Und als sie nach der Geburt ihres Sohnes nach Rom zurückkehrt, stellt sie sich entschieden auf die Seite der Revolutionäre: »She was a different woman by the time she returned to Rome – more militant, *more Italian, more certain than ever that her hopes were bound up with the fate of the revolutionary cause in Europe.« (Reynolds,* Introduction, *26)*

In Rom ist die Revolution nach ihrer Rückkehr Ende 1848 in vollem Gange. Bei Fullers erstem Besuch 1847 hatte sich noch der allgemeine Enthusiasmus für Papst Pius IX. abgezeichnet, der erst kurz zuvor sein Amt angetreten hatte und dessen Reformen Hoffnungen weckten – er hatte beinahe tausend politische Gefangene begnadigt und die Bürgergarde gegründet, die die Bürger zum Tragen von Waffen berechtigte. Im Mai 1847 hatte Fuller in der Tribune *über ihn geschrieben:*

> *Er hat zweifellos Weisheit, Weitsicht, Mut und Entschlossenheit bewiesen, aber es ist vor allem sein selbstloses menschliches Herz, das ihm Macht über dieses Volk verleiht. Sein Gesicht beschämt die Egoisten, erlöst die Ungläubigen, warnt die Frevler und ermutigt die Mühseligen und Beladenen. (DE 172)*

Im November 1848 verlässt Papst Pius IX. jedoch den Kirchenstaat, weil er den Forderungen der Revolutionäre nach Unabhängigkeit von Österreich und nach einem geeinten republikanischen Italien nicht nachgeben will und die Aufständischen fürchtet. Sein Verhalten wird allgemein als Verrat empfunden; Fuller kommentiert: »So handelt nur ein Narr oder ein Feind. […] Kein Wort mehr von ihm! Seine Zeit ist vorüber.« (DE 244)

Am 9. Februar 1849 rufen die Anhänger Mazzinis im Kirchenstaat die Römische Republik aus. Fuller steht hinter dieser Proklamation, kritisiert aber, dass Mazzini keine sozialistischen Pläne für Italien habe. An Garibaldi zweifelt sie und schreibt an Ossoli: »Garibaldi hat keine Kontrolle über die Desperados in seiner Truppe. Am Sonntag haben sie einen Priester und zwei Bürger getötet, vielleicht sogar neun, wie es heißt.« (WM 473) Trotz solcher Zweifel kämpft sie für die Republik. Als Truppen der französischen und spanischen Monarchien die Republik angreifen, um den Kirchenstaat wiederherzustellen, verlangt sie wiederholt den Beistand der Vereinigten Staaten: »For Fuller, Italy, like America, was destined to overthrow tyranny and enjoy the freedom and prosperity that had long been denied it.« (Reynolds, Introduction, *32)*

Nach der Niederschlagung der Revolution und der Römischen Republik und nach Fullers Flucht nach Florenz ist ihr Kampfgeist gedämpfter, aber nicht gebrochen. Von der Notwendigkeit radikaler

Veränderungen der Regierungsform und Gesellschaftsordnung ist sie weiterhin überzeugt. Sie spricht davon, dass »die fürchterlichen sozialen Missstände in Europa« beseitigt werden müssten, und wünscht sich zu diesem Zweck »eine friedliche, wenn auch radikale Revolution statt eines blutigen Konflikts« – ohne radikale Veränderungen kann die Welt nicht länger bestehen (hier 280f.). Noch während der Zeit der Römischen Republik hatte sie geschrieben: »An Christus wird man nun öfter denken, seine *Vorstellungen wurden unter der alten Ordnung immer sorgfältig aus dem Blickfeld gehalten« (hier 277). Fleischmann zufolge, der die Kategorien aus Marx' und Engels'* Manifest *auf Fuller anwendet, entsprechen ihre Ansichten einem »kritisch-utopistischen Bourgeois-Socialismus« (Fleischmann,* Fuller's Socialism, *182-184). Entschiedene Tendenzen zeigt sie auch in Richtung eines christlichen Sozialismus: »The figure of Christ permeates her final correspondence, and Christan socialism, on the order of that practiced by William Channing, seems to be the more accurate term to denote her late sociopolitical thought.« (Reynolds,* Introduction, *35)*

Diesen christlichen Sozialismus vertritt sie mit der ihr eigenen Vehemenz. An Costanza Arconati Viscónti formuliert sie im Herbst des Jahres 1849 die Frage: »Aber werden Sie auch Geduld haben mit meiner demokratischen, – meiner revolutionären Gesinnung? Glauben Sie mir, mein Denken ist radikaler als je zuvor.« (WM 485) Wenig später schreibt sie an ihre zeitweiligen Reisegefährten Marcus und Rebecca Spring: »Ich bin eine begeisterte Sozialistin geworden.« (Hier 282)

Besuch im Gefängnis
An Elizabeth Hoar, 20. Oktober 1844

Den Sonntag haben wir in Sing Sing verbracht. Wir gingen mit William Channing: Er blieb beim Kaplan, wir im Gefängnistrakt. Es war für ihn ein würdiger Anlass, von seiner Rednergabe Gebrauch zu machen, und ich war nie zufriedener als in dem Moment, als bei den Worten »Männer und Brüder« all diese Gesichter aufblickten wie ein Meer, das von einem einzigen Windstoß aufgewühlt wird, und die unmenschliche Schale unter der Berührung der göttlich-menschlichen Liebe aufbrach. Er besuchte mehrere der Insassen in ihren Zellen, und was sich dabei ereignete, war ergreifend.

Sonntags werden sie alle nach zwölf Uhr mittags in ihre Zellen gesperrt, damit sich die Wärter von ihrer wöchentlichen Mühsal erholen können, aber ich durfte mit einigen Frauen sprechen, und das Gespräch war sehr angenehm. Diese Frauen gehörten zu den sogenannten ›Schlimmsten‹, aber nichts hätte anständiger und offener sein können als ihr Verhalten. Alles verlief ähnlich wie in einer meiner Bostoner Klassen. Ich erzählte ihnen, dass ich über die Frau schreibe, und da mein Lebensweg immer privilegiert gewesen ist, wollte ich diejenigen hören, die zu Sünde und Leid verführt worden waren. Sie antworteten, wie mir schien, in demselben Sinne, in dem ich gefragt hatte. Mehrere äußerten indessen den Wunsch, mich allein zu sehen, da sie dann *alles* sagen könnten, was sie sich in Gegenwart der anderen nicht trauen würden, und ich habe vor, wieder dorthin zu gehen und mir dann Zeit zu nehmen. Es ist sehr erfreulich zu sehen, welchen Einfluss diese wenigen Monate milden und verständigen Umgangs auf diese Frauen zeigen; es ist wirklich wunderbar, und selbst wenn der Staat seine Vorschriften ändern sollte, lieferte das die nötige Richtschnur für das weitere Vorgehen.

Bücher zur Besserung
An die Insassinnen in Sing Sing, November 1844

Meine Freundinnen:

Nach meinem Besuch, der trotz seiner Kürze ausreichte, großes Interesse an Eurem Wohlergehen und Hoffnung auf Eure Besserung zu wecken, habe ich einigen Bostoner Damen geschrieben, die Euch Bücher schicken werden, um hoffentlich das Gefallen am Lesen zu stärken, das zu meiner Freude so viele von Euch an den Tag legen. Wenn Ihr gute Bücher zu Euren Gefährten macht, werden sie Euch lehren, besseren Vergnügungen nachzugehen als bisher. In den Fällen – und das sind die häufigsten –, in denen natürliche gute Veranlagungen in der Kindheit vernachlässigt und durch den Mangel an geistiger und seelischer Nahrung getrübt wurden, wird so der Weizen heranwachsen können und das Unkraut durch die neuen reinen Gedanken und besseren Ziele überwuchert werden, für die der Schöpfer das Leben bestimmt hat.

Ich habe in Eurem Namen an einige der besten und liebenswürdigsten Frauen geschrieben, die ich kenne, weil ich sicher war, dass sie alles in ihrer Macht Stehende tun würden, um ihren unglücklichen Schwestern zu helfen. Ich hoffe, Ihr nehmt diese Bücher als Zeichen dafür an, dass Ihr bei Eurer Rückkehr in die Welt zwar viel mit den Vorurteilen der Gedankenlosen zu kämpfen haben werdet, dass es aber ebenso viele gibt, die Euch freudig ermutigen werden, einen neuen Weg einzuschlagen und die Vergangenheit durch ein Leben voll sinnvoller und unschuldiger Taten wiedergutzumachen, das Euren Mitmenschen nützt und Wesen mit unsterblicher Seele angemessen ist. Unter diesen Unterstützern könnt Ihr Euch verlassen auf

Eure mit freundlichsten guten Wünschen verbleibende
S. M. Fuller.

Unsere städtischen Wohltätigkeitsanstalten

Besuch im Bellevue Armenhaus, in der Farm School, im Irrenhaus und im Zuchthaus auf Blackwell's Island

New-York Daily Tribune, 19. März 1845

Die Natur sah traurig und, was noch schlimmer ist, trüb und zwielichtig aus, als wir zu diesen Besuchen aufbrachen. Der Himmel war bleiern und finster, die Luft unfreundlich und durchdringend, die kleinen Vögel saßen sprachlos und verwundert über den Abschied der schönen Tage, die sie zu verfrühtem Gesang verlockt hatten. Es war ein passender Tag für solche Besuche. Wie das Skelett an den Festtafeln der Alten gemahnen uns die Armeneinrichtungen, die zu einer großen Stadt gehören, an ernste Wahrheiten, für die es ebenso eine Erklärung geben muss wie für das wiederkehrende Verderben der Blüten in der Natur. Sie sollten von allen beherzigt werden, und sei es auch nur um ihrer selbst willen, damit sie nicht teilnahmslos in selbstsüchtiger Bequemlichkeit versinken, in einer Welt, die voller Krankheiten ist. Sie sollten von allen beherzigt werden, die ihren Mitmenschen in irgendeiner Weise helfen wollen, sei es öffentlich oder privat. Denn nichts kann ernstlich unternommen werden, solange nicht die richtigen Grundsätze gefunden sind, und es scheint, dass sie erst noch gefunden oder geklärt werden müssen, so wenig wird gerade getan, obwohl die Gemeinschaft so sehr danach verlangt, das Richtige zu tun. Solche Besuche sind weniger ermutigend und erbaulich als die Geschichte vom verlorenen Sohn; sie sind ernst und passen zur ernsten Stimmung eines *kalten* Frühlingstages.

Im Armenhaus machten die Betreuer der Armen einen freundlichen Eindruck, und es war sauberer und angenehmer als erwartet. Aber der Mangel an geeigneter und ausreichender Beschäftigung ist ein großer Missstand. Die Menschen, die hier eine dauerhafte oder vorübergehende Zuflucht finden, haben kaum etwas anderes zu tun, als Gemüse für die Institution zu züchten und Kleidung für sich selbst herzustellen. Vor allem die Männer wirken sehr unstet und entwürdigt, und so viel Müßiggang muss ihre schlechten Gewohnheiten verstärken. Man sagte uns, ihre Arbeit in unterschiedlichen Gewerben sei nicht einträglich, weil sie keiner strengen Disziplin unterworfen sind; trotzdem sollten die Mittel dafür bereitgestellt werden, auch wenn es etwas kostet. Unbedingt müssen unterschiedliche Betätigungsfelder eingerichtet werden, schon allein, um den schlechten Auswirkungen dieser Lage entgegenzuwirken. Jede Einrichtung zur Unterstützung der Armen sollte mit Blick auf deren Bildung geplant werden. Es sollte Unterricht geben, und zwar sowohl praktischen als auch im Gebrauch von Büchern, und er sollte einen besseren Umgang eröffnen, als sie ihn in ihrem armseligen Zuhause finden, die richtigen Vorstellungen von Sauberkeit, Ernährung und frischer Luft. Sicher wären viele Bemühungen umsonst – wie bei fast allen Maßnahmen zum Wohle der Vielen, aber hie und da fiele die Saat auf die richtige Stelle, und einige Mitglieder der unterdrückten Million würden sich ein wenig aus dem Schlamm erheben und schließlich den ganzen Körper in die Höhe recken.

Wir haben gesehen, wie alte Frauen den Tratsch bei einer Tasse Tee genossen und wie Mütter sich eine Zeitlang in Ruhe um ihre armen kleinen Kinder kümmern konnten, und wir ersehnten und erhofften jenen Genius, der uns lehren wird, wie aus diesen Einrichtungen Orte der Ruhe und Belehrung und nicht der Erniedrigung werden können.

Warum es für den Empfänger so viel schimpflicher ist, öffentliche Wohltätigkeit anzunehmen als private, liegt auf der Hand; die Gründe sind aber sicher nicht von solcher Art, dass der menschliche Geist, der gerade den magnetischen Telegrafen und den anastatischen Druck erfunden hat, sie nicht beseitigen könnte. Eine tiefere Frömmigkeit im Herzen der Gesellschaft könnte solche Mittel hervorbringen. Warum dürfen die Armen sich noch als Menschen fühlen, die Almosenempfänger aber nicht? Der arme Mann fühlt sich nicht verletzt, sondern begünstigt von der Nächstenliebe des Arztes, der ihm eine Rechnung erlässt, die er nicht bezahlen kann, weil der Arzt aus Mitgefühl – aus Nächstenliebe – handelt. Die Gesellschaft sollte dasselbe tun. Sie sollte den Menschen aufrichten, der ihre Mildtätigkeit annimmt, statt ihn zu erniedrigen.

Es braucht großen Edelmut und Glauben an die menschliche Natur und den Willen Gottes, damit die Wärter gegenüber den ihnen anvertrauten Menschen nicht den Ton anschlagen, zu dem deren Lasterhaftigkeit und schlechte Gewohnheiten sie verleiten und der das Schlechte doch nur verstärken muss. Menschen, die man mit Achtung behandelt, werden an ihre Selbstachtung erinnert, und wenn ein gesunder Fleck in ihrem Charakter übriggeblieben ist, breitet sich dieser Einfluss immer weiter aus. […]

Mit dem Zuchthaus betraten wir einen der düstersten Schauplätze, die die große Metropole entstellen. Hier erleiden zwölfhundert Menschen die Strafe für die Laster so vieler anderer. Und unter welchen Umständen! Nie wurde die Strafe so einfach als gesellschaftliche Zweckmäßigkeit verstanden, ohne Rücksicht auf Recht, ohne Hoffnung auf Besserung.

Die Öffentlichkeit ist inzwischen auf die Zustände im Zuchthaus aufmerksam geworden, sodass eine Verbesserung, wie wir hoffen, nicht mehr lange auf sich warten lässt: die geeigneten Mittel zur Einteilung der Insassen, die Einrichtung einer vorübergehenden Zuflucht für jene, die dieses Fegefeuer verlassen, aber nicht willens sind, in das Inferno zurückzukehren, vor dem es sie eine Zeitlang bewahrte, und die geeigneten Mittel, zumindest einige unter den vielen, die jetzt so abgestumpft erscheinen, zu klareren Ansichten und Hoffnungen zu führen. Das redliche Empfinden, das sich mit Blick auf Gefängnisse in Sing Sing und anderswo geäußert hat, muss auch für das Zuchthaus eine gewisse Wirkung zeigen. Der jetzige Oberaufseher ist von der Notwendigkeit solcher Verbesserungen überzeugt und wird, sollte er dortbleiben, alles in seiner Macht Stehende tun, sie zu verwirklichen.

Das Fehlen tüchtiger Wärterinnen oder überhaupt von Wärterinnen, die für die körperliche oder geistige Besserung oder auch nur für einen anständigen Zustand der hier versammelten siebenhundert Frauen sorgen, ist ein himmelschreiendes Unrecht. Man kann keinen Blick auf diese Frauen werfen – am wenigsten im Krankenhaus, wo die Umstände etwas besser sind –, ohne zu sehen, in wie vielen die unschuldigen Gefühle der Kindheit noch nicht abgestorben sind, die nur guten Einfluss und geduldige Hilfe brauchen, um sich aus der Grube der Schande und Not zu erheben, in die sie gefallen sind. Und wenn auch keine einzige gerettet werden könnte, so schuldet die Gesellschaft ihnen doch zumindest die Versicherung, dass sie hier unter annehmbaren Umständen leben können. Wir vertrauen darauf, dass das Interesse an diesem Gegenstand nicht einschlafen wird.

Die anerkannten Grundsätze aller solcher Einrichtungen, die ein höheres Ziel verfolgen als nur die Bestrafung von Fehlern (und wir glauben, dass nur wenige unter uns so dumm sind, das als einziges Ziel zu bezeichnen, auch wenn sie aus Unbedachtheit so tun, als wäre es so), lauten: Unterteilung als erster Schritt, damit die Schlechten nicht diejenigen behindern, die es gut machen wollen; 2. praktischer und mündlicher Unterricht und das Bereitstellen von Büchern, die den oft eher verdunkelten als verdorbenen Geistern ganz neue Hoffnungen und Gedanken eröffnen können; 3. ein der Selbstachtung förderliches gutes Gesundheitssystem und mit der Gesundheit und Reinheit des Körpers auch die des Geistes. […]

Es besteht kein Grund, warum New York City in diesen Dingen nicht zum Vorbild werden sollte. Es gibt genug Wohlstand, Verstand und gute Absichten, und *ganz gewiss genug Not.* Wird sie nicht zur wohltätigsten Stadt der Welt, so wird sie London und Paris womöglich an Verderbtheit noch übertreffen. Das Gift, das ständig in ihren Adern fließt, erfordert starke Gegengifte.

Solange jedoch sowohl Maßnahmen als auch Menschen ein Spielball politischer Veränderungen bleiben, kann nichts Wirksames erreicht werden. Es ist ein himmelschreiendes und beschämendes Unrecht, das nicht in der Verantwortung der Einrichtungen liegt, sondern vielmehr ein fahrlässiger Umgang mit ihnen ist: dass Menschen und Maßnahmen in diesen Einrichtungen mit jedem Regierungswechsel von den Whigs zu den Demokraten, von den Demokraten zu den Whigs ausgewechselt werden. Kirchen, Schulen, Hochschulen, die Pflege von Geisteskranken und leidenden Armen sollten vor dem Auf und Ab dieser Verwirrungen bewahrt werden. Land und Staat sollten Sorge tragen, dass nur die für solche Ämter geeigneten Personen ausgewählt werden, unabhängig von parteipolitischen Überlegungen. Das sollte bedacht werden, denn ohne weitreichende Veränderungen in dieser Hinsicht kann dauerhaft nichts Gutes bewirkt werden, und ferner sollte nicht Sparsamkeit, sondern Nützlichkeit die Regel für Ausgaben sein, denn hier ist Sparsamkeit die schlimmste Verschwendung. *

Neujahrsbotschaft
1. Januar 1846
New-York Daily Tribune, 1. Januar 1846

Das Neue Jahr dämmert herauf, und sein Erscheinen wird mit aufgeregter Festlichkeit begrüßt. Männer und Frauen eilen von Haus zu Haus und verteilen Geschenke, Lächeln und Glückwünsche. Es ist ein Brauch, der aus besseren Tagen zu stammen scheint, es sei denn, es handelt sich um die Prophezeiung, dass diese besseren Tage bald anbrechen werden.

Denn warum so viele Glückwünsche? […]

Über der jungen Nation (unserer eigenen), die so voller Energie und Lebensfreude ist, brüten furchtbare Vorzeichen, andere, wie Polen und Italien, scheinen für immer verloren. – Sie können wieder aufleben, aber wir spüren, dass das unter einer neuen Ordnung geschehen muss.

Ordnungen kommen und gehen, aber ihre Gesetzmäßigkeiten werden immer weiterentwickelt und herausgearbeitet. Der Kessel brodelt, und so groß ist das Feuer, dass wir erwarten, er werde bald überkochen und neue Schicksale über Europa bringen.

Spanien stirbt stückchenweise ab; England zeigt Symptome, dass es seinen Zenit überschritten hat; Österreich hat Opium genommen, muss aber bald erwachen; Frankreich liegt in unruhigen Träumen – es weiß, dass es sehr krank war, dass ihm schreckliche Mittel verabreicht wurden und es eigentlich gesund werden müsste, was aber nicht der Fall ist. Louis Philippe wacht an seinem Krankenlager, flößt ihm Medikamente ein und lässt es zur Ader, sodass es seine Kräfte nicht recht erproben kann und herausfinden, ob es auf dem Weg der Besserung ist. Louis Philippe und Metternich aber müssen diesen Schauplatz naturgemäß bald räumen, und dann wird niemand mehr Luft und Licht aus dem Krankenzimmer ausschließen, und die Kranken werden geweckt werden und ihr wahres Befinden feststellen.

Keine Nation vergrößert jetzt ihre Macht, abgesehen von der russischen, und die herrscht mit einer so rohen Gewalt, ist beseelt von so despotischem Willen, dass es manchmal scheint, als könne sie bald über Europa hinwegschreiten und uns von der anderen Seite des Wassers entgegentreten. Dann stünden sich die beiden Extreme gegenüber, Autokratie und Demokratie, und es gäbe ein Kräftemessen zwischen ihnen, gewaltiger und grundsätzlicher als je auf diesem Planeten gesehen, und das Ergebnis müsste die Menschheit durch eine Kette von Überzeugungen binden. Sollten tatsächlich Despotismus und Demokratie als die beiden sklavenhaltenden Weltmächte aufeinandertreffen, wäre das Ergebnis kaum vorhersehbar. Doch gibt es in der Zwischenzeit viel Raum für Veränderungen, und die Zaren erklären, ihre Leibeigenen befreien zu wollen, so wie unsere Pflanzer ihre Sklaven, beide wohl mit derselben Aufrichtigkeit. Es ist jedoch notwendig, bisweilen solche Absichten zu äußern, in Rücksicht auf fortschrittliche Prinzipien, deren Epoche noch kommen wird.

Wir hoffen fest auf eine solche Epoche, ungeachtet der finsteren Taten, die dieses Jahr für immer aus unseren Annalen herausstechen lassen werden. Unsere Nation hat wahrhaftig gezeigt, dass die Gier nach Gewinn gegenwärtig ihre vorherrschende Leidenschaft ist. Sie handelt nicht nur entschieden, sondern schamlos, und zeigt weder Zweifel noch Skrupel, das ihr vom Schicksal zugewiesene ruhmreiche Amt als Herold der Freiheit, des Lichts und des Friedens für die zivilisierte Welt niederzulegen.

Und doch dürfen wir nicht verzagen! Auch der mit allen himmlischen Gaben gekrönte jüdische König berauschte sich an deren Fülle und huldigte den wertlosesten Götzen. Doch es war ihm nicht erlaubt, das ihm bestimmte Amt endgültig aufzugeben – er wurde zu ihm zurückgezogen oder gezerrt, und so wird es auch mit dieser Nation geschehen. Es stehen uns Prüfungen bevor, die uns bessern werden.

Wir müssen daran glauben, dass das reine Feuer aus der Zeit unserer Revolution noch immer im Herzen unserer Nation glüht, aber der Körper lässt die Funken verglühen. Viele unserer Bürger oder deren Eltern kamen hierher, um weltlichen Gewinn zu machen, und haben ihren Geist nie zu einer Idee von Schicksal oder Pflicht erhoben. Mehr Geld – mehr Land! ist die einzige Parole, die sie kennen. Sie haben geerbt, was die Väter der Revolution erwarben, aber ohne deren Weisheit und Tugend wissen sie es nicht zu nutzen. Doch das kann nicht von Dauer sein. Die Vision jener prophetischen Seelen muss verwirklicht werden, sonst kann die Nation nicht existieren. Jeder Körper muss zumindest so viel Seele haben, »dass es uns die Kosten für Salz spart«, sonst kann er nicht am Leben bleiben.

Was war das für ein Jahr! Texas wurde annektiert, und weitere Annexionen stehen bevor, die Sklaverei wird aufrechterhalten – das auffälligste Merkmal dieser Entwicklungen. Das sind die Früchte amerikanischer Freiheitsliebe! Mormonen ermordet und vertrieben – Ausdruck der amerikanischen Gewissensfreiheit. Cassius Clays Zeitung aus Kentucky verjagt – das ist amerikanische Pressefreiheit. Und all das wird mit der wahrhaft russischen Begründung verteidigt: »Wir (die Stärkeren) wissen, was ihr (die Schwächeren) tun und sein sollt, und so *soll* es sein.«

So tragen die Prinzipien, von denen man vor etwa zehn Jahren annahm, sie würden die Welt verändern, in diesem vergangenen Jahr kein Siegeszeichen davon, außer der Ausbreitung von Ronges Bewegung in Deutschland und der Assoziativen und Kommunistischen Prinzipien hier und in Europa. Das Weltkind mag über deren Durchführbarkeit denken, wie es will, kann aber nicht leugnen, dass sie im Glauben an Gott und im Wunsch nach dem Wohl der Menschheit gegründet sind. Dazu kommen wichtige Anzeichen dafür, dass sich die Maximen des Friedens ausbreiten.

Während die wertvolleren Handlungsantriebe eine Zeitlang blockiert scheinen, werden ständige neue Handlungs- und Kommunikationsmittel erfunden und verbessert, als wollten sie sagen: »Wartet nur geduldig; etwas von großer Bedeutung muss bald getan werden, und alles bereitet sich darauf vor, dass es umgehend weltweit bekannt und genutzt wird.« Was helfen sonst magnetische Telegrafen, Dampfer und Eisenbahnen, die Land und Ozean überwinden, Phonographie und die Vermischung aller Literaturen, bis der Norden den Süden umarmt und Dänemark sein Haupt in den Schoß Italiens legt. All diese pompösen

Vorbereitungen in den Kommunikationsmitteln würden nicht getroffen, wenn es nicht etwas gäbe, das der Mitteilung wert ist.

Ein Anzeichen dafür, dass die Schranken in die Brüche gehen, gibt Kaiser Nikolaus, der seine Tochter von der griechischen zur römischen Kirche übertreten ließ, um sie mit dem österreichischen Prinzen zu vermählen. Wieder eine Ähnlichkeit zwischen ihm und uns: Auch er ist schamlos, denn während er mit der einen Hand diesen Ehevertrag unterzeichnet, hält er in der anderen den Knüppel, um die römisch-katholischen Polen in die griechische Kirche zu treiben. Doch das ist ein verhängnisvolles Zeichen für sein Reich. Der erste Schritt ist schwerwiegend, und die Russen werden auf die Heirat der Großfürstin Olga zurückblicken wie die Chinesen auf die Kanonade der Engländer, als erstes Zeichen für die Zersetzung des gegenwärtigen nationalen Lebens.

Es ist ein ähnliches Zeichen der Zeit, dass Mr. Polk vorgeworfen wird, in seiner Rede die Etikette zu verletzen. Er, der an der Spitze einer Regierung steht, spricht von anderen Regierungen und ihren Handlungen ebenso geradeheraus, wie er von Personen spräche, und die alte Festung der Idee früherer Zeitalter, die jetzt nur noch durch Umgangsformen und Höflichkeiten aufrechterhalten wird, erzittert in ihren Grundfesten.

Ein weiteres Zeichen der Zeit ist die allgemeine Panik, die der Kartoffelmangel auslöst. Wir meinen, dass das nicht ohne günstige Wirkung bleiben kann und die Aufmerksamkeit noch mehr auf die Bedürfnisse des Volkes lenken wird. Es müssen neue und vorausschauende Anordnungen getroffen werden, damit nicht wieder nur eine Kartoffel zwischen ihnen und dem Hungertod steht. Durch ein weiteres dieser sonderbaren Zusammentreffen in der Geschichte der Aristokratie und der Demokratie geht auch der Vorrat an *Trüffeln* zur Neige. Das Land verliert die »schönen Dinge«, von denen die Königin (wahrhaftig eine junge Königin) meinte, man könne sie anstelle von Brot essen. Deutet das nicht auf eine Epoche hin, in der man allgemein der Überzeugung sein wird, dass es eine Versorgung für alle geben muss? – Die Reichen werden ihre Trüffeln nicht bekommen, solange die Armen gezwungen sind, Brennnesseln zu essen, wie die Franzosen und Iren in vergangenen Tagen.

Das Gedicht, von dem hier eine Prosaübersetzung folgt, ist vor Kurzem in Deutschland erschienen. Es ist von Moritz Hartmann geschrieben und enthält den *Kern* der Sache.

[…]

So seufzt Moritz Hartmann eher, als dass er hofft. – Die vernünftigen englischen Minister scheinen wahrhaftig viel gelassener zu sein, als er vermutet. Sie sind wie der alte Mann, der, als er die Lawine auf sein Dorf zukommen sah, sagte: »Sie kommt, aber es ist noch genug Zeit, meine Pfeife noch einmal zu stopfen.« – *Er* ging ins Haus, um das zu tun, und wurde unter den Trümmern begraben. Der so überaus umsichtige Sir Robert Peel aber hat zweifellos Manna vorrätig für diejenigen, die ihre übliche Nahrung entbehren müssen.

Ein weiteres Zeichen der Zeit ist, dass aus der Dynastie der Genies, die so reich an kaiserlichen Häuptern war, keiner mehr auf Erden weilt. Die Welt ist voller Talent, aber es fließt abwärts, um die Ebene zu wässern. – Es gibt keine hoch aufragenden Höhen, keine Mont Blancs mehr. Wir entsinnen uns keines einzigen großen Genies, das in heutigen Tagen lebt. Die Zeit der Propheten ist vorbei, und das Zeitalter, das sie prophezeit haben, muss nahe sein und an seiner Durchführung ein größerer Teil der Menschheit teilhaben als je zuvor. So wie in den meisten Monarchien die Premierminister die Nachfolge der Könige angetreten haben, so wird nun ein Repräsentantenhaus die Nachfolge der Premierminister antreten.

Insgesamt sieht es so aus, als bräche eine große Zeit an, eine Zeit der Demokratie. Unser Land wird eine führende Rolle spielen. Sein Adler wird die Vorhut anführen, doch ob er sich zur Sonne aufschwingen oder nur auf hilflose Beute niederstürzen wird – wer wagt das jetzt vorherzusagen? Gegenwärtig mangelt es unserem Land selbst an römischem Edelmut, römischer Freiheit, und ob sein Adler weniger dem Geier und mehr dem Phönix gleicht als der wilde römische Vogel, wagen wir nicht zu sagen. Möge das neue Jahr auf Letzteres hoffen lassen, auch wenn der Vogel erst durch Feuer geläutert werden muss. *

Die Notwendigkeit radikaler Reformen
New-York Daily Tribune, 12. Mai 1847

Am fünfundzwanzigsten Februar sagte ich Paris Lebewohl, nachdem wir gerade einmal einen schönen Tag erlebt hatten. Während meines gesamten Aufenthalts in Paris, vom dreizehnten November bis zum fünfundzwanzigsten Februar, war es der einzige Tag mit wirklich angenehmem Wetter vom Morgen bis zum Abend. Niemand sollte unser heimisches Klima verschmähen, selbst im Winter ist es herrlich, verglichen mit dem morastigen und nebligen Pariser Winter.

Dieser eine schöne Tag aber zeigte die Pariser Welt in ihren buntesten Farben. Ich habe nie etwas Lebendigeres und Hübscheres gesehen als die Promenierenden auf den *Champs Elysées* an diesem Tag. Welche Menge lustiger Equipagen, mit den *cavaliers* und ihren *amazones*, die auf schönen, schnellen Pferden zwischen ihnen hindurchfliegen! Auf der Promenade Gruppen leidlich hübscher Damen mit übermäßig hübschen Hauben, die mit ihren Schattierungen von Lichtgrün, Pfirsichblüte und Primel den nahenden Frühling verkünden, und reizende Kinder – französische Kinder sind immer reizend. Ich kann nicht ebenso beifällig über die Reihen von Arm in Arm schlendernden Männern sprechen; man sieht in Paris nur wenige gutaussehende Männer: Das halb militärische, halb dandyhafte Gehabe von Selbstachtung und *savoir-faire* ist nicht sonderlich interessant, und auch der glasige Blick und der Qualm schlechter Zigarren sind nicht gerade das, was man sich wünscht, wenn einem das Herz im Hauch der Frühlingszephire und in der Hoffnung auf Knospen und Blüten aufgeht.

Aber eine französische Menschenmenge ist immer fröhlich, mit schnellen Drehungen und Drolerien; sie ist am amüsantesten, wenn sie am übermütigsten ist, und zeigt das Angenehme im Charakter der Nation. Wir haben das bei zwei guten Gelegenheiten beobachtet: bei den Lustbarkeiten zum neuen Jahr und kurz nach unserer Ankunft am *Mardi Gras* und dem Umzug des *Fetten Ochsen*, den, wenn ich nicht irre, Eugène Sue beschrieben hat. Ein gewaltiges Gewimmel war zu diesem Anlass auf den Straßen, aber nur wenige fantasievolle Figuren folgten dem Symbol des Überflusses; gewiss hätten nur wenige ein Herz für diesen Schwindel gehabt, hätten sie gewusst, wie die ärmeren Klassen in diesem Winter hungerten. Alle Hinweise darauf werden in Paris unterdrückt. Ein Pamphlet mit dem Titel *La Voix de la Famine*, das Fakten nennt, wenn auch im Ton geschmackloser und übertriebener Deklamation, wie er leider bei den Radikalen üblich ist, wurde fast umgehend nach der Veröffentlichung unterdrückt. Aber die Tatsache, dass die Menschen in der Provinz inmitten des gerühmten französischen Wohlstands furchtbar leiden, ist nicht zu unterdrücken.

Solange Louis Philippe lebt, wird der Sturm, vor dem er mit starkem Griff die Tore verschließt, nicht hereinkommen; aber die Notwendigkeit radikaler Reformen wird in Frankreich nicht weniger stark empfunden als anderswo, und die Zeit naht, in der man sie gebieterisch einfordern wird. Fouriers Lehren bringen beträchtlichen Fortschritt, und überall, wo sie sich verbreiten, wird die Notwendigkeit unübersehbar, statt der Heucheleien abgenutzter Rituale die Gebote Christi praktisch anzuwenden. Je mehr ich von den schrecklichen Missständen sehe, die den politischen Körper Europas plagen, desto mehr empöre ich mich über die Selbstsucht oder Dummheit derjenigen meiner Landsleute, die sich einer näheren Betrachtung dieses Gegenstandes widersetzen – die in der Hoffnung vorgeschlagen wurde, solchen Missständen künftig vorzubeugen. Fouriers Meinungen entsprechen in vieler Hinsicht nicht den meinen. Erzogen im Zeitalter des gröbsten Materialismus, wies er selbst Fehler auf; bei seinem Versuch, die Gesellschaft umzugestalten, unterlief ihm der Irrtum, die Seele für ein Ergebnis der körperlichen Gesundheit zu halten statt den Körper für ein Kleid der Seele – aber in seinem Herzen liebte er als Philanthrop im Sinne Jesu seine Artgenossen aufrichtig – seine Ansichten sind bedeutungsvoll und edel, – sein Leben war ein einziges andächtiges Studium dieser Themen, und wer nach dem kürzesten Aufenthalt in Manchester und Lyon – nach der oberflächlichsten Bekanntschaft mit der Bevölkerung von London und Paris, – versuchen sollte, ein Studium seiner Gedanken zu unterbinden oder es an Ehrfurcht vor seinen Zielen fehlen zu lassen, der sollte uns leidtun. Aber immer, immer findet das gedankenlose Gesindel Steine auf der Straße, um sie auf die Propheten zu werfen. […]

Nichts ist bedauerlicher als die Art, in der die berüchtigte Krakauer Affäre allgemein behandelt wird. Es gibt nicht einmal den Anflug eines edlen Gefühls. Lamennais und seine Mitstreiter veröffentlichten in der Zeitschrift *La Reforme* einen ehrenvollen und mannhaften Protest, den die Öffentlichkeit verschlang, sobald er aus der Druckpresse kam – kein Wunder! es war der einzige Krümel Trost für diejenigen, die die edelmütige Hoffnung hegen, der Staatenbund ließe sich doch auf der Grundlage der göttlichen Gerechtigkeit und der Menschenrechte führen. Die meisten, die den Gegenstand berührten, schienen der Verstellung überdrüssig und zeigten sich in den unverkennbaren Farben des zufriedensten, selbstgefälligsten Egoismus. Wie Körner es im Gebet eines solchen Mannes beschreibt:

> Herr Zebaoth! vernichte
> Nur nicht mein stilles Thal!
> Das ganze Volk erschlage,

Rotte die Menschheit aus:
Nur laß mir meine Tage,
Und mein Kind und mein Haus!

Ein Gefühl, das in der folgenden Vulgata unseres Landes paraphrasiert ist:

Oh Herr, rette mich,
Meine Frau, mein Kind und Bruder Sammy,
Uns vier *und niemanden sonst.*

Das Letztere wird allerdings von den Politikern noch nicht ganz offen eingestanden. [...]

M. Vattemare zeigte mir in Paris auch eine der Abendschulen der *Frères Chrétiens*, in der ich sah, wie viel allein durch Abendunterricht für die Arbeiterklassen getan werden kann. Im Lesen und Schreiben machten die Erwachsenen erstaunliche Fortschritte, mehr noch im Zeichnen. Ich sah mit größtem Vergnügen, wie harthändige Lastenträger und Laufburschen mit ihren Messingabzeichen auf der Brust vorzügliche Kopien guter Modelle anfertigten. Solche Fähigkeiten sind in meinen Augen von höchstem Wert, da sie ihnen nach und nach ihre Rolle in den Herrlichkeiten von Kunst und Wissenschaft, in den ruhigen häuslichen Kultiviertheiten zuweisen. Vor meinem inneren Auge entstand eine Vision von all dem, was in unserem Land durch Verbände aus Männern und Frauen getan werden könnte, die in den Genuss der literarischen Kultur gekommen sind und solchen Abendunterricht in unseren Städten und Dörfern geben könnten. Sollte ich jemals zurückkehren, werde ich einigen Gleichgesinnten einen Verband zu diesem Zweck vorschlagen und das Experiment einer dieser von christlichen Geschwistern mit dem Gelübde der Selbstlosigkeit geführten Schulen wagen, nur ohne Klostergewänder und die unterwürfige priesterliche Art, mit der ich selbst bei diesen Männern, von denen mir einige wirklich gut erschienen, nicht umgehen konnte.

Ich besuchte auch eine protestantische Diakonissen-Einrichtung, die mir in mancher Hinsicht gefiel. Neben der normalen *Crèche* nehmen sie die kranken Kinder der Armen auf und pflegen sie, bis sie genesen sind. Es gibt auch einen Zufluchtsort wie das Heim, das die Damen in New York eingerichtet haben und durch dessen Hilfe Angehörige der am ungerechtesten behandelten Gesellschaftsklasse in friedliche und nützliche Lebensumstände zurückkehren können. Es gibt ähnliche Einrichtungen in Paris, aber sie sind zu oberflächlich – und die Behandlung lässt Unkenntnis der menschlichen Natur erkennen. Nichts zeugt von einem so aufgeklärten Geist wie *The Home*, ein kleiner Keim des Guten, der hoffentlich gedeihen und in der Öffentlichkeit rege Unterstützung finden wird. Ich erinnere mich, wie sehr man im vergangenen Jahr bedauerte, vor der allgemeinen Auflösung am 1. Mai nicht um eine Spende von Haushaltsgegenständen gebeten zu haben, die Familien doch in der Regel gern erübrigen und von denen die bescheidensten in dieser Einrichtung nützlich wären. Ich hoffe, dass der Aufruf dieses Jahr erfolgt ist. Zweifellos wäre das in vielen Fällen wirksam. Ich habe in England wie in Frankreich viele Fakten über diese leidende Klasse von Frauen gesammelt. Ich habe sie unter dem dünnen Schleier der Heiterkeit gesehen und im Zustand äußerster Erniedrigung. Ich habe gesehen, wie die Männer sich ihnen gegenüber verhalten und wie herzlos die Frauen sind, die unter begünstigteren und sorgloseren Umständen leben, und ich kann das nur auf die völlige Unkenntnis der Tatsachen zurückführen. Wenn es hilft, einige Tatsachen bekannt zu machen, möchte ich das nach einer besseren Beurteilung und einer umfassenderen Untersuchung tun.

So traurig vieles in dieser Zeit auch ist, so ist es doch eine Genugtuung, wenn der Öffentlichkeit etwas Wahres vor Augen gebracht werden kann – wenn beharrlich etwas Kluges und Freundliches unternommen wird, hat es bessere Aussichten auf Erfolg als je zuvor –, denn durch die Fenster der Welt ist viel Licht hereingeströmt, und in viele dunkle Winkel drang ein tröstlicher Strahl. Seinen Einfluss habe ich beim Besuch der »Idioten-Schule« in der Nähe von Paris gespürt. »Idioten«, so nannte sie die von Vorurteilen geleitete Menge lange Zeit – gibt es in Wirklichkeit nicht; es sind nur Wesen, die so hinter dem Durchschnitt zurückbleiben, so unorganisiert sind, dass es ihnen schwerfällt, zu lernen und für sich selbst zu sorgen. Ich weinte an diesem Ort unablässig eine Flut bittersüßer Tränen: aus Freude über das, was getan wird, und aus Trauer über all das, was ich und andere uns aneignen und nicht an diese Kleinen weitergeben können. Aber Geduld, und der allmächtige Vater wird ihnen alles geben. [...]

Ich dachte traurig an die Angehörigen dieser Klasse, die ich in unserem Land kannte und die man durch eine solche Fürsorge hätte stützen und trösten können. Ich hoffe, dass man bald umfassend für diese Parias der Menschheit sorgen wird; jeder von ihnen bringt seinen Segen mit sich, und ihnen mehr Beachtung zu schenken, würde zeigen, wie heilsam solche Liebeswerke dem Herzen sind. *

Die Weber von Lyon

New-York Daily Tribune, 29. Mai 1847

[...] Wir reisten mit der *Diligence* ab und setzten unseren Weg von Donnerstag zwölf Uhr bis Freitag zwölf Uhr nachts fort, sodass wir viel herrliches Mondlicht auf den unbekannten Feldern sahen, die wir durchquerten. In Chalons nahmen wir ein Boot und erreichten Lyon am Nachmittag.

Sobald wir uns erfrischt hatten, machten wir uns auf, um einige Weberstuben zu besuchen. Als wir nach dem Weg fragten, hörte uns ein süßes kleines Mädchen und bot sich als Führerin an. Sie führte uns einen ermüdenden, gewundenen Weg, auf dessen Pflaster sie in ihren hölzernen *sabots* viel leichter ging als wir in unseren Pariser Schuhen, einen Hügel hinauf, von dem aus wir zum ersten Mal »die blaue und pfeilschnelle Rhone« sahen. Als ich die hohen Gebäude auf dem hohen Hügel betrat, fand ich in jeder Kammer eine Weberfamilie, jedes Familienmitglied Weber, Frau, Mann, Söhne, Töchter – von neun Jahren aufwärts –, jeder half mit. Auf einer Seite standen die Webstühle, auf der anderen nahe der Tür das Kochgerät, die Betten waren Bretter unter den Decken, man klettert auf Leitern hinauf.

Mein süßes kleines Mädchen entpuppte sich als eine seit sechs oder sieben Jahren verheiratete Ehefrau, mit zwei ziemlich kränklichen Kindern; ihr schien inmitten der Schwierigkeiten eines harten und ängstlichen Loses der größtmögliche Trost zuteilgeworden zu sein, das erkannte man an der stolzen und liebevollen Art, in der sie *»mon marié«* sagte, und an seinem sanft-zuvorkommenden Benehmen ihr gegenüber. – Sie schien wirklich eine von denen zu sein, denen »in der Wiege die Grazien gelächelt haben« und denen ein natürlicher, lieblicher Charakter die Welt aufschließt, während der böse Geist noch damit beschäftigt ist, den Weizen unter Unkraut zu ersticken. Ich bewunderte die anmutige Art, mit der sie uns in den dunklen kleinen Kammern ihren Bekannten vorstellte, und sie wurde von allen liebevoll empfangen. Aber ach! diese vogelhaft muntere Stimme wiederholte wieder und wieder: »Oh! wir sind jetzt alle sehr unglücklich.« »Singt ihr zusammen oder geht in die Abendschule?« »Uns fehlt der Mut dazu. – Wenn wir Arbeit haben, mühen wir uns ab, bis sie getan ist, und dann laufen wir, um eine andere zu bekommen, aber oft haben wir wochenlang nichts zu tun. – Es wird schlimmer und schlimmer, und sie sagen, dass es wohl niemals besser wird. Wir denken an nichts anderes, als wie wir unsere Miete bezahlen können. Oh! die Arbeiter sind jetzt sehr unglücklich.«

Dieses arme, reizende Mädchen war in einem Alter, in dem die Kaufmannstöchter in Boston und New York gerade ihre ersten Erfahrungen in der »Gesellschaft« machen, und sie kannte bis auf einen Pfennig genau den Preis jedes Nahrungsmittels und jedes Kleidungsstücks, das ein solcher Haushalt benötigt, und ihre Gedanken bei Tag und ihre Träume bei Nacht drehten sich allein darum, ob sie in der Lage sein würde, einen spärlichen Vorrat davon zu beschaffen. Die Natur hatte sie mit eben den Eigenschaften beschenkt, die sie und alle ihre Lieben, wären sie frei von Sorgen, wirklich glücklich gemacht hätten, und sie hatte noch Glück gehabt, verglichen mit vielen ihrer Geschlechtsgenossinnen in Lyon – über die ein Herr, der diese Klasse gut kennt, mir sagte: »Wenn sie ihre Arbeit verlieren, bleibt ihnen nichts übrig, als sich selbst zu verkaufen. Es gibt für sie nur diese beiden Möglichkeiten, ihr Brot zu verdienen: die Weberei oder die Prostitution.« Und da haben manche die Stirn zu sagen, ein solcher Zustand sei *gut genug* und eben das Schicksal der Menschen – und dann bezeichnen sie jene, die das Herz haben, bei diesem Anblick mitzuleiden, und Kraft und Eifer aufbringen, um Abhilfe zu schaffen, als Fantasten und Fanatiker! Wehe denen, die Augen haben und nicht sehen, die Ohren haben und nicht hören, wie die verletzte Menschheit sich krümmt und schluchzt!

Meine kleine Freundin erzählte mir, sie habe ihre beiden Kinder selbst gestillt – obwohl fast alle Angehörigen ihrer Klasse gezwungen sind, ihre Kinder zum Stillen wegzugeben. »Aber«, sagte sie, »sie werden so klein, so elend zurückgebracht, dass ich beschloss, meine wenn möglich bei mir zu behalten.« – Am nächsten Tag las ich auf dem Dampfer die Flugschrift eines Arztes aus Lyon, in der er empfiehlt, *Crèches* einzurichten, nicht nur wie in Paris, um tagsüber die Kinder zu betreuen, sondern um sie auch von Ammen versorgen zu lassen. Wenn die Säuglinge von gesünderen Personen ernährt und unter Anleitung von Direktoren gut gepflegt werden, dann werde das, so hofft er, der Degeneration dieser Klasse von stillsitzenden Arbeiterinnen entgegenwirken und die Mütter von der schweren Sorgen- und Arbeitslast befreien, ohne die Bindung zwischen ihnen und den Kindern zu beschädigen, die sie unter solchen Umständen oft besuchen könnten, um zu sehen, wie für sie gesorgt wird – sie, die selbst zu nichts als zur Weberei erzogen wurden und sich nicht um ihre Kinder kümmern können. – Auch hier fühlt man sich an Fouriers Beobachtungen und Pläne erinnert, mehr noch an die jüngsten Entwicklungen in Manchester: die Gewohnheit, die Kinder mit Opium zu füttern, die sich aus der dortigen Zwangslage ergeben hat. [...] *

Die heraufdämmernde Zukunft

An William H. Channing, 7. Mai 1847

Ich werde Dir nicht von diesen Ländern schreiben, nichts von den berühmten Menschen, die ich treffe, nichts von den großartigen Ausstellungen und Orten. All diese Dinge sind für mich nur der leuchtende Rand um den Text meines inneren Lebens. Früher hätten sie mir mehr bedeutet. Kunst ist mir jetzt nicht mehr wichtig. Ich mag nur das Wenige, das überragend gut ist, und selbst das ist mir schon geläufig und berührt mich nicht mehr. Ich interessiere mich für den Zustand der Menschen, ihre Sitten, den Zustand der Klassen. Ich sehe die Zukunft heraufdämmern, es ist in wesentlichen Hinsichten die Zukunft Fouriers. Aber ich mag keine Fourieristen, sie sind hier in Europa furchtbar ermüdend; die Flut der Dinge spült nicht so heftig zwischen ihnen hindurch wie bei uns, und sie haben Zeit, in der Tretmühle des Systems zu laufen. Dennoch dienen sie dieser großen Zukunft, die ich nicht mehr erleben werde. Ich muss wiedergeboren werden.

Die Frühjahrsrevolution von '48

New-York Daily Tribune, 4. Mai 1848

Rom, 29. März 1848
Lange habe ich nicht geschrieben; meine Gesundheit hat unter dem römischen Winter ganz nachgegeben. Es regnete unaufhörlich, meist in Strömen, vom 16. Dezember bis zum 19. März. Nichts kann den Schmutz, die Düsternis, die Trostlosigkeit Roms übertreffen. Niemand, der nur im Winter hier war, sollte glauben, er kenne Rom. Es ist ein großer Fehler, das zu tun. Ich kann nicht froh genug darüber sein, dass ich Italien nicht im Winter zum ersten Mal gesehen habe.

Das ungemein feuchte römische Klima in dieser Zeit empfand ich als gleichermaßen ärgerlich und schwächend. Ich hatte fortwährend nervöse Kopfschmerzen und keine Kraft, sie zu ertragen, nächtliches Fieber, Appetitlosigkeit. Manche Konstitutionen vertragen es besser, aber unter Ausländern klagt man in der nassen Jahreszeit allgemein über Schwäche und tiefste Niedergeschlagenheit. Die Engländer sagen, sie hätten sich nach zwei oder drei Jahren daran gewöhnt und litten nicht mehr, obwohl sie nie so kräftig seien wie daheim.

Nun scheint dieser lange dunkle Traum – für mich war es die müßigste und leidvollste Zeit meines Lebens – vorbei zu sein. Der italienische Himmel trägt wieder sein tiefes Blau, die Sonne scheint prächtig, der melancholische Glanz stiehlt sich wieder über die Campagna, und Hunderte von Lerchen singen unermüdlich über den Ruinen.

Die Natur scheint mit den großen Ereignissen zu sympathisieren, mit den Gefühlen, die in den Herzen der Menschen wachsen. Die Morgensonne wird von den Trompeten der römischen Legionen begrüßt, die erneut aufmarschieren, nun aber nicht mehr, um die Bevölkerung zu unterdrücken, sondern um sie zu verteidigen. Die Sterne blicken froh auf die guten Nachrichten, die sie jede Nacht von ihren Brüdern aus der Lombardei erfahren. Diese Woche brachte edlere, süßere, größere Hoffnung und einen stärkeren Glauben, als Rom in seinen größten Tagen je erlebt hat. [...]

Die Nachricht von Louis Philippes Entthronung erreichte uns kurz nach Ende des Karnevals. Es war gerade ein Jahr vergangen, seit ich Paris verlassen hatte. Als ich mit Abscheu auf das Reich der Täuschung sah, das er in Frankreich errichtet hatte, hätte ich nicht gedacht, dass die eingekerkerte und wie im eisernen Schraubstock gefangene Seele des

Volkes so bald ihre Ketten sprengen würde. Wie auch immer das Ergebnis ausfallen mag, Frankreich hat sich ruhmreich geschlagen; es hat erklärt, es werde sich nicht mit Vorwänden zufriedengeben, solange es Tatsachen in der Welt gibt – es sei ein vergeblicher Versuch, seinen Vormarsch aufzuhalten, auch wenn der Weg gefährlich und schwierig sei. Es ist vergeblich, »Frieden, Frieden« zu rufen, wenn es keinen Frieden gibt. Die Nachrichten aus Frankreich in diesen Tagen klingen beunruhigend, wenn auch noch unbestimmt; es scheint, dass der politische Kampf in den sozialen übergeht: Das ist gut, welches Blut auch immer vergossen wird, welche Altäre auch immer niedergerissen werden. Diese gewaltigen Probleme *müssen* gelöst werden, koste es, was es wolle! Manche Mauern müssen eingerissen, manches Herz in Europa muss gebrochen werden, bis aus einer so gewaltigen Verderbtheit wieder das Gute aufkeimen kann. Euch, dem amerikanischen Volk, mag es vielleicht vergönnt sein, zuzuschauen und rechtzeitig eine vorbeugende Lehre daraus zu ziehen. Ihr könnt die wahre Bedeutung der Worte *Brüderlichkeit, Gleichheit* begreifen: Ihr könnt, trotz der Affen der Vergangenheit, die euch eines anderen belehren wollen, die Bedürfnisse einer wahren Demokratie begreifen. Ihr könnt mit der Zeit lernen, die wahre Aristokratie einer Nation zu verehren und zu beschützen, die einzig wirklich Edlen, – die *Arbeiterklasse.*

Und auch Metternich ist zermalmt, der Spross der Frau hat seinen Fuß auf die Schlange gesetzt. Ich habe gesehen, wie die österreichischen Waffen durch die Straßen von Rom geschleift und auf der Piazza del Popolo verbrannt wurden. – Die Italiener umarmten einander und riefen *Miracolo, Providenza!* Der neue Tribun Ciceruacchio fütterte die Flammen mit Reisig; Adam Mickiewicz, der große polnische Dichter, der lange schon aus seinem Land oder den Hoffnungen eines Landes verbannt ist, schaute zu, während verbannte polnische Frauen, die vielleicht, wie eine hier anwesende Nonne, täglich auf Befehl eines Tyrannen gegeißelt worden waren, auf der Straße liegengebliebene Waffenteile zusammentrugen und sie in die Flammen warfen – eine Opfergabe, die von den Italienern mit lautem Beifall angenommen wurde. Es war die Begeisterung des Volkes, das keine andere Möglichkeit sah, seiner Freude Luft zu machen, als auf symbolische Weise, in der dem italienischen Geist eigenen Poesie; die neunmalklugen »Oberschichten« bedauern es, und die Deutschen sind entschlossen, es als eine Beleidigung Deutschlands aufzufassen, aber es war nichts dergleichen – die Beleidigung galt dem Spielberger Gefängnis, denen, die das

Massaker von Mailand befahlen, einer niederen Tyrannei, die wenig mit dem deutschen Herzen zu tun hat, wie die wahren Deutschen Deutschlands in diesem Augenblick mit ihren Kämpfen, mit ihrer Entschlossenheit beweisen. […]

Den gestrigen Tag verbrachte ich in Ostia und Castel Fusano. Eine Million Vögel sangen, die Wälder wimmelten von Blüten, das Gras wuchs stündlich über die Gräber der mächtigen Vergangenheit, die Brandung rauschte am schönen Ufer, der Tiber zog sich majestätisch zurück, um seinen Anteil an den Schätzen der Tiefe ins Landesinnere zu tragen, die Meeresbrise verbrannte mein Gesicht, aber belebte mein Herz; ich fühlte die Ruhe, die großen Hoffnungen der Zukunft, der Natur, des Menschen – so groß und doch so gering – so teuer und doch unvollkommen. Zurück in Rom, höre ich die offizielle Nachricht, dass der Vizekönig Ranieri in Verona kapituliert hat, dass Italien frei ist, unabhängig und eins. Ich vertraue darauf, dass es sich nicht als Aprilscherz, als vorschnelle Nachricht erweisen wird; es scheint eine zu gute, zu rasche Verwirklichung der Hoffnungen zu sein, als dass etwas dergleichen auf Erden geschehen könnte, und ist nur mit den Worten der gestrigen Bekanntmachung von Pius IX. zu beantworten:

> Die Ereignisse, die in den vergangenen zwei Monaten so schnell aufeinanderfolgten, sind kein Menschenwerk. Wehe dem, der in diesem Sturm, der die stolzen Zedern und die bescheidenen Sträucher gleichermaßen schüttelt und ausreißt, nicht auf die Stimme Gottes hört! Wehe dem menschlichen Stolz, der diese wunderbaren Veränderungen auf Schuld oder Verdienst eines Menschen zurückführt, anstatt den geheimnisvollen Plan der Vorsehung zu bewundern. *

Edle Gesinnung und der Verlust des Papstes
New-York Daily Tribune, 15. Juni 1848

Rom, 19. April 1848
[…] Die Verantwortung für die Ereignisse liegt jetzt ganz beim Volk und bei der Gedankenwoge, die es zu überfluten beginnt. Herrscher und Staatsmänner werden fortgespült werden; es ist wahrscheinlich, dass die Macht ständig von einer Hand zur nächsten weitergegeben

und die Regierung in jeder Hinsicht repräsentativ sein wird. Italien muss jetzt diesen albernen König von Neapel hinauswerfen, der wie ein totes Gewicht seine Bewegungsfreiheit behindert. Dem König von Sardinien und dem Großherzog der Toskana wird man vertrauen, solange sie ihren gegenwärtigen Kurs beibehalten, aber wer kann sich noch eines Herrschers sicher sein, nachdem Louis Philippe sich so wahnsinnig gezeigt hat und Pius IX. so blind? Es scheint, als sei das Schicksal dabei, die Würdenträger der Welt zu verwirren und zu stürzen und die Gesellschaft auf einen Schlag zu demokratisieren. [...]

Alles liegt in der Zukunft, und unsere größte Hoffnung muss es sein, dass die Macht, die ein so großes Werk begonnen hat, auch die Mittel findet, es zu beenden und das Jahr 1850 zu einer wahren Jubelfeier für Italien zu machen, zu einem Jahr nicht des Prunks und der Tribute, sondern der anerkannten Rechte und der vernünftigen Freuden, zu einem Jahr des wahren Friedens: eines Friedens, der nicht auf Kompromissen und den verlogenen diplomatischen Umgangsformen beruht, sondern auf Wahrheit und Gerechtigkeit.

Dann kann man vielleicht diese traurige Enttäuschung über Pius IX. vergessen, oder man kann, während alles Gute und Großzügige in seinem Leben geschätzt und verehrt wird, aus seinen Fehlern eine Lehre über die unvermeidlichen Gefahren einer priesterlichen oder fürstlichen Umgebung ziehen, und eine höhere Erkenntnis wird ein selbstloseres Gemeinwesen entstehen lassen, als die Welt es bisher gekannt hat.

In der Hoffnung auf diese Epoche bleibe ich einstweilen hier. – Sollten sich meine Hoffnungen zerschlagen, so wird das meinen Glauben nicht ändern; aber der Kampf um seine Verwirklichung ist für mich von wesentlichem Interesse. Meine Freunde drängen mich in ihren Briefen zur Rückkehr, sie sprechen von unserem Land als dem Land der Zukunft. Das ist es auch, aber der Geist, der es in meinen Augen so wertvoll machte, der mich auf diese Zukunft hoffen ließ, ist hier im Augenblick lebendiger als in Amerika.

Mein Land ist heute verdorben durch Wohlstand, dumm vor Gewinnsucht, beschmutzt durch die verbrecherische willige Aufrechterhaltung der Sklaverei, beschämt durch einen ungerechten Krieg; die edlen Gesinnungen sind vergessen, die Ziele der Politiker egoistisch oder kleinlich, die Literatur belanglos und käuflich. In Europa kämpft inmitten des Unglücks ein edlerer Geist – ein Geist, der den meinen ermutigt und belebt. Ich höre ernste Worte von reinem Glauben und

Liebe. Ich sehe Taten der Brüderlichkeit. Das ist es, was *mein* Amerika ausmacht. Ich misstraue meinem Land nicht wirklich. Es ist nicht tot, aber zu meinen Lebzeiten jedenfalls schläft es, und der Geist unserer Väter flammt nicht mehr, sondern liegt unter der Asche begraben. Es wird nicht lange dauern; der Körper kann nicht leben, wenn die Seele von Völlerei und Falschheit überwuchert ist. Aber es ist nicht die Ernennung eines Präsidenten aus dem mexikanischen Krieg, die mich zur Rückkehr bewegen könnte. Hier habe ich Dinge vor Augen, die es wert sind, aufgezeichnet zu werden, und auch wenn ich zur Verwirklichung dieses Werkes nichts beitragen kann, so wäre ich doch gern seine Chronistin. *

Revolution in Rom

New-York Daily Tribune, 26. Januar 1849

Rom, 2. Dezember 1848
Erst als ich den Schnee auf den Bergen im Herbstabendlicht rosig werden sah, wandte ich meine Schritte wieder nach Rom. Ich war sehr bereit zurückzukehren. Nach drei oder vier Jahren ständiger Aufregung waren mir diese sechs Monate der Abgeschiedenheit willkommen gewesen, aber jetzt wünschte ich, anderen Augen zu begegnen als den hellen und oberflächlichen der italienischen Bauern. Ich ließ das Wertvollste zurück, ich konnte es nicht mitnehmen; dennoch war es eine Entschädigung, Rom wiederzusehen. Rom, das mich im letzten Winter mit seinem kalten Atem beinahe umgebracht und doch mit diesem kalten Atem eine so göttliche Geschichte geflüstert hatte. Rom, so schön, so großartig – seine Gegenwart betäubt, und man muss Abstand gewinnen, um seine Schätze zu würdigen. Stadt der Seele! ja, das ist es; der Staub selbst magnetisiert Dich, und tausend Zauber fesseln Dich in jedem achtlosen, jedem murmelnden Moment. Ja! Rom, wie man Dich auch sieht, man muss Dich anbeten, und jede Stunde der Abwesenheit oder Anwesenheit muss die Liebe in jedem vertiefen, der weiß, was es heißt, in Deinen Armen zu ruhen.

Ruhe! denn was auch immer die gegenwärtigen Revolutionen, Tumulte, Ängste, Hoffnungen sein mögen, hier herrscht noch immer Ruhe. Die große Vergangenheit umfängt uns, und die momentanen Gefühle können diesen Eindruck nicht wesentlich stören. Aus dem wilden Geschrei und Gewimmel der Straßen ruft uns die untergehende Sonne, wenn sie auf hundert Kuppeln und Tempeln ruht – auf der Campagna ruht, deren Gras in vergangener menschlicher Größe wurzelt. Begräbnisstätte, so voller Geist, dass der Tod selbst nicht mehr kalt erscheint, oh lass auch mich hier ruhen! Ruhe scheint hier möglich, unzählige Leben scheinen hier noch zu verweilen und auf eine große Aufforderung zu warten.

Die Flüsse waren über die Ufer getreten, und unter dem Mond lagen die Felder um Rom wie ein einziges Silbertuch. Ich schritt durch das Tor, und während das Gepäck durchsucht wurde, ging ich zum Eingang einer Villa. Weit erstreckten sich ihre überwölbenden Sträucher, ihre tiefgrünen Lauben, zwei Statuen mit vorgerecktem Fuß und erhobenem Finger schienen mich zu grüßen; es war nahe dem Schauplatz großer Festlichkeiten, großer Pracht alter Zeiten; dort lagen die Gärten des Sallust, wo Palast, Theater, Bibliothek, Bad und Villa eins sind. Seltsame Dinge geschehen jetzt, deren anziehendster Teil – das geheime Herz – begraben ist oder geflohen, um andere Gestalten zu beleben: Denn von ihm haben die Historiker selten einen Hinweis gegeben, mehr als sie es jetzt mit dem wahrsten Leben unserer Tage tun, das von keiner Feder festzuhalten ist; es sehnt sich nach Formen, die wandelbarer und beredter sind, als die Feder sie verleihen kann.

Ich fand Rom von allen Fremden verlassen: Die meisten Engländer sind aus Angst geflohen – die Deutschen und Franzosen werden zu Hause gebraucht – der Zar hat viele seiner jüngeren Untertanen zurückgerufen, er mag die Ausbildung nicht, die sie hier erhalten. […]

Am nächsten Morgen ging ich in die Kirche *S. Andrea della Valle*, wo ein Trauergottesdienst mit schöner Musik zu Ehren der Opfer von Wien abgehalten werden sollte, denn das tut man hier für die Opfer allerorten – »Opfer von Mailand«, »Opfer von Paris«, »Opfer von Neapel« und jetzt »Opfer von Wien«. Aber heute fand ich die Kirche geschlossen, den Gottesdienst verschoben – Rom gedachte seiner eigenen Opfer.

Ich ging in die Kirche *San Luigi dei Francesi*. Die republikanische Flagge wehte an der Tür […]. Ich verließ die Kirche und ging in Richtung der *Piazza del Popolo*, »der gelbe Tiber stieg«, aber nicht hoch genug, um »Bedrängnis« zu verursachen, wie er es tut, wenn er in schwellender Stimmung ist, anstatt die Stadt zu »umschließen«. Ich hörte die Trommeln schlagen, und als ich die Piazza betrat, fand ich die

Linientruppen bereits versammelt, und die Bürgergarde marschierte in Kolonnen ein; jedes *battaglione* grüßte bei seinem Einzug mit Trompeten und einem schönen Zug der Carabinieri.

Nichts könnte sanfter sein als die Stimmung der Menge. Sie waren entschlossen, sich nicht länger ausnutzen zu lassen, aber man hörte und dachte nicht an Drohungen. – Sie glaubten, das Schicksal von Rossi werde den Hof davon überzeugen, dass man nicht wie geplant zurückweichen werde. [...]

Der Papst wird vielleicht zu spät bereuen, dass er dem Volk die Möglichkeit gegeben hat, diese Überlegungen anzustellen. Doch die besten Früchte der Bewegung werden nicht lange reifen müssen. Sie erfordert radikale Maßnahmen, klarsichtige, entschlossene Menschen: Letztere zeigen sich bisher nicht in Rom. Das neue toskanische Ministerium verfügt über drei Männer, die in unterschiedlicher Hinsicht überragend sind: Montanelli, Guerrazzi, D'Aguila. Leute wie sie sind in Rom noch nicht zu finden.

Doch sollte die Bewegung dieses Mal scheitern (und sie muss entweder mit Entschlossenheit und Kraft voranschreiten oder scheitern – da Stillstand unmöglich ist), so hat das Volk viel gelernt; Unwissenheit und Unterwürfigkeit haben abgenommen – der Weg ist geebnet für den endgültigen Triumph.

Und mein Land, was tut es? Ihr habt einen neuen Präsidenten aus einem Sklavenstaat gewählt, einen Vertreter des mexikanischen Krieges. Aber er scheint ehrlich zu sein, ein Mann, den man respektieren kann und den das Volk wirklich kennt; das ist ein Fortschritt, nachdem wir beim letzten Mal zurückgefallen sind und ein bloßes Werkzeug der Partei wählten.

Bitte schickt einen guten Botschafter hierher – einen, der Erfahrung im Ausland hat, damit er mit gutem Urteilsvermögen handeln kann, und, wenn möglich, einen Mann, der Kenntnisse und Ansichten hat, die über die Parteipolitik in den Vereinigten Staaten hinausgehen, einen Mann mit unerschütterlichen Grundsätzen und dem Verständnis für unterschiedlichste Ansichten. Und schickt einen Mann, der den besonderen Luxus zu schätzen weiß, in Rom zu leben oder Rom zu kennen: Dieser Luxus sollte nicht an eine Person verschwendet werden, die ihn nicht zu schätzen oder zu nutzen weiß.

Noch ein Jahrhundert, und ich könnte darum bitten, selbst zur Botschafterin ernannt zu werden (ich gestehe, wie andere Botschafter würde ich Schreiber anstellen, die den größten Teil meiner Pflichten übernähmen), aber die Zeit der Frau ist noch nicht angebrochen. Sie halten zwar ihre Gesellschaften in Paris ab, aber nicht einmal George Sand will mit solchen Frauen Umgang pflegen. Man sagt, ihrer Meinung nach seien sie zu niederträchtig, zu verräterisch. Sie sollte sie nicht wegen etwas verurteilen, das nicht in ihrer Natur begründet ist, sondern im Unglück.

Wie viel werde ich zu diesem Gegenstand zu sagen haben, wenn ich überlebe, was ich hoffentlich nicht tue, denn ich bin des Kampfes gegen riesiges Unrecht sehr müde und wünschte, jemand Jüngeres und Stärkeres stünde auf, um zu sagen, was gesagt werden muss, und noch mehr: zu tun, was getan werden muss. Genug! die Schreie der Mütter und Ehefrauen, die nachts von ihren betrunkenen Söhnen und Ehemännern geschlagen werden, wie ich sie in den letzten Monaten immer wieder gehört habe, und diese Entschuldigung für ihre Lügen: »Ich traue mich nicht, es meinem Mann zu sagen, er würde mich umbringen«, haben meinen Blick für die Leiden der Frau und die notwendigen Abhilfen geschärft. Hätte ich nur Genie, hätte ich nur Kraft, zu erklären, was und wie es gesagt werden sollte! Gott verleihe sie mir oder einer anderen würdigeren Frau, ich bete darum. […]

Ein frohes neues Jahr meinem Land! Möge es sich der Privilegien, die es besitzt, würdig erweisen, während andere ihr Blut dafür vergießen – das ist alles, was man ihm derzeit wünschen kann. *

Unser Sozialismus

An William H. Channing, 10. März 1849

Vater des Lichts, leite meine Füße
Über die düstre, gefahrvolle Straße des Lebens;
Lass jeden weiteren Schritt
Mich näher bringen zu meinem Gott.

Diese unbeholfenen Zeilen eines Kirchenliedes, das ich in meiner Kindheit lernte, tauchen immer wieder auf. Ach! wie traurig ist es, dass all diese kostbaren ersten Gefühle, die ein beständiges Feuer auf dem Altar meines Lebens entfachen sollten, verschwendet wurden.

Ich bin nicht das, was ich auf dieser Erde sein sollte. Ich könnte es nicht sein.

Meine Natur braucht ein tiefes und beständiges Gefühl, sonst ist sie keiner beständigen Größe, keiner schöpferischen Kraft fähig.

Seit wir uns getrennt haben, ist mir viel Liebe von den Edlen und den Ärmeren zuteilgeworden. Ich habe sie beiden gegenüber empfunden, aber ich schweife als eine Art gezüchtigter Freigeist umher, nachdenklich, immer tieftraurig, oft ist »O Gott hilf mir« mein einziger Ausruf. Dennoch habe ich wenig Vertrauen in die väterliche Liebe, die ich brauche; der Herrscher der Erde scheint so unbarmherzig oder so gleichgültig.

Ich bin es müde, die Menschen irren und bluten zu sehen. Ich bin des Denkens müde, des Hoffens müde. Ich interessiere mich für einige Pläne, für *unseren* Sozialismus, denn er ist auch zu meinem geworden, aber das Interesse ist so oberflächlich wie die Pläne. Sie sind notwendig, sie sind sogar gut, aber der Mensch wird weiterhin straucheln und weinen, wie er es seit so vielen tausend Jahren getan hat.

Feige und mit wunden Füßen würde ich mich gern in einen grünen Schlupfwinkel verkriechen, fern von so viel Einmischung und so viel Wissen, wo ich ein paar nicht unfreundliche Gesichter sehen könnte, wohin gerade so viele Elende kämen, dass ich ihnen helfen könnte.

Ja! ich bin müde, und der Glaube schwingt sich nicht mehr auf und singt nicht mehr. Nichts Gutes bleibt von mir übrig, außer am Grund meines Herzens eine schmelzende Zärtlichkeit. Es liebt viel.

So sterbe ich nun täglich und kann die Schwermut anderer geplagter Geister, mit denen ich früher Zwiesprache hielt, gut verstehen.

Zwischen den Sturmböen

New-York Daily Tribune, 23. Juni 1849

Rom, 27. Mai 1849

[...] Der Kampf zwischen dem Prinzip der Demokratie und den alten, nicht mehr legitimen Mächten ist jetzt richtig und vollständig eröffnet worden. Dieser Kampf kann fünfzig Jahre dauern und die Erde mit dem Blut und den Tränen von mehr als einer Generation tränken, aber das Ergebnis steht fest. Ganz Europa, einschließlich Großbritanniens, wo der erbittertste Widerstand geleistet wird, soll im nächsten Jahrhundert unter einer republikanischen Regierung stehen.

Gottes Wege sind unergründlich.

Jeder Kampf der alten Tyranneien, alle jesuitischen Täuschungen, ihre Raubgier, dass sie die großzügigsten Menschen verhaften und hinrichten, schärfen die Zähne der Hydra nur noch mehr; die Ernte schießt täglich immer reicher in die Höhe.

Als ich in Italien ankam, hatte die große Mehrheit dieses Volkes keinen anderen Wunsch als eine eingeschränkte Monarchie, eine konstitutionelle Regierung. Sie respektierten immer noch die großen Adelsnamen, sie verachteten die Priester, hingen aber immer noch liebevoll an den Dogmen und Ritualen der römisch-katholischen Kirche. Es brauchte König Bomba, es brauchte den dreifachen Verrat von Karl Albert, es brauchte Pius IX. und den »berühmten Gioberti«, es brauchte den von Natur aus gutherzigen, aber gezwungenermaßen feigen und falschen Leopold II., es brauchte die »heiteren« Gemeinheiten von Parma und Modena, den »väterlichen« Radetzky und schließlich den blödsinnigen Louis Bonaparte, »Möchtegern-Kaiser von Frankreich«, um dieses Volk davon zu überzeugen, dass in Italien kein Kompromiss zwischen dem Alten und dem Neuen möglich ist. *Das Werk ist vollbracht*, die Revolution in Italien ist jetzt radikalisiert, und sie kann nicht enden, bis Italien unabhängig und als Republik vereint ist. Protestantisch ist es bereits. Heilige und Märtyrer mögen weiterhin verehrt werden, das Idealbild der Frau mag weiterhin unter dem Namen Maria angebetet werden. – An Christus wird man nun öfter denken, *seine* Vorstellungen wurden unter der alten Ordnung immer sorgfältig aus dem Blickfeld gehalten; die ganze Verehrung galt der Madonna und den Heiligen, die gut dafür bezahlt werden mussten, für die Sünder einzutreten. Ein Beispiel, das die Menschen dazu bringen könnte, damit aufzuhören, war keineswegs erwünscht. Nun wurde das Neue Testament ins Italienische übersetzt, die Exemplare sind bereits weit verbreitet; die Menschen, die sich Christen nennen, werden nicht länger in völliger Unkenntnis über die Gebote und das Leben Jesu bleiben.

Das Volk von Rom hat die Kutschen des Kardinals verbrannt. Sie haben die Beichtstühle aus den Kirchen getragen und auf den Plätzen Scheinbeichten abgelegt, deren Inhalt lautete: »Ich habe gesündigt, Vater, so und so.« »Nun, mein Sohn, wie viel wirst Du der Kirche für die Absolution zahlen?« Später erwogen sie, die Beichtstühle zu verbrennen oder sie als Barrikaden zu verwenden, aber auf Bitten des Triumvirats ließen sie davon ab und stellten sie sogar in die Kirchen zurück. Doch es war kein Gefühlsumschwung, der sie davon abhielt, sondern nur der Respekt vor der Regierung. Molières *Tartuffe* wurde ins Italienische übersetzt und gestern Abend unter großem Beifall aufgeführt. Könnte das alles in Vergessenheit geraten? Niemals! Sollten Gewehre und Bajonette den Papst wiedereinsetzen, wird er feststellen, dass die Fundamente, die einst so tief gegründet waren wie die moderne Zivilisation, jetzt so untergraben sind, dass sie bei der kleinsten ungeschickten Bewegung einstürzen.

Aber ich kann nicht glauben, dass er wiedereingesetzt werden wird. Nur Frankreich könnte dieses Verbrechen vollbringen, diesen grausamsten, schändlichsten Verrat. Die Wahlen in Frankreich werden entscheiden. In drei oder vier Tagen werden wir wissen, ob das französische Volk insgesamt schuldig ist oder nicht – ob es der Wille der Nation ist, eine italienische Regierung zu unterstützen oder zu zerstören, die auf derselben Grundlage beruht wie ihre eigene.

Ich traue dem französischen Volk nicht. Der Bauer ist dort sehr unwissend. Der leidende Arbeiter wird ängstlich, wenn er an die Strafen denkt, die auf die Aufstände vom Mai und Juni folgten. Der Gutsbesitzer ist entsetzt über die brüderlichen Ziele des Sozialismus. Der Aristokrat bekommt Alpträume von der Guillotine, wenn er vom Volk sprechen hört. Der Einfluss der Jesuiten ist in Frankreich immer noch uneingeschränkt. Sowohl in Frankreich als auch in England wurden mit unermüdlichem Eifer die gröbsten Unwahrheiten über den Stand der Dinge in Italien in Umlauf gebracht. Ein amüsantes Beispiel dafür, was dahingehend immer noch getan wird, finde ich eben in einer ausländischen Zeitung, in der es heißt, dass aus allen Häusern Roms rote Fahnen hängen, als Zeichen für den Blutdurst der Römer. Nun, Tatsache ist, dass diese Fahnen am Eingang der Straßen hängen, in denen keine Barrikaden sind, den Kutschern und Reitern zum Zeichen, dass sie ungehindert passieren können. Eine hängt an dem Haus, in dem ich wohne und in dem sich niemand befindet außer mir, die ich nach Frieden dürste, und dem *padrone*, der nach Geld dürstet. [...]

Der nahe Krieg erscheint mir nun noch schrecklicher, als ich ihn mir vorgestellt hatte. Richtig! er stellt die menschlichen Seelen auf die Probe, entblößt den Egoismus in seiner unleugbaren Entstellung. Hier trägt er viele Früchte edler Gesinnung, edler Taten, aber er bringt auch

Laster, Trunkenheit, geistige Zügellosigkeit mit sich, zerreißt die zartesten Bande, verschwendet auf unergiebigste Weise die Erzeugnisse der Erde, nach denen die hungernden Armen vergeblich ihre Hände ausstrecken. Und das Verderben, das folgt, wie entsetzlich! Lasst jene, die glückliche Tage in Rom verbracht haben, wehklagen, wenn sie hören, dass die schönen Bepflanzungen der *Villa Borghese* – die Hauptfreude und Erholung der Bürger, Ausländer und kleinen Kinder – bis zum Obelisken niedergemacht wurden. Den Brunnen, der einsam inmitten der gefallenen Haine singt, kann man nicht ohne Tränen sehen und hören – er erscheint wie ein unschuldiges Kind, das zwischen den Leichen ruft und jauchzt auf einem Feld, das die Schlacht mit den Körpern derer übersät hat, die einst für es sorgten. Auch die Bepflanzungen der *Villa Salvage* am Tiber, die schöne Allee auf dem Weg von *San Giovanni Laterano* nach *La Maria Maggiore*, die Bäume auf dem Forum sind gefallen. Rom ist der Locken beraubt, die seiner ehrwürdigen Stirn Anmut verliehen. Es sieht trostlos aus, entweiht. Mir ist, was ich nie erwartet hätte, als könnte ich nach und nach bereit sein, Rom zu verlassen.

Dann habe ich zum ersten Mal gesehen, was verwundete Männer erleiden. Die Nacht des 30. April verbrachte ich im Lazarett und sah die furchtbaren Qualen der Sterbenden oder Amputierten, spürte ihre Seelenqualen und die Sehnsucht nach ihren Lieben, die weit entfernt waren – denn viele von ihnen waren Lombarden, die von den Feldern Novaras gekommen waren, um für bessere Aussichten zu kämpfen –, viele waren Studenten, die sich freiwillig gemeldet und ins Gefecht geworfen hatten. [...]

Abend.

Ich bin allein in der gespenstischen Stille eines großen Hauses, das vor nicht allzu langer Zeit voll fröhlicher Gesichter war und von fröhlichen Stimmen widerhallte, jetzt aber von allen außer mir verlassen ist – denn fast alle Fremden sind fort, von der Sommerhitze oder vom Feind vertrieben. Ich höre, dass nun alle Spanier fliehen, dass einundzwanzig heute ihre Pässe genommen haben und gegangen sind; warum das so ist, weiß ich nicht.

Ich werde bleiben bis zum letzten Moment, nur Frankreich fürchte ich. Ich kann mir nicht vorstellen, dass sich Männer finden werden, die durch die Bombardierung Roms bereitwillig in Kauf nehmen, von der Nachwelt verdammt zu werden. Andere Städte mögen sie bombardieren, rücksichtslos die Unschuldigen und Hilflosen vernichten, die Kinder und Alten, die sich nicht wehren können. Aber Rom, das kostbare Erbe der Menschheit – werden sie das Risiko eingehen, die heiligen Schätze zu beschädigen? Würden sie das wagen? [...]

Der junge Mond steigt zwischen den Wolken auf – den Wolken eines abziehenden Gewitters. Zarter, lächelnder Mond! kann es sein, dass Du in Deiner vollen Gestalt auf ein rauchendes, schwelendes Rom herabschauen und sehen wirst, wie sein bestes Blut über die Steine rinnt, ohne dass eine Stimme auf der Welt für Rom eintritt und hilft – eine Stimme, die ein verspätetes »Schande!« schreit? Wir werden warten, flüstern die Staaten, und sehen, wie lange sie aushalten. Plagt sie nur richtig, damit wir sehen, ob sie tapfer sind. *Wenn sie ohne uns auskommen*, werden wir ihnen helfen. Wollt ihr selbst auf diese Weise unterstützt werden? Hütet euch! *

Die Lage in Italien

New-York Daily Tribune, 9. Januar 1850

Florenz, 15. November 1849

Heute erhielt ich einige *Tribune*-Ausgaben, die meine abgestumpften Schreibabsichten wiedererweckten. Zwischen Schmerzen und Enttäuschungen, von denen die letzten Monate überquollen, ist es erfrischend zu lesen, wie herzlich Amerika mitfühlt. Es hat sich nicht in selbstsüchtiger Zufriedenheit und seinem blühenderen Glück gehätschelt, es glühte in der Hoffnung auf Erleichterung für die leidenden europäischen Nationen, es hat ihren Sturz zutiefst beklagt, es ist entrüstet über den Verrat, der ihn vollendete. Ich liebe mein Land für den Geist, den es gezeigt hat; er beweist, dass die Geldgier – diese besondere Versuchung – sein edles Herz noch nicht aufgezehrt hat. [...] Amerika ist der Stern der Hoffnung für die gebeugten Nationen, und es wäre eine bittere Nacht für die Welt, wenn dieser Hoffnungsstern durch faulige Dämpfe verhüllt würde. [...]

Ein kleines sozialistisches Werk, *Christus vor einem Kriegsrat*, wurde in Genua veröffentlicht; der Klerus predigte dagegen – verfolgte es gerichtlich, konnte sein Verbot aber nicht erreichen, bewirkte vielmehr nur, dass es noch mehr gelesen wurde. Wahrscheinlich wurden auf diese Weise viele zuvor geschlossene Augen in eine Blickrichtung geöffnet, die zur Beseitigung der fürchterlichen sozialen Missstände in Europa führen kann, und zwar durch eine friedliche, wenn auch radikale Revolution statt eines blutigen Konflikts. Die Könige werden ihre Throne eher zerbröckeln als stürzen sehen, die Priester werden die geweihte Oblate sich zu Brot wandeln sehen, das die sterbenden Millionen durch ihre erstaunten Hände am Leben erhalten kann. Gott gebe es. Das sind nun meine Hoffnungen. Bevor ich nach Europa kam, glaubte ich an das, was man Sozialismus nennt, als die unvermeidliche Folge der Tendenzen und Bedürfnisse der Zeit, aber ich konnte mir nicht vorstellen, dass diese gewaltigen Veränderungen der Regierungsformen, der Erziehung und des täglichen Lebens so schnell eintreten würden, wie ich es jetzt glaube, weil sie eintreten *müssen.* Die Welt kann nicht länger ohne sie bestehen. […] *

Die Lösung für die Probleme der Zeit

An Marcus und Rebecca Buffum Spring, 12. Dezember 1849

Ein Brief von Mr. Doherty, eine Mitteilung in der Zeitung über Miss Bremers Besuch bei der *North American Phalanx*, zweifellos in Eurer Begleitung, bringt Euch so eindringlich in Erinnerung, dass ich die letzten zwei Stunden des Tages, die besten und ruhigsten der vierundzwanzig, der Beantwortung Eurer Briefe widmen muss. Denn ich habe tatsächlich zwei Briefe von Euch zu beantworten, die gleichermaßen ausgezeichnet sind –

Dein Brief, meine teure Rebecca, zeigt mir den edelsten und weiblichsten Geist. Ich danke Dir herzlich für Deine Anteilnahme an meinem kleinen Jungen. Was er mir bedeutet, kannst selbst Du Dir kaum vorstellen – Du, die Du ihrer drei hast und deren natürlicher Herzenswunsch früher erfüllt wurde, kannst schwerlich nachfühlen, was mir mein einziges Lämmchen bedeutet. Dass er lebt, dass ich Brot für ihn finde, dass ich ihn nicht mit meiner maßlosen Liebe verwöhne, dass ich um seinetwillen täglich besser werde, das sind die immer wiederkehrenden Gedanken oder Gebete, die den Grundton meines derzeitigen Lebens bilden.

Nun zu dem, was Du schreibst: dass es besser ist, der Welt diese lebendige Seele zu schenken, als ihr einen Teil meines Lebens in einem gedruckten Buch zu geben – das ist wahr, und doch wüsste ich bei meinem Buch, ob es von Wert sei oder nicht, bei meinem Kind muss ich warten, um zu sehen, welches sein Wert sein wird. Ich spiele mit ihm, meinem immer wachsenden Geheimnis, aber vor den ernsten Gedanken, die er mit sich bringt, finde ich Zuflucht nur in Gott. War ich würdig, Mutter einer unsterblichen Seele zu werden, begabt für ihr Wohl und Wehe? Gott sei mir gnädig, auch ein Sünder gelangt so leicht ins Herz einer Mutter, denke ich. – Aber ich kann darüber nicht viel schreiben; wir werden uns irgendwann treffen und sehen, ob wir uns darüber unterhalten können. Inzwischen zweifle ich nicht daran, dass Du für mein Kind etwas von der Zuneigung empfinden wirst, die ich für die Deinen hege.

Du schreibst, Du hättest diese Dinge lieber nicht von anderen erfahren wollen, und auch ich wünschte das; tatsächlich aber habe ich von Dir nie etwas von der Geburt des kleinen Marcus gehört, nie eine Antwort auf den Brief erhalten, den ich im November oder Dezember des vergangenen Jahres unter schweren Sorgen und Kummer an Dich richtete, nie eine Zeile zu meinem Gefühlsausbruch gleich nach der Ankunft Mazzinis in Rom im Frühjahr; ich fühlte mich, als sei Deine Freundschaft zu mir zwar nicht tot, aber als schliefe sie, und konnte mich nicht entschließen, Dir über einen so heiklen Gegenstand zu schreiben, und ich, die ich damals von vielen Leiden erschöpft und empfindlich war, richtete meine Mitteilung nur an jene Herzen, deren Liebe zu mir wach zu sein schien. Ich schrieb an Mr. Greeley, meine Seele öffnete sich ihm nach der Nachricht von seinem großen Unglück – auch ich war sehr unglücklich –, denn das verlorene Kind war mir unendlich lieb. Ich war traurig enttäuscht, dass er diesen Brief nicht beantwortete, aber das Leben ist voll von solchen Dingen, wirklich hart ist die Reise für den, dessen »Hirn nicht mit Nerven von Stahl ist umgeben« –

Mein lieber Marcus, Dein langer Brief war großartig und hat mir gutgetan. Er war wie die wenigen Gänge und Gespräche auf unseren Reisen, bei Birmingham, glaube ich, inmitten der grünen Büsche von Edgbarton, – und beim Aufstieg in den Apenninen nach Pietra Mala. Er teilte mir viel Wertvolles mit, viel von Deiner treuen Seele. Ich wünschte, ich könnte in gleicher Weise antworten, aber ich kann nur einige Gegenstände ansprechen.

Ich bin eine begeisterte Sozialistin geworden, anderswo gibt es keinen Trost, keine Lösung für die Probleme der Zeit. Es freut mich, was Du von dem erfolgreichen Studium der *N. A. Phalanx* berichtest. Ich wünschte, Du hättest deutlicher gesagt, warum Du die normale Arbeit wiederaufnimmst. Lag es daran, dass Du mehr Geld brauchtest? oder dass sich für Dich noch kein wirklich geeigneter Weg abzeichnete? Was Du wegen des Waschhauses getan hast, ist ausgezeichnet. Gesegnet sei, der eine solche gute Tat vollbringt, während wir anderen nur stümperhaft zuschauen und vielleicht etwas lernen. Was Du sagst, ist zutiefst wahr: Der friedliche Weg ist der beste. Wenn jemand klar erkennt, wie man auf diese Weise arbeiten kann, dann soll er es in Gottes Namen tun. Nur wenn er darauf verzichtet, gegen ungeheure Ungerechtigkeiten zu kämpfen, soll er sicher sein, dass er sie wirklich und leidenschaftlich untergräbt, oder besser noch, die Rechte stärkt, die sie ersetzen sollen. Inzwischen bin ich nicht sicher, ob meine Hände unbefleckt von Blut bleiben können. Ich bezweifle es, ich habe nicht die Kraft dazu. Cobden ist gut, aber wenn er an Kossuths Stelle gestanden hätte, hätte er dann nicht das Schwert gegen die Österreicher gezogen? Du, Marcus, könntest Du zulassen, dass ein Kroate Rebecca beleidigte, Eddie als österreichischen Leibeigenen entführte und den kleinen Marcus blutend im Staub liegen ließe? Und doch ist es wahr, dass Mose die Ägypter tötete, während Christus sich anspucken ließ und der Tod dem Menschen nichts anhaben konnte. Du hast die Wahrheit auf Deiner Seite, Du hast das Recht, aber kannst Du es auch umsetzen, Marcus, unter allen Umständen? Hättest Du es, unterdrückt von der römischen Priesterschaft, nicht mit aller Kraft abgeschüttelt? Hättest Du wer weiß wie viele Jahrhunderte gewartet in der Hoffnung auf den Moment, in dem Du einen anderen Weg wählen könntest? Wenn ja, bist Du ein Christ; Du weißt, dass ich nie vorgab, einer zu sein, außer hie und da in Klecksen und Funken. Doch die Qualen dieser Bluttaufe empfand ich in den goldenen Junitagen Roms ganz besonders. Nie hatte ich das Gefühl, ich hätte zurückschrecken sollen. Ich hätte es nicht vergießen lassen können. Christus musste nicht mitansehen, wie seine Teuren den dunklen Fluss überquerten, er konnte allein gehen, aber zweifellos sah sein prophetischer Geist die Kreuzzüge voraus.

Zu dem, was Du über Harro sagst: Ich wünschte tatsächlich, ich hätte den geringen Aufwand, den ich für ihn getrieben habe, klüger eingesetzt. Aber das gehört nicht zu den Dingen, die man bedauert. Es ist nicht gut, zu sehr mit menschlicher Anteilnahme zu rechnen; wir müssen uns damit abfinden, viele Fehler zu machen, sonst würden wir uns zu langsam bewegen, um unseren Geschwistern zu helfen. Ich bin sicher, dass Du nicht bereust, was Du für Miani und andere wertlose

Leute aufgewendet hast; so wie die Umstände damals aussahen, wäre es falsch gewesen, den Verlust nicht zu riskieren. Bestimmt muss man diese Bedachtsamkeit schrittweise lernen. Wenn ich jemals wieder etwas zu verschenken habe, hoffe ich auf mehr Besonnenheit als in den vergangenen Jahren. Dennoch hatte ich mehrmals großes Glück, als ich zu helfen versuchte. Die nicht sehr tatkräftigen Bemühungen waren von großem Erfolg gekrönt. Das kleine Stück, das ich auf der Straße nach Zion zurückgelegt habe, wurde ich auf blumigen, bequemen Betten getragen, und andere Menschen waren fünfzigmal besser zu mir als ich zu meinem kleinen Rudel von Lazarussen.

Was Deinen Wunsch betrifft, etwas für mich zu tun, so möchte ich nichts in Form von Dollars von Dir, lieber Marcus. Ich weiß, dass Ihr nicht reich seid, dass viel von Euch gefordert wird und Ihr mehr als den doppelten Zehnten an die wahre Kirche der Brüderlichkeit – Gleichheit – zahlt. Was Du bereits für mich getan hast, weiß ich zu schätzen; die Taten und der Geist, in dem sie getan wurden, mögen Dich wie die Liebe immer aufmuntern, wenn Du es nötig hast. Was Du jetzt für mich tun kannst, ist –

1. Bete zur hl. Margareta, da sie in Deiner Stube hängt, dass ich irgendwie dem Drachen der Armut entkomme, dem ich in derselben ekstatischen Stimmung begegnete, wie er sie zu fühlen schien, und nun beginne ich zu fürchten, dass er meinen Jungen packt. Bete, dass ich einen Weg finde, mein täglich Brot zu verdienen, mit Milch und Perlgraupen für meinen Jungen.

2. Geh zu Wiley und Putnam und frag, ob das ganze Zeug, das als meine vermischten Schriften veröffentlicht wurde, für immer unersprießlich und flach und schal bleiben wird. Wenn ja, finde ich das nicht ganz gerecht, denn in manchen Händen werden sicherlich auch schlechtere Schiefersteine zu Gold. Das dritte Jahr ist nun zu Ende, und wenn Du mir auch nur eine sehr kleine Summe aus der Verlagsgunst abpressen könntest, wäre das sehr willkommen. Mit fünfzig Dollar könnte ich zumindest meine Portokosten bezahlen, wenn ich Florenz verlasse. Ich bin gerade in großer Verlegenheit, und wir werden es noch einige Jahre bleiben. Könnten wir diese nächsten Jahre überstehen, hätten wir vielleicht ein wenig Frieden, vielleicht Freude. Aber sorge Dich nicht um mich. Ich wage zu behaupten, dass Gott, der mich bis hierher durch den Sumpf des praktischen Lebens geführt hat, mich nie mehr als knietief einsinken lassen wird, und ich werde am Ende nur mit einem Schrecken oder zwei davonkommen. Schreib von Miss

Bremer. Ich denke, sie wird in den U. S. viele Dinge sehen, die ihr gütiges Herz erfreuen, und ich vertraue darauf, dass sie viele kluge Ratschläge und Zurechtweisungen geben wird. Gewürzt mit ihrer freundlichen Scherzhaftigkeit werden sie sogar von Jonathans Eitelkeit verdaut werden.

Alles Liebe für die teuren Eddie und Jeanie und einen Kuss an das Baby. Es kam alles richtig – ein Marcus war besser als eine Margaret.

Die nächste Revolution
New-York Daily Tribune, 13. Februar 1850

Florenz, 6. Januar 1850
Der letzte Winter begann mit Meteoren und der rosafarbenen *Aurora Borealis*. Den ganzen Winter über herrschte ununterbrochener Sonnenschein, und der folgende Frühling war nicht weniger prächtig, als ob die Natur die edlen Bestrebungen und die zarten, großzügigen Regungen des italienischen Volkes mit Freude und täglichem Lächeln bedachte. In diesem Winter ist Italien in Schnee gehüllt. Hier in Florenz gefriert das Öl im Schrank neben dem Feuer – das Wasser in der Kammer – genau wie in unseren Landhäusern in Neuengland, die noch keine Öfen haben. Ich dachte, es beschränke sich nur auf das kältere Florenz, aber ein heute erhaltener Brief aus Rom besagt, dass der Schnee dort zwei Fuß hoch liegt und das Wasser sofort gefriert, wenn man es auf das Pflaster gießt. Ich kann es kaum glauben – ich, die ich in meinen zwei römischen Wintern nie etwas anderes als einen leichten Pulverschnee gesehen habe, kaum genug, um den Flügel eines Kanarienvogels zu bedecken.

So zeigt die Natur wieder ihr Mitgefühl mit diesem versehrten Volk, obwohl ich fürchte, dass mancher obdachlose Wanderer sich wünscht, sie täte es nicht. Denn vielen fehlt es diesen Winter an Brot und Unterkunft, eine äußerste körperliche Entbehrung, die in diesem reichen Land fast unmöglich schien. Es hatte den Anschein, als könnten die Italiener dem äußersten geistigen und moralischen Leiden unterworfen werden, aber die Bitte des gewöhnlichen Bettlers »*Ich habe Hunger*« bliebe ein bloß poetischer Ausdruck. Das ist nicht mehr der Fall, denn es ist möglich, dass die menschliche Bosheit die gütigen Pläne Gottes in unbegrenztem Maße beeinträchtigt. Trotzdem, unbegrenzt ist doch nicht unendlich. Ich fühle jetzt, dass wir gerade Italiens schlimme Krankheit segnen müssen. Die Heilung ist sicher, sonst müsste der Tod folgen. [...]

Im Augenblick sind die schlechtesten Männer an der Macht und die besten verraten und verbannt. Alle Unwahrheiten, aller Missbrauch der alten politischen Ordnung, des alten Gesellschaftsvertrags, scheinen gestärkt. Aber dem ist nicht so: Der Kampf, der jetzt beginnt, wird schrecklich sein, aber unvermeidlich. Faulende und zitternde Körper können nicht lange gegen das erwachende Leben kämpfen. Zunge und Hand lassen sich nicht dauerhaft gebrauchen, um die Herzen zu unterdrücken. Söhne können nicht lange in der Versklavung ihrer Väter, Väter in der ihrer Kinder gehalten werden. Der Ankömmling namens *Emmanuel* wird langsam verstanden und soll nicht mehr so übel gelästert werden. Die Menschen sollen nun als Seelen erkannt werden, nicht als Hände und Füße, und entsprechend soll regiert werden. Ein Kongress großer, reiner, liebender Menschen und nicht ein Kongress selbstsüchtiger Begierden soll den Vorsitz führen. Lachst Du, Herausgeber der *Times*? (eisenzeitliche *Times*.) Lachst Du, römischer Kardinal, wenn Du die Gefängnistür vor der Frau verschließt, die um ihren Sohn trauert, gemartert für die Sache seines Landes? Lachst Du, österreichischer Offizier, wenn Du den ungarischen und lombardischen Jüngling abrichtest, vor Deinem Stock zu zittern? Bald werdet Ihr, Ihr alle, »*glauben* und zittern«. [...]

Freude den heute Geborenen: in Amerika eröffnet sich ihnen die Aussicht auf eine würdige, friedliche Entwicklung, in Europa auf einen Kampf mit großartigen Motiven und alles Erträumte übertreffenden Ausmaßen. Freude ihnen und Freude ihren Herolden, deren Weg wüst war, deren Werk unvollendet und deren Häupter in der Gewalt einer ehrlosen Zivilisation, die sie als Spielzeug einer rotköpfigen, triumphierenden Bosheit zu Füßen warf – und die trotz allem hochherzig voll selbstloser Liebe, ihren Zielen ganz hingegeben, fallen oder vergehen, glücklich bei dem Gedanken, dass nach ihnen Größere kommen, die endlich die Harfe der Welt zu vollem Einklang besaiten werden, zur Ehre Gottes in der Höhe – denn Friede und Liebe haben unter den Menschen einen Lebensbund geschlossen.

Anhang

The Social Movement in Europe

Am 5. August 1845 veröffentlicht Fuller in der New-York Daily Tribune *die Übersetzung eines Beitrags aus der in New York erscheinenden Zeitung* Deutsche Schnellpost, *ein Text von deren Auslandskorrespondenten Heinrich Börnstein. Er beschäftigt sich mit dem Begriff des Sozialismus und dessen wichtigsten Vertretern, unter anderem mit Karl Marx und mit Friedrich Engels' gerade erschienener Schrift* Die Lage der arbeitenden Klasse in England *(1845). Fuller setzt unter diesen Text ihr Erkennungszeichen, den Stern, und macht ihn sich damit, obwohl es nur eine Übersetzung ist, zu eigen. Die den Text abschließenden Sätze sind ihr eigener Kommentar zu diesem Thema. Da es sich bei diesem Text um Fullers Übersetzung eines deutschen Textes handelt, wird er hier im Englischen wiedergegeben.*

Letter from the Paris Correspondent of *The Schnellpost.*
Translated for *The Tribune.*

»What! you want war, do you? – you shall have it,« said Napoleon to the Austrian Plenipotentiaries, who expected to intimidate him by their claims and demands. And when they said the Emperor of Austria was inclined to recognize the French Republic, he replied: »The French Republic needs no recognition; it is like the sun: none but the blind could deny its existence.« Thus I, my friends, or rather, after your last manifesto, I should say, my worthy foes, I find myself in the position of the conqueror of Italy, and say to you, you want war; well! you shall have it then. Also Socialism, to which you deign a conditional recognition, needs that as little from you as defence from me; there it is; it exists; it moves individuals and masses, and is the great Idea of the Age. Now it is well known to you that such Ideas which have once taken root in the human race, or at least in a large majority of the race, are not to be eradicated, will find their way to development, and no power on earth can hinder them. Therefore we will not wage war as to whether Socialism really exists, whether as an extreme of Progress it is exposed to extreme reaction, whether it has realized the hope of beginning a revolution in the world as to practical life – these are questions that only a mystical veiled personage, named THE FUTURE, can answer. But the subject of our war is that you always give the first place to Political progress in the work of regeneration, and treat Social progress as collateral, as if it would ensue as a matter of course, while I expect salvation for Germany, for Europe, for the world, only from social revolutions, would give not a farthing for political revolutions, even if as radical as those of 1793, and maintain that political freedom and equality are chimeras that leave the poor poor, the hungry hungry, the ignorant ignorant, and all kinds of miserables as they were before; that they correct neither the faults nor vices of individuals nor the errors of the masses, nor the false relations of our present society, nor the woes that spring from them, and that we must have grander, wider, more comprehensive principles on which to base a new order. In a word, we must look to the Man, and not the Citizen, Reality, and not religious and moral abstractions, the earthly happiness and improvement of each soul instead of referring the greater part of men to hopes of heavenly happiness and conferring a superfluity of what is in store at present on a few privileged persons. The word EQUALITY, that signal word of the first French Revolution, has a wide earnest meaning. It means not merely that men should address one another as *Man*, or Citizen, that rank, title, orders and liveries should be done away with, that all are the same before the laws; i. e. that all are tried before the same judges, punished in the same prisons: such equality is merely negative. So long as there are cultivated and rude men, rich and poor, old and young, healthy and sick; perfect, abstract equality is just as impossible as abstract freedom. What we wish and seek is the nearest practicable approximation to the principle of freedom and equality, the emancipation of man from the Formula desert of religious, moral and political commands and prohibitions, the most perfect possible happiness and welfare of all without exception.« – Now here comes the old school, and without any examination throws all together, Communism, Socialism, Humanism, into one motley heap, takes the froth and the dregs of the new fermentation-process instead of the fine spiritual essence, which at first is often deposited only in single drops, and talks about »a vehement, arbitrary negation which seeks to overturn things for the sake of overturning,« &c. »bringing on Chaos by taking away all treasures of the inward life to put in their place a shameless barrack-existence which doles out its intellectual commissary-bread in fixed rations; which would tear away the warm protecting cover with which each genuine conviction, each higher consciousness invests us, and put upon us instead a straight-jacket, the invention of *their* Reason.«

This is a hard sentence, and, were it founded in truth, I would be the first to break the staff over the new social principle, for the friend of true freedom and equality could not by any possibility be the defender of a system in which man lives as in a barrack, taking his nourishment by appointed rations, buckled into a narrow uniform. Surely, you do not think so, nor has any line written by me given you reason to think so. Whence then the severe accusations, why the unsparing blame, wherefore break your staff over the new-born child which cannot as yet have committed the crimes you talk of? Were fore? – now confess it frankly, because you have fallen into the usual fault of enemies of the new school, shaken out the child with the bath, mixed up together Communism, Socialism, and Humanism, so that Weitling is made responsible for Marx, Feuerbach for Cabet, Bernays for Dezanus, just as the old champions of Church and State used to hold Rousseau, Voltaire, Diderot and D'Alembert responsible for all the excesses of the French Revolution. But Socialism stands heaven-wide apart from Communism, and Humanism is no more Socialism than the differential calculus is the rule of three; so where is the sense of judging them all together in the lump? And remark this! The new principle works both ways, from above and from below. – While the farthest advanced of the German philosophers are showing that the noblest thing for a human being is to be thoroughly human, while they are establishing freedom and equality in their highest sense of every man's right to free, unimpeded development of his mental and bodily powers, full unimpeded satisfaction of his natural wants and desires, come poor laborers, tailors, carpenters and the like, through their practical experience to the same results, though they clothe them in a coarser form: both these classes knew for a long time nothing of one another, and Humanism lived near Communism without any acquaintance growing up between them. Now finally they have come into contract which polishes and sharpens both theories. Humanism descends from its philosophical abstractions always more and more to human realities; Communism is stripping off its too sensual outside covering and ennobling itself. *Both will vanish* and out of them a new social religion, a new social philosophy and form arise.

As in becoming a light chasseur to the army of Reform, constantly in the field against our ancient enemy, I am spoiled for efforts in the dogmatic line. I have begged my friend and fellow soldier, the genial and enthusiastic Bernays, to express in writing the distinction between Communism and Socialism. I send you his first essay; others will follow, and you, my dear Foes, who have given your readers the one side, will no doubt the other also. You will reply and refute us if you can.

For myself, in our two years' connexion, I have often said, »I am no Communist.« I now repeat this, and add, I hold the absolute theories of Communism to be as despotically hostile to freedom as old Absolutism. I belong not to those who would exchange one slavery for another by making men machines now who were serfs before. I want what the new humanitarian school wants, a harmonious improvement of the human race by means of harmonious culture, material comfort and satisfaction of the common natural instincts for all, outgrowing the old formula-restraints named Church and State, and organization of a new society truly natural and human in its principles and practice, whose object shall be to let man live for himself and for others as becomes a human being. A society must exist whose members in general committee shall have a care that there should no more be neglected, excluded Parias or Helots, that through equality in education the gulf be filled up between the accomplished and ignorant, through a just division of labor that between the industrious and the idle, through equal distribution of the products of art and nature that between rich and poor, between men always satiated and men always hungry: A society which admits all men to equal human no less than equal political rights, which annihilates summarily the crimes and sorrows that spring from vast disparities of condition, whose highest object is the earthly welfare of all men, leaving hereafter to the care of its own time. This is my confession of faith – and now enough of me, and a word upon the new Social school. It is imagined – governments especially are stiffly of that opinion – that the new social movement is the work of a school, a party, an intellectual conspiracy of dissatisfied writers. It is not so; never was there any thing that less deserved the name of *party* than the Social school. Unconnected, scarcely known to one another, without funds in money, without official support, viewed with a hostile eye by political parties, persecuted by governments, still its members work miracles, and throw all Europe into commotion through power of the Idea which they represent. I have already said how the new Social tendency is developed, in various ways, by two classes standing at a great distance from one another, i. e. by the philosophers and the laborers. The philosophers are much isolated, their books written in the Hegelean style; if once in a while they penetrate through the pressure of censorship into the free air, are only accessible to a small public, then are they exiled and hunted about like Marx, Ruge, Bernays, or shut up, like Bauer, and, worst of all, they so respect the critics' trade as to be endlessly and unsparingly critics to one another, instead of trying to join hands. Marx has in his »Holy Family« overwhelmed Bauer in Berlin, Ruge has fallen upon Marx, Bernays stands independent of all, the Swiss socialists thunder against the German socialist of Paris – on every side are assaults and quarrels. Where then is the Party? But it is out of such combats that truth will arise – the battle-field will be covered with slain, but the survivors will be crowned with victory. Then judge us not as Communists (who are really a party with its Propaganda) nor esteem us slavish disciples of any school, the banner-bearers of a party. A view which seeks for its field of vision boundless human freedom, cannot submit to be enslaved to a system. What we say and shall say here are the opinions of individuals, if others sympathise with us, so much the better! And having no propaganda, speaking our thoughts because they are our thoughts out of deep conviction, if they convince others, that is their affair – we are not responsible. Let each one speak for himself – none for all. I should be as unfit to represent Weitling as Weitling to take upon himself the critical atheism of Marx. Try all things and hold fast the good, remains my motto.

As to politics, matters are pretty tranquil now, but so much the more do men busy themselves with social questions and trying experiments in practical life. The governments are deaf and blind, but the cry of discontent is always breaking forth here and there from enslaved millions, through the thick veil thrown over their griefs, cares, wants and wishes, their joyless lives and painful, uncomforted deaths, that such sights may not disturb the enjoyments of those possessed of wealth and power. Proletarianism is there; it exists; the *bourgeoisie* cannot get out of its way, is annoyed, and tries just such means as in 1793 the nobility and high clergy tried against the clamorous third estate. Would you see in full the relation of the proletary to the well-endowed citizen, read the book of our excellent friend Engels *On the Situation of the Laboring Class in England*. What is said there of England applies no less to Germany and France. England was, as Engels shows historically, no worse off formerly than Germany, nay, not so ill, for in many regions of Germany forty years suffice to increase the numbers of proletaries by hundred thousands, nay, by millions. England has only hastened before us, as if to show to what state we must arrive if we keep in the same way as at present.

Engels divides the laboring class of England into three parts, the manufacturing, agricultural and mining laborers. The state of the first he examines fully, and gives us a clear picture of it. He takes us through the great and little quarters of London, Manchester, Liverpool, &c., and shows us a misery that makes us blush to belong to the world in which it can happen, a misery which amates or grieves us at the power of endurance in human nature, with an unfeelingness, a refined inhumanity in the class above them enough to revolt the calmest heart. The solution of mankind into Monads of which each in separate vitality pursues a separate aim, the world of atoms, is here exhibited in its perfection. In industry the workman is regarded only as a part of the capital, to which the employer pays interest for its use, under the name of wages. If he is so lucky as to get work, a reward waits for him scarcely sufficient to keep body and soul together; if he cannot get it, he can steal, if he is not afraid of the police; or starve, and the police will take care that he can do so quietly, so as not to disturb the ›upper classes.‹ And really, 30 men did starve, under the most revolting circumstances, during the 21 months of Engel's stay in England. How terrible the suffering is in those cities may be seen from the following particulars: In London are at least 50.000 persons, of both sexes and all ages, entirely homeless, to say nothing of the hundreds of thousands who, in the most detestable cellars, in ruined hovels, where is neither chair, table, nor bed, find a wretched shelter. During the winter of 1843, according to official reports, these unhappy persons slept nightly in the benches of the royal park, at the corners of the streets, and in public squares. In Manchester, 40.000 work people live in cellars – often many families in the same den; and these are people who all day long have worked with all their might; these are no beggars; these are the source of the grandeur and wealth of the British nation. Farther, says Engels, the workmen's districts are by the bourgeoisie built in so hidden places, and so full of nooks that one may pass through all the more seemly regions without dreaming of their existence: these good people would not be burdened by the sight of the victims of their selfishness and greed of gold.

He then takes us into the factories and shows us a system, of which it is enough to say that the master can dismiss his workman without inquiry or warning at any moment for imperfect work or fault of conduct. »My house is my castle.« What helps the national proud saying to the poor proletary, whom his employer can any day thrust into the street of give over to the police? Then the whole family is usually at work in the mills, and it is easy to see what must be the state of the poor children given up form infancy to these mind-destroying labors, deprived of maternal cares and the simplest pleasures. What avails it if the master sends these poor creatures daily for an hour or two to a school where they fall asleep from very weariness? Often finds the husband no work, and the wife is compelled to take upon herself the whole charge of supporting the family, and by all this unnatural hardship do they secure even sustenance for their old age? Hear Engels: »The workmen are, in consequence of many hurtful influences, prematurely worn out; most become unfit for labor at 40 years old, few hold out to 45, almost none till 50 years of age, out of 22.096 work-people in Stockport and Manchester only 143 were 45 years old, of these 16 were kept as a favor and one did child's work. A list of 131 spinners contained only 7 over 45, but all of these had been unable to get employment, because they were too old.« In the Manchester hospital were in 1843, 2.426 invalids, of whom 964 had been mutilated by machines in the works. The masters pay in such cases at most the physician a stipend during the time of cure, but feel no responsibility as to what is to become of the workman, if incapacitated for work. The terrible consequences which all this must have for morals, especially of the women, Engels paints in the most impressive manner.

And yet he is silent on many parts of this subject, and speaks only of England, while he might of Germany, of the Harz, the Wupperthal, from the Moselle, out of Thuringia, the Odenwald, out of Silesia, the Riesengebirg, relate more and more frightful things. Here, too, a contest has been waged between the work-people and their masters, which for its own meaning, as well as illustrating the dullness of the authorities, deserves especial notice. The Carpenters of Paris – 5.000 in number – have asked of their masters, and those who make contracts for building, an increase in their wages of a franc per day, (5 francs instead of 4,) and when this was refused, by common consent left off work. The following letter from them to their masters will tell your readers better than I could their troubles and desires. It will also show you a great difference between the workmen of 1830 and those of 1845, and that the latter, leaving the political arena, have made immense progress in social culture:

»*To the Master Carpenters of the City of Paris:*
In your last Circular you decidedly refuse our request for an increase in our wages, but contest the legality of the hitherto fixed rate of 4 franc, maintaining that the rate of wages should be a matter of agreement between each master and his men. As your predecessors in 1822 and 1823 assured us of the regular compensation of 4 francs per day, we relied on their word and do so still, only we ask an increase of 10 centimes per hours. Let him among you, Masters, who would be satisfied with the double of such a compensation, throw the first stone at us. Should we receive for our work 5 francs per day, it does not follow, as has been asserted, that each of us earns 1.800 francs per year: – Four-fifths of us are without work five months in the year, so that, with the desired increase, we could calculate only on an income of 1.050 francs. Do you think that this sum is sufficient for our shelter, food, clothing and instruction? – for, alas! most of us have grown up without any instruction, and must now get it as we can, and pay for it with the gains of our labor. Beside, a compensation of 5 francs is not more now than 4 was in 1822; for 100 francs capital we could then easily get an interest of 5 francs, now to get 5 francs we must have 125. The gold has, beside, in 23 years, lost a sixth part of its value, while our wants and expenses remain the same. And why must we go backward, while all else is in advance? Is not our profession a dangerous one? Have we not hard work to do, and work that exposes us often and much to bad weather? Some of you, Masters, will, according to the ancient fashion, denounce us as rebels against the laws and dangerous agitators, led by a party hostile to the Government, but it is not so: we are not politicians, for such business we have neither time nor talents; we are simply workmen; we know what we are worth, and are sure that our desires would not be blamed or denied, of they were fully considered. We wish to elevate our profession, which you have gradually, by unworthy maneuvers, degraded to a mere handicraft. We believe we shall be thanked for this by those who come after us, and it is to that time we cheerfully look for the fruit of our labors. We do not wish to make any disturbance, and have, throughout, avoided tumultuous meetings. We are sorry that your works and enterprises

suffer from our being forced to leave them, but we must persevere, quietly, yet firmly. Would it not be better if you, our Masters, instead of blackening us before the authorities as agitators, united with us to improve our situation? Would it not have been easy to you, better than we could, to prove to the Government that our wishes are just and right? – If you would have done this, you would never have cause to reproach yourselves, but would have won our constant gratitude. You have made it appear that we ask the same advanced pay for all, strong or weak, young or old, expert or clumsy. We never had such foolish thoughts. We ask five francs per day for ten hours' labor of each workman whom you find capable of doing your work well; and, if after such trial you continue to employ him, we would wish it to be understood that he has a claim to this compensation. If there be workmen of extraordinary ability, and you are disposed to pay them more, none of us will be disposed to find fault with that. You wish the privilege of making bargains, of beating down the price of work: we are against this. Be assured, this cheapening is the ruin of Industry; it kills the good workman, of whose necessities it avails itself; it makes poor workmen and eye-servants. We therefore ask for each capable workman 5 francs per day; for remarkably good workmen, remarkably maladroit ones, the old and the feeble, let separate bargains be made; the labor of a whole night to be counted the same as that of two days; a labor of two night-hours, as that of three hours by day. We ask your aid to obtain this for us, and remain, with due respect, yours,
THE JOURNEYMEN CARPENTERS OF PARIS.«

The moderate, calm, and reasonable manner of this address made no impression: the masters had a meeting and resolved not to yield a hair's breadth, but to starve out their journeymen. The Government, instead of becoming a mediator or remaining neutral, took sides with the masters. It arrested some of the carpenters as ringleaders, searched the houses of others (without result,) put the army-carpenters at the disposal of the masters, so that the work might go on, refused passports to the poor journeymen who wished to leave Paris, where every thing is so dear, and seek employment elsewhere – opened the trenches, armed the batteries, and blockaded up all the avenues, to starve these poor carpenters into submission. Still they hunger, hunger with wife and child and yield not; the last eighteen days all the works are deserted, and in Tours, Blois, Amboise and St. Germain en Laye, the journeymen carpenters have followed the example of their comrades at Paris. If they persist in their present course, if all of their trade throughout France follow their example, if other trades are emboldened by their example to adopt a similar course, if thus the Above must begin to bend to the Below, if in consequence the number of remonstrants and remonstrances increase, if in this way a Fourth Estate, the Estate of the Workmen, break an entrance to the privileges of social life, will not that be a revolution? You say »it will not happen.« Perhaps not; – but it *can* happen, and that is enough.

The Chamber, when Ledru-Rollin proposed this question, voted the order of the day; the Centre cried, »You tire us to death with your workmen;« the Left have no thoughts except for electoral reform; the Legitimists look at the case without sympathy; the few radicals of the Extreme Left can do nothing. The workmen thus have Government, Chamber, Police, Bourgeoisie and their masters against them; none for them but their own hands, their good right and the consciousness of their worth: it will be a hard fight, and yet they will conquer, if not at present: even their temporary discomfiture is as good as a victory, for it awakes new sympathies and brings them new allies.«

Thus far on this subject: the Parisian whose liveliness is not frivolity, and who seems to have a warm heart with his sharp glancing eyes. We have quoted his communication, principally as framework to the letter of the Carpenters, for that tells the whole story. Since they can say to their employers, »Let him among you who would be satisfied with double the pay we receive cast the first stone at us;« since they say, »Having grown up without instruction, we *must* be enabled to procure it now,« the new era is not far off. The new era, then the laborer shall be thought worthy of his hire, and every man entitled to express the wants that consume him, and ask relief from the cares that now harass so many from the cradle to the grave.

A good paper from *The Harbinger*, giving some notice of the same tendencies, both abroad and at home, will be appended, either in this day's journal or the next. *

Über Margaret Fuller

Elizabeth Hoar

Elizabeth Hoar (1814-1878), die Verlobte von Emersons früh verstorbenem Bruder Charles, lernte Fuller 1839 bei einem Besuch bei Ralph Waldo und Lidian Emerson näher kennen; wie Fuller nahm auch sie an den Treffen des Transcendental Club teil. In einem Brief an eine Freundin berichtet sie von ihrem Eindruck von Margaret Fuller.

An Hannah L. Chappell, 3. April 1839

Meine teure Hannah,

Deine beiden Briefe erreichten mich bei Mr. Emerson, aber ich habe mit der Antwort gewartet, bis ich wieder zu Hause war. Miss Fuller ist seit einer Woche dort, und ich bin noch nicht selbstbestimmt genug, um etwas tun zu können, wenn sie in der Nähe ist. Ich sehe so wenige Menschen, die für mich mehr sind als Bilder oder Mobiliar, dass der Reiz einer solchen Person groß und für den Moment überwältigend ist. Und wirklich, wenn ich alle mir interessanten Menschen sähe, und wenn ich mir selbst helfen *könnte* – ich glaube nicht, dass mein Interesse an ihr dann nachließe. Ihr Scharfsinn, ihre Menschenkenntnis – dass sie Dir die Charaktere anderer Menschen laut vorzulesen scheint, als seien es gedruckte Bücher –, ihre große Gelehrsamkeit und Kultiviertheit, – die Geschwindigkeit, mit der sie sich Wissen aneignet, zusammen mit strenger geistiger Disziplin (die bei Frauen und Literaten so selten ist, wenn es nicht »Männer der Wissenschaft« sind), ihre leidenschaftliche Liebe zum Schönen, ihre Sympathie für alles Edle, dann ihre Energie und die königliche Art, mit der sie jede Gesellschaft in Besitz nimmt und nach ihren Vorstellungen ordnet – all das erfüllt mich mit Bewunderung – nicht mit staunender, sondern mit erfreuter Bewunderung – und, wie es das »Genie« immer tut (siehe R[alph] W[aldo] E[merson] über »Genie«), haucht es mir neues Leben ein, neues Selbstvertrauen, den Wunsch, »das Mögliche« in mir selbst zu verwirklichen. Ihr *oberflächliches* Auftreten gäbe Dir vielleicht den Eindruck, sie sei leichtfertig, es fehle ihr an Zärtlichkeit. All die Hindernisse, Irrtümer, Überdrüssigkeiten, die einem die Seele zerfressen und so tragisch erscheinen, nimmt sie mit ihrem trotzigen Witz auf und zieht sie ins Komische, sodass sie alles Einschüchternde verlieren.

Im ersten Moment hat man das Gefühl, sie verspotte oder missachte das Leid, das sie mit sich bringen, aber das ist nicht der Fall. Sie ist hilfsbereit und leidet mit allen sich mühenden Seelen. Und sie selbst hat so oft große körperliche und seelische Qualen und so viele Enttäuschungen überwunden, dass sie ein Recht darauf hat, mit diesen Pfeilen des Schicksals zu spielen, wie sie will. In ihrer Vorstellung vom Leben ist sie eine hochintellektuelle und selbstlose Dienerin der Pflicht und eine Christin (keine *traditionelle* Christin, nicht von *Autoritäten* dazu erzogen). Aber das ist nur eine Aufzählung; man kann das Genie nicht beschreiben, und ich schreibe mehr, weil ich an sie denke, als in der Hoffnung, ihr gerecht zu werden. Nur ihre Anwesenheit kann Dir eine Ahnung von der Bedeutung des Namens »Margaret Fuller« geben, und auch das nur, wenn Du sie nicht ein- oder zweimal siehst, sondern bei verschiedenen Gelegenheiten, die ihre Vielseitigkeit zum Vorschein bringen. Und ihre Fähigkeit, Mr. Emerson aus der Reserve zu locken, hat meine Freude an dem Segen, mit ihm in einem Haus und einem Raum zu sein, verdoppelt.

Edgar Allan Poe

Edgar Allan Poe (1809-1849) war nicht nur Schriftsteller, sondern neben Fuller einer der wichtigsten Literaturkritiker der Zeit. Fuller hatte er in New York persönlich kennengelernt. Für seine Serie The Literati of New York City, *die 1846 in dem breit rezipierten Frauenmagazin* Godey's Lady's Book *erschien und achtunddreißig New Yorker Autorinnen und Autoren porträtierte, schrieb er einen ironisch wohlwollenden Beitrag über sie; kurze Zeit später aber nahm er im Brief an einen Freund eine vollkommen entgegengesetzte Position ein: »Sie ist eine übellaunige und sehr unbeständige alte Jungfer – meide sie.« (WM 185)*

Sarah Margaret Fuller

Miss Fuller war früher Redakteurin von *The Dial*, und viele der eindringlichsten und sicherlich auch einige der sonderbarsten Beiträge stammen von ihr. Bekannt ist sie auch durch *Summer on the Lakes*, eine bemerkenswerte Sammlung von Skizzen, die 1844 von Little & Brown in Boston herausgegeben wurde. Unlängst hat sie *Woman in the*

Nineteenth Century veröffentlicht, ein Werk, das für viel Gesprächsstoff gesorgt hat, da es das Glück hatte, leidenschaftlich geschmäht und ritterlich verteidigt zu werden. Gegenwärtig ist sie stellvertretende Redakteurin der *New-York Tribune*, genauer gesagt eine angestellte Mitarbeiterin dieser Zeitschrift, zu der sie diverse Artikel beigesteuert hat, vor allem Besprechungen neuer Bücher etc. etc. Ihre Artikel sind mit einem Sternchen gekennzeichnet. Unter den besten waren eine Besprechung von Professor Longfellows letzter Prachtausgabe seiner Werke (mit einem Porträt) und ein Aufruf an die Öffentlichkeit zugunsten ihres Freundes Harro Harring.* Die Besprechung gereicht ihr zur Ehre, sie war freimütig, aufrichtig, unabhängig – in einem geradezu lachhaften Gegensatz zu den heute üblichen bloßen Lobreden lobte sie *nur* dort, wo Lob fällig war, und bewies doch die größte Fähigkeit und aufrichtigste Absicht, die tatsächlichen und kennzeichnenden Verdienste eines Dichters wertzuschätzen und ins schönste Licht zu rücken.

Meiner Ansicht nach ist dies eine der wenigen je in Amerika veröffentlichten Besprechungen von Longfellows Gedichten, für die die Kritiker sich nicht schämen müssen. Mr. Longfellow hat Anspruch auf einen bestimmten und sehr hohen Rang unter den Dichtern seines Landes, aber dieses Land erniedrigt sich selbst durch die offensichtliche Speichelleckerei, die seiner gesellschaftlichen Stellung und seinem Einfluss, seinem feinen Papier und seiner großen Schrift, seinen Saffianeinbänden und seinem Goldschnitt, seinem schmeichelhaften Porträt und den Illustrationen zu seinen Gedichten ein Maß an unkritischem Beifall zuteilwerden lässt, das den Gedichten selbst weder zugestanden werden konnte noch angestanden hätte.

Die Verteidigung von Harro Harring oder vielmehr die Strafpredigt gegen alle, die ihm Unrecht taten, war einer der beredtesten und am besten *formulierten* Artikel, die ich je in einer Zeitung gesehen habe.

Woman in the Nineteenth Century ist ein Buch, das nur wenige Frauen in diesem Land hätten schreiben können und das keine Frau in diesem Land veröffentlicht hätte, mit Ausnahme von Miss Fuller. In seiner Unabhängigkeit, seinem unbedingten Radikalismus ist es eine der *Kuriositäten der amerikanischen Literatur*, und Doktor Griswold

* Der amerikanische Schriftsteller Henry Wadsworth Longfellow (1807-1882); zu Harro Harring siehe Stellenkommentar 283 »was Du über Harro sagst«.

sollte es in sein Buch aufnehmen.* Ich brauche wohl kaum zu sagen, dass die Abhandlung kraftvoll, eindringlich, tiefsinnig, anregend, brillant und bis zu einem gewissen Grad auch gelehrt ist – denn alles, was Miss Fuller vorlegt, hat Anspruch auf diese Attribute –, aber ich muss sagen, dass die Schlussfolgerungen nur zum Teil mit meinen eigenen übereinstimmen. Nicht dass sie zu kühn wären, keineswegs – zu neuartig, zu verblüffend oder in ihren Folgen zu gefährlich –, eher hat sie, um zu diesen Folgerungen zu gelangen, zu viele Tatsachen verdreht und zu viele analogische Inferenzen gänzlich außer Acht gelassen. Ich will damit sagen, dass die Absicht der Gottheit in Bezug auf die Unterschiede der Geschlechter – eine Absicht, die man nur dann deutlich erfassen kann, wenn man die äußeren (empfindlicheren) Teile der geistigen Netzhaut *absichtslos* über das weite Feld der allgemeinen *Ähnlichkeit* schweifen lässt –, ich will sagen, dass diese *Absicht* nicht hinreichend berücksichtigt wurde. Miss Fuller hat sich auch aufgrund ihrer eigenen übertriebenen Objektivität geirrt. Sie beurteilt die *Frau* nach dem Herzen und dem Verstand von Miss Fuller, aber es gibt nicht mehr als ein oder zwei Dutzend Miss Fullers auf der ganzen Erde. Mit diesen Ansichten zu *Woman in the Nineteenth Century* fühle ich mich nach wie vor berufen, die einfältige, aburteilende Kritik an diesem Werk, die in einer der früheren Nummern von *The Broadway Journal* erschienen ist, zu missbilligen. Dieser Artikel wurde nicht von mir selbst geschrieben, sondern von meinem Kollegen Mr. Briggs.

Einen guten Eindruck von Miss Fullers Genie (denn großes Genie besitzt sie zweifellos) kann man wohl aus ihren Beiträgen für *The Dial* und aus ihrem *Summer on the Lakes* gewinnen. Viele Beschreibungen in diesem Band sind einzigartig in ihrer *Grafizität* (warum gibt es dieses Wort nicht?), in der Kraft, mit der sie die Wirklichkeit auf neue oder unerwartete Weise vermitteln, durch die Nuancen, die andere Künstler vermutlich als unerheblich wegließen. Auch diese Fähigkeit entspringt ihrer Subjektivität, sie schildert eher die Wirkungen einer Szenerie als ihren bloßen Anblick. […]

Doch ihre Art zu schreiben ist unendlich vielfältig. Sie schreibt immer ungestüm – aber ich bin nicht sicher, ob ihre Art zu schreiben auch andere Eigenschaften hat, außer ich sage malerisch. Das ist eher ein Hinweis auf die Gelehrsamkeit als ein Beweis dafür. Vielleicht wäre

* Rufus Wilmot Griswolds Anthologie *Curiosities of American Literature* (1844).

nur der Gelehrte, genauer gesagt, der Linguist bereit, ihre Unkenntnis der Grammatik zu entschuldigen – und würde ihre Vernachlässigung der Schale ihrer Sorge um den Kern zuzuschreiben – oder ihren Eigensinn oder ihre Affektiertheit oder ihre blinde Verehrung für Carlyle – und in ihren sonderbaren und wiederholten Ungenauigkeiten eine Art von Genauigkeit zu entdecken. [...]

Trotzdem und abgesehen von ihren häufigen, nicht zu rechtfertigenden Carlyleismen (etwa Sätze zu schreiben, die keine Sätze sind, weil, wollte man sie analysieren, zumindest ein Bezug zu den vorhergehenden Sätzen bestehen müsste) ist Miss Fullers Stil einer der besten, die ich kenne. Mir ist keiner bekannt, der ihn in seiner Wirkung übertrifft. Ihr Stil ist einzigartig scharf, lebendig, prägnant, kühn, glänzend; lässt man Einzelheiten außer Acht, ist er alles, was ein Stil sein muss. [...]

Die Annahme, dass ein Buch etwas anderes ist als das Selbst des Autors, scheint mir unbegründet. Die Seele ist eine Chiffre im Sinne eines Kryptogramms, und je kürzer ein Kryptogramm ist, desto schwieriger ist es, es zu verstehen – ab einer bestimmten Kürze würde es einer Armee von Champollions* trotzen. Und so kann derjenige, der sehr wenig geschrieben hat, in diesem Wenigen entweder seinen Geist verbergen oder ein ganz irreführendes Bild davon vermitteln – von Fähigkeiten, Talenten, Temperament, Umgangsformen, Grundhaltung und Tiefgründigkeit (oder Seichtheit) seines Denkens – mit einem Wort, von seinem Charakter, von sich selbst. Aber das ist unmöglich bei jemandem, der viel geschrieben hat. Von einem solchen Menschen erhalten wir in seinen Büchern nicht nur eine richtige, sondern die richtigste Darstellung. Bulwer, der individuelle Privatmann in grüner Samtweste und bernsteingelben Handschuhen, ist keineswegs der wahre Sir Edward Lytton, der nur in *Ernest Maltravers* zu entdecken ist, wo seine Seele vorsätzlich und nackt zum Vorschein kommt. Und wer würde Dickens je erkennen, wenn er ihn sähe oder mit ihm spräche oder irgendetwas mit ihm täte, außer seinen *Old Curiosity Shop* zu lesen?** Welcher Dichter muss nicht zumindest den besseren Teil seiner selbst in seinem gewöhnlichsten (ernsthaft geschriebenen)

* Der französische Sprachwissenschaftler Jean-François Champollion (1790-1832) entzifferte 1822 die Hieroglyphen auf dem Stein von Rosette.

** Edward Bulwer-Lytton (1803-1873) und sein Roman *Ernest Maltravers* (1837); Charles Dickens' *The Old Curiosity Shop* (1841).

Sonett angemessener dargestellt sehen als in seinen ausgefeiltesten oder vertrautesten Charakteren?

Ich stelle all dies als eine allgemeingültige Behauptung auf, von der Miss Fuller eine deutliche Ausnahme bildet – insofern ihr persönlicher Charakter und ihr gedrucktes Buch ein und dasselbe sind. Wir erhalten in dem einen wie in dem anderen einen unmittelbaren Zugang zu ihrer Seele – nicht *bequemer* in diesem als in jenem – einfach in beiden. Ihre Handlungen sind buchförmig, und ihre Bücher sind weniger Gedanken als Handlungen. Ihre Art zu schreiben und ihre Konversation sind identisch. [...]

Um die *konversierende* Frau vor sich zu sehen, genügt es, sich vorzustellen, wie sie den eben zitierten Absatz vorträgt: aber zunächst die Frau als *Person*. Sie ist von mittlerer Größe, nichts Bemerkenswertes an ihrer Figur, eine mächtige Fülle von glänzend hellem Haar, blaugraue Augen voller Feuer, geräumige Stirn, der untätige Mund deutet auf tiefe Empfindsamkeit hin, Vermögen zur Zuneigung, zur Liebe – wenn er von einem schwachen Lächeln bewegt wird, wird er sogar schön in der Intensität dieses Ausdrucks, aber die Oberlippe, wie gezwungen durch eine unwillkürliche Muskeltätigkeit, hebt sich gewohnheitsmäßig und vermittelt einen spöttischen Eindruck. Stellen Sie sich nun eine Person nach dieser Beschreibung vor, die Ihnen im einen Moment ernst ins Gesicht schaut, im nächsten nur in ihr eigenes Inneres oder an die Wand, sich hin und wieder nervös auf ihrem Stuhl bewegt, in einer hohen Tonlage spricht, aber musikalisch, bedächtig, (nicht hastig oder laut) mit einer köstlich klaren Aussprache – sie rezitiert, wie gesagt, den fraglichen Absatz, und betont die Wörter, die ich kursiv gesetzt habe, nicht durch Atemstöße, (wie es üblich ist), sondern indem sie sie so lange wie möglich dehnt und dabei fast die Augen schließt – stellen Sie sich all das vor, und wir haben sowohl die Frau als auch die Autorin vor uns.

Fredrika Bremer

Die schwedische Schriftstellerin und Frauenrechtlerin Fredrika Bremer (1801-1865) reiste zwischen 1849 und 1851 durch die Vereinigten Staaten, wo sie u. a. Emerson und die Springs (Fullers Reisegenossen auf ihrer Fahrt nach Europa) besuchte. In ihrem Reisebuch berichtete sie von dem, was sie über die bekannte amerikanische Autorin hörte, von

Gerüchten über Fullers Verbindung mit Ossoli und schließlich über ihren Tod. Die Abschnitte werden hier in einer zeitgenössischen Übersetzung wiedergegeben.

Ich muß dir auch einige Worte über ein Frauenzimmer sagen, das zu diesem Kreis gehört und das ich oft nennen gehört habe, seitdem ich in Amerika bin, theils mit Tadel, theils mit Lob, aber stets mit einer gewissen Auszeichnung. Das ist nämlich Miß Margaret *Fuller.* Obgleich ohne alle Schönheit und mehr unangenehm als angenehm in ihrem Wesen, scheint sie doch seltene Talente und ein wahres Genie für die Conversation zu haben. Emerson sprach mit Bewunderung davon. Er sagte von ihr: – »Die Überzeugung sitzt auf ihren Lippen!« – Gewiß ist, daß sie die Fähigkeit besitzt, Enthusiasmus bei ihren Freunden zu erregen, wie ich von keinem andern Frauenzimmer gehört habe. Emerson sagt in dieser Beziehung mit seiner gewöhnlichen, fast fürchterlichen Aufrichtigkeit: – »Sie hat große Eigenschaften, aber sie hat auch große Fehler!« – Unter den Letztern soll ihr Hochmuth und ihr verächtliches Benehmen gegen weniger Begabte ihres Geschlechts obenanstehen. Gleichwol habe ich gehört, daß sie harte Worte bereuen und abbitten könnte. In der Erhabenheit und Selbständigkeit ihrer Ansichten, im Stolz und in der Offenheit, sowie in der Schärfe der Kritik ist sie vollkommen Transcendentalistin.

Die »Conversationen«, welche sie in Boston in einem ausgewählten Kreise einige Zeit hielt, sollen vom höchsten Interesse gewesen sein. Mrs. Emerson kann ihre warme Beredtsamkeit und ihren innern Reichthum nicht genug rühmen und wünscht mir, glaube ich, daß ich ihr ähnlicher sein möchte. Mrs. Fuller reiste mit meinen Freunden Springs nach Italien und blieb vor einigen Jahren dort zurück. Jetzt ist ein Gerücht von dorther nach Amerika gekommen, daß sie eine Verbindung mit einem jungen Mann geschlossen habe. (Margaret Fuller ist nicht mehr jung, sie steht den Vierzigen nahe.) Man spricht von einer Fourieristischen oder socialistischen Heirath ohne Trauung. Gewiß ist nur, daß die Trauung bis jetzt geheimgehalten worden ist und daß sie – ein Kind hat. Sie selbst hat davon und von ihrer Mutterfreude, aber kein Wort von ihrer Heirath, sondern in dieser Beziehung nur geschrieben, daß sie das Weitere, was sie selbst betreffe, bei ihrer Rückkehr nach Amerika, welche im nächsten Jahre stattfinden solle, erzählen werde. Dies Alles hat viel Stoff zu allerlei Redereien über sie unter ihren Freunden und Nichtfreunden gegeben. Die, welche ihre Ansichten oder ihre Person nicht lieben, glauben das Schlimmste. Allein ich werde nicht vergessen, mit welchem Ernst einer ihrer Freunde, Mr. W. Russel, ihre Vertheidigung einstmals in einer Gesellschaft übernahm und lediglich auf Grund ihres Charakters jeden Verdacht einer Handlungsweise zurückwies, welche sie wirklich beflecken könnte. Ihre Freunde in Concord – unter diesen sind Emersons, Elisabeth Hunt und eine junge geistvolle Schwester der M. Fuller, die in Concord verheirathet ist – scheinen vollkommen ruhig über ihr Verhältniß zu sein und sind der Überzeugung, daß sie sich darüber vollständig rechtfertigen werde. Das ist schön.

Miß Fuller hat in ihren Schriften die freie Entwickelung der weiblichen Rechte und dergleichen Freiheitsgrundsätze bevorwortet, die, obgleich sie mit den strengsten Anforderungen der Moral übereinstimmen, doch für Viele auch in diesem freien Lande, anstößig sind. Ihre Freunde, und unter denselben die guten reinherzigen Springs, wünschen mir, daß ich sie kennen lerne.

Wir haben ein paar stille schöne Abende gehabt (denn ich nehme diesmal nur ausnahmsweise Besuche und Einladungen an – ich muß ausruhen), ich und meine Freunde, an denen wir gelesen und uns unterhalten haben. Ich habe auch Briefe gelesen, welche sie von Miß M. Fuller, der gegenwärtigen Marquise Ossoli, erhalten haben, denn ihre Heirath ist nun öffentlich bekannt gemacht worden und ihr Vertheidiger Mr. Russell hat vollkommen recht gehabt. Mrs. Ossoli ist jetzt mit ihrem Mann und ihren Kindern auf dem Wege nach Amerika, wo sie sich niederlassen wollen. Und am Bord desselben Schiffes ist auch der junge Mann, der nach Petersburg gereist ist, um dem Kaiser von Rußland eine Eichel zu schenken.

Der letzte Brief der Mrs. Ossoli ist aus Gibraltar und beschreibt rührend schön den Abend, an welchem die Leiche des Capitains (er war an den Blattern gestorben) ins Meer gesenkt wurde, während die Abendsonne glühend unterging und kleine weiße Segel, »wie ausgebreitete Flügel der Engel«, auf dem Meeresspiegel ruhten. In diesem Briefe lebt eine gewisse Schwermuth und eine durch und durch edle Gesinnung, aber nichts von dem stolzen und trotzigen Geist, den ich aus mehren Gründen in ihr vermuthet habe. Von ihrer Mutterfreude und von ihrem schönen Kind spricht sie mit Rebecca Spring in hinreißenden Ausdrücken.

– »Ich kann mein Glück kaum fassen« – sagt sie an einer Stelle –

»ich bin Mutter eines unsterblichen Wesens! Gott sei mir armen Sünderin gnädig!«

Das klingt gar nicht stolz. Sie hat ein paar Kisten mit Geschenken und Andenken für ihre Freunde in die Heimat geschickt, – »für den Fall« – schreibt sie – »daß ich mein Vaterland nicht wiedersehen sollte.« – Sie hat diese Reise mit düstern Ahnungen angetreten, und diese Ahnungen scheinen, nachdem der gute Capitain der Brigg unterwegs gestorben ist, noch zugenommen zu haben. Doch ist bisher Alles gut gegangen; und ihre Mutter, drei Brüder und eine einzige Schwester (die junge liebenswürdige Frau in Concord) sowie eine Menge Freunde erwarten sie mit Sehnsucht und Freunde.

Ein See-Unglück hat sich neulich nicht fern vom Cap May zugetragen, die Hoffnung manches Herzens zermalmt und auf Tausende von Gemüthern in den nordöstlichen Staaten einen tiefen Eindruck gemacht. In einer stürmischen Nacht im verflossenen Juli strandete an der Küste von New-Jersey eine Brigg, welche die Markise Ossoli (Margret Fuller), den Gegenstand so vielen Geredes und so vieler Verläumdung, so vieler Bewunderung und so großer Aufmerksamkeit in den Staaten Neuenglands, nach ihrer Heimath zurückbrachte, und nebst ihr, ihren Mann, den Marchese Ossoli und ihren kleinen Jungen. Sie gingen sämmtlich unter, während sie vier Stunden lang den Tod herannahen gesehen hatten und die Wogen das Schiff in Stücke zerschlugen. Ich glaube, daß ich Dir von Margret Fullers Brief, den sie von Genua aus an Springs schickte, von ihren traurigen Ahnungen, von dem Tod des Kapitäns u.s.w. erzählt habe. Das Schiff war hernach vom ersten Steuermann geführt worden, der ein geschickter junger Seemann zu sein schien, und seiner Sache so sicher war, daß er am Abend vor der Unglücksnacht den Passagieren versprochen hatte, sie sollen am Morgen in New-York sein. Sie begaben sich darauf alle zur Ruhe und erwachten erst, als das Schiff bei der Morgendämmerung auf den Grund stieß. Der Steuermann hatte sich durch einen Leuchtthurm, den er fälschlich für einen andern in diesen Fahrwassern hielt, irre führen lassen. Sie befanden sich nicht weit vom Lande und die Wogen drängten gegen die Küsten zu; mehrere Passagiere ließen sich auf Bretter binden und kamen auf diese Art, obwohl halbtodt, ans Land. Man bot Margret Fuller dieses Rettungsmittel an. Sie verweigerte es; sie wollte nicht gerettet werden, außer mit ihrem Mann und mit ihrem Kind. Bei der Einschiffung von Italien her hatte sie einer Freundin in Amerika geschrieben: »Ich habe eine Ahnung, daß eine große Veränderung in meinem Schicksal bevorsteht. Ich fühle das Herannahen einer Krisis ... Ossoli ist in jüngeren Tagen von Weissagern vor der See gewarnt worden, und dieß ist seine erste größere Seereise ... aber sollte ein Unglück eintreffen, so will ich mit meinem Mann und meinem Kind zu Grund gehen.« Jetzt war die geahnte Stunde gekommen und sie wollte mit den Ihren sterben.

Ein Matrose hatte den kleinen Jungen genommen, ihn und ein kleines italienisches Mädchen auf ein Brett gebunden und sich mit ihnen ins Meer hinausgeworfen, in der Hoffnung, sie zu retten. Man sagte Margret Fuller, sie haben glücklich das Ufer erreicht. Man sagte ihr, daß auch Ossoli gerettet sei; dann erst willigte sie ein, daß man auch sie an ein Brett band. Sie erreichte den Strand nicht. Die Tiefe verschlang sie. Eine Woge hatte Ossoli von dem Verdeck ins Meer gespült. Man fand weder seine noch ihre Leiche. Aber der kleine Junge wurde nebst dem italienischen Mädchen auf dem Sandriff gefunden, beide todt. »Ein schneller Tod und eine kurze Todesangst!« war immer Margret Fullers Gebet gewesen. Es ist erfüllt worden, und sie war und sie ist bei den Ihrigen. Aber ihre Mutter und ihre Schwester, die nach New-York gekommen waren, um sie zu empfangen, – ihr Kummer soll an Verzweiflung grenzen. Sie hatten sich so lang, mit so großer Sorge und so inniger Freude auf diesen Empfang vorbereitet. Sie wollten sie so glücklich machen! Und der kleine Junge – Alles war fertig für ihn, sein Bettchen, sein Stühlchen, sein Tischchen! ... Rebekka Spring, die M. Fullers Mutter gesehen hat, schreibt, sie sehe aus, als ob sie nie wieder würde lächeln könne. Sie scheint zermalmt zu sein. Unter denjenigen, die beim Schiffbruch untergingen, befand sich auch Ch. Sumners Bruder, der junge Mann, der nach Petersburg fuhr und dem Kaiser Nikolaus eine Eichel schenkte.*

In dem, was ich von M. Fuller gelesen habe, findet sich nichts, was die hinreißende Macht verriethe, die sie im Gespräch ausgeübt haben soll; ihr schriftstellerisches Talent scheint mir ziemlich schwach, aber ein großartiger, edler Geist verräth sich in ihren Schriften, und sie grämt sich und zürnt oft über das, was sie an ihrem Volk als unedel

* Mit an Bord des gesunkenen Schiffes war Charles Sumners Bruder Horace (1824-1850); die Eichel dagegen wurde Zar Nikolaus I. von einem anderen der fünf Sumner-Brüder überreicht: George Sumner (1817-1863) brachte dem Zar 1838 eine Eichel aus den USA mit, die von einer Eiche am Grab George Washingtons stammte.

erkennt. Sie zeigt sich dabei mehr kritisch als enthusiastisch. Aus ihrem Buch *Ein Sommer an den Seen* habe ich mir zur Erinnerung an sie folgende Worte abgeschrieben:

»Wer muthig und fest dabei bleibt, einen edeln Vorsatz auszuführen, auf welchen Widerstand er auch stoßen möge, der muß just durch denselben gesegnet werden.«

Nach M. Fullers Brief sollte ich glauben, sie habe ihr höchstes Lebensziel in ihrer mütterlichen Glückseligkeit gewonnen. Ihre ganze Seele schien darin aufgegangen zu sein. Man hatte sie mir als nicht weiblich genug geschildert. Ich finde sie beinah allzu sehr so, allzu concentrirt in dieser Privatwonne. Wohl ihr indeß, daß sie mit dem Herzen voll von Liebe dahin gehen durfte und zugleich mit denen, die sie am höchsten liebte!

Ralph Waldo Emerson

Der gemeinsam mit James Clarke und William Channing herausgegebene Band Memoirs of Margaret Fuller Ossoli *setzt sich hauptsächlich aus Erinnerungen ihrer Freunde, Freundinnen und Bekannten zusammen. Die dort abgedruckten Schriften Fullers verwendeten die Herausgeber sehr frei, schrieben um und zensierten, um das von ihnen gewünschte Bild von Fuller besser herauszuarbeiten – es ergibt sich also ein verzerrtes Porträt. Emerson berichtet über Fullers Zeit in Concord und Boston. Hier wiedergegeben werden Auszüge aus einer zeitgenössischen Übersetzung von 1866.*

Ich wurde im Jahre 1835 mit Margarethe Fuller bekannt. Schon ein Jahr früher hatte mir Henry Hedge, der lange mit ihr befreundet war, von ihrem Geiste und ihren Studien erzählt und mir auch ihr Manuscript einer Übersetzung von Göthe's *Tasso* geliehen. Später wurde mein Interesse für sie noch durch das warme Lob erhöht, welches Harriet Martineau ihr spendete, die sie in Cambridge kennen gelernt hatte und uns einander zuzuführen wünschte, da sie Margarethens Neigung, mich zu sehen, kannte. Ich erinnere mich, daß während einer Woche des Winters 1835-36, in welcher Mrs. Martineau unser Gast war, sie immer wieder und wieder auf das Thema von Margarethens ausgezeichneten Gaben und ihrem seltenen Talent der Unterhaltung zurückkam und mir dringend einschärfte, ja ihre Bekanntschaft zu suchen.

Ich versprach es. Ich weiß nicht genau, ob ich nicht schon früher Margarethen in Gesellschaft von Mrs. Martineau zum ersten Male gesehen habe. Ich finde in ihrem Tagebuch einen Besuch angemerkt, den mein Bruder Charles und ich Mrs. Martineau bei Frau Farrar abstatteten. Doch geschah es erst im nächsten Juli, nach einem kleinen, diplomatischen Notenwechsel der Damen, daß ihr erster Besuch in unserm Hause eingeleitet wurde und sie auf vierzehn Tage zu meiner Frau kam. Ich erinnere mich noch der ersten halben Stunde unseres Gesprächs. Sie war damals 26 Jahr alt, ihr Gesicht und ihr Körper verriethen Lebensfülle und Elasticität. Sie war kaum von mittlerer Größe, hatte eine zarte Hautfarbe und starkes, blondes Haar. Ihr Anzug war, wie immer, sehr sorgfältig gewählt und kleidend, und ihr ganzes Wesen durchaus das einer Dame. Im Übrigen hatte ihre Erscheinung nichts Einnehmendes. Ein fortwährendes Öffnen und Schließen der Augenlieder, der nachlässige Ton ihrer Stimme, Alles stieß mich beinahe ab, und ich dachte bei mir selbst: »wir werden schwerlich je weit mit einander kommen.« Ich muß hier bemerken, daß Margarethe auf die meisten Personen, selbst diejenigen nicht ausgenommen, welche später ihre besten Freunde wurden, das erste Mal einen ähnlichen Eindruck machte, so daß Mancher nicht mit ihr in einem Zimmer zu sein wünschte. Zum Theil war dies eine Wirkung ihres Auftretens, das ein etwas zu sicheres Kraftgefühl und geringe Achtung vor der Meinung Anderer auszudrücken schien, zum Theil aber auch die Wirkung ihrer Berühmtheit. Sie hatte neben dem Ruf einer großen Gelehrsamkeit auch den gefährlichen der Satyre. Die Männer meinten, sie führe zu viel Geschütz, und die Frauen mochten diejenige nicht, welche sie, wie sie glaubten, verachtete. Ich meine, ich hielt sie damals für eine etwas zu große Freundin von Privatgeschichten; und ihr Gespräch erschien mir wie eine Komödie, in der Jedermanns Schwäche Gerechtigkeit widerfuhr. Ich mußte dabei mehr lachen, als ich wollte, und da ich zu jener Zeit gerade eifrig mit Ethik beschäftigt war, und die Lieblichkeit der Einsamkeit und des Stoicismus gekostet hatte, so fand ich in den Stunden belustigenden Geplauders, zu welchem sie mich Anfangs verlockte, fast einen unwürdigen Zeitverderb, und wenn ich auf mein Zimmer zurückkehrte, sagte ich wohl hin und wieder: »viel Lärm um Nichts.«

Aber Margarethe, welche mich in ihrer Phantasie zum Philosophen erhöht hatte, war viel zu begierig, ein gutes Vernehmen zwischen uns herbeizuführen, als daß sie irgend etwas unterlassen hätte, mich zu gewinnen. Mit feinem Takt sondirte sie meinen Geschmack, band mit mir auf alle Weise an, forderte Offenheit durch Offenheit heraus, und verbarg nicht im Mindesten, weder die gute Meinung, welche sie von mir mitgebracht hatte, noch ihren herzlichen Wunsch, mir zu gefallen. Sie war begierig, meine Ansichten und Erfahrungen kennen zu lernen; und es war wirklich unmöglich, auf die Länge einem so wohl angelegten, gewaltigen Angriff zu widerstehen. Sie besaß eine fast unglaubliche Mannigfaltigkeit, den schnellsten, treffendsten Witz und Humor, der Allem, was sich zutrug, eine komische Wendung zu geben vermochte, und den tiefsten Ernst gründlichen Gedankenaustausches. Und die Augen, die Anfangs so unbedeutend schienen, schwammen bald in Laune und Schalkheit, bald glänzten sie in der höchsten Fluth der Freude, der Begeisterung und des überströmenden Lebens.

Fast allgemein war das Gerücht verbreitet, sie sei höhnisch, spöttisch, tadelsüchtig, und verachte Alles, was klein, gering, und nicht hoch geistig sei. Wo sie nur genannt wurde, hatte ich solches gehört. Wie unrichtig und oberflächlich erwies sich mir dieser Ruf! Ihre Satyre war nur der Zeitvertreib und die fast nothwendige Folge ihres Talents, das Spiel überfließender Lebensgeister. […]

Ich sagte, daß Margarethe einen klaren, gesunden Verstand besaß, welcher sie allen Menschen zugänglich machte. Ebenso aber muß ich sagen, daß sie ein mächtiges, starkes Temperament hatte, welches die gegenwirkende Kraft ist, und das Abschließende der Individualität ausmacht, indem es alle Kräfte in der Richtung des herrschenden Gefühls in Bewegung bringt, und, wenn ihm volle Herrschaft gelassen wird, den Menschen isolirt. Dieser Umstand setzt ihren Biographen in dieselbe Verlegenheit, wie ehemals den Beobachter. Wir scheinen auf der zweiten Seite zu widersprechen, was wir auf der ersten behaupteten. Und ebenso erinnere ich mich, wie oft ich gezwungen war, im lebendigen Umgange mit ihr die Eindrücke zu berichtigen, welche ihr Charakter auf mich gemacht hatte; denn, wenn ich ein für alle Mal bei mir festgestellt hatte, daß ihr dieser oder jener Zug oder Begriff fehle, pflegte es nicht selten zu geschehen, daß sie bei unserm nächsten Zusammentreffen gerade das Vermißte mit besonderem Nachdruck aussprach und darlegte.

Es lag bei ihr etwas Ungeregeltes, Schwerverständliches in jenen dunkeln Zuständen, die wir Temperament nennen. In den ersten Tagen unserer Bekanntschaft war es mir immer, als stände ich vor einem Ausländer, als schlösse ich eine Freundschaft mit einem gebildeten edlen Türken oder Spanier. Schon ihre Körperkonstitution war von Natur stark und vollsaftig; so waren es alle ihre natürlichen Anlagen, und keineswegs seltsam, daß auch die Gegenwirkung der Welt auf sie stark war.

Dieses scheint mir der Grund zu sein, daß sie in ihrem ganzen Leben so viel von ihrem Geschick (Fatum) zu sprechen hatte. Sie hatte große Energie im Reden und Handeln und schien für hohe Ereignisse geschaffen. Ihr Leben concentrirte sich auf gewisse glückliche Tage, Stunden, Augenblicke; das Übrige erschien ihr leer. Die Anlage zu großer Freude wurde auch bei ihr durch die Anlage zu großem Schmerz aufgewogen.

Als ich fand, daß der Puls ihres Lebens so viel schneller eilte, als der meinige, so daß dies, nach meinem Maße gemessen, fast gewaltsam erschien, prophezeite ich heftige und schmerzvolle Krisen, und hatte ein Gefühl, als riefe eine innere Stimme mir zu: »tritt zurück.« – Mir war, als ob weiter hinaus das Geschick dieses Lebens von Mißtönen und Unfällen bedroht sei, welche keine Freundschaft abzuwenden im Stande sein würde. Zum Theil verlor sich dieses Gefühl bei näherer Bekanntschaft, zum Theil aber blieb es nur überdeckt. Ich hatte immer den Eindruck, daß ihre Energie zu sehr eine Gewalt des Blutes sei, und ich empfand daher nie die Sicherheit für ihren Frieden, welche uns bei mehr geistigen Naturen überkommt. Sie erschien viel verwundbarer. Aus demselben Grunde blieb mir Vieles in ihr unerforschlich, ihre Stärke war nicht meine Stärke, sie siegte im Überfall. Ihr ganzes Leben lang war sie das Opfer von Krankheit und Schmerz. Oft war sie am Morgen in jubelnder Laune und beschloß den Tag mit nervösem Kopfschmerz. Sie las und schrieb viel im Bett, und glaubte, sie könne Alles besser verstehen, wenn sie krank sei. Der Schmerz wirkte auf sie, wie ein Gürtel, der ihren Kräften Spannung gab. Eine Freundin war bei einem heftigen Anfall von Kopfschmerz, welcher Margarethen ganz hilflos machte, anwesend und versicherte, daß diese bei dem besten Humor gewesen sei und diejenigen, die ihr beistanden, durch glänzende Einfälle in einer sonderbaren Aufregung von Lachen und Weinen gehalten habe.

[Sie hatte das Gefühl, dass sie ein Mann hätte sein sollen, und sagte von sich selbst: »Der Ehrgeiz eines Mannes mit dem Herzen einer Frau ist ein böses Los.« In einigen Versen, die sie *An den Mond* schrieb, kommen diese Zeilen vor:

Wenn ich standhaft in Dein Antlitz schaue,
Erahne ich ein menschliches Geheimnis, meinem gleich;
Denn, hinter dem Lächeln der Frau wird sichtbar der männliche Blick.]*

Horace Greeley

Der Zeitungsherausgeber und Politiker Horace Greeley (1811-1872) gründete 1841 die Zeitung New-York Daily Tribune, *zu deren deutschen Korrespondenten u. a. auch Karl Marx und Friedrich Engels gehörten. Hier druckte er große Auszüge aus Fullers Essay* The Great Lawsuit *ab. 1845 gewann er Fuller als Redakteurin. In* The Memoirs of Margaret Fuller Ossoli *erinnert er sich an ihre Arbeit.*

Ich beabsichtige nicht, kritisch von ihren Schriften zu sprechen; nur eines charakteristischen Merkmals derselben möchte ich gedenken, ihrer fast beispiellosen Wahrhaftigkeit. Sie fragte weder, wie es klingen, noch was der Erfolg sein würde, sondern nur; ist es Wahrheit, und sollte der Leserkreis dies wissen? und wenn ihr Urtheil dann ja lautete, so schrieb sie es nieder, ohne Rücksicht, welche Gährung es erregen oder welchen Sturm es auf ihr eigenes Haupt heraufbeschwören könnte. Vollkommene Gewissenhaftigkeit leitete sie bei ihren literarischen Arbeiten. Selbst ihre strengsten Recensionen, wie z. B. über Longfellows Gedichte, die man einem Antriebe persönlicher Abneigung hat zuschreiben wollen, hatten nie einen andern Ursprung als die strenge Wahrheitsliebe. Als ich ihr jenes Buch zur Beurtheilung gab, entschuldigte sie sich und lehnte die Recension ab, indem sie auf die große Abweichung ihrer Ansichten über Poesie von denen des Verfassers und seine Schule hinwies, und brachte mich zu dem Entschluß, die Beurtheilung selbst zu übernehmen. Als ich aber durchaus keine Zeit dazu finden konnte, trug ich ihr das Buch in halber Verzweiflung zurück, und nur auf mein erneutes, ernstes Ansuchen verstand sie sich zu der Kritik. Die Anführung dieser Thatsache ist ein Akt der Gerechtigkeit gegen ihr Andenken.

* Diese Passage wurde in der Übersetzung von 1866 ausgelassen; die Verse übersetzt von Magda Kirndörfer.

Tief religiös, obwohl ihr Glaubensbekenntniß sehr klar und kurz war, hegte sie eine innige Liebe und Hinneigung gegen Alle, die in der Gesellschaft niedrig gestellt sind, und gewann durch herzliche Theilnahme, dargebotenes Vertrauen die Anhänglichkeit und das Zutrauen derer, die sie mit so ächter Menschlichkeit suchte. Freudig erkannte sie die eigentliche Brüderschaft aller Menschen und entsprach dieser Erkenntniß überall. Sie brauchte nur zu wissen, daß ein Mitmensch ihres Rathes oder Beistandes bedürfe, so eilte sie mit bereitwilliger Güte, ihn zu gewähren.

Ich habe wenig Frauen und kaum ein anderes Mädchen gekannt, die den Muth hatten, in gemischten Kreisen mit solcher herzlichen Theilnahme von dem entarteten, ausgestoßenen Theile ihres Geschlechts zu sprechen. Die Behandlung, welche ihnen von den schuldigen Urhebern ihres Verderbens widerfuhr, bewegte sie zu tiefer, ruhig trauernder Entrüstung. Wenn andere höchstens bemitleideten und beklagten, war sie viel mehr geneigt, zu rechtfertigen und zu erlösen. Sie sprach es ohne Scheu aus, daß sie überrascht gewesen sei, diese gemißbrauchten, unglücklichen Schwestern moralisch kaum unter die gewöhnliche Grenze der Weiblichkeit gesunken zu finden. Diejenigen, die ihr *Weib des neunzehnten Jahrhunderts* gelesen haben, werden sich der kühnen Vergleichungen erinnern, die sie zwischen diesen Parias der Gesellschaft und den Klassen ihrer geachteten Schwestern macht; und das war durchaus kein zufälliger, plötzlicher Einfall, sondern der Ausdruck ihrer besonnensten Überzeugung.

Caroline Healey Dall

Die Schriftstellerin und Sozialreformerin Caroline Healey Dall (1822-1912) war in der Frauenrechtsbewegung aktiv und eine Organisatorin der National Women's Rights Convention. Sie hatte an Fullers Conversations *teilgenommen und veröffentlichte einen ganzen Band darüber:* Margaret and Her Friends, or, Ten Conversations with Margaret Fuller Upon the Mythology of the Greeks and Its Expression in Art *(1895). In ihrem Buch* Historical Pictures Retouched *(1860), in dem sie über berühmte Frauen seit der Antike schreibt, widmet sie Fuller ein langes Kapitel.*

Damals hatten wir schon lange nichts mehr von Margaret Fullers Arroganz, Eitelkeit und Gottlosigkeit gehört, sondern sie vielmehr als ein großes Geschenk an unsere Zeit erkannt, als die Frau, die unsere »Jünglinge und Jungfrauen« wahrhaft begeisterte. Ach! die Zeiten haben sich geändert, seit sie nicht mehr unter uns ist. Wie weit entfernt von Margarets großherziger Aufrichtigkeit sind heute die Bestrebungen der Frauen und die literarische Bildung, die den Ansprüchen der heutigen Gesellschaft genügt! [...]

Woman in the Nineteenth Century ist wohl das bekannteste ihrer Werke. Es ist zweifellos die brillanteste, vollständigste und gelehrteste Abhandlung, die je zu diesem Thema geschrieben wurde. Die knappen, epigrammatischen Sätze haben den Reformerinnen, mit denen die Autorin selbst keinen Umgang pflegte, mehr als eine Parole geliefert. Dieses Buch ist ihre stärkste angriffslustige und reformorientierte Äußerung. [...]

In ihrem Essay *The Great Lawsuit*, den sie 1844 in der ersten Ausgabe von *The Dial* veröffentlichte, formulierte Margaret Fuller mit überragender Kraft die Argumente, die zur Grundlage für die erste »Women's Rights Convention« im Jahr 1848 wurden. Seitdem ist ihrer Erklärung nichts hinzugefügt worden, nichts wird sie jemals schmälern können: und jeder neue Schritt der Bewegung setzt einen neuen Lorbeerkranz auf ihre Stirn. Schließlich hat sie eine vollständige, gelehrte Darstellung der Frage geliefert, von der Mary Wollstonecraft nur das erste Drittel bearbeitet hat. [...]

Margaret Fuller war die Erste, die klar, kompromisslos und kundig Bürgerrechte für Frauen forderte. Ihre Schriften waren das Ergebnis ausführlicher Erwägungen und nahmen umgehend ihren Platz in der gelehrten Welt ein. Ihre unerschrockenen Vorschläge, ihr gewandter Stil und ihre reichhaltigen Erläuterungen gewannen ihr ein breites Publikum, und ihre Schriften rüttelten nicht nur die weniger gebildeten Frauen wach – die erst durch sie dazu bewegt wurden, für die Emanzipation aufzustehen –, sondern ließen auch die allgemeine Forderung nach freier Berufswahl laut werden, die in der Öffentlichkeit durch Namen vertreten wird wie Mrs. Griffith, Caroline Chisholm, Florence Nightingale, Janet Taylor, Mary Carpenter, Dorothea Dix, Elizabeth Blackwell, Mary Patton und Harriet Hosmer.*

* Die amerikanische Autorin Mary Griffith (1772-1846), die englische Sozialreformerin Caroline Chisholm (1808-1877), die englische Kranken-

Seit Margarets Zeiten ist die Arbeit stetig weitergegangen, und die Welt öffnet sich mehr und mehr diesen Bemühungen der Frau. [...] Margaret Fuller traf den richtigen Punkt, als sie sagte: »Wenn Grundsätze festgelegt werden könnten, regelten sich die Einzelfälle von selbst.«

Susan B. Anthony
(mit Matilda Joslyn Gage und Elizabeth Cady Stanton)

Die Frauenrechtsaktivistinnen Susan B. Anthony (1820-1906), Matilda Joslyn Gage (1826-1898) und Elizabeth Cady Stanton (1815-1902) waren u. a. aktiv bei der National Women's Rights Convention und gründeten die National Woman Suffrage Association. Ab 1881 gaben sie gemeinsam die sechsbändige History of Woman Suffrage *heraus, die neben einigen anderen auch Margaret Fuller gewidmet ist.*

Erste National Women's Rights Convention in Worcester, 23. und 24. Oktober 1850

Eine große Bestürzung erschütterte uns. Margaret Fuller, die sich Viele als künftige Führerin dieser Bewegung vorgestellt hatten, war nicht unter uns. Die »hungrige, gefräßige See« hatte sie verschlungen, und wir blieben zurück, trauernd um ihre leitende Hand und ihre königliche Präsenz. Ihr hatte ich die Führung dieser Bewegung anvertrauen wollen. Man kann nicht wissen, ob sie diesen Posten angenommen hätte; der Wunsch war ihr schriftlich angetragen worden, aber wie dem auch sei – sie führte und führt noch immer unser Denken an, eine Position, die weitaus erstrebenswerter ist, als die Volksmenge anzuführen.

Margaret Fuller hatte mehr Einfluss auf das Denken in Amerika als irgendeine andere Frau zuvor. [...] Als in Neuengland der Transzen-

schwester und Reformerin der Krankenpflege Florence Nightingale (1820-1910), die englische Astronomin Janet Taylor (1804-1870), die englische Pädagogin und Sozialreformerin Mary Carpenter (1807-1877), die amerikanische Sozialreformerin Dorothea Dix (1802-1887), die englische Ärztin Elizabeth Blackwell (1821-1910), die amerikanische Matrosin Mary Ann Brown Patten (1837-1861), die amerikanische Bildhauerin Harriet Hosmer (1830-1908).

dentalismus aufkam und die klügsten Köpfe des Landes versammelte, wurde Margaret seine Hohepriesterin, und als *The Dial* als Sprachrohr der Transzendentalisten gegründet wurde, wählte man sie zur Herausgeberin, unterstützt von Ralph Waldo Emerson und George Ripley. Nichts könnte bezeichnender für Margaret Fullers Position sein als die Tatsache, dass sie als Herausgeberin dem bedeutenden Philosophen und dem bedeutenden Gelehrten vorgezogen wurde und dass diese beiden ihre Mitarbeiter wurden. Sie strebte danach, die Geheimnisse des Lebens zu lüften und ihr eigenes Geschlecht aus den Fesseln der Vergangenheit zu befreien, und im Alter von noch nicht dreißig Jahren organisierte sie (in Boston) eine Reihe von *Conversations* nur für Frauen, in denen sie eine Hauptrolle einnahm. Das grundlegende Ziel dieser Gesprächsrunden war es, so erklärte es ihr Programm, Antworten auf folgende Fragen zu suchen:

»Wozu sind wir geboren?« und »Wie sollen wir es erreichen?« oder, wie es wörtlich heißt: »Ihre drei besonderen Ziele in diesen *Conversations* waren: Denken und Wissen zu durchforschen und sie miteinander in Beziehung zu setzen. Das Denken zu strukturieren und ihm Präzision und Klarheit zu verleihen, an denen es unserem Geschlecht vor allem deshalb mangelt, weil uns so wenig Anreize gegeben werden, unser Wissen zu überprüfen und einzuordnen. Herauszufinden, welche Berufe für uns in unserer Zeit und in unserer Gesellschaft am besten geeignet sind und wie wir am besten das geistige Leben auf dem tätigen Leben aufbauen können.«

Diese *Conversations* wurden mehrere Winter lang fortgesetzt und waren in Wirklichkeit als eine Verteidigung der Frauenrechte zu verstehen. Miss Fuller forderte von ihrem Geschlecht Meinungen über Leben, Literatur, Mythologie, Kunst, Kultur und Religion, und sie wurde so zur Vorläuferin der Frauenrechtsbewegung der letzten dreiunddreißig Jahre. [...]

Margaret Fuller war die erste Frau bei der *New-York Tribune*; sie trat diese Stelle 1844 an, mit erst vierunddreißig Jahren. [...] Man muss es Horace Greeley als kein geringes Verdienst um die Nation anrechnen, dass er die Literaturkritik der *Tribune* einer Frau anvertraute, die so viel gebildeter war als ihre Leser oder er selbst.

Margaret Fuller hat vielen Frauen den Weg geebnet, die als Literaturkritikerinnen und Reporterinnen in den großen New Yorker Tageszeitungen dazu beigetragen haben, dem amerikanischen Bewusstsein das weibliche Denken einzuprägen.

Theodore Parker, der sie gut kannte, beschrieb sie mehr als Kritikerin denn als Schöpferin oder Seherin. Aber ob wir sie nun als Kritikerin, Schöpferin oder Seherin betrachten – sie war durch und durch eine Frau. Einer ihrer Freunde schrieb über sie: »Sie war die größte aller Frauen, und keine, die ein Mann sein wollte.«

Ednah Dow Cheney

Die Schriftstellerin und Reformerin Ednah Dow Cheney (1824-1904) nahm an Fullers Conversations *teil. Im November 1895 hielt sie in New Orleans einen Vortrag über sie:* Lecture given at the Congress of American Advancement of Women: Sarah Margaret Fuller, *den sie in ihre Memoiren aufnahm und aus dem hier ein Auszug wiedergegeben wird.*

Es ist nun fast fünfzig Jahre her, dass sich die Fluten des Atlantiks über den Körpern der Frau, des Mannes und des Kindes schlossen, die sich in Vertrauen und Liebe aneinanderklammerten und sich so dem grausamen Griff der Wellen überließen; und doch ist Margaret Fullers Name noch heute in aller Munde und beeinflusst die Herzen ihrer weiblichen Landsleute mehr als der irgendeiner anderen Frau ihrer Zeit.

Sie ist die amerikanische Frau, die Leben und Charakter ihrer weiblichen Landsleute mehr als jede andere prägt. [...] Aber jede neue Generation braucht einen neuen Kommentar zu den alten, alten Geschichten, und immer wieder wird mir die Frage gestellt: »Was ist das Geheimnis von Margaret Fullers großem Einfluss?« Ich fühle mich verpflichtet zu antworten, soweit es mir möglich ist, eine heilige Pflicht der Dankbarkeit, denn sie säte die Samen für Gedanken, Prinzipien und Ziele in mein Leben, die mit mir wuchsen und kräftiger wurden, und ich bin es ihr schuldig, in ihrem Namen zu sprechen und zu versuchen, ihr Wirken wieder fruchtbar zu machen.

Der erste Fehler, den die Welt begangen hat in ihrem Bemühen, diesen großen Menschen zu verstehen, liegt darin, dass man sie nicht als typische, sondern als außergewöhnliche Frau ansah, mit männlichen Stärken und einem Zauberschwert, das nur sie führen konnte. [...] Mit ihrem ganzen Verstand, ihrer ganzen Willensstärke, ihrer Selbstverleugnung und ihrem Scharfsinn war Miss Fuller wesentlich und durch und durch Frau, und sie errang ihre Siege nicht, indem sie sich die

Waffen der Männer lieh, sondern indem sie ihre eigenen mit Mut und Geschick einsetzte. [...]

Ich hatte das unschätzbare Privileg, drei Jahre lang an ihren *Conversations* teilzunehmen, und ich zähle es zu den größten Glücksfällen meines Lebens, dass ich auf diese Weise schon in sehr jungen Jahren unter ihren Einfluss geriet, einen Einfluss, der mich nie verlassen hat, und doch ist es unmöglich, eine Vorstellung von der »Vita Nuova«* zu vermitteln, die sie mir eröffnete. Ihr ältester und liebster noch lebender Freund schreibt mir: »Man kann vieles über Margaret sagen, aber ihren persönlichen Magnetismus kann man nicht in Worte fassen, er starb mit ihr.«

In meinen jungen Jahren war ich begierig auf jeden intellektuellen Zugewinn, aber mit dem gedankenlosen Eifer eines Schulmädchens hatte ich die üblichen Vorurteile gegen Miss Fuller in mich aufgesogen, und obwohl ich glaubte, von ihr lernen zu können, hätte ich mir nicht träumen lassen, wie sehr ich sie bewundern und, mehr noch, lieben würde. Nun fand ich mich in einer neuen Gedankenwelt wieder; eine Flut von Licht erleuchtete alles, was ich in der Natur gesehen, im Leben beobachtet oder in Büchern gelesen hatte. Alles, wovon sie sprach, enthüllte einen verborgenen Sinn, und alles schien in seinen richtigen Zusammenhang gerückt. Vielleicht kann ich es so am besten beschreiben: Ich grenzte mich nicht mehr ab, der ganze Reichtum des Universums stand mir offen. Es war dieses Bewusstsein des unbegrenzten Ich, der Göttlichkeit der Seele, das für Margaret selbst so wirklich war, das sie mit ihrem großen Ausspruch »Ich nehme das Universum an« meinte, das ihr diesen Hauch von königlicher Überlegenheit gab und als Arroganz missverstanden wurde.

Einen Begriff davon, was sie mir bedeutete, kann ich vielleicht am besten mit einer Antwort vermitteln, die ich ihr gab. Eines Tages war sie mit mir allein, und mir ist, als könnte ich noch immer ihre Berührung spüren und ihre Stimme hören, als sie sagte: »Ist das Leben für Dich reich?« und ich antwortete: »Ja, seit ich Dich kenne.« So antwortete ihr manches junge Herz, und darin lag ihr wunderbarer Einfluss. Sie hat uns nicht zu ihren Jüngerinnen gemacht, zu ihren blinden Anhängerinnen. Sie hat uns das Buch des Lebens geöffnet und uns bei seiner Lektüre geholfen.

* Dantes Jugendwerk *Vita Nuova* (um 1293).

Lebenslauf

1810

23. Mai: Sarah Margaret Fuller wird als erstes Kind von Timothy und Margaret Crane Fuller in Cambridgeport, Massachusetts, geboren. Timothy Fuller, ein in Harvard ausgebildeter Anwalt, später republikanischer Abgeordneter, beginnt schon früh, seine Tochter zu unterrichten, bringt der Dreijährigen Lesen und Schreiben bei, der Sechsjährigen Latein und vermittelt ihr Grundkenntnisse in Griechisch, Italienisch und Französisch.

1821-25

Besuch des *Boston Lyceum for the Education of Young Ladies* und der Mädchenschule in Groton bei Susan Prescott.

1826-33

Lebt mit ihrer Familie in Cambridge, setzt ihr Selbststudium fort und pflegt Freundschaften mit den Harvard-Studenten William Henry Channing und James Freeman Clarke, ebenso mit der Schriftstellerin Eliza Farrar und Anna Barker.

1833

Umzug der Familie auf eine Farm in Groton; unterrichtet ihre jüngeren Geschwister und übersetzt Goethes *Tasso*.

1835

Juni: Erste Veröffentlichung im *Western Messenger*. **1. Oktober**: Ihr Vater stirbt an der Cholera; die Familie ist in finanziellen Schwierigkeiten, und Fuller trägt als Älteste die Verantwortung für sie.

1836

Erster Besuch bei den Emersons in Concord; Arbeit als Lehrerin an Bronson Alcotts Temple School in Boston.

1837-38

Erste Treffen mit dem Transcendental Club; lernt Caroline Sturgis kennen; Arbeit als Lehrerin an der Greene Street School in Providence, Rhode Island.

1839

Rückkehr zu ihrer Familie; Verkauf der Farm in Groton und Umzug nach Jamaica Plain; gibt Privatunterricht. **Mai**: Ihre Übersetzung *Conversations with Goethe* erscheint. **6. November**: Erste von Fullers *Conversations* findet statt, die bis 1844 fortgesetzt werden.

1840-42

Arbeit als Herausgeberin und Autorin von *The Dial* mit 46 eigenen Beiträgen, u. a. ihr Goethe-Essay.

1842

Veröffentlicht ihren Essay *Bettine Brentano and Her Friend Günderode* in *The Dial*; ihre Auswahlübersetzung *Günderode* erscheint.

1843

Veröffentlicht *The Great Lawsuit* in *The Dial*; Reise zu den Niagarafällen und in die Region der Great Lakes mit den Clarkes; nach der Rückkehr Arbeit an ihrem neuen Buch.

1844

Publikation von *Summer on the Lakes* und Überarbeitung ihrer Abhandlung *The Great Lawsuit*; Umzug nach New York und Beginn ihrer Arbeit als Redakteurin unter Horace Greeley für die *New-York Daily Tribune* mit etwa 250 eigenen Beiträgen.

1845

Veröffentlichung von *Woman in the Nineteenth Century*.

1846

Veröffentlichung der Essaysammlung *Papers on Literature and Art*. **August**: Aufbruch zur Europareise mit der Familie von Marcus und Rebecca Spring; Veröffentlichungen als Auslandskorrespondentin der *Tribune*; Aufenthalte in England und Schottland, Bekanntschaften u. a. mit William Wordsworth, Thomas Carlyle, Giuseppe Mazzini.

1847

Bekanntschaft u. a. mit Félicité de Lamennais, Pierre-Jean de Béranger, George Sand und Adam Mickiewicz in Paris; Reise durch Italien, erste Begegnung mit Giovanni Angelo Ossoli in Rom, Reise durch Norditalien und die Schweiz und Trennung von den Springs. **Oktober**: Rückkehr nach Rom und Beginn ihrer Beziehung mit Ossoli.

1848

Schwangerschaft. **Mai**: Rückzug nach Aquila und Rieti. **5. September**: Geburt ihres Sohnes Angelo Eugenio Filippo Ossoli. **No-**

vember: Rückkehr nach Rom ohne ihr Kind, das bei einer Ziehmutter auf dem Land bleibt.

1849

9. Februar: Ausrufung der Römischen Republik. **April-Juni**: Arbeit im Fatebenefratelli-Krankenhaus. **Juli**: Nach dem Zusammenbruch der Republik Flucht nach Rieti. **September**: Umzug nach Florenz; Bekanntschaft mit William und Emelyn Story, Robert und Elizabeth Browning.

1850

13. Februar: Veröffentlicht ihren letzten *Tribune*-Beitrag. **17. Mai**: Abreise nach Amerika, sechs Wochen Atlantiküberquerung. **19. Juli**: Bei einem Schiffbruch bei Fire Island stirbt Fuller zusammen mit Ossoli und ihrem Sohn.

Zu dieser Ausgabe

Die vorliegende Ausgabe bietet eine Auswahl von Fullers Schriften erstmals in deutscher Übersetzung. Sie soll möglichst viele Textgattungen und damit ein möglichst umfangreiches Bild dieses vielseitigen Werkes präsentieren. In Fullers Briefen und Zeitungsbeiträgen wurden Passagen ausgelassen, die zu weit vom Thema des Bandes wegführten und nur von tagesaktuellem Interesse waren; die Auslassungen sind durchweg durch [...] markiert. Aus dem umfangreichsten Essay *Woman in the Nineteenth Century* wurden wesentliche Auszüge ausgewählt und zur besseren Lesbarkeit Zwischenüberschriften eingefügt. Überschriften wurden von der Herausgeberin außerdem auch bei den Briefen und Tagebucheinträgen ergänzt. Die Überschriften zu Fullers *Tribune*-Beiträgen aus Europa wurden von Larry Reynolds und Susan Belasco Smith für ihren Band *These Sad but Glorious Days* hinzugefügt und hier übernommen; ausgenommen ist nur der Beitrag vom 29. Mai 1847, der hier nicht »Von Paris nach Neapel«, sondern sachgemäßer »Die Weber von Lyon« überschrieben ist (in der *Tribune* standen diese Beiträge allesamt unter dem Serientitel »Things and Thoughts in Europe«). Alle diese durch die Herausgeberin ergänzten Überschriften sind durch Kursivierung von Fullers eigenen Überschriften unterschieden, die recte gesetzt sind. Die Fußnoten zu Fullers Schriften stammen von Fuller selbst.

Passagen, die Fuller aus Werken deutscher Schriftstellerinnen und Schriftsteller zitiert und für ihr Publikum ins Englische übersetzt hat, sind hier nach den deutschen Originaltexten wiedergegeben.

Wenn in den Übersetzungen aus Fullers frühen Schriften die männliche Form für die Sprechinstanz verwendet wird (etwa in Fullers Einleitungsessay zu Eckermanns *Gesprächen mit Goethe*: »Vorwort des Übersetzers«), dann folgt das aus Fullers eigenen Geschlechterrollenspielen. Lange zögert sie, sich als weibliche Autorin zu erkennen zu geben. Noch *Summer on the Lakes* (1844) veröffentlicht sie als »S. M. Fuller«, verschleiert also den Umstand, dass der Band von einer Frau geschrieben wurde. Erst *Woman in the Nineteenth Century* (1845) erscheint unter dem Autorinnennamen »S. Margaret Fuller« (vgl. dazu hier 15).

Mit Rücksicht auf Fullers Ausdrucksweise wurden in der Übersetzung auch einige Begriffe gebraucht, die heute als diskriminierend und rassistisch gelten, zur Schreibzeit jedoch nicht in abwertender Absicht verwendet wurden (»Indianer«, »Mohr«). Die Übersetzerin ist sich der problematischen Konnotationen dieser Begriffe bewusst, wollte aber den Duktus der Vorlage nicht durchbrechen.

Textvorlagen der Übersetzungen

45	An James F. Clarke, August 1832: L I 177.
48	An James F. Clarke, 7. August 1832: L I 178f.
49f.	An James F. Clarke, Mai 1833: L I 181f.
50f.	An Elizabeth P. Peabody, um 1836: LVI 274f.
51-68	Zum gegenwärtigen Stand der deutschen Literatur: PS 1-13.
74-84	Eckermanns Gespräche mit Goethe in den letzten Jahren seines Lebens: CG vii-xxvi.
85	Nichtadressierter Brief, um 1834: L I 198.
85f.	An James F. Clarke, Februar 1836: L I 244f.
87	Nichtadressierter Brief, 23. Mai 1836: L I 254.
88-124	Goethe: G 1-41.
124-126	An Caroline Sturgis Tappan, 17. April 1838: L I 330-332.
127f.	Tagebuch, Oktober 1842: CW 686f.
133	Tagebuch, 1839: WM 58.
133f.	An William H. Channing, 25. und 28. Oktober 1840: L II 170-176.
134f.	An William H. Channing, 19. Februar 1841: L II 202f.
136	An William H. Channing, März 1841: L VI 331.
136f.	An William H. Channing, Juli 1841: L II 220f.
137-140	An Bettina von Arnim, 2. November 1840: L VI 328f.
141-167	Bettine Brentano und ihre Freundin Günderode: BG 313-357.
173-243	Die Frau im neunzehnten Jahrhundert: CW 189-337.
251	An Elizabeth Hoar, 20. Oktober 1844: L III 237.
251f.	An die Insassinnen in Sing Sing, November 1844: L III 238.
252-256	Unsere städtischen Wohltätigkeitsanstalten: CW 420-427.
256-260	Neujahrsbotschaft: CW 465-474.
260-265	Die Notwendigkeit radikaler Reformen: DE 118-125.
265-267	Die Weber von Lyon: DE 127f.
267	An William H. Channing, 7. Mai 1847: L IV 271.
268-270	Die Frühjahrsrevolution von '48: DE 209-216.
270-272	Edle Gesinnung und der Verlust des Papstes: DE 229f.
272-275	Revolution in Rom: DE 238-247.
275f.	An William H. Channing, 10. März 1849: L V 205f.
276-280	Zwischen den Sturmböen: DE 277-285.
280f.	Die Lage in Italien: DE 316-320.
281-285	An Marcus und Rebecca Spring, 12. Dezember 1849: L V 294-297.

285 f. Die nächste Revolution: DE 320-323.
297f. Elizabeth Hoar: WM 89f.
298-302 Edgar Allan Poe: Poe, *Works*, 73-83.
312-314 Caroline Healey Dall: Dall, *Pictures*, 227f., 242f., 249, 261f., 264.
314-316 Susan B. Anthony: Anthony, *History*, 217, 801f.
316f. Ednah Dow Cheney: Cheney, *Reminiscences*, 192-194, 205.

Quellen der nichtübersetzten Texte

287-296 The Social Movement in Europe: SM 1.
302-307 Fredrika Bremer: Bremer, Heimath, Bd. 1, 58-60, 158f., Bd. 2, 151-153.
307-311 Ralph Waldo Emerson: Castell, Fuller-Ossoli, 71-73, 83-85.
311f. Horace Greeley: Castell, Fuller-Ossoli, 147f.

Stellenkommentar

Der Stellenkommentar zu den Briefen orientiert sich an Hudspeths Kommentar in *The Letters of Margaret Fuller*, der zu den *Tribune*-Artikeln an Reynolds' und Smiths Kommentar in *These Sad but Glorious Days*.

48 *dem guten Novalis*] In seiner *Goethe*-Abhandlung nennt Thomas Carlyle (1795-1881) ihn »the good, deep, noble Novalis«.

49 *Goethes Campagne in Frankreich*] Teil von Goethes *Aus meinem Leben* (1822), in dem er über seine Teilnahme am Feldzug gegen das revolutionäre Frankreich berichtet.

49 *dem Werther'schen Plessing*] Friedrich Victor Leberecht Plessing (1749-1806) hatte Goethe 1777 geschrieben und über Werther'sche Melancholie geklagt; in seiner *Kampagne in Frankreich* erzählt Goethe, wie er Plessing in Wernigerode besucht und ihm rät, sich selbst von dieser Melancholie zu kurieren.

49 *Oehlenschläger*] Der dänische Romantiker Adam Oehlenschläger (1779-1850) besuchte Goethe, der einige seiner Werke wohlwollend las, zwischen 1805 und 1809 mehrmals, geriet aber 1809 in einen verletzenden Streit mit ihm.

49 *Für solche ist die Philosophie*] Richtig heißt es in Novalis' 47. *Blüthenstaub*-Fragment: »Bey vielen währt dieser Hang [zum Nachdenken] nur eine Zeitlang. Er wächst und nimmt ab, sehr oft mit den Jahren, oft mit dem Fund eines Systems, das sie nur suchten, um der Mühe des Nachdenkens überhoben zu seyn.« (Novalis, *Das philosophisch-theoretische Werk*, 247.)

49 *ob »ich« das wahre »Ich« bin*] Johann Gottlieb Fichtes Unterscheidung zwischen Ich und Nicht-Ich in seinem Werk *Grundlage der gesamten Wissenschaftslehre* (1794/95).

50 *Philosophie ist die Kunst*] Novalis spricht hier nicht von »Philosophie«, sondern von »Sokratie«.

50 *Die Philosophie ist eigentlich Heimweh*] Novalis' 857. Fragment aus dem *Allgemeinen Brouillon.*

50 *den Garten der Poesie*] Ein Schauplatz von Ludwig Tiecks *Prinz Zerbino* (1799); möglicherweise hat Fuller einige Szenen daraus übersetzt.

50 *sein Rothkäppchen*] Tiecks Drama *Leben und Tod des kleinen Rothkäppchens* (1800).

50 *Das Mährchen ohne Ende*] Friedrich Wilhelm Carovés Kunstmärchen *Kinderleben. Das Mährchen ohne Ende* (1830) erschien 1834 in Sarah Austins englischer Übersetzung als *The Story Without an End* und war im englischen Sprachraum sehr beliebt; illustriert wurde es von William Harvey (1796-1866).

51 *Heines Briefen zur deutschen Literatur*] Erschien in der englischen Übersetzung von George Wallis Haven als *Letters Auxiliary to the History of Modern Polite Literature in Germany* (1836).

51 *zwei Artikel über Novalis und Körner*] Ein Beitrag zu Theodor Körner erschien 1838 in *The Western Messenger*, über Novalis ist außer zahlreichen Notizen in Fullers Nachlass kein Text überliefert.

51 *ein »literarischer Lump«*] Heine fehlte es nicht an Kritikern; dieses Zitat ist nicht ermittelt.

52 *die Beschreibung der chinesischen Prinzessin*] Heine beginnt das Dritte Buch seiner *Romantischen Schule* mit der chinesischen Prinzessin, der »personifizirten Caprize« und »personifizirten Muse« Clemens Brentanos; »die Muse von Orick« findet sich weder bei Heine noch in Havens Übersetzung.

53 *Spinning Jenny*] Name der ersten Spinnmaschine in England.

53 *den Verstand nicht abzutöten*] Wohl die etwas verdrehte Version eines Zitats aus Thomas Brownes *Religio Medici* (1643), wo es heißt: »to have the Region of Man above that of Beast, and Sense to fit but at the Feet of Reason«; in *Woman in the Nineteenth Century* zitiert Fuller das noch einmal korrekt.

53 *der Schatz, den Motten und Rost zerfressen*] Matthäus 6,19.

53 *die Flügel der Morgenröte*] Psalm 139.

54 *Amarante*] In ihrer autobiografischen Skizze beschreibt Fuller, wie sie als Kind getrocknete Amarantblüten als Abschiedsgeschenk von ihrer Freundin Ellen Kilshaw bekommen hatte: »Sie wartete, bis meine Tränen versiegt waren, stand dann auf, nahm aus einem Kästchen einen Strauß goldener Amaranten und gab sie mir. Sie dufteten stark. ›Sie kommen‹, sagte sie, ›aus Madeira.‹ Diese Blumen blieben mir siebzehn Jahre lang.« (CW 629)

54 *zum heimatlichen Staub*] 1. Mose 3,19.

54 *Verzeichnisse der verbotenen Schriften*] Wie der *Index librorum prohibitorum*, dt. *Verzeichnis der verbotenen Bücher*, in dem von 1559 bis 1966 die Bücher aufgelistet wurden, deren Lektüre für KatholikInnen als Sünde galt.

55 *Weltgarten*] Anspielung auf Goethes Notiz im Botanischen Garten von Palermo.

55 *dass der Mensch nicht vom Brot allein lebt*] Matthäus 4,4.

55 *revenons à notre mouton*] Frz. Redensart »revenons à nos moutons«, dt. wörtlich: »kehren wir zu unseren Schafen zurück«, im übertragenen Sinne: »kommen wir wieder zur Sache«.

55 *durch Madame de Staëls Werk*] Germaine de Staëls *De l'Allemagne* (1813); Heine bezieht sich im ersten Satz seiner *Romantischen Schule* darauf und nennt sein eigenes »eine Fortsetzung des Frau v. Staëlschen *de l'Allemagne*«.

56 *Queen Anne oder Ludwig XIV.*] Die englische Königin Anne (1665-1714) und der französische König Ludwig XIV. (1638-1715).

56 *Madame de Staël und das Feuerwerk ihrer Geistesblitze*] »Wo sie ganz

selbst ist, wo die großfühlende Frau sich unmittelbar ausspricht mit ihrem ganzen stralenden Herzen, mit dem ganzen Feuerwerk ihrer Geistesraketen und brillanten Tollheiten: da ist das Buch gut und vortrefflich.« (Heine, *Romantische Schule*, 125.)

57 *ein erheblicher Teil der Beiträge übergangen*] Der Übersetzer hat ein paar Passagen und Heines Beispiele aus *Des Knaben Wunderhorn* ausgelassen.

57 *die sehr drollige Darstellung seiner ersten Begegnung*] »Herr A. W. Schlegel trug aber Glaceehandschuhe, und war noch ganz nach der neuesten pariser Mode gekleidet; er war noch ganz parfümirt von guter Gesellschaft und *eau de mille fleurs*; er war die Zierlichkeit und die Eleganz selbst, und wenn er vom Großkanzler von England sprach, setzte er hinzu ›mein Freund‹ [...].« (Heine, *Romantische Schule*, 174.)

57 *Petit Maître*] Veralteter Begriff für einen eitlen, modisch gekleideten Mann, synonym zu »Dandy« oder »Stutzer«.

57 *Wer spricht jetzt noch in Deutschland*] Richtig heißt es: »Ich muß jetzt, weil man es doch verlangt, von dem älteren Bruder, Herrn A. W. Schlegel, sprechen. Wollte ich in Deutschland noch von ihm reden, so würde man mich dort mit Verwundrung ansehen. Wer spricht jetzt noch in Paris von der Giraffe?« (Heine, *Romantische Schule*, 168.)

57 *über Racine*] Heine nennt Jean Baptiste Racine (1639-1699) einen »Herold der modernen Zeit« und das »Organ einer neuen Gesellschaft« (Heine, *Romantische Schule*, 171).

58 *der Großen Mutter*] Im Original »the Mighty Mother«, gemeint ist wohl die Poesie.

58 *Edinburgh Review*] Schottische Zeitung (1802-1929), besonders bekannt für ihre Literaturkritik.

58 *in der reproduzirenden Critik*] Heine, *Romantische Schule*, 137.

58 *Mrs. Jameson in ihrem Eifer*] Anna Jamesons Charakterstudien der Shakespeare'schen Frauenfiguren *Characteristics of Women – Moral, Poetical, and Historical* (1832), später unter dem Titel *Shakespeare's female characters*.

59 *wie Glockenton ernst-freundlich*] »Es ist nicht immer nötig daß das Wahre sich verkörpere; schon genug, wenn es geistig umher schwebt und Übereinstimmung bewirkt; wenn es wie Glockenton ernst-freundlich durch die Lüfte wogt.« (Goethe, *Wanderjahre*, 561.)

60 *Diese Benennungen der romantischen*] Heine, *Romantische Schule*, 130f.

61 *dem scharfen Tadel von Tiecks »erster Manier«*] »Die Werke, die Herr Tieck in seiner ersten Manier schrieb, meistens Erzählungen und große lange Romane, worunter William Lovell der beste, sind sehr unbedeutend, ja sogar ohne Poesie.« (Heine, *Romantische Schule*, 180.)

61 *William Lovell*] Tiecks erster Roman (1795/96).

61 *Tieck war der wirkliche Sohn*] Heine, *Romantische Schule*, 177.

61 *In diesen Dichtungen*] Heine, *Romantische Schule*, 181.

62 *So wird der Vorsehung gedient*] Aus William Wordsworths *The Excursion* (1814).

62 *der Fluch*] Aus Wordsworths *Excursion*.

63 *Napoleon, der große Classiker*] Heine, *Romantische Schule*, 141 f.

63 *wie Heine sich über Menzel ausgesprochen*] Heine spottet in seinem *Vorwort zum dritten Theile des »Salon«* (1837) ausführlich über den Literaturkritiker und Goethe-Gegner Wolfgang Menzel (1798-1873) und dessen »literarische Gaunerstreiche«.

63 *es schwerer ist das besondere Motiv*] Heine, *Romantische Schule*, 157.

65 *In dem Maße*] Wordsworth, *Essay*, 319.

66 *In der That*] Heine, *Romantische Schule*, 162 f; mit Fullers Kürzungen.

67 *Lockhart*] Der schottische Schriftsteller John Gibson Lockhart (1794-1854), der Goethe 1817 in Weimar besuchte und ihn zutiefst bewunderte.

67 *dem reinen und frommen Reinhard*] Der evangelische Theologe Franz Volkmar Reinhard (1753-1812).

67 *Seine schöne sittliche Natur*] Goethe, *Tag- und Jahres-Hefte*, 207.

74 *Verweis im ersten Band von Mrs. Jamesons Spätwerk*] Anna Jameson widmet ein ganzes Kapitel ihrer *Winter studies and summer rambles in Canada* (1838) Goethe und Eckermann: »Ich brachte Dr. Eckermann's Buch aus Weimar mit [...]. Doch wurde meine Aufmerksamkeit sehr auf das Buch geleitet, nicht sowohl durch das Interesse, als vielmehr durch die Art von Interesse, welches es um mich herum erregte. Ich erinnere mich, wie einer der Enkel von Goethe, indem er das auf meinem Tisch liegende Buch durchblätterte, mit Lebhaftigkeit ausrief: ›es ist der Großpapa selbst! da lebt er da spricht er!‹ Ein anderer, mit dem häuslichen Leben Goethe's sehr Befreundeter, sagte mit Rührung: ›es ist das Buch von Liebe und Wahrheit.‹« (Jameson, *Winterstudien*, 148f.)

74 *die interessante Skizze seiner jugendlichen Kämpfe*] Eckermanns autobiografische Skizze, einleitend zu seinen *Gesprächen mit Goethe*: »Der Autor giebt Nachricht über seine Person und Herkunft und die Entstehung seines Verhältnisses zu Goethe«.

75 *Boswell*] Der schottische Schriftsteller James Boswell (1740-1795), Biograf des mit ihm befreundeten universalgelehrten Autors Samuel Johnson (1709-1784).

75 *Zelter, Schiller und Meyer*] Der Komponist und Musikpädagoge Carl Friedrich Zelter (1758-1832), Friedrich Schiller (1759-1805) und der Schweizer Maler Heinrich Meyer (1760-1832).

76 *Übersetzungen des Wilhelm Meister und des Faust*] Die englische Übersetzung des *Wilhelm Meister* von Carlyle (1824); die anonyme Übersetzung des *Faust I* (1821), mutmaßlich von Samuel Taylor Coleridge.

77 *dass die Natur die Unsterblichkeit*] Richtig heißt es: »Ich zweifle nicht an unserer Fortdauer, denn die Natur kann die Entelechie nicht entbehren.« (Eckermann: *Gespräche*, 361.)

77 *den großen Begriff der Pflicht*] Goethe schreibt am 21. November 1830 an Zelter: »Hier nun allein kann der große Begriff der Pflicht uns aufrecht erhalten.«

78 *Natalie und Makarie*] Figuren aus Goethes *Wilhelm Meister*.

79 *siehe S. 413*] Bezieht sich auf Fullers Übersetzung von Eckermanns *Gesprächen mit Goethe*.

80 *in den Zeiten Plutarchs*] Griechischer Schriftsteller, um 45-125.

81 *Mr. Carlyle*] Carlyle veröffentlichte Schriften über Goethe und übersetzte u.a. den *Wilhelm Meister*.

82 *Piranesis »Visionen«*] Der italienische Graphiker und Baumeister Giovanni Battista Piranesi (1720-1778).

82 *Siehe S. 192*] Bezieht sich auf Fullers Übersetzung von Eckermanns *Gesprächen mit Goethe*.

82 *in seinem goldenen Kästchen*] Alexander der Große (356-323 v. Chr.) soll die *Ilias* so sehr geschätzt haben, dass er sie in einem goldenen Kästchen immer bei sich trug.

83 *Er war ein Mann*] Shakespeare, *Hamlet*, I, 2; Fuller ändert den Vers von »I shall« zu »We shall«.

84 *das Schnäuzen der Kerzen*] Bis ins 19. Jahrhundert wurden brennende Kerzen mit einer Lichtputzschere »geschnäuzt« oder »geputzt«, damit sie besser brannten und weniger rußten.

84 *Mr. Jeffreys Witz*] Francis Jeffrey (1773-1850), der als Literaturkritiker u.a. für die *Edinburgh Review* schrieb.

85 *Mr. … sagt*] Der Name ist in *The Letters of Margaret Fuller* nicht transkribiert.

85 *eine Geschichte mit dem Titel Gentle Boy*] Nathaniel Hawthorne: The Gentle Boy, in: *The Token*, Boston 1832.

86 *Fichte und Jacobi*] Laut Hudspeth liest Fuller Johann Gottlieb Fichtes *Das System der Sittenlehre nach den Principien der Wissenschaftslehre* (1798) sowie Friedrich Heinrich Jacobis *Über die Lehre des Spinoza in Briefen an den Herrn Moses Mendelssohn* (1785).

86 *die Philosophiegeschichten von Buhle*] Johann Gottlieb Buhles *Lehrbuch der Geschichte der Philosophie und einer kritischen Literatur derselben* (1796-1804) und seine *Geschichte der neuern Philosophie seit der Epoche der Wiederherstellung der Wissenschaften* (1800-1804), Wilhelm Gottlieb Tennemanns *Grundriss der Geschichte der Philosophie für den akademischen Unterricht* (1812), Dugald Stewarts *Outlines of Moral Philosophy* (1793), Thomas Browns *Lectures on the Philosophy of the Human Mind* (1820).

87 *Mußt dich ums Vergangne*] Drei Verse aus Goethes *Lebensregel*; mit Fullers Auslassungen.

87 *Wer sich der höchsten Lieb ergeben*] Aus Novalis' Einleitungsgedicht des zweiten Teils von *Heinrich von Ofterdingen*; von Fuller auf Deutsch zitiert.

87 *die Kunst, diese Welt zu nutzen*] Anspielung auf Bemerkungen Jesu wie Matthäus 6,25 oder Lukas 16,9.

88 *Nemo contra deum nisi deus ipse*] Lat. für »Niemand gegen Gott außer Gott selbst.« Das Motto, das Eckermann über den vierten Teil von Goethes *Dichtung und Wahrheit* setzte, für den Goethe selbst kein Motto vorgesehen hatte; Goethe erwähnt es im 20. Buch des Vierten Teils.

88 *Wer Großes will*] Goethe, *Natur und Kunst*; von Fuller auf Deutsch zitiert.

88 *die Geburt von Egmont und Faust*] Mit der Arbeit an seinem Trauerspiel *Egmont* (1788) begann Goethe 1775, mit der an *Faust* (1808) um 1770.

88 *seiner Liebe zu Lili*] Von seiner Liebe zu Lili Schönemann (1758-1817) erzählt Goethe im 17. Buch von *Dichtung und Wahrheit.*

92 *von fünfundfünfzig Bänden*] Bezug auf die Werkausgabe, die bereits zu Goethes Lebzeiten herausgegeben wurde: *Goethe's Werke. Vollständige Ausgabe letzter Hand in 60 Bänden*, Stuttgart, Tübingen 1827-1842.

92 *und so weiter*] Von Fuller auf Deutsch verwendet.

92 *Meister*] Von Fuller auf Deutsch verwendet.

93 *wie es in früheren Zeiten Petrarca geschah*] Francesco Petrarca (1304-1374) verbrachte mehrere Jahre als Gesandter in Mailand; Miguel de Cervantes (1547-1616) gehörte der spanischen Marine an und kämpfte 1571 in der Schlacht von Lepanto.

93 *la belle France*] Frz. für »das schöne Frankreich«.

93 *Sir Walter Scott*] (1771-1832) arbeitete mehr als dreißig Jahre lang als Sheriff, seine Werke veröffentlichte er bis 1827 anonym; George Gordon Byron (1788-1824) war ebenso als Dandy bekannt wie der englische Naturforscher und Schriftsteller Humphry Davy (1778-1829).

93 *Dutzend mehr Stücke*] Bei Goethe heißt es richtig: »Das Lustigste jedoch, was mir in dieser Art begegnete, war der Besuch eines Buchhändlers, der mit einer heiteren Freimütigkeit, sich ein Dutzend solcher Stücke ausbat, und sie gut zu honorieren versprach.« (Goethe, *Dichtung und Wahrheit*, 626.)

94 *ithurielhaftes*] Anspielung auf den Engel Ithuriel aus John Miltons *Paradise Lost* (1667).

94 *Florimell*] Eine Figur aus Edmund Spensers *The Faerie Queene* (1590).

94 *Herkules noch als Kind*] Dem griechischen Mythos zufolge ist Herkules der Sohn des Göttervaters Zeus und der Alkmene; der erst wenige Monate alte Herkules erwürgt zwei riesige Schlangen, die die eifersüchtige Hera zu ihm ins Zimmer geschickt hatte.

94 *Gab mir ein Gott zu sagen*] Goethe, *Tasso*, V, 5, V. 3433.

94 *die Alfonse [...] mit den Antonios*] Zwei Figuren aus Goethes *Tasso*: Alfons der Zweite, der Herzog von Ferrara, und der Staatssekretär Antonio Montecatino.

95 *Ich war meist*] Bei Goethe heißt es richtig: »Ich war meist zu lebhaft oder zu still, und schien entweder zudringlich oder stöckig, je nachdem die Menschen mich anzogen oder abstießen; und so wurde ich zwar für hoffnungsvoll gehalten, aber dabei für wunderlich erklärt.« (Goethe, *Dichtung und Wahrheit*, 218.)

95 *Merck und Herder*] Johann Heinrich Merck (1741-1791) und Johann Gottfried Herder (1744-1803).

96 *wie Tantalus*] Nachdem er sich vor den Göttern schuldig gemacht hat, erleidet Tantalus die sprichwörtlichen Tantalusqualen: Er sieht Wasser und Früchte direkt vor sich und kann sie doch nicht erreichen, um Hunger und Durst zu stillen; der Tartarus ist in der Unterwelt der Ort der Strafen;

Herkules lässt sich bei lebendigem Leibe verbrennen, um den irdischen Qualen zu entkommen, wird jedoch von den Flammen in den Olymp emporgetragen und erhält die Unsterblichkeit.

96 *Bleib den Träumen*] In Schillers *Don Karlos* (1787) sagt der Marquis von Posa: »Sagen Sie / ihm, daß er für die Träume seiner Jugend / soll Achtung tragen, wenn er Mann sein wird« (Schiller, *Don Karlos*, IV, 24, V. 5070-5072).

96 *Es ist nicht das Wissen*] Nicht ermittelt.

96 *Abhandlungen aus dem Frankfurter Journal*] Goethe war bis 1773 neben Herder einer der prominenten Beiträger der *Frankfurter Gelehrten Anzeigen*, einem wichtigen Rezensionsorgans des Sturm und Drang; für die Ausgabe letzter Hand ließ er Eckermann einige dieser Beiträge auswählen.

97 *Der neue Paris*] Fuller gibt hier eine vollständige Übersetzung von »Der neue Paris« aus *Dichtung und Wahrheit* wieder, die hier jedoch ausgelassen wird.

97 *Beim guten Lavater*] Der Schweizer Theologe, Philosoph, Schriftsteller und Vertreter der Physiognomik Johann Caspar Lavater (1741-1801), den Goethe 1774 kennenlernte, und der mit Goethe befreundete Autor und Naturforscher Johann Heinrich Merck (1741-1791).

97 *im Weimarer Großherzog*] Carl August von Sachsen-Weimar-Eisenach (1757-1828).

97 *Maecenas*] Gaius Maecenas (um 70-8 v. Chr.), ein Berater des römischen Kaisers Augustus und Förderer der Künste.

97 *Herzogin Amalia*] Anna Amalia von Braunschweig-Wolfenbüttel (1739-1807), Herzogin von Sachsen-Weimar und Eisenach.

98 *Für die vorzüglichste Frau*] Zitat aus »Makariens Archiv« in Goethes *Wanderjahren*.

98 *als »dämonisch«*] »So wirft sich auch das Dämonische gern in bedeutende Individuen, vorzüglich wenn sie eine hohe Stellung haben, wie Friedrich und Peter der Große. Beim verstorbenen Großherzog war es in dem Grade, daß niemand ihm widerstehen konnte. Er übte auf die Menschen eine Anziehung durch seine ruhige Gegenwart, ohne daß er sich eben gütig und freundlich zu erweisen brauchte.« (Eckermann, *Gespräche*, 458f.)

98 *Mirabeau und Swift*] Der französische Politiker und Schriftsteller Honoré Gabriel Victor de Riqueti, Comte de Mirabeau (1749-1791), und der irische Schriftsteller Jonathan Swift (1667-1745).

98 *Der Knabe glaubte in der Natur*] Goethe, *Dichtung und Wahrheit*, 839f.

99 *Das Dämonische ist dasjenige*] Eckermann, *Gespräche*, 455; mit Kürzungen von Fuller; auch die abgeänderte Titelangabe unter dem Zitat »Gespräche mit Eckermann« geht auf Fuller zurück.

100 *hülfreich, gut*] Zitat aus Goethes Gedicht *Das Göttliche*: »Edel sei der Mensch, / Hülfreich und gut!«

100 *zu lebhaften oder zu stillen*] Siehe Kommentar **95** »Ich war meist«.

100 *saß jupiterhaft*] »[…] so glich Goethe dem großen Jupiter, in Denkweise und Gestalt.« »Um seinen Mund will man einen kalten Zug von Egoismus bemerkt haben; aber auch dieser Zug ist den ewigen Göttern eigen,

und gar dem Vater der Götter, dem großen Jupiter, mit welchem ich Goethe schon oben verglichen. Wahrlich, als ich ihn in Weimar besuchte und ihm gegenüber stand, blickte ich unwillkürlich zur Seite, ob ich nicht auch neben ihm den Adler sähe mit den Blitzen im Schnabel.« (Heine, *Romantische Schule*, 149, 163.)

100 *Ihr könnt nicht Gott dienen und dem Mammon*] Matthäus 6,24; Lukas 16,13.

100 *Es ist dafür gesorgt*] Das Motto zum dritten Teil von Goethes *Dichtung und Wahrheit*.

101 *den Mann von Uz*] Gemeint ist Hiob, »der Mann aus dem Lande Uz« (Hiob 1).

102 *Gib mir, ruft er, nur einen Wassertropfen*] Anspielung auf das Gleichnis vom reichen Mann und vom armen Lazarus (Lukas 16,24).

102 *Kannst du mich schmeichelnd*] Goethe, *Faust I*, Studierzimmer II, V. 1694-1697, 1699-1702; Fuller zitiert die Verse auf Deutsch und fügt eine Übersetzung bei.

105 *Der Graf de Thoranc*] Der französische Offizier Graf François de Théas von Thoranc (1719-1794), der von 1759 bis 1761 während des Siebenjährigen Krieges im Hause Goethe in Frankfurt einquartiert war und über den Goethe in *Dichtung und Wahrheit* schreibt: »die Kinder haben Euch als ihren Oheim betrachtet«.

106 *in großen scharfen Zügen*] Goethe, *Lehrjahre*, 884.

106 *Geist und Bestimmung*] Nicht ermittelt.

106 *Mademoiselle von Klettenberg*] Die Stiftsdame und Schriftstellerin Susanne von Klettenberg (1723-1774) war mit Goethes Mutter befreundet und hinterließ bei Goethe einen tiefen Eindruck; er setzte ihr ein Andenken in den »Bekenntnissen einer schönen Seele« in den *Lehrjahren*; das Zitat ist nicht ermittelt, möglicherweise bezieht es sich auf die Verse aus *Dichtung und Wahrheit*: »Unter ihres Gottes Flügel, / Unsre Freundin leidend ruht.« (Goethe, *Dichtung und Wahrheit*, 688.)

107 *Der Name Makarie*] In der griechischen Mythologie ist Makaria die einzige Tochter des Herkules und der Deianeira; aufgrund eines Orakelspruchs opfert sie sich, damit die Schlacht zwischen den Athenern, bei denen sie Schutz gesucht hat, und dem feindlichen König von Mykene Eurystheus ein gutes Ende nimmt.

108 *aus dem Köcher des Phoebus*] Phoebus ist der Beiname des Apoll, der, nachdem er mit einem Pfeil die Schlange Python getötet hat, prophetische Kräfte erlangt; der Gott der Heilkunst, Asklepios, trägt als Wahrzeichen die um einen Stab gewundene Schlange, die ihm die Wirkung der Heilkräuter erklärte; Merkur ist u.a. der Gott der Kaufleute.

108 *in der Schule der Drei*] Gemeint sind die »Obern« oder die »Dreie« in den *Wanderjahren*.

108 *Rahel von Ense*] Die Schriftstellerin und Salonnière Rahel Varnhagen von Ense (1771-1833).

108 *Wilhelm Meister und Don Quixote*] Rahel Varnhagen von Ense, *Geistes- und Charakter-Gemälde*, 82; mit Fullers Kürzungen.

109 *die Schlange mit dem göttlichen Zorn des Apoll*] Siehe Kommentar 108 »aus dem Köcher des Phoebus«.

109 *Wer Großes will*] Goethe, *Natur und Kunst*; als Motto über Fullers *Goethe*-Essay.

110 *Der Rang ist das Gepräge*] Aus Robert Burns' Gedicht *A Man's a Man for A' That* (1795), hier in Ferdinand Freiligraths Übertragung *Trotz alledem!* (1843).

111 *Könige und Fürsten können wohl*] Auszug aus dem dritten der drei angeblichen Briefe von Ludwig van Beethoven an Bettina von Arnim, die 1839 in der Monatsschrift *Athenaeum für Wissenschaft, Kunst und Leben* veröffentlicht wurden, jedoch seit Langem als Fälschung entlarvt sind.

111 *Erzherzog Rudolph*] Erzherzog von Österreich (1788-1831), zugleich Mäzen und Klavierschüler Beethovens.

111 *die Kaiserin von Russland*] Elisabeth Alexejewna (1779-1826), als Ehefrau von Alexander I. von Russland seit 1801 Kaiserin von Russland, traf Beethoven 1814 bei ihrem Aufenthalt in Wien, machte ihm ein großes Geldgeschenk, und er widmete ihr eine Polonaise für Klavier; ein weiterer Mäzen Beethovens war nicht der Erzherzog Karl von Österreich, sondern Fürst Karl Lichnowsky (1761-1814).

112 *Heroische Sinfonie*] Beethovens 3. Sinfonie, die sogenannte *Eroica*; der (heute angezweifelten) Legende nach gab der General Jean Baptiste Jules Bernadotte (1763-1844) Beethoven bei seinem Aufenthalt in Wien 1798 die Idee für eine Heldensinfonie ein.

115 *Mr. Carlyle oder Mrs. Austin*] Thomas Carlyle (1795-1881), Sarah Austin (1793-1867) und Anna Jameson (1794-1860) waren durch ihre Übersetzungen und Abhandlungen wichtig für die Vermittlung der deutschen Literatur in die englischsprachige Welt; alle drei hatten viel zu Goethe gearbeitet.

116 *Heraus in eure Schatten*] Goethe, *Iphigenie auf Tauris*, I, 1, V. 1-53.

117 *Ist's jener Tantalus*] Goethe, *Iphigenie auf Tauris*, I, 3, V. 310-335.

119 *dem Schmetterling und der dunklen Blume*] Zitat aus *Nachrichten von den wichtigsten Lebensumständen Theodor Körners*, ins Englische übersetzt als *The Life of Carl Theodor Körner, written by his Father* (1827); hier heißt es über den von seinem melancholischen Studienfreund Carl Friedrich Schneider angezogenen Körner: »Von dieser dunkeln Blume wurde der Schmetterling angezogen«.

119 *O segnet, Götter*] Goethe, *Iphigenie auf Tauris*, IV, 1, V. 1382-1389.

119 *Unsterbliche, die ihr*] Goethe, *Iphigenie auf Tauris*, III, 1, V. 1039-1088.

122 *Weh! O weh der Lüge*] Goethe, *Iphigenie auf Tauris*, IV, 1, V. 1405-1411; IV, 5, V. 1692-1725; mit Fullers Kürzungen.

124 *Ich kenne nichts ärmers*] Fuller übersetzt Goethes zweite Fassung von Goethes *Prometheus*, bis auf die erste Strophe, in der vierten Strophe ihre eigene Hervorhebung.

126 *Arme Sue*] Susan Sturgis, Carolines Schwester.

126 *Alfieris Werke*] Der italienische Dichter Vittorio Alfieri (1749-1803) war republikanisch gesinnt und kam beim Ausbruch der Französischen

Revolution 1789 nach Paris, verurteilte die gewaltsamen Ereignisse der kommenden Jahre jedoch; der italienische Bildhauer und Goldschmied Benvenuto Cellini (1500-1571), dessen autobiografische Schriften im 18. Jahrhundert wiederentdeckt wurden.

127 *ein großer Stich von Mme. Récamier*] Ein Stich nach dem Gemälde von François-Louis Dejuinne: *Madame Récamier dans son salon à l'Abbaye-aux-Bois* (1826); die französische Salonnière Julie Récamier (1777-1849) war eng mit Madame de Staël befreundet.

127 *Sie fragen nicht nach*] Aus Mignons Lied *So laßt mich scheinen* aus Goethes *Lehrjahren*; von Fuller auf Deutsch zitiert; dieselbe Stelle verwendet sie auch in *Woman in the Nineteenth Century.*

127 *Warum liebte Sokrates Alkibiades*] Alkibiades (um 450-404 v. Chr.) war Schüler von Sokrates (469-399 v. Chr.), das Verhältnis zwischen ihnen schildert Platon im *Symposion*, in dem er sein Verständnis von Liebe und Erotik entwickelt; über die Beziehung zwischen Körner und seinem Freiburger Studienfreund Carl Friedrich Schneider erfährt Fuller in *The Life of Carl Theodor Körner*, hierher stammt auch das Zitat im vorangehenden Satz; Max Piccolomini ist eine Figur aus dem zweiten Teil von Schillers *Wallenstein*-Trilogie *Die Piccolomini*; für Madame de Staël und Madame de Récamier siehe Kommentar **127** »ein großer Stich von Mme. Récamier«; zu Anna Barker vgl. hier 18.

127 *weniger hoch*] Nicht ermittelt.

133 *als ich ihr Buch las*] *Goethes Briefwechsel mit einem Kinde* und Bettina von Arnims Beziehung zu Goethe.

133 *Les Sept Cordes de la Lyre*] Drama von George Sand (1839).

133 *Lettres d'un Voyageur*] Briefroman von George Sand (1837).

133 *Matutin und Vesper*] Nacht- und Abendgebet im christlichen Stundengebet.

134 *Bettines Buch*] Bettina von Arnims *Goethes Briefwechsel mit einem Kinde.*

134 *... war jedenfalls*] Der Name dieser Person ist in *The Letters of Margaret Fuller* nicht transkribiert.

134 *meinen Stab in eine Wüste pflanzte*] Zum Zeichen dafür, dass Aaron von Gott zum Hohepriester auserwählt ist, ergrünt und erblüht sein Stab über Nacht (4. Mose 17,23).

134 *Wer sich der Einsamkeit*] Aus dem Lied des Harfners in Goethes *Lehrjahren.*

135 *Italien unter der sächsischen Kruste*] Italien ist zu dieser Zeit in verschiedene Herrschaftsgebiete aufgeteilt, in habsburgische und bourbonische Staaten sowie den Kirchenstaat Rom; bereits seit 1815 haben sich verschiedene politische Bewegungen gebildet, die die Einheit und Unabhängigkeit Italiens fordern – 1848/49 wird das zur Revolution und zum ersten Unabhängigkeitskrieg führen.

135 *Das kostbare kleine Gedicht*] Günderrodes Gedicht *Ist alles stumm und leer*, das Fuller dem Brief beilegte (vgl. Maas, *Transnationales Projekt*, 223).

136 *die Günderode stürzt sich in den Fluss*] Karoline von Günderrode nahm sich 1806 das Leben, nachdem sich ihr Geliebter Friedrich Creuzer von ihr getrennt hatte – sie stürzte sich aber nicht in den Fluss, sondern erdolchte sich am Flussufer.

136 *Philip Sidney*] Elisabethanischer Schriftsteller und Höfling (1554-1586).

136 *In der kostbaren Ruhe dieses Ortes*] Fuller wohnt zu dieser Zeit bei einem Farmer und seiner Familie bei Newport; in einigen Briefen nennt sie den Ort »Paradise Farm«.

136 *Ich wollte Dich tragen*] Bettina von Arnim, *Günderode*, 484.

140 *einige gedruckte Seiten*] An Emerson schreibt sie, was sie dem Brief beigelegt hat: Emersons *Nature* (1836), wobei sie ihn mit der Bemerkung provoziert: »Ich schickte *Nature* (und bedauerte, dass ich kein passenderes Buch für diesen Anlass hatte)«; außerdem John Sullivan Dwights *Select Minor Poems. Translated from the German of Goethe and Schiller* (1839), zu dem sie selbst zwei Übersetzungen beigetragen hat, und eine Nummer von *The Dial*.

140 *Der Überbringer dieses Briefes*] Joseph Coolidge Shaw, ein Bruder von der *Conversations*-Teilnehmerin Anna Shaw, nahm den Brief auf seiner Reise nach Rom mit.

140 *Hilliard, Gray & Co.*] Das Bostoner Buchhandels- und Verlagshaus von William Hilliard und Harrison Gray; der Schriftsteller George Ripley (1802-1880) war Mitglied des *Transcendental Club* und unterstützte Fuller bei ihrem Goethe-Biografie-Projekt und ihrer Eckermann-Übersetzung.

141 *Goethes Briefwechsel mit einem Kinde*] Bettina von Arnims Werk erschien 1835 und in ihrer eigenen Übersetzung ins Englische als *Goethe's Correspondence with a Child* 1837.

141 *Falstaff*] Shakespeares Figur des eitlen, genießerischen und prahlerischen Sir John Falstaff, der in *Henry IV* (Teil 1 und Teil 2) und *The Merry Wives of Windsor* auftritt.

143 *ihrer gemeinsamen Geburtsstadt*] Bettina von Arnim wurde wie Goethe in Frankfurt a. M. geboren.

144 *Ich will nicht*] Goethe an Bettina von Arnim am 16. Juli 1807, in: Bettina von Arnim, *Goethes Briefwechsel*, 103.

144 *Diejenigen, welche ihren Königen*] Das Zitat stammt aus der *Abhandlung von den Göttern und von der Welt*, die dem römischen Geschichtsschreiber und Politiker Sallust (um 86-34 v. Chr.) zugeschrieben wurde.

145 *das Schicksal von Euphorion*] Euphorion ist in Goethes *Faust II* der Sohn von Faust und Helena; er stürzt sich bei seinem übermütigen Treiben zu Tode.

145 *die Liebe Tassos*] Die mutmaßliche Liebe des italienischen Dichters Torquato Tasso (1544-1595) zur Prinzessin Lenora d'Este wird in Goethes *Torquato Tasso* (1790) literarisch, Anna Jameson widmet ihr ein Kapitel in ihrem Werk *Loves of the Poets* (1829); Werther in Goethes *Die Leiden des jungen Werthers* (1774) liebt die bereits verlobte Lotte, George Douglas in Walter Scotts *The Abbot* (1820) die Königin Maria Stuart; die griechische Dichterin Sappho (7./6. Jh. v. Chr.) soll sich der Legende nach von einem Felsen gestürzt haben, weil ihre Liebe zum Fährmann Phaon nicht erwidert wurde; die tragische Liebesgeschichte zwischen Heloisa (um

1095-1164) und ihrem Lehrer Petrus Abaelardus (1079-1142) war schon zu ihren Lebzeiten weithin bekannt und wurde später immer wieder literarisch bearbeitet, u.a. in Jean-Jacques Rousseaus *Julie ou la Nouvelle Héloïse* (1761); die Beziehung zwischen der französischen Salonnière Julie de Lespinasse (1732-1776) und dem Aufklärer Jean-Baptiste le Rond d'Alembert (1717-1783) ging in Denis Diderots *Le rêve de D'Alembert* (1830) in die Literatur ein.

145 *Es ist nicht, und es wird*] Shakespeare, *Hamlet*, I, 2.

146 *Die Günderode war Stiftsfräulein*] Karoline von Günderrode kam im Alter von siebzehn Jahren als Stiftsdame in den evangelischen Cronstetten-Hynspergischen Adeligen Damenstift in Frankfurt a.M.

146 *die Mrs. Jameson beschrieben*] Anna Jameson in ihren *Visits and Sketches at Home and Abroad* (1834).

146 *ihrer Großmutter Mme. La Roche*] Nachdem ihre beiden Eltern verstorben waren und Bettina von Arnim als zwölfjährige Waise zurückgeblieben war, wohnte sie bei ihrer Großmutter, der Schriftstellerin und Salonnière Sophie von La Roche (1730-1807).

147 *Hermia und Helena*] Freundinnen in Shakespeares *A Midsummer Night's Dream* (um 1595/96); im Tal von Enna auf Sizilien pflückt Persephone mit ihren Gespielinnen Blumen, bevor sie von Hades geraubt wird.

148 *Sie sollte das Gedicht sein*] In *Woman in the Nineteenth Century* rebelliert Fuller gegen eben diese Festschreibung, siehe hier 207.

148 *die Liebe, die (die Kunst) besiegelt*] Eine Variante von Byrons Vers: »The love where Death has set his seal« aus der Elegie *And thou art dead, as young and fair*; übersetzt von Franz Kottenkamp.

149 *Wenn Du Muse findest*] Karoline von Günderrode an Bettina von Arnim, in: Arnim, *Günderode*, 312; hier heißt es richtig: »Wenn Du Muße findest, so schreib bald wieder.«

150 *herabsteigen, um sich zu treffen*] Zitat aus Emersons Essay *The Over-Soul* (1841).

151 *eine Religion stiften*] Bettina von Arnim schreibt an Karoline von Günderrode: »Lasse uns doch eine Religion stiften, ich und Du, und lasse uns einstweilen Priester und Laie darin sein, ganz im Stillen, und streng danach leben, und ihre Gesetze entwickeln, wie sich ein junger Königssohn entwickelt der einst der größte Herrscher sollt werden der ganzen Welt.« (Arnim, *Günderode*, 448.)

151 *Sie war so zaghaft*] Arnim, *Goethes Briefwechsel*, 64-67.

153 *im Deutsch-Englischen von Bettines Übersetzung*] Siehe Kommentar 141 »Goethes Briefwechsel mit einem Kinde«.

154 *An die Günderode*] Arnim, *Günderode*, 441-446; Fuller lässt an dieser Stelle weitere zwanzig Seiten Auszüge aus *Die Günderode* folgen, die hier jedoch ausgelassen werden.

158 *die demnächst erscheinende Übersetzung*] Fullers Auswahlübersetzung von *Die Günderode* erschien im selben Jahr unter dem Titel *Günderode* (1842).

158 *Perikles und Aspasia*] Briefroman von Walter Savage Landor (1836).

160 *Bettine!*] Fullers Verse, übersetzt von Magda Kirndörfer.
160 *die Bäume nicht in den Himmel*] Das Motto des dritten Teils von Goethes *Dichtung und Wahrheit.*
162 *Wahrheit aus meinem Leben*] Goethes Titel lautet richtig: *Aus meinem Leben. Dichtung und Wahrheit*; Jean Pauls *Selberlebensbeschreibung* wurde 1826 postum in der Reihe *Wahrheit aus Jean Pauls Leben* herausgegeben.
162 *Als ob die Wahrheit*] Eckermann, *Gespräche*, 479.
163 *An die Bettine*] Arnim, *Günderode*, 724-729.
167 *Solche Schönheit*] Fullers Verse, übersetzt von Magda Kirndörfer.
173 *Frei durch Vernunft*] Aus Schillers *Die Künstler* (1789), von Fuller auf Deutsch zitiert.
173 *Ich meinte, der Morgenstern*] Aus Ben Jonsons Gedicht *On Lucy, Countess of Bedford* (1616); übersetzt von Magda Kirndörfer.
174 *Mit ›Mensch‹ meine ich*] Im Original »Man«.
174 *Schwachheit, dein Nam' ist Weib*] Shakespeare, *Hamlet*, I, 2.
174 *Die Erde erwartet ihre Königin*] Zitat aus der fourieristischen Zeitung *The Phalanx* vom 20. April 1844 (vgl. Matteson, *Fuller*, 476).
175 *das Gedicht, das Beranger*] Pierre-Jean de Béranger, *La Liberté* (1822).
175 *solche Verbrechen in ihrem Namen*] Anspielung auf Jeanne-Marie Rolands (Madame Roland, 1754-1793) Ausspruch kurz vor ihrer Hinrichtung durch die Guillotine der Französischen Revolution: »Oh Freiheit, welche Verbrechen begeht man in deinem Namen!«
176 *Vater, vergib ihnen*] Lukas 23,34.
176 *Alle Menschen sind frei*] Die Verfassung von Massachusetts von 1780 enthält eben diese Formulierung: »All men are born free and equal«; in der Unabhängigkeitserklärung der Vereinigten Staaten von 1776 heißt es: »all men are created equal.«
176 *Meder*] Altorientalisches Volk, das im Nordwesten des heutigen Iran lebte.
176 *Tutti fatti a sembianza*] Alessandro Manzoni, *Il Conte di Carmagnola*, II, 6 (1820), dt. *Der Graf von Carmagnola.*
177 *Wort-Catos*] Der römische Politiker Marcus Porcius Cato (95-46 v. Chr.), der sich Caesar entgegensetzte und später zum Inbild der Tugendhaftigkeit idealisiert wurde.
177 *Dr. Johnsons Rat*] Der englische Gelehrte und Schriftsteller Samuel Johnson (1709-1784); das Zitat stammt aus James Boswells Biografie *The Life of Samuel Johnson* (1791); möglicherweise der amerikanische Politiker Ansel Sterling (1782-1853), der wie Fullers Vater John Quincy Adams unterstützte.
177 *Landor*] Der englische Schriftsteller Walter Savage Landor (1775-1864).
178 *Carabas*] In Charles Perraults Märchen *Le Maître Chat ou le Chat botté*, dt. *Der gestiefelte Kater*, gibt der Kater den Müllerssohn als adligen Marquis de Carabas aus.
178 *Abolitionisten*] GegnerInnen der Sklaverei in Nordamerika.
179 *Schillers Würde der Frau*] Richtig: *Würde der Frauen* (1796).

180 *J. Q. Adams*] John Quincy Adams (1767-1848), von 1825 bis 1829 der sechste Präsident der Vereinigten Staaten; Phokion (um 402-318 v. Chr.) war ein athenischer Feldherr und Staatsmann.

183 *Washingtoner Vereins*] Anspielung auf die *Washingtonian Temperance Society*, Teil der Abstinenzbewegung im 19. Jahrhundert.

185 *weniger Talente anvertraut*] Anspielend auf das Gleichnis von den anvertrauten Talenten Silbergeld, Matthäus 25,14-30.

185 *Miranda*] Prosperos Tochter in Shakespeares *The Tempest*; die Schilderungen von Mirandas Jugend weisen autobiografische Parallelen zu Fullers eigenen Erfahrungen auf.

186 *ein starkes magnetisches Wesen*] Die Theorie des Animalischen Magnetismus oder nach Franz Anton Mesmer (1734-1815) Mesmerismus wurde vor allem in der zweiten Hälfte des 18. Jahrhunderts propagiert.

188 *Ich meinte, der Morgenstern*] Siehe Kommentar **173** »Ich meinte, der Morgenstern«.

189 *der Gräfin Emilia Plater*] Die litauisch-polnische Gräfin Emilia Plater (1806-1831) war eine Freiheitskämpferin, die sich dem Novemberaufstand von 1830/1831 anschloss, um für die Unabhängigkeit Polens von Russland zu kämpfen; sie nahm an zahlreichen Schlachten teil und wurde zu einer litauisch-polnischen Jeanne d'Arc stilisiert.

190 *den General, dessen Verrat*] Gemeint ist General Dezydery Chłapowski (1788-1879), mit dessen Korps Plater zog, bis er über die preußische Grenze zurückwich und dort entwaffnet wurde; Plater hatte ihn bereits vor dem Rückzug verlassen und ihm zuvor seine Ehrlosigkeit vorgeworfen (vgl. Straszewicz, *Plater*, 247f.).

190 *Ihr Name, so ihr Biograf*] Zitat aus Straszewicz, *Plater* (1842).

191 *eine Semiramis*] Antiken Legenden zufolge eine altorientalische Königin; die englische Königin Elisabeth I. (1533-1603); die russische Kaiserin Katharina II. (1729-1796).

191 *der einsamen Aspasia*] Die griechische Philosophin Aspasia (um 470-420 v. Chr.), die mit dem Staatsmann Perikles (um 490-429 v. Chr.) zusammenlebte.

191 *Sappho, Eloisa*] Die griechische Dichterin Sappho (7./6. Jh. v. Chr.); die französische Philosophin Heloisa (um 1095-1164), vgl. Kommentar **145** »die Liebe Tassos«.

192 *auf Tassos Gefängnisgitter*] Der italienische Dichter Torquato Tasso (1544-1595) wurde für mehrere Jahre als ›geisteskrank‹ ins Arcispedale Sant'Anna in Ferrara eingewiesen.

192 *Der rohe Mann*] 1. Mose 1-3.

192 *die Dame du Comptoir*] »Madonna Maria war gleichsam die schöne Dame dü Comptoir der katholischen Kirche, die deren Kunden, besonders die Barbaren des Nordens, mit ihrem himmlischen Lächeln anzog und festhielt.« (Heine, *Romantische Schule*, 132.)

193 *Petrarcas Hymne an die Madonna*] Petrarcas *Lodi e Preghiere a Maria* (1316-1320).

193 *savante*] Frz. für »Gelehrte«.

193 *Lady Teresas Hochzeit*] Eine spanische Ballade, in dem von John Gibson Lockhart übersetzten Band *Ancient Spanish Ballads. Historical and Romantic* (1823) unter dem Titel *The Wedding of the Lady Theresa.*

194 *das gute Teil zu erwählen*] Lukas 10,42.

193 *drei Balladen*] Karl Simrocks *Das Ave Maria*, August Kopischs *Die Jungfrau am Drachenfels* und Gustav Schwabs *Die Maid von Bodmann* aus Simrocks Sammlung *Rheinsagen aus dem Munde des Volkes und deutscher Dichter*, das Fuller 1842 in *The Dial* besprochen hatte.

196 *Xenophon*] Der griechische Schriftsteller (um 430-354 v. Chr.) beschäftigt sich in seinem *Oikonomikos* v.a. mit der Hauswirtschaft; die *Kyrupädie* erzählt von der Erziehung von Kyros II. und berichtet auch von Pantheia, der Ehefrau eines mit Kyros verfeindeten Herrschers.

196 *Mehr als tausend Weiber*] Euripides, *Iphigenie in Aulis*, V. 1394.

196 *Nicht könnt' ich lieben*] Richard Lovelace, *To Lucasta, Going to the Wars* (1649); übersetzt von Adolf von Marées in: Julius Hart, *England und Amerika.*

196 *den Ausruf des Commonwealth-Mannes*] Diese Anekdote geht wohl auf Aufzeichnungen über den englischen Juristen und Commonwealth-Mann John Cooke (1608-1660) zurück, der zum Tode verurteilt wurde; seine Frau war jedoch nicht im Tower, sondern wollte ihn dort lediglich besuchen, wurde aber nicht vorgelassen; die Worte »I am now going to heaven, and shall leave you in the storm« soll er an einen Freund gerichtet haben (Howell, *Collection*, 1249).

197 *wie Colonel Hutchinsons Liebe*] Der britische Politiker John Hutchinson (1615-1664) war verheiratet mit der Dichterin Lucy Apsley (1620-1681), ihr gemeinsames Leben ist beschrieben in Apsleys *Memoirs of the Life of Colonel Hutchinson.*

197 *beschreibt John Donne*] Der englische Schriftsteller (1572-1631) in seinem Gedicht *The Ecstasy.*

197 *Wär' unsre Seele*] Edward Herbert, *An Ode upon a Question moved, whether Love should continue Forever?* (1665).

197 *Fords Broken Heart*] John Fords Tragödie *The Broken Heart* (1633); Calanthea ist eine der Figuren.

197 *Ist diese falsch*] Shakespeare, *Othello*, III, 3.

197 *Schwachheit, dein Nam' ist Weib*] Shakespeare, *Hamlet*, I, 2.

197 *Calderons Justina*] Aus dem Drama *El mágico prodigioso* (1637) von Pedro Calderón de la Barca.

198 *Lord Herbert wurde mit fünfzehn Jahren*] Edward Herbert heiratete im Alter von fünfzehn Jahren seine sechs Jahre ältere Cousine Mary Herbert (1575-1634).

198 *Dante heiratete*] Dante heiratete nach dem Tod Beatrices (1290) Gemma Donati; Giovanni Boccaccio schrieb darüber im siebten Kapitel seiner Biografie *Trattatello in laude di Dante.*

198 *Formaler Bund*] Nicht ermittelt.

201 *Rolands und seiner Ehefrau*] Jean-Marie Roland de La Platière (1734-1793) und seine Ehefrau Jeanne-Marie Roland de La Platière (Madame

Roland, 1754-1793) gehörten während der Französischen Revolution 1792 zu den Girondisten; Madame Roland wurde während der Schreckensherrschaft guillotiniert.

201 *Spensers Britomart*] Eine jungfräuliche Ritterin in Spensers *The Faerie Queene*.

201 *Kehr damit oder darauf zurück*] In *Past and Present* (1843) schreibt Carlyle: »[...] as that Spartan mother, saying, while she gave her son his shield, ›With it, my son, or upon it!‹«

201 *Ihr Appell an die Nachwelt*] Madame Roland schrieb im Gefängnis kurz vor ihrer Hinrichtung ihren *Appel à l'impartiale postérité* (1794).

201 *von Godwin für seine Ehefrau*] Der englische Philosoph und Schriftsteller William Godwin (1756-1836) und seine Frau Mary Wollstonecraft (1759-1797), die bekannt wurde für ihr Werk *A Vindication of the Rights of Woman* (1792); ein Jahr nach ihrem Tod veröffentlichte Godwin die Biografie seiner Frau: *Memoirs of the Author of A Vindication of the Rights of Woman* (1798).

202 *Madame Dudevant*] Die französische Schriftstellerin George Sand, eigentlich Amantine Aurore Lucile Dupin de Francueil (1804-1876), war mehrere Jahre lang mit Casimir Dudevant verheiratet, bevor sie sich von ihm scheiden ließ; für Fuller wird ihre feministische und gesellschaftskritische Haltung zum Vorbild; bei ihrer Europareise trifft sie Sand und ihren Lebensgefährten, den Komponisten Frédéric Chopin, persönlich in Paris.

202 *Marguerite [...] der schwache St. Leon*] Graf Reginald de St. Leon und Marguerite Louise Isabeau de Damville sind Figuren aus Godwins *St. Leon. A Tale of the Sixteenth Century* (1799).

202 *der Autorin von Simon und Indiana*] George Sands Romane *Simon* (1836) und *Indiana* (1832).

203 *Elizabeth Barrett*] Die englische Dichterin Elizabeth Barrett Browning (1806-1861), die Fuller in ihren letzten Monaten in Florenz kennenlernte.

203 *An George Sand. Ein Verlangen*] Elizabeth Barrett Brownings *To George Sand. A Desire* und *To the Same. A Recognition*.

205 *das Bildnis von Sand*] Möglicherweise Eugène Delacroix' Porträt von Sand in Männerkleidung.

205 *La Roche Mauprat*] Sands historischer Roman *Mauprat* (1837).

205 *Eloisas Entschluss*] Die französische Philosophin Heloisa (um 1095-1164) war die Geliebte ihres Lehrers Petrus Abaelardus (1079-1142) und brachte ein uneheliches Kind zur Welt, bevor ihre Familie sie zur Hochzeit zwang.

206 *Shelley fürchtete die Fesseln nicht*] Percy Bysshe Shelley (1792-1822) heiratete 1811 Harriet Westbrook und kurz nach deren Suizid 1816 Mary Wollstonecraft Godwin.

206 *die Traktate, die Goodwyn Barmby*] John Goodwyn Barmby (1820-1881) und Catherine Isabella Barmby (1817-1853) veröffentlichten sozialistische und feministische Texte.

207 *die Vereinigung der Howitts*] Das englische Schriftstellerehepaar William Howitt (1792-1879) und Mary Howitt (1799-1888).

207 *seinen letzten Werken über Deutschland*] Während eines zweijährigen Aufenthalts in Heidelberg veröffentlichte William Howitt drei Werke über Deutschland: *The Student-Life of Germany* (1841), *The Rural and Domestic Life of Germany* (1842), *German Experiences* (1844).

207 *L'Amie Inconnue*] Die Erzählung *Angelina or, L'Amie Inconnue* in den *Moral Tales* von Maria Edgeworth (1767-1849).

208 *Wen Gott lieb hat*] Goethe, *Götz von Berlichingen*, III, 349.

208 *So widmet Manzoni*] Alessandro Manzonis *Adelchi* (1822); Manzoni hatte 1808 die Genfer Bankierstochter Henriette Blondel (1791-1833) geheiratet.

209 *eine Montagu*] Die englische Schriftstellerin Lady Mary Wortley Montagu (1689-1762).

209 *Somerville*] Die schottische Astronomin und Mathematikerin Mary Somerville (1780-1872).

209 *Lady Jane Grey*] (1537-1554), die 1553 den Titel der englischen Königin beanspruchte, aber von Maria I. ausgestochen wurde, war sehr interessiert an Literatur und Sprachen und beherrschte das Französische, Italienische, Griechische, Hebräische und Lateinische.

211 *Das elektrische, das magnetische Element*] Siehe Kommentar **186** »ein starkes magnetisches Wesen«.

212 *herissé*] Frz. für »gesträubt«, hier im Sinne von: »stehen mir die Haare zu Berge«.

212 *Mademoiselle Rachel*] Französische Schauspielerin, eigentlich Élisa Rachel Félix oder Elizabeth-Rachel Félix (1821-1858).

212 *La Rochefoucauld*] Der Schriftsteller François VI. de La Rochefoucauld (1613-1680).

212 *Guercino die Sibyllen*] Der italienische Maler Guercino, eigentlich Giovanni Francesco Barbieri (1591-1666); die Sibyllen sind Prophetinnen der antiken Mythologie.

212 *Ecstatica*] Weibliche Verkörperung religiöser Verzückung.

214 *der Seherin von Prevorst*] Friederike Hauffe (1801-1829) wurde durch das Werk *Die Seherin von Prevorst* (1829) des sie medizinisch behandelnden Justinus Kerner bekannt; auch Fuller hatte es gelesen und schrieb in ihrem *Summer on the Lakes* (1844) ausführlich darüber.

214 *Fenelon lernte von Guyon*] Die Mystikerin Jeanne-Marie Bouvier de La Motte Guyon (1648-1717); der französische Schriftsteller, Theologe und Pädagoge François Fénelon (1651-1715), der von Madame de Guyon tief beeindruckt war.

214 *Nur die Kinder*] Matthäus 18,3.

214 *für Isabellas Juwelen*] Fullers Meinung nach steht Amerika in der Schuld der Königin Isabella I. von Kastilien (1451-1504), da durch ihre Unterstützung Christoph Kolumbus seine Entdeckungsfahrt unternehmen und Amerika »entdecken« konnte.

214 *Victoria die Erste*] (1819-1901), seit 1837 Königin des Vereinigten Königreichs Großbritannien und Irland.

215 *Fraulichkeit*] Im englischen Original »Femality«, *Pathfinder* (18. März 1843).

215 *In Seelenruhe*] Wordsworth, *Liberty* (1829); übersetzt von Magda Kirndörfer.

216 *Frauen in die Schlacht*] Die Amazonen der griechischen Mythologie und Herkules, der zur Strafe für seine Untaten Omphale als Sklave dienen muss, wo er Frauenarbeiten verrichtet und u.a. Wolle spinnt.

216 *Kassandra*] In der griechischen Mythologie hat sie die Gabe der Weissagung.

216 *die Tochter des Linnaeus*] Die schwedische Botanikerin Elisabeth Christina von Linné (1743-1782), Tochter Carl von Linnés, verfasste die Abhandlung *Om indianska krassens blickande*, dt. *Über das Flackern der Kapuzinerkresse* (1762).

217 *Proklos zufolge*] Der griechische Philosoph Proklos (412-485), beschäftigte sich v.a. mit der Theorie der Emanation, die das Hervorgehen aller Dinge aus einem einzigen unveränderlichen Ursprung lehrt.

218 *in Harmonie mit der Allseele*] Anspielung auf Emersons Konzept der »Over-Soul« in seinem gleichnamigen Essay (1841).

218 *das indianische Mädchen der Sonne*] In einem hier nicht abgedruckten Abschnitt berichtet Fuller von einer Indigenen, die sich mit der Sonne verlobte und als Einsiedlerin fern der anderen lebte.

219 *Wordsworth und selbst Byron*] Die Dichterin Dorothy Wordsworth (1771-1855) stand ihrem Bruder William Wordsworth sehr nahe und lebte bei ihm, siehe Wordsworths *To my Sister* (1798); Augusta Leigh (1783-1851) war Byrons Halbschwester, die er erst in späteren Jahren kennenlernte, es kursierten Gerüchte über eine inzestuöse Beziehung zwischen den beiden, siehe Byrons *Epistle to Augusta* (1830).

219 *Southeys Kehama*] Robert Southeys Versepos *The Curse of Kehama* (1810).

219 *Alkibiades mit den Kelchen*] Der griechische Staatsmann und Feldherr Alkibiades (450-404 v. Chr.) soll bei einem Fest die Hälfte aller Gold- und Silberkelche seines Freundes Anytos beschlagnahmt und sie einem armen Gast geschenkt haben.

219 *wie man Stroh zu Gold spinnt*] Anspielung auf das Grimm'sche Märchen vom *Rumpelstilzchen*.

220 *Swedenborg*] Der schwedische Naturforscher und Theosoph Emanuel Swedenborg (1688-1772) erklärt in seinem umfangreichen Werk die göttliche Welt und legt die Bibel aus, etwa in dem achtbändigen *Arcana coelestia*, dt. *Himmlische Geheimnisse* (1749-1756) oder *De Coelo et eius mirabilibus, et de inferno*, dt. *Himmel und Hölle* (1758); Fuller bezieht sich hier auf das Werk *Apocalypsis explicata*, dt. *Die Offenbarung erklärt nach dem geistigen Sinn* (1761); Swedenborg bezeichnet sich als ein von Gott Berufener, der sein Wissen aus Gesprächen mit Engeln erhält.

220 *die Neue Kirche*] Oder Kirche des Neuen Jerusalem beruft sich auf die Schriften Swedenborgs; die erste Gemeinde wurde 1788 in London gegründet.

221 *Charles Fourier*] Französischer Gesellschaftstheoretiker (1772-1837), Vertreter des Frühsozialismus.

222 *Seine Mutter*] Goethes Mutter Catharina Elisabeth Goethe (1731-1808) wurde auch Frau Aja oder Frau Rat genannt; die »weise und sanfte Jungfrau« ist Susanne von Klettenberg, siehe Kommentar **106** »Mademoiselle von Klettenberg«; seine Schwester Cornelia (1750-1777); Anna Amalia von Braunschweig-Wolfenbüttel (1739-1807) war Mäzenin; Anna Elisabeth »Lili« Schönemann (1758-1817) war 1775 für ein halbes Jahr mit Goethe verlobt.

223 *Wie Faust sagt*] In der Kerkerszene.

223 *Auch Leonore*] Aus Goethes *Torquato Tasso* (1790).

223 *wie Lord Herbert*] Siehe Kommentar **198** »Lord Herbert wurde mit fünfzehn Jahren«.

223 *doch der Sohn*] August von Goethe (1789-1830), das einzige von Goethes Kindern, das das Erwachsenenalter erreichte, dessen Beziehung zu Goethe jedoch sein Leben lang schwierig war.

223 *M. Henri Blaze*] Der französische Schriftsteller Henri Blaze de Bury (1813-1888), der sich ab 1839 am Weimarer Hof aufhielt, über Goethe schrieb und den *Faust* ins Französische übersetzte.

223 *aus sehr niederen Beweggründen*] Fuller verurteilte, trotz ihrer ansonsten progressiven Einstellung, die für viele Jahre uneheliche und »nicht standesgemäße« Liebesbeziehung Goethes mit Christiane Vulpius (1765-1816).

224 *hülfreich, gut*] Zitat aus Goethes Gedicht *Das Göttliche*.

225 *Makarie, die Tochter des Herkules*] Siehe Kommentar **107** »Der Name Makarie«.

225 *So laßt mich scheinen*] Mignons Lied aus Goethes *Lehrjahren*; mit Fullers Kürzungen.

226 *im Freien Platz für alles ist*] Nicht ermittelt.

226 *des wunderbaren, gutmütigen Suchens*] Goethe, *Lehrjahre*, 912.

227 *Die ganze Pflicht der Frau*] Die Schrift *The Whole Duty of Woman* (1753), statt einer Autorangabe findet sich lediglich: »By a Lady. Written at the Desire of a Noble Lord«; tatsächlich wurde sie von dem englischen Schriftsteller und Satiriker William Kenrick (1725-1779) verfasst; es war sein erfolgreichstes Werk und wurde immer wieder neu aufgelegt.

227 *Die Erziehung des weiblichen Geschlechtes*] *L'Éducation progressive ou Étude du cours de la vie* (1828-1838) der Schweizer Schriftstellerin, Pädagogin und Frauenrechtlerin Albertine Necker de Saussure; die englische Übersetzung erschien 1844 in Philadelphia.

227 *Cette vie n'a quelque prix*] Frz. für »Dies Leben hat nur insofern einen Wert, als es zur religiösen Erziehung unseres Herzens dient.« (Germaine de Staël, *De l'Allemagne*.)

228 *in Southeys Beschreibung*] Robert Southey berichtet in *A Tale of Paraguay* (1825) von einer Frau, die ihre neugeborene Tochter getötet hat und die Motivation dafür folgendermaßen erklärt: »Would to God, Father, would to God my mother when she brought me forth had loved me so well and pitied me so much as to have saved me from all those troubles which I have endured till this day, and am to endure till death! If my mother had buried me as soon as I was born, I should have died, but should not have felt death, and should have been spared from that death which must come, and should have escaped so many things bitterer than death: who knows how many more such I must endure before I die!«

228 *Sir A. Mackenzie*] Der schottisch-kanadische Entdecker Sir Alexander MacKenzie (1764-1820), der v.a. Expeditionen in das noch wenig erschlossene nordwestliche Kanada unternahm.

228 *Jedoch nach den ersten Freuden*] Necker de Saussure, *Erziehung*, 300-302.

229 *Verheiratet werden*] Im Englischen »*get* married«.

230 *Man hat Frauen als Dichterinnen*] Necker de Saussure, *Erziehung*, 163.

231 *Miss Sedgwick*] Die amerikanische Schriftstellerin Catharine Maria Sedgwick (1789-1867).

231 *Orvietan*] Ein seit dem 16. bis ins 19. Jahrhundert verwendetes Universalheilmittel.

232 *Miss Martineau und Miss Barrett*] Die englische Schriftstellerin Harriet Martineau (1802-1876) litt seit 1839 jahrelang an einem Unterleibstumor; die Dichterin Elizabeth Barrett Browning (1806-1861) hatte eine schwache Gesundheit und verließ, nachdem 1840 kurz nacheinander ihre beiden Brüder gestorben waren, für einige Zeit ihr Zimmer nicht mehr.

232 *wurden die Nichtjuden aufgefordert*] Am 28. Oktober 1844 hatte der amerikanische Publizist Mordechai Noah (1785-1851) in New York eine weithin wahrgenommene und in vielen Zeitungen diskutierte Rede gehalten, in der er es zur Pflicht aller Christen erklärte, die jüdischen Menschen bei der Ansiedelung in Palästina zu unterstützen, vgl. Mordechai Noah: *Discourse on the Restoration of the Jews*, New York 1844.

233 *O'Connell*] Der irische Politiker Daniel O'Connell, »The Liberator« (1775-1847), kämpfte für die Gleichberechtigung der Katholiken und die Wiederherstellung des Königreichs Irland, das seit 1801 zu Großbritannien gehörte; an Mariä Himmelfahrt 1843 versammelte er eine Menge auf dem Tara-Hügel, Ort des irischen Königssitzes; obwohl er eine weitere Versammlung absagte, wurde er verhaftet und drei Monate lang gefangen gehalten.

233 *die Annexion von Texas*] 1844 war der mit einer Expansionspolitik werbende James K. Polk (1795-1849) zum amerikanischen Präsidenten gewählt worden, der 1845 den Anschluss von Texas an die Vereinigten Staaten durchsetzte und im Mexikanisch-Amerikanischen Krieg (1846-1848) weitere große Gebietsgewinne machte.

233 *Exaltadas*] Weibliche Form von *los Exaltados*, abwertende Bezeichnung im Spanien des 19. Jahrhunderts für die Mitglieder der am weitesten links stehenden politischen Strömung, die nach dem Spanischen Unabhängigkeitskrieg (1808-1814) entstand.

233 *den Mut Boudiccas*] Boudicca (um 60 n. Chr.) war eine britannische Fürstin, die um das Jahr 60 einen Aufstand der keltischen Bevölkerung gegen die römische Besatzung anführte; die angelsächsische Adlige Lady Godiva (um 1040-1085) hatte der Legende nach ihren Ehemann Leofric von Mercia gebeten, die Steuern zu senken, um dem Volk Erleichterung zu verschaffen – er erfüllte ihr diese Bitte aber nur unter der Bedingung,

dass sie nackt durch die Stadt reite, was sie daraufhin tat; die Königin Emma von der Normandie (um 984-1052) musste der Legende nach beweisen, kein Verhältnis mit dem Bischof von Canterbury gehabt zu haben, indem sie mit bloßen Füßen über glühende Pflugscharen ging; die Dichterin Lucy Hutchinson (1620-1681) war die Frau des britischen Politikers John Hutchinson; Baroness Elizabeth Russell (um 1528-1609) lebte am Hof von Königin Elisabeth I. und war bekannt als begabte Poetin und Musikerin.

234 *in den Five Points*] Im 19. Jahrhundert ein Armenviertel in New York City.

234 *In der ersten Abhandlung*] Also in der noch nicht überarbeiteten Version *The Great Lawsuit* (1843).

236 *Sie schoben die Schuld auf Hagar*] Im Alten Testament wird die Magd Hagar zu Abrahams Nebenfrau, als dessen Frau Sara kinderlos bleibt, und wird die Mutter Ismaels; später wird sie gemeinsam mit ihrem Sohn in die Wüste geschickt (Gen 21).

237 *die Taube aus der Eiche*] Die Eiche von Dodona stand im griechischen Epirus an einer Orakelstätte, die Orakelsprüche wurden im Rauschen des Eichenlaubs und im Gurren der im Baum sitzenden Tauben hörbar.

238 *Lord Edward Fitzgerald*] Der irische Unabhängigkeitskämpfer (1763-1798) nahm als britischer Soldat am Amerikanischen Unabhängigkeitskrieg teil und wurde später einem Regiment in Kanada zugeteilt; auf seinen Expeditionen lernte er Angehörige der indigenen Bevölkerung kennen, mit denen er sich anfreundete.

238 *Ceres*] Römische Göttin der Fruchtbarkeit und des Ackerbaus.

238 *Class Book*] Joseph Storys *The Constitutional Class Book: Being a Brief Exposition of the Constitution of the United States* (1834).

240 *die Jungfrau von Saragossa*] Vier Revolutionsheldinnen: die spanische Unabhängigkeitskämpferin Agustina de Aragón von Saragossa (1786-1857), die allegorische Frauenfigur zwischen den Trümmern der Griechischen Revolution 1821-1829 auf Eugène Delacroix' Gemälde *La Grèce sur les ruines de Missolonghi*, dt. *Griechenland auf den Ruinen von Mesolongi* (1826) und die griechische Guerillakämpferin Moscho Tzavela (1760-1803) aus Souli; zu Emilia Plater siehe Kommentar **189** »der Gräfin Emilia Plater«.

241 *Perikles und Aspasia*] Siehe Kommentar **158** »Perikles und Aspasia«.

241 *Die Götter loben*] Wordsworth, *Laodamia*; übersetzt von Marie Gothein.

241 *Keine verheiratete Frau*] Nicht ermittelt.

242 *Nicht nur Manzoni*] Wie es Manzoni in der Widmung von *Adelchi* (1822) über seine erste Ehefrau Henriette Blondel geschrieben hatte, siehe Kommentar **208** »So widmet Manzoni«.

242 *Sollte ihr Name*] Der Name Victoria bedeutet »Sieg«, Virginia »die Jungfräuliche«.

243 *Wohl mancher hat Schiffbruch*] Bezug auf Körners *Dreiklang des Lebens*: »Und neben mir sank manches edle Herz / [...] Die Zeit ist schlecht doch gibt's noch große Seelen.«

251 *Sing Sing*] Das im Jahr 1826 eröffnete Gefängnis nahe New York City.

252 *der Weizen heranwachsen*] Anspielung auf das Gleichnis vom Unkraut unter dem Weizen (Matthäus 13,24-42).

252 *Wie das Skelett*] Möglicherweise bezieht Fuller sich hier auf eine Stelle bei Nathaniel Hawthorne über einen Brauch der alten Ägypter; in seinem *Christmas Banquet* (1844) heißt es: »Neither had the stewards – if it were their taste that arranged these details – forgotten the fantasy of the old Egyptians, who seated a skeleton at every festive board, and mocked their own merriment with the imperturbable grin of a death's-head.«

254 *den magnetischen Telegrafen*] Das Patent für den Schreibtelegrafen von Samuel Morse wurde 1840 angemeldet; das Verfahren des anastatischen Drucks zur Vervielfältigung bereits gedruckter Dokumente wurde zur selben Zeit entwickelt.

257 *Louis Philippe*] (1773-1850), zwischen 1830 und 1848 französischer König.

257 *Metternich*] Zwischen 1809 und 1848 der Außenminister und leitende Minister des Kaisertums Österreich Klemens Wenzel Lothar von Metternich (1773-1859).

258 *dass es uns die Kosten für Salz*] Zitat des englischen Dramatikers und Dichters Ben Jonson: »A certain degree of soul is indispensable to save us the expense of salt.«

258 *Texas wurde annektiert*] Siehe Kommentar **233** »die Annexion von Texas«.

258 *Mormonen ermordet*] Im Sommer 1844 waren Joseph Smith, der Begründer der mormonischen Kirche Jesu Christi der Heiligen der Letzten Tage, und sein Bruder Hyrum von einem Mob getötet worden; zahlreiche Konflikte eskalierten, die Verfolgungen nahmen zu, und es wurde der Auszug in unbesiedeltes Land beschlossen.

258 *Cassius Clays Zeitung*] Der amerikanische Politiker Cassius Marcellus Clay (1810-1903) gründete 1845 das abolitionistische Wochenblatt *True American*, worauf er Morddrohungen erhielt und seine Druckerei in Lexington, Kentucky, von einem Mob von Befürwortern der Sklaverei überfallen wurde; Clay wanderte daraufhin nach Ohio aus.

258 *Ronges Bewegung*] Der katholische Priester Johannes Ronge (1813-1887) kritisierte den Reliquienkult und den Dogmatismus der römisch-katholischen Kirche und begründete damit die religiös-politische Bewegung des Deutschkatholizismus.

259 *Kaiser Nikolaus*] Nikolaus I. (1796-1855) war zwischen 1825 und 1855 Kaiser von Russland; seine Tochter Olga Nikolajewna Romanowa (1822-1892) heiratete 1846 nicht den österreichischen, sondern den württembergischen Thronfolger und späteren König Karl I.; Nikolaus I. verordnete im Zuge der »Russifizierung« des großen russischen Reiches systematische Bekehrungen zur orthodoxen Kirche.

259 *die Kanonade der Engländer*] Gemeint ist der Erste Opiumkrieg (1839-1842), mit dem die koloniale Fremdbestimmung Chinas einsetzte.

259 *Mr. Polk*] Siehe Kommentar **233** »die Annexion von Texas«.

259 *Kartoffelmangel*] Zwischen 1845 und 1849 kam es durch die Kartoffelfäule in Europa zu Ernteausfällen und Hungersnöten, in Irland starben

während der Großen Hungersnot eine Million Menschen; Queen Victoria wurde zu dieser Zeit in Irland als »The Famine Queen« bezeichnet.

259 *Moritz Hartmann*] (1821-1872), österreichischer Schriftsteller und radikaler Demokrat; Fuller schließt hier eine zwei Seiten lange Prosaübersetzung seines Gedichtes *Frau Kartoffel* (1845) an.

260 *Sir Robert Peel*] Der britische Premierminister (1788-1850) hatte im November 1845 den Kauf einer großen Menge Mais aus den USA angeordnet, um der Hungersnot in Irland entgegenzuwirken, der Großteil der Hungernden aber konnte die Preise für den Mais nicht bezahlen.

261 *am Mardi Gras*] Der französische Karnevalsdienstag; Eugène Sue (1804-1857) war in den 1840er Jahren einer der meistgelesenen und vielübersetzten französischen Autoren, der über das Pariser Alltagsleben schrieb, etwa in seinem Fortsetzungsroman *Les Mystères de Paris* (1842/43).

261 *La Voix de la Famine*] Frz. für *Die Stimme des Hungers*; eine Schrift des französischen Geistlichen, Okkultisten und sozialistischen Schriftstellers Éliphas Lévi (geb. Alphonse Louis Constant, 1810-1875).

262 *die berüchtigte Krakauer Affäre*] Die Republik Krakau war nach dem Krakauer Aufstand (18. Februar 1846) für ein freies und vereintes Polen am 16. November 1846 vom Kaisertum Österreich annektiert worden.

262 *Lamennais*] Der französische Priester, Philosoph und sozialistische Schriftsteller Félicité de Lamennais (1782-1854), den Fuller in Paris kennengelernt hatte.

262 *Herr Zebaoth! vernichte*] Auszug aus Theodor Körners *Durch!* (1813).

263 *Vulgata*] Der »Volkssprache« (in Anlehnung an die Übersetzung der griechischen Bibel in die lateinische *Vulgata*).

263 *Frères Chrétiens*] Frz. für Christliche Brüder, ein Laienorden, der christliche Schulen betreibt.

263 *Crèche*] Frz. für »Kinderkrippe«.

265 *sabots*] Frz. für »Holzpantoffeln«.

265 *die blaue und pfeilschnelle Rhone*] In Bezug auf Charles Dickens' Beschreibung der »Arrowy Rhone« in seinem Reisebuch *Pictures from Italy* (1846).

265 *während der böse Geist*] Matthäus 13,24-30.

266 *die Augen haben und nicht sehen*] Markus 8,18.

267 *die Kinder mit Opium zu füttern*] In *Die Lage der arbeitenden Klasse in England* (1845) berichtet Friedrich Engels von »der sehr verbreiteten Sitte, den Kindern Branntwein oder gar Opium zu geben«: »Eins der schädlichsten von diesen Patentmitteln ist ein Trank, der von Opiaten, besonders Laudanum, bereitet und unter dem Namen: Godfrey's Cordial verkauft wird. Frauen, die zu Hause arbeiten und eigne oder fremde Kinder zu verwahren haben, geben ihnen diesen Trank, damit sie ruhig sein und, wie Viele meinen, kräftiger werden sollen. Sie fangen oft schon gleich nach der Geburt an und mediziniren, ohne die schädlichen Folgen dieser ›Herzstärkung‹ zu kennen, so lange, bis die Kinder sterben. Je stumpfer der Organismus des Kindes gegen die Wirkungen des Opiums wird, desto größere Quantitäten werden ihm davon gegeben. Wenn das Cordial nicht mehr zieht, wird auch wohl unvermischtes Laudanum gereicht, oft 15 bis 20 Tropfen auf Einmal.« (Engels, *Lage*, 330, 333.)

268 *die müßigste und leidvollste Zeit*] Der eigentliche Grund für Fullers Unwohlsein ist ihre Schwangerschaft, die sie geheim hält.

268 *ihren Brüdern aus der Lombardei*] Mit dem Fünf-Tage-Aufstand von Mailand (18. bis 22. März 1848) begann der Erste Unabhängigkeitskrieg Italiens; die österreichische Armee musste die Stadt verlassen, und für die Lombardei wurde eine provisorische Regierung gebildet.

268 *Louis Philippes Entthronung*] Louis-Philippe I. wurde im Zuge der Französischen Revolution am 24. Februar 1848 abgesetzt; am folgenden Tag wurde die Zweite Französische Republik ausgerufen.

269 *Metternich ist zermalmt*] Im März 1848 wurde der Außenminister und leitende Minister des Kaisertums Österreich Metternich im Zuge der Revolution in Wien zum Rücktritt gezwungen und verließ das Land.

269 *der Spross der Frau*] Nachdem Adam und Eva vom Baum der Erkenntnis gegessen haben, spricht Gott zur Schlange: »Weil du solches getan hast, seist du verflucht vor allem Vieh und vor allen Tieren auf dem Felde. Auf deinem Bauche sollst du gehen und Erde essen dein Leben lang. Und ich will Feindschaft setzen zwischen dir und dem Weibe und zwischen deinem Samen und ihrem Samen. Derselbe soll dir den Kopf zertreten, und du wirst ihn in die Ferse stechen.« (1. Mose 3,14-15.)

269 *Miracolo, Providenza!*] It. für »Wunder, Vorsehung!«

269 *Der neue Tribun Ciceruacchio*] Der Revolutionär Angelo Brunetti (1800-1849), Ciceruacchio genannt, war in der Römischen Republik an der Regierung beteiligt; bei der Niederschlagung der Revolution wurde er im August 1849 von der österreichischen Armee gefangen genommen und ohne einen Prozess hingerichtet.

269 *Adam Mickiewicz*] Den polnischen Dichter (1798-1855), der sich für Freiheit und Unabhängigkeit des zu dieser Zeit unter Russland und Österreich aufgeteilten Polens einsetzte, hatte Fuller in Paris kennengelernt und stand seitdem in engem (brieflichen) Kontakt mit ihm.

269 *dem Spielberger Gefängnis*] Die Festung Špilberk, dt. Spielberg, liegt im heute tschechischen Brünn, das zu dieser Zeit zum Kaisertum Österreich gehörte; sie wurde lange als Gefängnis auch für politische Gefangene genutzt; der italienische Schriftsteller Silvio Pellico (1789-1854), der für ein unabhängiges und geeintes Italien eintrat, berichtete nach seiner Entlassung in *Le mie prigioni* (1832) über seine sechsjährige Haft; mit dem »Massaker von Mailand« bezieht Fuller sich auf den Fünf-Tage-Aufstand von Mailand (18. bis 22. März 1848), bei dem sich die Mailänder gegen die österreichische Besatzung erhoben; bei dem Versuch der österreichischen Armee, den Aufstand niederzuschlagen, starben um die 400 der aufständischen Italiener und Italienerinnen, darunter 43 Frauen und Kinder, mehr als 600 wurden verletzt.

270 *der Vizekönig Ranieri*] Rainer von Österreich, it. Ranieri Giuseppe d'Asburgo-Lorena, (1783-1853) war Vizekönig von Lombardo-Venetien; 1848 trat er von seinen politischen Ämtern zurück.

270 *Pius IX.*] (1792-1878) war seit 1846 Papst; zu seinem Verhalten während der Revolution 1848/49 siehe hier 249.

270 *Die Ereignisse*] Bekanntmachung von Pius IX. im März 1848.

271 *diesen albernen König von Neapel*] Zu dieser Zeit war Ferdinand II. (1810-1859) König von Sizilien und Neapel; König Karl Albert von Sardinien-Piemont (1798-1849) hatte im März 1848 einer konstitutionellen Monarchie zugestimmt und war gegen die Österreicher in den Krieg gezogen; der toskanische Großherzog Leopold II. (1797-1870) hatte im Februar 1848 eine neue Verfassung erlassen.

272 *eines Präsidenten aus dem mexikanischen Krieg*] Im Mexikanisch-Amerikanischen Krieg (1846-1848) vergrößerten die USA ihr Staatsgebiet nach Südwesten; Zachary Taylor (1784-1850) hatte in diesem Krieg eine eigene Armee angeführt und trat nun als Kandidat der Whig Party an; 1848 wurde er zum zwölften amerikanischen Präsidenten gewählt.

272 *Ich ließ das Wertvollste zurück*] Fuller bezieht sich hier auf ihren Sohn Angelo Eugenio Filippo Ossoli, siehe hier 26.

273 *die Gärten des Sallust*] Die *Horti Sallustiani*, eine Parkanlage, die der römische Historiker Sallust (86-34 v. Chr.) anlegen ließ.

273 *Opfer von Mailand*] Der Fünf-Tage-Aufstand von Mailand und der Volksaufstand gegen die Bourbonen in Neapel im März, der Juniaufstand und die Konterrevolution in Paris sowie der Wiener Oktoberaufstand 1848 hatten zahlreiche Opfer gefordert.

273 *der gelbe Tiber stieg*] In Lord Byrons *Rome* heißt es: »Old Tiber! through a marble wilderness / Rise with thy yellow waves, and mantle her distress.«

274 *das Schicksal von Rossi*] Pellegrino Rossi (1787-1848) war ab September 1848 Innen-, Polizei- und Finanzminister von Papst Pius IX. und wurde zwei Monate nach Amtsantritt im November in Rom ermordet.

274 *Montanelli, Guerrazzi, D'Aguila*] Giuseppe Montanelli (1813-1862), Francesco Domenico Guerrazzi (1804-1873) und Mariano d'Ayala (1808-1877) gehörten zur Regierung der Toskanischen Republik von 1849.

274 *einen neuen Präsidenten*] Siehe Kommentar **272** »eines Präsidenten aus dem mexikanischen Krieg«; der letzte Präsident war der noch bis März 1849 amtierende James K. Polk aus der Demokratischen Partei.

275 *Vater des Lichts*] Erste Strophe eines Kirchenliedes des englischen Dichters Christopher Smart (1722-1771).

277 *Gottes Wege sind unergründlich*] Der erste Vers aus William Cowpers *Light Shining Out of Darkness* (1773).

277 *schärfen die Zähne*] Bezug auf Ovids *Metamorphosen*: Hier verwandeln sich die von Kadmos in die Erde »gepflanzten« Drachenzähne in Krieger, die aus dem Boden sprießen und sich gegenseitig bekämpfen, bis nur fünf übrig bleiben; mit diesen fünfen gründet Kadmos die Stadt Theben.

277 *Es brauchte König Bomba*] Mit dem Spottnamen »*il re Bomba*« wurde König Ferdinand II. von Sizilien (1810-1859) bedacht, nachdem er das revolutionäre Messina im September 1848 drei Tage lang hatte bombardieren lassen; König Karl Albert von Sardinien-Piemont (1798-1849) hatte 1848 einer konstitutionellen Monarchie zugestimmt und war gegen die

Österreicher in den Krieg gezogen – nach einer Niederlage schloss er jedoch einen Waffenstillstand, dankte ab und verließ das Land; der Philosoph und Politiker Vincenzo Gioberti (1801-1852) trat wie Giuseppe Mazzini für ein geeintes Italien ein, wurde 1833 aufgrund seiner politischen Ansichten aus Italien verbannt und kehrte 1848 ins revolutionäre Turin zurück; der toskanische Großherzog Leopold II. (1797-1870) hatte die revolutionäre Toskana verlassen, kehrte aber im April 1849 zurück, nachdem österreichische Truppen die Revolution niedergeschlagen hatten; in Parma war der Herzog, Karl II. von Parma (1799-1883), vor der Revolution ins Ausland geflüchtet; im April 1849 marschierte dort jedoch die österreichische Armee ein und sicherte ihm seine vorherige Position – dasselbe geschah in Modena mit dem Herzog Franz V. von Modena (1819-1875); der österreichische Feldmarschall Josef Wenzel Radetzky von Radetz (1766-1858) schlug die italienischen Unabhängigkeitsbewegungen 1848/49 mit Erfolg nieder.

277 *des Triumvirats*] Die Römische Republik von 1849 wurde von einem radikaldemokratischen Triumvirat regiert: an der Spitze Giuseppe Mazzini (1805-1872), mit ihm Aurelio Saffi (1819-1890) und Carlo Armellini (1777-1863).

278 *Molières Tartuffe*] Die Komödie *Le Tartuffe ou l'Imposteur*, dt. *Der Tartuffe oder Der Betrüger* (1664) übt Kritik an (religiöser) Heuchelei.

278 *Die Wahlen in Frankreich*] Am 13. Mai 1849 wurde in Frankreich die gesetzgebende Versammlung gewählt, die Befürworter der Monarchie erhielten die Mehrheit.

279 *was verwundete Männer erleiden*] Vom 30. April an arbeitet Fuller als *Regolatrice* im Fatebenefratelli Hospital, eine Position, die ihr von der Freiheitskämpferin Cristina Trivulzio Belgiojoso (1808-1871) angetragen worden war; sie ist für die Organisation des Personals zuständig und hilft selbst bei der Versorgung der Verwundeten mit.

280 *Christus vor einem Kriegsrat*] Die Schrift *Gesù Cristo davanti un consiglio di guerra* (1849).

281 *Mr. Doherty*] Der englische Schriftsteller Hugh Doherty, der sich für Charles Fouriers Sozialismus einsetzte und u.a. dessen Werke mitherausgab.

281 *Miss Bremers Besuch*] Die schwedische Schriftstellerin und Frauenrechtlerin Fredrika Bremer (1801-1865) kam im Oktober 1849 nach New York und traf die Springs; Fuller hatte eine ihrer Novellen in *The Dial* besprochen; die North American Phalanx war eine sozialistische Kommune in New Jersey (1843-1856) nach dem Vorbild Fouriers, bei der auch Horace Greeley aktiv beteiligt war.

282 *der Nachricht von seinem großen Unglück*] Greeley und seine Frau Mary bekamen sieben Kinder, von denen nur zwei das Erwachsenenalter erreichten; im Jahr zuvor war ihr dritter Sohn Arthur Young Greeley (1844-1849) gestorben.

282 *Hirn nicht mit Nerven*] Aus Shelleys *On Death*; übersetzt von Julius Seybt.

283 *Cobden ist gut*] Der britische Unternehmer Richard Cobden (1804-1865) war Mitbegründer der Anti-Corn Law League, die sich für die Abschaffung der Getreidezölle einsetzte; der ungarische Politiker Lajos Kossuth (1802-1894) war einer der Anführer der ungarischen Unabhängigkeitserhebung gegen Österreich.

283 *was Du über Harro sagst*] Fuller unterstützte den Dichter und Revolutionär Harro Harring (1798-1870): In der *New-York Daily Tribune* hatte sie ihn gegen seine Kritiker verteidigt und steuerte Geld bei, um seine neueste Veröffentlichung zu finanzieren.

284 *Rudel von Lazarussen*] Die biblische Figur des armen Lazarus aus einem Gleichnis im Lukasevangelium (Lukas 16,19-31).

284 *hl. Margareta*] Die hl. Margareta von Antiochia (3./4. Jh.) ist Patronin der Jungfrauen, Ammen, Schwangeren, Gebärenden, Unfruchtbaren, der Bauern und Hirten und Fullers Namenspatronin.

284 *Wiley und Putnam*] 1846 hatte Fuller in diesem Verlag ihre zweibändige Essaysammlung *Papers on Literature and Art* veröffentlicht; Fullers Formulierung »für immer unersprießlich und flach und schal« ist an Shakespeares *Hamlet*, I, 2 angelehnt.

286 *Herausgeber der Times*] Seit 1841 war John Thadeus Delane (1817-1879) Herausgeber der Londoner *Times*; Fullers Kritik richtet sich gegen die Berichterstattung über die revolutionären Ereignisse in Europa, gegen »the denigration of the revolutionaries in the ultraconservative London *Times*, which disdained radicals of any kind. The paper's reporter, covering the siege of Rome by the French, traveled with the French army and had no first-hand knowledge of the state of affairs in Rome. Yet he insisted that the city was defended by ›the degenerate remnant of the Roman people‹ and by ›a nest of adventurers, from every part not only of Italy but of Europe.‹« (Reynolds, *Introduction*, 31.)

Literatur

Margaret Fullers Werke

BG: Bettine Brentano and her friend Günderode, in: *The Dial* 2 (1842), 313-357.

CG: *Conversations with Goethe in the Last Years of His Life*. Boston 1839, vii-xxvi.

CW: *Collected Writings*, hg. von Brigitte Bailey u. a. New York 2025.

DE: *»These Sad But Glorious Days«. Dispatches from Europe, 1846-1850*, hg. von Larry J. Reynolds, Susan Belasco Smith. New Haven 1991.

EF: *The Essential Margaret Fuller*, hg. von Michael Croland. Mineola, New York 2019.

G: Goethe, in: *The Dial* 2 (1841), 1-41.

L I: *The Letters of Margaret Fuller. 1817-38*, hg. von Robert N. Hudspeth, Bd. 1. Ithaca, London 1983.

L II: *The Letters of Margaret Fuller. 1839-41*, hg. von Robert N. Hudspeth, Bd. 2. Ithaca, London 1983.

L III: *The Letters of Margaret Fuller. 1842-44*, hg. von Robert N. Hudspeth, Bd. 3. Ithaca, London 1984.

L IV: *The Letters of Margaret Fuller. 1845-47*, hg. von Robert N. Hudspeth, Bd. 4. Ithaca, London 1987.

L V: *The Letters of Margaret Fuller. 1848-49*, hg. von Robert N. Hudspeth, Bd. 5. Ithaca, London 1988.

L VI: *The Letters of Margaret Fuller. 1850 and undated*, hg. von Robert N. Hudspeth, Bd. 6. Ithaca, London 1994.

LA: *Papers on Literature and Art*. New York 1846.

MF I: *Memoirs of Margaret Fuller Ossoli*, hg. von William H. Channing, James F. Clarke, Ralph Waldo Emerson, Bd. 1. London 1852.

MF III: *Memoirs of Margaret Fuller Ossoli*, hg. von William H. Channing, James F. Clarke, Ralph Waldo Emerson, Bd. 3. London 1852.

PS: Present State of German Literature, in: *The American Monthly Magazine* 2 (1836), 1-13.

SM: The Social Movement in Europe, in: *New-York Daily Tribune*. 5. August 1845, 1.

WM: *The Woman and the Myth. Margaret Fuller's Life and Writings*, hg. von Bell Gale Chevigny. New York 1976.

Literarische und kulturgeschichtliche Quellen

Anthony, Susan B.; Matilda Joslyn Gage, Elizabeth Cady Stanton: *History of Woman Suffrage*, Bd. 1. New York 1881.

Arnim, Bettina von: *Die Günderode*, hg. von Walter Schmitz. Frankfurt a. M. 2006.

-: *Goethe's Briefwechsel mit einem Kinde*, hg. von Walter Schmitz, Sibylle von Steinsdorff. Frankfurt a. M. 1992.

Beethoven, Ludwig van: Drei Briefe, in: *Athenaeum für Wissenschaft, Kunst und Leben. Eine Monatsschrift für das gebildete Deutschland* 1 (1839), 1-7.

Bremer, Fredrika: *Die Heimath in der neuen Welt. Ein Tagebuch in Briefen, geschrieben während zweijähriger Reisen in Nordamerika und auf Cuba*, Bd. 1, 2. Leipzig 1854.

Browne, Thomas: *Der Garten des Cyrus. Des Autors wesentliche Werke*, hg. und übersetzt von Manfred Pfister. Berlin 2022.

Byron, George Gordon: *Gedichte*, übersetzt von Franz Kottenkamp. Stuttgart 1845.

Carlyle, Thomas: *Past and Present*. London 1843.

Castell, Ernestine: *Margarethe Fuller-Ossoli. Ein amerikanisches Frauenbild*. Berlin 1866.

Cheney, Ednah Dow: *Reminiscences of Ednah Dow Cheney*. Boston 1902.

Dall, Caroline Healey: *Historical Pictures Retouched. A Volume of Miscellanies*. Boston 1860.

Eckermann, Johann Peter: Gespräche mit Goethe in den letzten Jahren seines Lebens, in: Johann Wolfgang Goethe, *Sämtliche Werke*, Bd. 39, hg. von Christoph Michel. Frankfurt a. M. 1999.

Emerson, Ralph Waldo: *The Letters of Ralph Waldo Emerson in six Volumes*, hg. von Ralph L. Rusk, Bd. 2. New York 1939.

Engels, Friedrich: Die Lage der arbeitenden Klasse in England. Nach eigner Anschauung und authentischen Quellen, in: Karl Marx, Friedrich Engels, *Gesamtausgabe, Bd. 4: Werke, Artikel, Entwürfe. Ende August 1844 bis April 1846*. Berlin/Boston 2022, 231-504.

Euripides: Iphigenie in Aulis, in: ders., *Tragödien*, Bd. 6, griechisch und deutsch von Dietrich Ebener. Berlin 1980, 7-106.

Flaubert, Gustave: *Briefe an seine Leserinnen*. München 2021.

Freiligrath, Ferdinand: Ein Glaubensbekenntnis. Zeitgedichte 1844, in: ders., *Sämtliche Werke*, Bd. 5, hg. von Ludwig Schröder. Leipzig 1906.

Goethe, Johann Wolfgang: Aus meinem Leben. Dichtung und Wahrheit, in: ders., *Sämtliche Werke*, Bd. 14, hg. von Klaus-Detlef Müller. Frankfurt a. M. 1986.

-: Die letzten Jahre. Briefe, Tagebücher und Gespräche von 1823 bis zu Goethes Tod, in: ders., *Sämtliche Werke*, Bd. 38, hg. von Horst Fleig. Frankfurt a. M. 1993.

-: Faust, in: ders., *Sämtliche Werke*, Bd. 7/1, hg. von Albrecht Schöne. Frankfurt a. M. 1994.

-: Gedichte 1756-1799, in: ders., *Sämtliche Werke*, Bd. 1, hg. von Karl Eibl. Frankfurt a.M. 1987.

-: Gedichte 1800-1832, in: ders., *Sämtliche Werke*, Bd. 2, hg. von Karl Eibl. Frankfurt a.M. 1988.

-: Götz von Berlichingen mit der eisernen Hand, in: ders., *Sämtliche Werke, Bd. 4: Dramen 1765-1775*, hg. von Dieter Borchmeyer. Frankfurt a.M. 1985, 279-389.

-: Iphigenie auf Tauris, in: ders., *Sämtliche Werke, Bd. 5: Dramen 1776-1790*, hg. von Dieter Borchmeyer. Frankfurt a.M. 1988, 553-619.

-: Tag- und Jahres-Hefte, in: ders., *Sämtliche Werke*, Bd. 17, hg. von Irmtraud Schmid. Frankfurt a.M. 1994.

-: Torquato Tasso, in: ders., *Sämtliche Werke, Bd. 5: Dramen 1776-1790*, hg. von Dieter Borchmeyer. Frankfurt a.M. 1988, 731-834.

-: Wilhelm Meisters Lehrjahre, in: ders., *Sämtliche Werke, Bd. 9: Wilhelm Meisters theatralische Sendung. Wilhelm Meisters Lehrjahre. Unterhaltungen deutscher Ausgewanderten*, hg. von Wilhelm Voßkamp, Herbert Jaumann. Frankfurt a.M. 1992, 355-992.

-: Wilhelm Meisters Wanderjahre, in: ders., *Sämtliche Werke*, Bd. 10, hg. von Gerhard Neumann, Hans-Georg Dewitz. Frankfurt a.M. 1989.

Hart, Julius (Hg.): *England und Amerika. Fünf Bücher englischer und amerikanischer Gedichte von den Anfängen bis auf die Gegenwart. In deutschen Übersetzungen*. Minden 1885.

Hawthorne, Nathaniel: *Mosses from an old Manse*, Bd. 2. Boston, New York 1882.

Heine, Heinrich: Die romantische Schule, in: ders., *Historisch-kritische Gesamtausgabe der Werke*, Bd. 8, hg. von Manfred Windfuhr. Hamburg 1979, 121-249.

-: Ludwig Börne. Eine Denkschrift, in: ders., *Historisch-kritische Gesamtausgabe der Werke*, Bd. 11, hg. von Manfred Windfuhr. Hamburg 1978, 9-132.

Howell, Thomas Bayly: *A Complete Collection of State Trials and Proceedings for High Treason and Other Crimes and Misdemeanors, from the Earliest Period to the Year 1783*, Bd. 5, London 1816.

James, Henry: *The American Scene*. London 1907.

Jameson, Anna: *Winterstudien und Sommerstreifereien in Canada. Ein Tagebuch*, Bd. 1. Braunschweig 1839.

Körner, Theodor: *Sämmtliche Werke*. Reutlingen 1836.

Manzoni, Alessandro: *Der Graf von Carmagnola. Ein Trauerspiel*, übersetzt von August Arnold. Gotha 1823.

Necker de Saussure, Albertine: *Die Erziehung des weiblichen Geschlechtes*. Hamburg 1839.

Novalis: Das philosophisch-theoretische Werk, in: ders., *Werke, Tagebücher und Briefe*, Bd. 2, hg. von Hans-Joachim Mähl. München 1978.

-: Heinrich von Ofterdingen, in: ders., *Werke, Tagebücher und Briefe*, Bd. 1, hg. von Richard Samuel. München 1978, 237-413.

Poe, Edgar Allan: *The Complete Works*, hg. von James A. Harrison, Bd. 15. New York 1965.

Schiller, Friedrich: Don Karlos, in: ders., *Werke und Briefe*, Bd. 3, hg. von Gerhard Kluge. Frankfurt a.M. 1989.

Shakespeare, William: Hamlet, Prinz von Dänemark, in: ders., *Zweisprachige Werkausgabe*, übersetzt von Schlegel/Tieck, Bd. 4. Darmstadt 1955, 75-184.

-: Othello, in: ders., *Zweisprachige Werkausgabe*, übersetzt von Schlegel/Tieck, Bd. 5. Darmstadt 1955, 4-97.

Shelley, Percy Bysshe: *Poetische Werke in einem Bande*, übersetzt von Julius Seybt. Leipzig 1844.

Southey, Robert: *A Tale of Paraguay*. Boston 1827.

Staël, Germaine de: *Über Deutschland*. Frankfurt a.M. 1985.

Steger, Friedrich (Hg.): Margarethe Fuller, in: *Ergänzungs-Conversationslexikon*, Bd. 7, Leipzig, Meißen 1852, 801-808.

Straszewicz, Joseph: *The Life of the Countess Emily Plater*. New York 1842.

Varnhagen von Ense, Rahel: *Geistes- und Charakter-Gemälde dieser großen Frau, in sorgfältig gewählten Stellen des Vortrefflichsten aus ihren Briefen und Tagebüchern*. Bamberg 1835.

Wordsworth, William: Essay, supplementary to the Preface, in: ders., *The Poetical Works*, Bd. 3. London 1837.

-: Gedichte, in: Marie Luise Schroeter Gothein, *William Wordsworth. Sein Leben, seine Werke, seine Zeitgenossen*, Bd. 2. Halle 1893.

Forschungsliteratur

Bäumer, Konstanze: Margaret Fuller and Bettina von Arnim, in: *Internationales Jahrbuch der Bettina-von-Arnim-Gesellschaft* 4 (1990), 47-69.

Capper, Charles: Getting from Here to There. Margaret Fuller's American Transnational Odyssey, in: ders., Cristina Giorcelli (Hg.), *Margaret Fuller. Transatlantic Crossings in a Revolutionary Age*. Madison 2007, 3-26.

Chevigny, Bell Gale: *The Woman and the Myth. Margaret Fuller's Life and Writings*. New York 1976.

Fleischmann, Fritz: Margaret Fuller's Socialism, in: *Nineteenth Century Prose* 42 (2015), 181-211.

Fry, Ingrid E.: Elective Androgyny. Bettine Brentano von Arnim and Margaret Fuller's Reception of Goethe, in: *Goethe Yearbook* 10 (2001), 246-262.

Hudspeth, Robert N.: Introduction, in: ders. (Hg.), *The Letters of Margaret Fuller*, Bd. 1. Ithaca, London 1983, 25-57.

Lenckos, Elisabeth: ›Stimulus and cheer‹. Margaret Fuller's ›Translations‹, from *Eckermann's Conversations with Goethe* to Bettina von Arnim's *Guenderode*, in: Gillian E. Dow (Hg.), *Translators, Interpreters, Mediators. Women Writers 1700-1900*. Bern 2007, 191-207.

Maas, Christel-Maria: *Margaret Fullers transnationales Projekt. Selbstbildung, feminine Kultur und amerikanische Nationalliteratur nach deutschem Vorbild*. Göttingen 2006.

Marshall, Megan: *Margaret Fuller. A New American Life*. Boston, New York 2013.

Matteson, John: *The Lives of Margaret Fuller*. New York 2012.

Reynolds, Larry J.; Susan Belasco Smith: Introduction, in: dies. (Hg.), *»These Sad but Glorious Days«. Dispatches from Europe, 1846-1850*. New Haven 1991, 1-35.

Schöpp, Joseph C.: Playing the Eclectic. Margaret Fuller's Creative Appropriation of Goethe, in: Charles Capper, Cristina Giorcelli (Hg.), *Margaret Fuller. Transatlantic Crossings in a Revolutionary Age*. Madison 2007, 27-44.

Wildermuth, Andrew: »Water, Water Everywhere«. Flows, Fate, and Transcendental Settlerism in Margaret Fuller's *Summer on the Lakes, in 1843*, in: *Iperstoria* 19 (2022), 49-65.

Zwarg, Christina: *Feminist Conversations. Fuller, Emerson, and the Play of Reading*. Ithaca 1995.

Abbildungen

Dank

Mein herzlicher Dank gilt der Wüstenrot Stiftung, ganz besonders Philip Kurz und René Hartmann, für die großzügige Förderung, Magda Kirndörfer für ihre freundliche Unterstützung bei den Gedichtübersetzungen sowie Heinrich Detering und Sabine Fahrbach für das geduldige und kritische Mitlesen. Für die Unterstützung bei den Bildrecherchen und die Abdruckgenehmigungen danke ich Lucy Loomis (Sturgis Library), der Houghton Library, dem Heinrich-Heine-Institut und dem Hessischen Landesarchiv.

Register

Das Register erfasst die historischen Personen, die in Fullers Texten erwähnt werden. Kursiva bezeichnen die Erwähnungen in den einleitenden Texten der Herausgeberin sowie im Stellenkommentar.

Inhalt

Anhang

Bibliografische Information der Deutschen Nationalbibliothek
Die Deutsche Nationalbibliothek verzeichnet
diese Publikation in der Deutschen Nationalbibliografie;
detaillierte bibliografische Daten sind im Internet
über http://dnb.d-nb.de abrufbar.

Geiststr. 11, 37073 Göttingen
www.wallstein-verlag.de
info@wallstein-verlag.de

Vom Verlag gesetzt aus der Stempel Garamond
Umschlaggestaltung: Susanne Gerhards, Düsseldorf, © SG-Image
unter Verwendung von einer Skizze von Eugène Delacroix:
La liberté guidant le peuple (1830)
Druck und Verarbeitung: bookSolutions Vertriebs GmbH, Göttingen
ISBN 978-3-8353-5897-3

DEUTSCH-AMERIKANISCHE BIBLIOTHEK
Im Auftrag der Wüstenrot Stiftung herausgegeben
von Heinrich Detering und Kai Sina

WÜSTENROT STIFTUNG

Bereits erschienen

Band 1:

Benjamin Franklin und Gottfried Achenwall

Amerika 1766
Anmerkungen über Nordamerika, und über dasige Grosbritannische Colonien

Herausgegeben und kommentiert von
Heinrich Detering und Lisa Kunze

ISBN 978-3-8353-5241-4

Band 2:

Henry Wadsworth Longfellow

Hyperions Wanderjahre
Eine romantische Reise

Herausgegeben und kommentiert von Lisa Kunze
Aus dem amerikanischen Englisch übersetzt von Adolf Böttger

ISBN 978-3-8353-5467-8

Band 3:

Auch ich bin Amerika / I Too Am America
Lyrik Schwarzer Dichterinnen und Dichter

1948 ausgewählt und übertragen von Stephan Hermlin
Mit einem Nachwort von Heinrich Detering
Herausgegeben von Eva Tanita Kraaz und Kai Sina

ISBN 978-3-8353-5568-2